CSSCI来源集刊

《朱子学研究》编委会◎编

朱子学研究

【第四十二辑】

周谷城题

江西人民出版社
Jiangxi People's Publishing House
全国百佳出版社

图书在版编目（CIP）数据

朱子学研究.第四十二辑 /《朱子学研究》编委会

编 . -- 南昌：江西人民出版社，2024. 7. -- ISBN 978-

7-210-15644-4

Ⅰ. B244.75-53

中国国家版本馆 CIP 数据核字第 2024EG4206 号

朱子学研究·第四十二辑　　　　《朱子学研究》编委会　编
ZHUZIXUE YANJIU · DI-SISHIER JI

责 任 编 辑：李鉴和
助 理 编 辑：郭文慧
封 面 设 计：回归线视觉传达

江西人民出版社　出版发行
Jiangxi People's Publishing House
全国百佳出版社

地　　　　址：江西省南昌市三经路 47 号附 1 号（邮编：330006）
网　　　　址：www.jxpph.com
电 子 信 箱：jxpph@tom.com
编辑部电话：0791-86892125
发行部电话：0791-86898815
承　印　厂：北京虎彩文化传播有限公司
经　　　销：各地新华书店

开　　　本：720 毫米 × 1000 毫米　1/16
印　　　张：22.75
字　　　数：370 千字
版　　　次：2024 年 7 月第 1 版
印　　　次：2024 年 7 月第 1 次印刷
书　　　号：ISBN 978-7-210-15644-4
定　　　价：50.00 元
赣版权登字 -01-2024-332

目 录

● **朱子后学研究**

● **宋明理学研究**

● 海外朱子学研究

● 儒学与传统文化研究

● 朱子学研究

"所谓理，性是也"与"所谓理性是也"

——由《朱子全书外编》校点引起的思考

向世陵*

【摘　要】《朱子全书外编》所载程颐语录"所谓理，性是也"与"所谓理性是也"的两种不同标点，哪一种才是正确的标点并真实地反映了程颐的思想，在文献和义理上都存在着争议，尤其在义理方面，实际引申出不同的理论走向。从版本到内容，"性理"与"理性"的概念各有其自身的存在价值，并进一步展开为对"性即理"与"理即性"的命题及其相互关系的思考。

【关键词】性；理；性理；理性

由朱杰人、严佐之、刘永翔三位先生主编，华东师范大学出版社 2010 年出版的《朱子全书外编》，是对先期已出版的《朱子全书》的补充，一共 4 册；2022 年，上海古籍出版社新出版《新订朱子全书（附外编）》，将《朱子全书》与《朱子全书外编》合为一套统一的"全书"。但本文所涉及的校点问题在新版本并无体现，为方便起见，下面仍以单行的旧版《朱子全书外编》为凭（新版

---

* 【作者简介】向世陵，中国人民大学哲学院教授、博士生导师，研究方向为中国儒家哲学和儒释道关系。

备考）。在《朱子全书外编》第二册《程氏遗书》第二十二上中，有如下一段程颐的语录：

> 又问："性如何？"曰："性即理也，所谓理，性是也。天下之理，原其所自，未有不善。喜怒哀乐未发，何尝不善？发而中节，则无往而不善。"①

本文讨论的问题，就是此段话中的"所谓理，性是也"一句。该版《程氏遗书》由严佐之校点，然在同为严佐之校点的《朱子全书外编》第一册、石𡺀《中庸辑略》中，此段话却句读为：

> 又曰："性即理也，所谓理性是也。天下之理，原其所自，未有不善。"②

《程氏遗书》的校点，有中华书局的通行点校本可供参考。中华书局各版本《二程集》之《河南程氏遗书》卷二十二上，所载程颐语录，此段均句读为：

> 又问："性如何？"曰："性即理也，所谓理，性是也。天下之理，原其所自，未有不善。"③

与《程氏遗书》不同，《中庸辑略》为新版，故校点者不知有无其他相关联的著作可供参考。但是，校点者为何在这两册书中对同一句话标点不一，却不能不引起读者的猜想：是径直参考采纳了前人的见解，还是《程氏遗书》与

---

① 《程氏遗书》第二十二上，朱杰人、严佐之、刘永翔主编：《朱子全书外编》第2册，华东师范大学出版社，2010，第365页。注：该段文字位于新版第30册，第373页。

② 石𡺀：《中庸辑略》，《朱子全书外编》第1册，第18页。注：该段文字新版位于第29册，第340页。

③ 程颢、程颐：《河南程氏遗书》卷二十二上，王孝鱼点校：《二程集》，中华书局，1981，第292页。

《中庸辑略》校点时间不一而没有关联考虑？或者校点者后来有了新的思考却又未及时统一不同书的标点？当然还可能有别的理由，兹不详议。

不论校点者有何考虑，本文的关注点，其实不在上述两书标点的不统一，而是在因此而形成的"所谓理，性是也"与"所谓理性是也"两种不同标点所引起的含义是否有别以及哪种更符合程颐本人的思想。

一、张峥"考辨"引出的问题

张峥《"性即理"与佛教心性论之关系——程颐"性即理也，所谓理性是也"考辨》一文中，他认为，"所谓理，性是也"与"所谓理性是也"二者的含义存在明显区别：前者是理学的典型观点，后者却是当时佛教流行的话语，所以，此段话后面，接着就是学生继续向程颐讨教佛教心性论的问题。故此句语录正确的句读，应当是："所谓理性是也。"①

张峥考察了大陆和台湾出版的《二程集》，此句程颐语录，均标点为"所谓理，性是也"；然牟宗三在《心体与性体》、劳思光在《新编中国哲学史》中，此句均读作"所谓理性是也"；民国学者陈钟凡也将此句标作"所谓理性是也"；日本学者市川安司进一步推测，朱熹将此段材料编选入《近思录》时删掉了"所谓理性是也"一句，是出于排佛老、为程颐避讳的考量。

张峥的考察，搜集了"较远"的材料，我这里再补充一点"较近"的中华书局出版的刊载有程颐此语的主要典籍：

首先，上已言明，中华书局的《二程集》诸版，所载《遗书》程颐语录，该句均点作"所谓理，性是也"。此本也是目前学界通用本。包括我本人先前写作，使用的也是如此形式的标点。

其次，中华书局1986年以来发行的《宋元学案》及《宋元学案补遗》诸版，所载程颐语录，该句均点作"所谓理性是也"。

再次，中华书局2017年出版的《十先生中庸集解》（清莫友芝辑，今张剑、

---

① 张峥：《"性即理"与佛教心性论之关系——程颐"性即理也，所谓理性是也"考辨》，《中国哲学史》2022年第2期。

张燕婴整理），还是石𢗳本，此句也被点作"所谓理性是也"。

那么，即使在中华书局发行的涉及程颐此语录的不同著作和版本中，同样存在两种不同的标点。当然，点校者并不一致。

然而，在朱熹、吕祖谦合编的《近思录》中，所引程颐此段文字，各版却很统一，即为：

> 性即理也。天下之理，原其所自，未有不善。喜怒哀乐未发，何尝不善？发而中节，则无往而不善。①

显然，《近思录》已将"所谓理性是也"整句删除。其缘由，按张峥说，则为"在当时禅学盛行的情境下，如果明言理学所自豪的'性即理'说来自佛教，非但不能显示理学的优越性，甚至还会刺激初学者去向佛教内求取心性之学。可能正是出于此种考虑与苦心，朱熹将《遗书》中此段材料的前半段选入《近思录》，却又删去'所谓理性是也'一句，于是《近思录》中程颐'性即理说'无一点佛教意味"②。

倘若此，"所谓理，性是也"与"所谓理性是也"这两种标点的实际差别，具体落实就是两个问题：

一是两种标点没有根本差别。此种解释的基础，是将点作"所谓理性是也"的"理性"解释为天理之性、本然之性，即张峥所引述的陈钟凡《两宋思想述评》中的观点。在此视域下，"所谓理性是也"与"所谓理，性是也"自然无所谓差别，从而可与后来通用的"性理"概念相兼容。不过，张峥在论文中对此理解给予了否定，并阐明了自己的理由。的确，从语用的层面看，"所谓"一词，通常是援引现成话或流行语，以为待说明的概念背书——这里即是引用佛教已习用的"理性"，而不会是指一个新的尚需发明的词语。

二是以"所谓理性是也"为正确标点，重点转向解释《近思录》删掉"所

---

① 朱熹、吕祖谦：《近思录》卷一，《朱子全书（修订本）》第 13 册，2010，第 173 页。

② 张峥：《"性即理"与佛教心性论之关系——程颐"性即理也，所谓理性是也"考辨》，《中国哲学史》2022 年第 2 期。

谓理性是也"一语是何缘故。此缘故，按张峥的归纳有二：（1）朱熹出于排佛老、为程颐避讳的需要——源出日人市川安司；（2）与辟佛或避讳无关，朱熹只是避免语义重复而删——源出陈荣捷①。在此意义上，"理性"实际仍作"性即理"来理解。

此两点缘由，核心其实是一点，即集中在朱熹是否出于排佛需要、避讳"理性"一词而不用，并由此影响到理学后来的概念用语。张峥论文着重对此进行了阐述，并在文献上提供了不少的论据，认为陈荣捷"因为语义重复而被删去的观点，实难成立"。

二、辟佛、避讳与语义重复理由的再思考

张峥对陈荣捷观点的驳议和否证，主要基于对版本的考察，在文献的层面是有道理的。但从义理的角度考虑，实际还涉及不少的问题：

首先，如果说朱熹是为了清除佛教痕迹、为程颐避讳而在《近思录》中删除了程颐此语，那如此论证一个暗含的预设，就是程颐对佛教的认同。但是，理学发展的实际，是程颐反佛的决心和立场并不弱于朱熹，那为何程颐自己不避讳佛教的影响？而且，在理学的初创期，佛学的影响要更大，理学家更应感受到佛教的压力和对儒学的冲击。

事实上，程颐与朱熹对佛教的态度，在某种程度上颇为相似，即他们在坚定批判佛教的同时都极力贬低佛教的理论贡献，两人对此，可以说是心灵相通。因为决定他们反佛立场的，是同一个排除异端、为往圣继绝学、树立和阐扬儒家道统的宏愿。譬如：

---

① 陈荣捷云："此下（指开头'性即理也'之下——笔者注）原文有'所谓理性是也'，《近思录》删此语，市川安司疑朱子删此语，以其有佛教意味云（《程伊川哲学研究》），页二七七）。然市川亦指出中国典籍，常用'理性'之词。吾人亦可指出，下面亦删去一语，以其赘耳（指'发而中节，则无往而不善'之后，别本如朱子《四书章句集注》《宋元学案·伊川学案》等所引此语，接着有'发不中节，然后为不善'一句——笔者注）。"见陈荣捷《近思录详注集评》，重庆出版社，2021，第59页。

程颐讲："看一部《华严经》，不如看一《艮》卦。"注曰："经只言一止观。"① 意为中国佛教的核心经典之一《华严经》，其价值还未超过儒家经典《周易》中的一卦——艮卦！因为艮卦的中心是讲"止"，并在"止"的基础上生成"思"和"心"（在这里可以归类于"观"）等，所以"止观"的问题在艮卦就讲清楚了。然客观地看，"止观"虽然是包括华严在内的佛教的基本修行实践，但《华严经》的主旨是在"一心"的基础上讲法界的无尽缘起，讲一即一切、一切即一等，程颐仅以"止观"的工夫概括《华严经》乃至整个佛教理论，只能说是其鄙视佛教的立场使然。

朱熹则更进一步，多次反复强调，佛教的所有经典，只有一部"所言甚鄙俚"的《四十二章经》是自著的，其他全都是中国文人的伪作！②

正是有鉴于此，当代著名佛学家石峻先生，虽然长期"述而不作"，但他有感于朱熹对佛教经典如此不尊重，还专门在很少有的发文中对此提出批评③。所以，在理论思维上，理学家固然是批判佛学又汲取其营养，但在维护中华道统的原则问题上，所有理学家对佛教都持敌视的立场。

---

① 程颢、程颐：《河南程氏遗书》卷六，王孝鱼点校：《二程集》，中华书局，1981，第81 页。

② 可参见《朱子语类》卷一二六谈论此一问题的多条语录。如其一："释氏书其初只有《四十二章经》，所言甚鄙俚。后来日添月益，皆是中华文士相助撰集。如晋宋间自立讲师，孰为释迦，孰为阿难，孰为迦叶，各相问难，笔之于书，转相欺诳。大抵多是剽窃《老子》《列子》意思，变换推衍以文其说。《大般若经》卷帙甚多，自觉支离，故节缩为《心经》一卷。《楞严经》只是强立一两个意义，只管叠将去，数节之后，全无意味。若《圆觉经》本初亦能几何？只鄙俚甚处便是，其余增益附会者尔。"见黎靖德编，王星贤点校：《朱子语类》，中华书局，1986，第3010 页。

③ 石峻先生称："朱熹还有反佛的另一种理论，即认为中国佛教的经典，除最早译出的《四十二章经》之外，都是中国文人伪作的。若果限于当时特别流行的各种禅宗语录，那是大体还可以这样说的，若果泛指以往整个中国的佛教，那就未免说话太不严肃了。以朱熹这样渊博的学者，为了维护儒家的'道统'，反对外来佛教的所谓'异端'，竟然也发出这种完全不顾历史事实的谎言，这就使我们对于中国思想史的研究，特别是关于宗教思想史的科学研究，不能不更加注意如何贯彻'实事求是'的精神了。"见石峻《宋代正统儒家反佛理论的评析》，《世界宗教研究》1992 年第 2 期。

其次，二程《遗书》本来是朱熹编定，那朱熹为何只是在《近思录》中因避讳佛教因素而删除"所谓理性是也"句，而在《遗书》中，却又完整地予以保留——这又不用担心受佛教影响了？这一点可能更重要。

其实，《近思录》只是指导学生阅读周敦颐、二程、张载四子著作的阶梯，学生毕竟要进入到《程氏遗书》本身，那这种避讳还有必要吗？因此，仅仅从反佛的立场论证，还不能说是充足的理由。

包括程颐、朱熹在内，理学家一方面坚定辟佛和卫护儒家道统，另一方面则是极力批判汉唐儒学的章句训诂，乃至整个否定汉学，在这一层面上，他们又相对肯定了佛教心性论的长处，这在程、朱的言谈中并不难查找，张峰文本身也已有说明，即理学家并不是一律禁绝对佛教心性论积极因素的吸取。

再次，《近思录》本来是周敦颐、二程、张载四子著作的选编本，"选编"的文体，按照常理，自然只是择其要者，语言简洁本来是题中应有之义。而无论是"所谓理，性是也"还是"所谓理性是也"，都是接着前句"性即理也"讲的，即后句"所谓理（，）性是也"是对前句"性即理也"的再说明；而既然前句已明确标举出"性即理"的理学宗旨，后句再以"所谓"句重复解释，这在"性理"说初起的程颐的时代，可能还有必要；但到朱熹所在的南宋中期，理学的概念范畴系统已普遍流行，"性理"或"理性"观念已为学者所熟知的情形下，则基本上没有必要了，自然就可以删去。在此意义上，也可认为是因文义重复而删除。那么，陈荣捷说有部分的道理。

三、从"理性"到"理即性"的推进

扩大来看"理性"问题，在《易传》"穷理尽性以至于命"的经典意义和周敦颐《理性命》章得到朱熹大力推崇的背景下，"理性"一词并无必要回避，而且它本身也有自己的存在价值。事实上，检索可知，在后来理学的发展中，"理性"二字一直在使用，虽然不及"性理"的概念流行。至于原因，或许可以再引申分析：

其一，朱熹理学的核心观点，就是继承程颐而来并发扬光大的"性即理"，故人们通常也以"性即理"作为程朱理学的代表性观点。在这里，既然性就是理，从"性"到"理"的"性理"二字合称也就水到渠成、顺畅自然。明清时期，从《性理大全》到《性理精义》，在官方统治思想的层面，都通用"性理"一词，而若谓之"理性"，则有颠倒不畅之感。如此用语的约定俗成，用佛教的语言来说，很大程度可能是"方便"的问题。当然，这不影响涉及周敦颐"理性命"之语的时候继续使用。

其二，理学的主流后来通用"性理"而不是"理性"，可能也与相应的学派有关。结合理学史的发展看，与"性理"相联系的固然是"性即理"，而从"理性"出发，则可以联系到"理即性"。后者是湖湘性学一派的理论特色，譬如胡宏的名言：

> 大哉性乎！万理具焉，天地由此而立矣。世儒之言性者，类指一理而言之尔，未有见天命之全体者也。万物皆性所有也。①

胡宏之学虽然源出于程氏一脉，但他之"万物皆性所有"和"万理具于性"的"理即性"的性本论架构，在形式上却是对二程"性即理"模式的颠覆，虽然胡宏本人尚未明确"理即性"的命题。这一命题最早是由明代薛瑄提出的。薛瑄认为：

> 万事万物，一理贯之，理即性也。……只一性，贯乎万事万物，所谓"一理浑然，而泛应曲当"也。②

朱熹曾将孔子的"吾道一以贯之"解释为"圣人之心，浑然一理，而泛应曲当"③，即"一"就是"一理"。薛瑄承袭此"一理"，但随即又将理归并入性，万事万物统贯于性，从而有"理即性也"的联系到湖湘学的观点。

---

① 胡宏：《知言·一气》，吴仁华点校：《胡宏集》，中华书局，1987，第28页。

② 薛瑄：《读书续录》卷十，孙玄常等点校：《薛瑄全集》下册，山西人民出版社，1990，第1473页。

③ 朱熹：《论语集注·里仁》，《四书章句集注》，中华书局，1983，第72页。

　　就薛瑄本人言，他既讲"理即性"，也说"性即理"，二者在他并不做严格区分而可以相通。但他在很大程度上更突出"性"的总括意义，如其断言："天地万物，惟'性'一字括尽"；"万理之名虽多，不过一'性'"①，等等。这样的概念架构，与朱熹在"性即理"的框架内讲天下无性外之物，其意义明显存在差别，而与胡宏的性具万理、"万物皆性所有"要更为相合。

　　到明末，高攀龙通过对前人学术的总结研究，将理学各系及其基本范畴归结为理、气、心、性的序列，因而要求对其相互间的关系进行认真的梳理。按他所说：

> 　　学者于理气心性，一一要分剖得明白。延平先生默坐澄心，便明心气，体认天理，便明理性。②

　　"理性"这里是与"心气"相对，为体认天理所得，逻辑上可以作为心气的根据。这说明"理性"一词虽不常用，但也继续在流行。最根本的，就是它凸显了"性"是由"理"来充实和发明的。所以，他要对此予以发明，以厘清"理性"的概念和理、性范畴的相对关系。基于此，他进一步揭示了与"性即理"有所别异的"理即性"的命题的意义。

　　他说：

> 　　人不识这个理字，只因不识性。这个理字，吾之性也。人除了这个躯壳，内外只是这个理。程子云："性即理也。"如今翻过来看："理即性也。"夫人开眼天地间，化化生生，充塞无间，斯理也，即吾性也。人只为有了这个躯壳，便隔碍了。③

---

①　《读书录》卷二，《薛瑄全集》下册，第 1053、1054 页。

②　高攀龙：《东林书院会语》，尹楚兵辑校：《高攀龙全集》，凤凰出版社，2020，第 316 页。

③　高攀龙：《东林论学语·会语四》，《东林书院志》卷六，清光绪重刻本，第 10 页。

"理即性"的命题，前已说明，不是高攀龙首先提出，薛瑄当年便已在使用。高攀龙自己对薛瑄其人其学应当是非常熟悉的，评价亦不算低①，但他似乎没有注意到这一概念史的事实。在高攀龙的眼中，认为是自己将宋以来五百年的性理学历史"翻过来"了。

天地之间，一理充塞，这是自二程而下理学家的基本立场，不同理学派别在一定程度上实际都对此予以了认可，朱熹自然是更为强调。高攀龙这里，是人因自身躯壳而隔断了天地之理与吾性的关联，不知"斯理也，即吾性也"。所以，他要强化"理即性也"的命题，希望人知道，"吾性"本来是由天人内外之理来充塞和体现的，应当从吾性去体贴天理。但也正因为如此，他的"理即性"说的重点，不仅在表明理具于性，更在强调理性同一，与前人的"理即性"说并不完全一致，而有他自身的特点。

同时，不只是理性同一，而且是理性命一致。高攀龙解《易传》"穷理尽性以至于命"时便称："理即性也，性即命也，故'穷理尽性以至于命'。"②他将理、性、命三者直接等同，三事一时，显然是受到了他声称"翻过来看"的程子的影响。如二程说：

> "穷理尽性以至于命"，三事一时并了，元无次序，不可将穷理作知之事。若实穷得理，即性命亦可了。③（程颢）
>
> 理也，性也，命也，三者未尝有异。穷理则尽性，尽性则知天命矣。天命犹天道也，以其用而言之则谓之命，命者造化之谓也。④（程颐）

二程兄弟的理性命"三者未尝有异"而"一时并了"说，当时曾受到张载

---

① 高攀龙曾为薛瑄作传，在《传》中对薛瑄一生的学识、从政经历及个人品行等进行了评述，赞赏薛瑄倡明理学和对正心诚意的坚守，并引薛瑄卒日诗"七十六年无一事，此心惟觉性天通"为归结。见《高攀龙全集》，第 639—640 页。

② 《就正录·语》，《高攀龙全集》，第 178 页。

③ 《河南程氏遗书》卷二上，《二程集》，第 15 页。

④ 《河南程氏遗书》卷二十一下，《二程集》，第 274 页。

的质疑，张载是主张三者有别、逐次递进的①。双方因之而互有论辩。

朱熹对此，是认为程、张"各是一说"，互有短长。即在朱熹这里，一方面，"理、性、命只是一物"而"横渠之说未当"；另一方面，"程子是说得快了"而"不如张子有作用"。②关键点，是他觉得应该区分圣人和常人，主体位阶不同而进路自然有别。如谓："自圣人言之，穷理尽性至命，合下便恁地。自学者言之，且如读书也是穷理，如何便说到尽性、至命处！"③这一问题再继续下去，已超出了本文的论述范围，故不详述。

回到"理即性"的命题本身。在高攀龙之后数十年，清初的李光地，同样是在"理即性"的框架下去继承朱学的，因为只讲"性即理"明显不够，因而必须要给予修补。他说：

> 程子言"性即理也"，今当言"理即性也"。不知性之即理，则以习为性，而混于善恶；以空为性，而入于虚无。不知理之即性，则求高深之理，而差于日用；溺泛滥之理，而昧于本源。性即理也，是天命之无妄也；理即性也，是万物之皆备也。④

李光地的"程子言'性即理也'，今当言'理即性也'"之说，与高攀龙当年"翻过来"的表述似乎如出一辙。这至少说明，从高攀龙到李光地，都有了区分"性即理"与"理即性"的自觉意识。李光地之所以要对"性即理"的表述予以颠倒，是因为它不完善，需要以"理即性"来予以补足。即在他，讲"性即理"是为了避免以习染为性而分不清善恶，并使"性"字落空而陷于佛老；而讲"理即性"则是因为程朱学术的流行，使得人们一方面务于高深而忽

---

① 譬如，张载云："知与至为道殊远，尽性然后至于命，不可谓一；……既言穷理尽性以至于命，则不容有不知"；"既穷物理，又尽人性，然后能至于命。"参见张载《横渠易说·说卦》，章锡琛点校：《张载集》，中华书局，1978，第234、235页。

② 《朱子语类》卷七十七、卷二十三，第1969页。

③ 《朱子语类》卷二十三，第559页。

④ 李光地：《榕村语录》卷二十六《理气》，陈祖武点校，中华书局，1995，第457页。

视日用，一方面沉溺泛滥末节而不明"本源"。

那么，结合现实弊病而有针对性地下药，就需要"性即理"与"理即性"的结合互补："性即理"重在陈述天命的真实无妄，"理即性"则突出了万物皆以性为本的理论根基，双方各有其存在的价值。从理论渊源上讲，则可谓融合了理本论与性本论、闽学与湖湘学各自的所长。

"The So-called Li, Xing" and "The So-called Li Xing"

——Reflection on the Proofreading of the *Supplement to the Complete Works of Zhu Xi*

Xiang Shiling

Abstract: There is controversy in both literature and theory regarding the two different punctuation points of Cheng Yi's quotation "the so-called Li, Xing" and "The so-called Li Xing" in the *Supplement to the Complete Works of Zhu Xi*. In practice, different theoretical directions have been extended, and which one is the correct punctuation point and truly reflects Cheng Yi's thoughts. From version to content, the concepts of "Xing Li" and "Li Xing" each have their own value in existence, and further unfold into reflections on the propositions and interrelationships of "nature that conforms to heavenly principles" and "rational nature".

Key words: Nature; Reason; Nature that conforms to heavenly principles; Rational nature

以真保善与真善一体：朱子道德实践工夫进路诠释

朱汉民　　薛建立

【摘　要】　朱子道德实践工夫进路具有理论与现实双重维度。就理论进路而言，朱子强调《大学》工夫节目次序不可乱。此工夫次序实际是一种圆成价值次第，主要体现了"只有知得真方能行得好"的理论逻辑。而由于朱子对真知的"极至"面向非常重视，这一理论进路便表现出强烈的"以真保善"倾向。就现实进路而言，朱子强调"知""行"两轮工夫交助并进，此"并进"实为"功用并进"，其主导面向乃是以"行"去"知"、反身穷理，因而呈现出"真善一体"的特征。这两方面层次不同，前者可以作为后者的理论指引，但不能与后者相混同。将两者区分开来，并指出各自显著的特点，对于还原朱子工夫论的本来面目，反向锚定朱子所论理、性、心之特性以及重新审视朱子与王阳明的关系均具有十分重要的意义。

【关键词】　朱子；格物致知；诚意；工夫进路；真知

当代学界有关朱子工夫论的研究主要集中在两个方面：一是对朱子工夫论中重要工夫节目（如涵养、格物、经典诠释）及各工夫节目间（如居敬与穷理、格物与诚意、知与行）的关系进行直接阐释，二是于比较视域下（如朱陆异同、

　　*【作者简介】朱汉民，湖南大学岳麓书院教授、博士生导师，研究方向为宋明理学；薛建立，湖南大学岳麓书院博士研究生，研究方向为宋明理学。
　　【基金项目】国家社科基金重大项目"宋学源流"（19ZDA028）。

朱王异同）对朱子工夫论进行辩护或辩难。但较少有对朱子道德实践工夫进路的整体呈现。而这方面实际上却非常重要，其本身即为朱子整个哲学思想的归结处。此方面清楚明白，不仅可直接有效地回应有关朱子工夫论的质疑，还原朱子工夫论的本来面目，更可以反向锚定朱子理气论、心性论方面的一些争议问题，例如有关理、性、心之特性的理解问题。此外，其也将有助于我们更为准确地把握朱子与阳明的关系。

本文即尝试在已有研究基础上，围绕"去人欲存天理"这一朱子工夫论的核心问题，作进一步的追问：朱子道德实践工夫进路究竟如何展开？相应地，本文的研究方法，将不只是对工夫论核心概念及其关系作哲学的分析，而是更注重工夫自身脉络的呈现。

一、朱子道德实践工夫进路的双重维度

朱子工夫论主要是依经典诠释而建立，其道德实践工夫进路也主要是通过阐述经典中各主要工夫节目间的实践关系来表达的。朱子所论主要工夫节目包括《大学》"八目"（格物、致知、诚意、正心、修身、齐家、治国、平天下）以及主敬、涵养、力行等。这些工夫节目又可简单分为"知"与"行"两轮：格物、致知属"知"，余则属"行"。[①] 因此朱子道德实践工夫进路往往又被简化为"知""行"实践关系。对于这些主要工夫节目间的实践关系，朱子有如下总体性的论述：

> 《大学》自致知以至平天下，许多事虽是节次如此，须要一齐理会。[②]

---

① 朱子所论知行范畴有广狭二义，狭义即指致知与力行，力行是针对致知而言，即将所致之知付诸践履；广义上则穷理、讲明等皆可归入"知"，《大学》"八目"后六目及主敬、涵养、集义等均可归入"行"，此"行"不必然对"知"有所要求，未"知"时亦当"行"。参看陈来著《朱子哲学研究》，生活·读书·新知三联书店，2010，第364—370页。

② 朱熹：《朱子语类》卷十五，朱杰人等主编：《朱子全书（修订本）》第14册，上海古籍出版社、安徽教育出版社，2010，第495页。

　　但细推其次序，须着如此做。若随其所遇，合当做处，则一齐做始得。①

　　知与行，工夫须着并到。……然又须先知得，方行得。②

　　这些引文明确显示出朱子道德实践工夫进路的双重维度。在朱子看来，《大学》"八目"之序是工夫自然次序，但这一次序并非现实之序，现实中"八目"常常须要一齐理会、一齐做。"知""行"关系亦复如此，朱子既强调"知"先"行"后，又强调"知""行"须并到，不可偏废。显然，工夫节次的先后之序与现实操作的一齐并到分属两个层次，前者属于理论层次上对工夫节目实践关系的抽象思考，后者属于现实层次上对工夫节目实践关系的具体把握。前者属于朱子道德实践工夫进路的理论维度，后者则属于现实维度。

　　这一双重维度的区分同样体现在朱子对具体工夫节目地位的评述中：

　　如程子云："涵养须用敬，进学则在致知。"分明自作两脚说，但只要分先后轻重。论先后，当以致知为先；论轻重，当以力行为重。③

　　《大学》之道，虽以诚意正心为本，而必以格物致知为先。④

　　在朱子看来，不同工夫节目在工夫论中的地位是有先后轻重本末的差异的：致知为先，则力行便相对为后；力行为重，则致知即相对为轻；诚意正心为本，则致知便相对为末。如果不将此处先后轻重本末的言说层次讲清楚，则难免会让人生疑：为重为本的工夫节目在工夫次第上如何不是先？实际上朱子这里言先后是在理论维度上说的，言轻重、本末则是在现实维度上说的。理论上就工夫之等级而言，致知在先，为道德实践工夫之急务；现实上就工夫之旨趣

①　《朱子语类》卷十五，《朱子全书（修订本）》第14册，第495页。
②　《朱子语类》卷十四，《朱子全书（修订本）》第14册，第457页。
③　《朱子语类》卷九，《朱子全书（修订本）》第14册，第299页。
④　朱熹：《晦庵先生朱文公文集》卷五十九《答曹元可》，《朱子全书（修订本）》第23册，第2811页。

而言，力行、诚意正心等为重为本，道德实践工夫当时时落实于此。

朱子道德实践工夫进路存在着理论与实践的双重维度，事实上，朱子学研究者对此已有注意。如陈来教授承继冯友兰先生的看法，认为朱子在论"理在气先"、工夫次第的问题时"是从理论上、逻辑上讲的，并不是指事实上的次序"。但陈教授主要是将"理论、逻辑"与"事实"这一区分运用于对"理在气先"的哲学分析上，而非工夫论上。[①] 杜保瑞教授对朱子工夫论中"本体工夫"与"工夫次第"这两个不同层级的问题进行了深入的分析。其所论"本体工夫"指的是"纯粹化主体德性意志的心理修养工夫"，而"工夫次第"指的是"对工夫操作过程中对于不同工夫概念项目之间的先后、本末、次第的讨论的问题"。本体工夫与工夫次第的区分有近于本文双重维度的区分，不过更接近的应是他所提及的"工夫次第"与"事件作为"的区分，可惜其对后者并无深论。而其阐释朱子"工夫次第"问题时既论先知后行，又论先涵养后察识、先戒惧后慎独等，如此便有混说朱子道德实践工夫进路理论维度与现实维度之嫌。[②] 吴震教授则从"工夫程序"与"工夫系统"两个层面来看朱子对格致与诚正实践关系的不同论说，这与本文所论理论与现实双重维度相一致，但他却认为朱子"工夫系统"层面所主张的诸工夫节目不是两事的观点缺乏现实的可操作性，工夫的实操仍要落在"工夫程序"上讲。[③] 如此，吴教授实际上否定了朱子"工夫系统"层面的论说。

可见，朱子道德实践工夫进路的理论与实践之双重维度仍有进一步阐释的必要：理论维度究竟是何种理论？所定工夫节次究竟是依何种逻辑？现实维度工夫进路究竟如何展开？工夫节目一齐并进是否可能？两种维度之工夫进路又各自具有什么样的特点？这些问题正是下文所欲辨明的。

---

① 陈来：《朱子哲学研究》，第112—115、366—371、375—376页。

② 参看杜保瑞：《南宋儒学》，台湾商务印书馆，2010，第331—388页。

③ 参看吴震：《朱子思想再读》，生活·读书·新知三联书店，2018，第301、316—317页。

二、以真保善：朱子道德实践工夫的理论进路

所谓朱子道德实践工夫的理论进路，即指朱子对诸主要工夫节目所进行的理论上的节次安排。上文已提及朱子所论诸主要工夫节目包括《大学》"八目"及主敬、涵养、力行等，但实际上主敬、涵养、力行等工夫节目可以被融摄进《大学》"八目"中去。朱子言："《大学》是为学纲目。先通《大学》，立定纲领，其他经皆杂说在里许。通得《大学》了，去看他经，方见得此是格物、致知事；此是正心、诚意事；此是修身事；此是齐家、治国、平天下事。"①如此，朱子道德实践工夫的理论进路便可直接以《大学》"八目"说之。不过在"八目"之中，格物与致知只是一事，"盖致知便在格物中，非格之外别有致处也"②，两者可并作一目为"格致"，因此《大学》"八目"在工夫实践上严格说来实只有"七目"。而此"七目"之序即是朱子道德实践工夫的理论进路：格致、诚意、正心、修身、齐家、治国、平天下。

然而这一理论进路何以有此工夫节目之先后次序？其所依理论逻辑是什么？

通观《大学章句》中朱子对工夫节目之先后次序的诠释，可以发现朱子是在两个层次上来谈论这一问题的：一是强调前项工夫节目对于后项工夫节目的功效价值③；二是强调后项工夫节目的不可或缺性④。前一层次主要是对前项工夫节目何以在先的说明，后一层次则主要是对后项工夫节目何以有必要在后的说明，两个层次构成了解释工夫节目先后次序问题的完整思路。而朱子在其他文本中对此问题的论说也不出以上思路。在此我们主要以朱子最为重视且论述最多的格致与诚意的次序问题为例进行说明。

---

① 《朱子语类》卷十四，《朱子全书（修订本）》第 14 册，第 422 页。

② 《朱子语类》卷十八，《朱子全书（修订本）》第 14 册，第 607 页。

③ 朱子将物格而后知至至国治而后天下平称为"次序功效"："既有恁地规模，当有次序工夫；既有次序工夫，自然有次序功效。"《朱子语类》卷十五，《朱子全书（修订本）》第 14 册，第 496 页。

④ 朱子在《大学章句》中主要论述了诚意与修身二者作为后项工夫节目的不可或缺性。

格致即是要穷究事物之理到极处，从而使心之所知得以推扩而无所不尽。诚意即是要"实其心之所发，欲其一于善而无自欺也"①，其工夫意涵主要是慎独②。格致何以在诚意之先？朱子的论说主要集中在两个方面："知至则意大体已诚"与"知至则诚意不待勉强"。

"知至"乃格致不断积累后所达至的豁然贯通境界。③ 至此境界意味着此心所发之意大体已诚，朱子言：

> "知至而后意诚"，已有八分。④
>
> 致知者，诚意之本也……致知，则意已诚七八分了。⑤

在《大学章句》中关于格致在诚意之先，朱子只是给出了一消极性阐释：知未至则意必不能诚，"盖心体之明有所未尽，则其所发必有不能实用其力，而苟焉以自欺者"⑥。而此处朱子则予以积极解释：格致为诚意之本，知至后意已能够诚得七八分，即大体已诚。知至本身已经容摄意诚许多，如此格致实际上构成了达至诚意目的即意诚的主体工夫。简言之，诚意的完成必须借重于格致。

不惟如此，诚意工夫节目自身的蜕变也离不开格致：

> "知至而后意诚"，须是真知了，方能诚意。知苟未至，虽欲诚意，固不得其门而入矣。惟其胸中了然，知得路径如此，知善之当好，恶之当

---

① 《大学章句》，《朱子全书（修订本）》第6册，第17页。

② 参看许家星《"更是〈大学〉次序，诚意最要"——论朱子〈大学章句〉"诚意"章的诠释意义》，《南昌大学学报（人文社会科学版）》2011年第1期。

③ 朱子也有以具体之物格为知至的说法："只是就小处一事一物上理会得到，亦是知至。"但不多见。《朱子语类》卷十五，《朱子全书（修订本）》第14册，第480页。

④ 《朱子语类》卷十六，《朱子全书（修订本）》第14册，第522页。

⑤ 《朱子语类》卷十六，《朱子全书（修订本）》第14册，第522页。此句中"致知"当为"知至"之误。

⑥ 《大学章句》，《朱子全书（修订本）》第6册，第21页。

恶，然后自然意不得不诚，心不得不正。①

　　但知未至时，虽欲诚意，其道无由。……知至则道理坦然明白，安而
行之。②

　　知未至时，朱子认为亦要诚意，但只有到知至，诚意才不待勉强，才成其
为自身。朱子这一思想完全继承了程子"除非烛理明，自然乐循理"③的观点。
但其又对何以不待勉强、何以乐循理有所阐发，此中关键便是指出知至后诚意
将"得其门""由其道"。知至则事物之理、是非善恶之则将坦然明白，且此明
白是灼然实见。此即意味着，通过格致，诚意同时获得了道德认知上的理性指
引与道德实践上的动力支持，其将不再勉然，而是变得自然、容易起来。

　　上述知至对于诚意功效价值的两个面向表明格致为诚意圆成自身的重要保
证。朱子正是就这一圆成价值来讲格致在诚意之先。而朱子对其他工夫节目在
先性的说明同样是就其圆成价值来讲的。比如诚意在正心、修身之先，是因为
诚意的完成即意诚是正心、修身工夫节目圆成自身的重要保证，"盖意诚则真无
恶而实有善矣，所以能存是心以检其身"④。又如齐家在治国之先，是因为"家
齐于上，而教成于下也"⑤，家齐是国治的前提。可见朱子是根据工夫节目之圆
成价值来安排工夫次第的，如此这一工夫次第实际上是一种圆成价值次第⑥。

　　以上只是朱子诠释工夫节目先后次序问题的一层面向，另一层面向则是对
后项工夫节目何以有必要在后的说明。知至后有无必要诚意？这在朱子与门人
间讨论较多。而对于坚持《大学》工夫节目次序的朱子来说，答案自然是知至

　　①　《朱子语类》卷十五，《朱子全书（修订本）》第14册，第484页。

　　②　《朱子语类》卷十五，《朱子全书（修订本）》第14册，第485页。

　　③　程颢、程颐：《二程集·遗书》卷十八，王孝鱼点校，中华书局，2004，第187—
188页。

　　④　《大学章句》，《朱子全书（修订本）》第6册，第22页。

　　⑤　《大学章句》，《朱子全书（修订本）》第6册，第23页。

　　⑥　这里借鉴杜保瑞教授"境界次第"的说法。与"境界次第"偏重就每项工夫节目完
成意义上说不同，"圆成价值次第"侧重就前项工夫节目对后项之作用上来说。参看杜保瑞
《南宋儒学》，第363—367页。

后仍有必要诚意：

> 然或已明而不谨乎此，则其所明又非己有，而无以为进德之基。①
>
> 盖"知至而后意诚"，则知至之后，意已诚矣。犹恐隐微之间有所不实，又必提掇而谨之，使无毫发妄驰。②
>
> 盖到物格、知至后，已是意诚八九分了。只是更就上面省察，如用兵御寇，寇虽已尽翦除了，犹恐林谷草莽间有小小隐伏者，或能间出为害，更当搜过始得。③

第一条引文只是说知至后若不诚意，则所获得的心体之明又将被意欲之私遮蔽。其意大体上与"自古无放心底圣贤"意思一致④，强调诚意为进德之必要条件，不能有丝毫轻忽。第二、三条引文均为董铢所录朱子晚年语。虽然第二条引文认为知至后意已诚，但"犹恐隐微之间有所不实"则表明朱子实际上对此"意已诚"仍是有所警惕怀疑的。而第三条引文直接认为知至后只是意诚八九分，仍有隐微私意需要防范克治。可见，知至后仍有必要诚意的原因大体有二：诚意为进德之必要条件，此其一般性原因；知至后仍有隐微私意存在，此其深层次原因。前者反映出成德工夫之不可已与无限性，后者反映出常人的障蔽之深与有限性，而这同样是朱子论说其他后项工夫节目存在之必要性的主要依据。

通过格致、诚意两关后，学者仍要逐节用功：正心即是要敬直、密察此心之用，使此心应物时所产生的忿懥、恐惧、好乐、忧患等情感无所滞而得其正⑤；修身则是要在身与物接时省察此身所有的亲爱、贱恶、畏敬、哀矜、敖惰

---

① 《大学章句》，《朱子全书（修订本）》第 6 册，第 21 页。

② 《朱子语类》卷十六，《朱子全书（修订本）》第 14 册，第 521 页。

③ 《朱子语类》卷十六，《朱子全书（修订本）》第 14 册，第 521 页。

④ "自古无放心底圣贤，然一念之微，所当深谨，才说知至后不用诚意，便不是。"《朱子语类》卷十五，《朱子全书（修订本）》第 14 册，第 486 页。

⑤ 《大学章句》，《朱子全书（修订本）》第 6 册，第 22 页。

等情感原则而使之中正不偏①；齐家主要在孝悌慈上做；治国主要在"与民同好恶而不专其利"②上用力；平天下则侧重于践行"絜矩之道"③。而何以必须如此，朱子解释道：

> 夫人盖有意诚而心未正者，盖于忿懥、恐惧等事，诚不可不随事而排遣也。盖有心正而身未修者，故于好恶之间，诚不可不随人而节制也。至于齐家以下，皆是教人节节省察用功。④

> 人治一家一国，尚且有照管不到处，况天下之大！所以反反覆覆说。不是大着个心去理会，如何照管得。⑤

我们实可以顺着"意诚而心未正""心正而身未修"说下去，直到"国治而天下未平"。而这正是须要工夫节节省察、照管的根本原因所在。对于朱子来说，意、心、身分属不同层次，家、国、天下亦分属不同层次。不同层次有其特有的工夫内容要做，前项工夫节目的完成虽然可以为后项工夫节目提供圆成价值，但不能替代之。意为心之所发，"意有善恶之殊，意或不诚，则可以为恶。心有得失之异，心有不正，则为物所动，却未必为恶"⑥，如此即使意诚却并不能保证心不为外物所动。心相对于身属于内，"忿懥之类，心上理会；亲爱之类，事上理会"⑦，言身则已紧密关联着事而论，如此即使心正也难以保证此身待人接物时所持情感原则没有任何偏颇。身虽已涉事，而家、国、天下则愈加推阐开来，其事越来越多，如此便又须层层理会、照管。可以说，通过对知至后各工夫节目特定内涵的肯定，朱子构筑了一张极为严密的防范、克治隐微私意的工夫之网。

---

① 《大学章句》，《朱子全书（修订本）》第 6 册，第 22 页。
② 《大学章句》，《朱子全书（修订本）》第 6 册，第 28 页。
③ 《大学章句》，《朱子全书（修订本）》第 6 册，第 24 页。
④ 《朱子语类》卷十六，《朱子全书（修订本）》第 14 册，第 548 页。
⑤ 《朱子语类》卷十六，《朱子全书（修订本）》第 14 册，第 565 页。
⑥ 《朱子语类》卷十六，《朱子全书（修订本）》第 14 册，第 532 页。
⑦ 《朱子语类》卷十六，《朱子全书（修订本）》第 14 册，第 542 页。

以上便是我们对朱子道德实践工夫理论进路两层意涵的说明。朱子既强调前项工夫的在先性，又强调后项工夫节目的不可或缺性，其所论理论进路实际上是一种圆成价值次第。那么这一圆成价值次第折射出的是何种理论逻辑？如果只是将理论进路中诸工夫节目大体上分为"知""行"两节，即格致属"知"，其余属"行"，那么诸工夫节目的圆成价值次第即可简化为"知"先"行"后。此即意味着"知"是"行"圆成的前提，"但以为必知之至，然后所以治己治人者始有以尽其道耳"①，而这实际上体现的就是日用生活中"只有知得真才能行得好"的理论逻辑。

不过，朱子对此理论逻辑的遵循自有其特点，这主要体现在其对"知得真"的独特理解上。对于朱子来说，由格致而来的"知识"并非一般的口耳记诵之学，而是"真知"：

> 人各有个知识，须是推致而极其至。不然，半上落下，终不济事。须是真知。②
>
> 致知者，须是知得尽，尤要亲切。……知之者切，然后贯通得诚意底意思，如程先生所谓真知者是也。③

前一条引文强调真知的"极至"面向，即要求穷理到极至，"众物之表里精粗无不到"④。后一条引文则强调真知的"切至"面向，认为通过格致所获得的知识应当是真切着实的。欲达到真知之"极至"，必然强调此心之道德认知作用及对各种道德知识的学习，欲达到真知之"切至"，必然强调此心的内在道德体验与此身的切实道德践履；"极至"乃言知之"真"（与粗略错漏相对），"切至"乃言知之"善"（与虚伪无实相对）；而真知便是兼"极至""切至"而言，可谓

---

① 《晦庵先生朱文公文集》卷四十二《答吴晦叔》，《朱子全书（修订本）》第 22 册，第 1915 页。

② 《朱子语类》卷十八，《朱子全书（修订本）》第 14 册，第 597 页。

③ 《朱子语类》卷十五，《朱子全书（修订本）》第 14 册，第 481 页。

④ 《大学章句》，《朱子全书（修订本）》第 6 册，第 20 页。

"真善一体"。儒学本是为己之学，因而真知的"切至"面向一向为儒者们所共认，但对于真知是否须要"极至"往往并无硬性要求。对于大部分儒者来说，一个真知孝悌者不必然对孝悌的当然与所以然之理全然清楚明白。然而朱子却将此心道德认知的全然作用作为真知之必要条件，此实为其真知观与众不同之处。

因此，"以真知保障道德善的圆成"在朱子这里便可分为两个面向：以真知之"切至"保障道德善的圆成与以真知之"极至"保障道德善的圆成。简言之，即以"善"保善与以"真"保善。以善保善强调道德善的圆成离不开道德体验与切实践履，以真保善强调道德善的圆成离不开道德知识的广大精微。而后者正是朱子所遵循的理论逻辑"只有知得真方能行得好"特色之所在。同时，这也构成了朱子道德实践工夫理论进路的显著特点。

三、真善一体：朱子道德实践工夫的现实进路

在部分儒者尤其是心学一系的儒者那里，道德实践工夫的理论进路即是现实进路。阳明以致良知穿并未发已发、《大学》八目，时时处处要致良知，其理论进路与现实进路是同一的。但在朱子这里，理论进路与现实进路并不一致：理论进路主要指出各工夫节目之理序及其自身之必要性，而现实进路则是在理论进路的指引下工夫的切实展开。

虽然在理论进路中，可以将格致工夫单独而论，强调格致的在先性，但在现实进路中，并没有独立的格致工夫存在。格致工夫必须与其他工夫节目协同并进才能成就自身，反之亦然。朱子言：

> 穷理涵养，要当并进。盖非稍有所知，无以致涵养之功；非深有所存，无以尽义理之奥。正当交相为用，而各致其功耳。①
>
> 知与行须是齐头做，方能互相发。程子曰"涵养须用敬，进学则在致

---

① 《晦庵先生朱文公文集》卷四十五《答游诚之》，《朱子全书（修订本）》第 22 册，第 2061—2062 页。

知"，下"须"字"在"字，便是皆要齐头着力，不可道知得了方始行。①

"知""行"两轮工夫在现实中须要"并进""齐头做"，"齐头着力"，只有这样，才能实现交相为用，交相发明。正是在这个意义上，吴震教授指出，在朱子那里"《大学》的整套工夫构成了彼此不可或缺、环环相扣的有机联系，任何一项工夫的落实推动，必已包括其他的工夫实践"②。

但究竟如何做到两轮工夫的交助并进？是同时入手做这两轮工夫吗？这着实很难想象。这一现实进路的"困境"使得吴震教授尽管认为"格物诚意不是两事"乃朱子工夫论的终极之论与出彩之处，但却对朱子那里如何真正实现两者的并进、贯通深有疑虑，"朱熹的这个设想似乎只是向我们表明了一种理论可能性"③。

其实不然。虽然朱子对于现实进路的论述相比较于理论进路有不甚清晰之处，但并非不可理会。实际上"并进"是很平实的，可以根据工夫重心之不同区分为两种情形。当所遭情境需要以"知"轮工夫为重心时，其首先便要承认现实工夫进路中"行"轮工夫的"合下在先"性，朱子即言："涵养是合下在先"④，"《大学》须自格物入，格物从敬入最好"⑤。然后以"行"轮工夫为基础去做"知"轮工夫，"却将个'尊德性'来'道问学'"⑥，"伊川多说敬，敬则此心不放，事事皆从此做去"⑦。能够如此，则"知""行"两轮工夫自然并进，如此这一并进实质上便是"功用并进"，而非入手处起即并行做两种工夫。

而当所遭情境需要以"行"轮工夫为重心时，无论是未发戒慎恐惧，还是已发慎独、诚意、正心等，均是已有所知，亦即做"行"轮工夫时，"知"轮工

---

① 《朱子语类》卷一百一十七，《朱子全书（修订本）》第18册，第3687页。
② 吴震：《朱子思想再读》，第316页。
③ 吴震：《朱子思想再读》，第316页。
④ 《朱子语类》卷十八，《朱子全书（修订本）》第14册，第613页。
⑤ 《朱子语类》卷十四，《朱子全书（修订本）》第14册，第443页。
⑥ 《朱子语类》卷六十四，《朱子全书（修订本）》第16册，第2138页。
⑦ 《朱子语类》卷十八，《朱子全书（修订本）》第14册，第613页。

夫之功用已在其中，此时可谓以"知"来"行"，其并进依旧是一种"功用并进"。而当做"行"轮工夫受阻或需进一步圆成自身破除勉然的工夫状态时，其便会自然去做"知"轮的工夫，也即又要以"行"去"知"。如此以"知"来"行"与以"行"去"知"便构成一工夫上的良性循环。

在现实进路中，"知""行"两轮工夫之交助并进往往呈现为以上两种具有偏正结构的用功方式。然而由于朱子格致在先、以真保善的理论进路规定，以"行"去"知"实际上构成了两轮工夫交助并进的主导面向。而这种偏正结构最显著的体现便是朱子特为强调的"反身穷理"。

在朱子看来，反身穷理是其所论格致之学与世俗博洽之学相区别的主要特征，"此以反身穷理为主，而必究其本末是非之极至；彼以徇外夸多为务，而不核其表里真妄之实"①。那如何是反身穷理？当门人这样问时，朱子答道："反身是着实之谓，向自家体分上求。"②可见，反身穷理即着实穷理，穷理要见到实处，此实处恰非外指，而是指"自家体分"：

> 惟致知，则无一事之不尽，无一物之不知。以心验之，以身体之，逐一理会过，方坚实。③
>
> 入道之门，是将自家身己入那道理中去。渐渐相亲，久之与己为一。④

通过心验身体去理会，所得知识方为真切坚实，久而久之，便可心与理一。由此可见，穷理不单单是一种理智探究活动，其更具有反身向度。"穷理"的真实意涵即为"反身穷理"。即如读书穷理，朱子所论并非像心学学者所批评的那样只是先"知"，先做文本义理的理性思考。朱子言："读书，不可只专就纸上求理义，须反来就自家身上（以手自指）推究。"⑤"读书穷理，当体之于身。……

---

① 《大学或问下》，《朱子全书（修订本）》第 6 册，第 532 页。
② 《大学或问下》，《朱子全书（修订本）》第 6 册，第 532 页。
③ 《朱子语类》卷十五，《朱子全书（修订本）》第 14 册，第 482 页。
④ 《朱子语类》卷八，《朱子全书（修订本）》第 14 册，第 288 页。
⑤ 《朱子语类》卷十一，《朱子全书（修订本）》第 14 册，第 337 页。

不然，则随文逐义，赶趁期限，不见悦处，恐终无益。"①朱子明确反对只在纸上求理，强调读书要能"就自家身上讨"，"体之于身"，这样才能将文本义理落实到自家身心上来而有理义之悦。如此，读书不单单是读书，"同时即是心地工夫"②。

当我们真切理会到朱子所论格物穷理的反身向度后，即能明了格物穷理缘何能够"才明彼即晓此"③。面对外界对格物穷理偏于外的质疑，程、朱的一个主要回应便是认为格物穷理本是"才明彼即晓此"、即外即内、虽外而内的。这一提法当然有其宇宙本体论方面的基础，即理一分殊。但就现实进路来说，格物穷理缘何能够即外而内呢？难道是一提便省觉吗？程、朱当然不会同意这样的讲法，因为常人的气质障蔽很深，即使告知相关道德知识，也难以有对本具天理的真切"回忆"。而现在我们明白其主要原因正在于格物穷理本身并非单纯的理智思维活动，而是同时具足反身性的。能够反身，虽是在事事物物上穷理，但所穷之理当下即内在化，当下即是对本具天理的焕活。

"才明彼即晓此"说明格致所得之理断非一般意义上的道德知识，而是道德切身知识，亦即真知。但若要达到更高层次的知至境界，尚须积累多后，豁然贯通方可。朱子言："是以《大学》始教，必使学者即凡天下之物，莫不因其已知之理而益穷之，以求至乎其极。至于用力之久，而一旦豁然贯通焉，则众物之表里精粗无不到，而吾心之全体大用无不明矣。此谓物格，此谓知之至也。"④此一过程便是由博而约、下学上达的过程。

根据理论进路，知至后尚有诚意、正心、修身等工夫节次，但就现实进路来说，此后的每一工夫节次依旧是交助并进的。如知至后做诚意工夫，其实已经转到以"知"来"行"上，并且此时还要兼做正心、修身等工夫，更是要在

---

① 《朱子语类》卷十一，《朱子全书（修订本）》第 14 册，第 331 页。

② 钱穆：《朱子学提纲》，生活·读书·新知三联书店，2014，第 176 页。关于朱子读书穷理的反身向度，可进一步参看朱汉民《实践—体验：朱熹的〈四书〉诠释方法》，《中国哲学史》2004 年第 4 期。

③ 《朱子语类》卷十八，《朱子全书（修订本）》第 14 册，第 607 页。

④ 《大学章句》，《朱子全书（修订本）》第 6 册，第 20 页。

一旦发现意有未诚时，即转向以"行"去"知"、反身穷理，"至于有所未诚，依旧是知之未真。若到这里更加工夫，则自然无一毫之不诚矣"[①]。

至此，我们即可大体明了朱子道德实践工夫现实进路是如何展开的。而这里面最为瞩目，同时也是最为重要的环节便是朱子对反身穷理的强调。可以说，反身穷理充分彰显了朱子工夫论"真善一体"的特点。学界已有学者敏锐地注意到朱子工夫论"真善一致"的特点，如陈来教授认为："在朱熹的体系中，真善一致，格物穷理既是明善的基本途径，也是求知的根本方法。"[②]但其主要是就格物穷理的主要目的（明善与求知）来说，而我们这里讲"真善一体"，则就格物穷理工夫本身来说。格物穷理实为反身穷理，其之所以是真善一体的，乃在于其同时具足穷理向度与反身向度。穷理向度指向分殊之理，指向事事物物"表里精粗无不到"的道德知识，由此可言格物穷理具有道德认知作用之"真"。但此穷理向度同时具有反身性，反身向度指向道德体验与道德践履，其使得我们更容易领会道德认知作用之真，并能即此道德认知作用之真当下焕活内心本具天理之善，由此可言格物穷理具有道德本心作用之"善"。可以说，反身穷得一分事物之理，此心便知得一分，其善即能成就得一分。穷理之真与修德之善统一于反身穷理之中。

余　论

本文重在从整体上把握朱子的工夫论思想，力图阐明朱子道德实践工夫的整体进路。朱子道德实践工夫进路具有理论与现实双重维度。就理论进路而言，朱子强调《大学》诸工夫节目次序不可乱。此工夫次序实际是一种圆成价值次第，前项工夫节目是后项工夫节目圆成自身的前提。整体上看，此圆成价值次第主要体现了"只有知得真方能行得好"的理论逻辑。而由于朱子对真知之"极至"面向非常重视，这一理论进路便表现出强烈的"以真保善"倾向。就现实进路而言，朱子强调"知""行"两轮工夫的交助并进。此"并进"实为"功

---

① 《朱子语类》卷十六，《朱子全书（修订本）》第14册，第522页。

② 陈来：《朱子哲学研究》，第344页。

用并进"，且依工夫情境之不同而呈现为两种具有偏正结构的用功方式，即以"行"去"知"与以"知"来"行"。前者为交助并进的主导面向，其显著体现便是朱子特为强调的"反身穷理"。反身穷理兼具穷理与反身向度，既重道德认知作用之"真"，又重道德本心作用之"善"，充分体现了朱子工夫论"真善一体"的特征。当然此"真善一体"是绽开了的真善一体，是"以真保善"特征下的真善一体。而"以真保善"又是在"真善一体"基础上而论。两者在朱子这里密不可分，理论进路与现实进路均具有这两方面特征，只不过侧重表现不同。

将朱子道德实践工夫的理论进路与现实进路区分开来，并指出其各自显著的特点"以真保善""真善一体"，其意义主要体现在以下三个方面：

第一，可以防止因混同理论进路与现实进路而对朱子工夫论进行误读。朱子学受到世人尤其是心学学者批评最多的便是外心求理、先知后行、知行二分所导致的义外支离，而与这一批评相应的工夫征验便是认为朱子所论格致与诚意难以贯通，最为著名的便是阳明所质疑"纵格得草木来，如何反来诚得自家意？"[1]牟宗三先生亦言："然知至而意不必诚，此其义终难通。"[2]而吴震教授在《朱子思想再读》中也对朱子"格物诚意不是两事"的说法进行质疑。这些批评若是针对朱子后学流弊而言，自是无可厚非，因为朱子后学许多人确实误读了朱子，而世人常因朱子后学流弊批评朱子，不免对朱子有所误读。此误读的关键便在于将朱子所论理论进路作现实进路看，且依此看法对朱子原本的现实进路作泛认知主义的解读。其没能看到理论进路中的格致在先不过是对道问学于尊德性之必要性与重要性的强调而已，这是不能够作为独立的工夫节目运用于现实之中的，而在现实进路中，却是往往要以"行"去"知"、反身穷理的。现实进路的显著特点"真善一体"表明朱子的工夫论绝非一种"泛认知主义之格

---

① 陈荣捷：《王阳明〈传习录〉详注集评》，华东师范大学出版社，2009，第317条，第220页。

② 熊十力：《答牟宗三问格物致知书》，吴闲选编：《阳明心学得失论》，崇文书局，2019，第59页。

物论"①。

第二，能够反向锚定朱子所论理、性、心之特性，有助于平息相关学术争议。自牟宗三先生提出朱子所论理、性只存有而不活动，心属于气以来，赞同者有之，反对者有之，争论不休。本文无心在理气论、心性论方面辨析此问题，而只就其工夫论来作反向省察。就朱子工夫论而言，其所穷之理并非道德知识，而本就是处于大化流行中的分殊之理，道德知识不过是一种重要的凭借，而经过对它反身穷理，留存于心中的乃是焕活之理。并且经过豁然贯通而知至意诚后，对理一亦有所体知。此时心中不仅有理一，亦有分殊之理，而且皆无凝滞化、现成化、理论化的倾向，这是实然沛然的，具足当下实行化的倾向。由此可见，朱子工夫论中的天理终究是要落在"理气不离"的层次来论的，其不只存有，且已然在活动之中。再看朱子工夫论下心的特性。如果能认识到在现实进路中朱子所论格物穷理实为反身穷理，则其穷理工夫便不能被单单视作道德认知活动，而是已有道德体验、道德践履在其中，此心能做道德体验、道德践履，而后又能豁然贯通以实现理一，则此心实难仅以"气心"而论。朱子认为心为气之灵觉，"灵觉"当是理与气合而有的功能②，"灵"不仅体现在理智认知上，亦体现在道德体知方面。

第三，可以帮助我们重新审视朱王关系。学界有关朱子与阳明的关系可以简略分为两种：一种是视阳明学乃朱子学之对反，此以牟宗三先生为代表。牟先生分宋明理学为三系，陆王一系与五峰蕺山系为正宗，程朱一系别子为宗。另一种则视阳明学乃朱子学之传承与发展，此以钱穆先生为代表。钱先生反对理学心学之分，以为朱子学同样是心学③，而且以阳明为理学之克家肖子④。根据本文对朱子道德实践工夫进路，尤其是现实进路的揭示，我们应当承认朱子的

---

① 牟宗三：《心体与性体》（下），《牟宗三先生全集》第7册，联经出版事业股份有限公司，2003，第433页。

② 杨祖汉教授对此有较为详细的阐释，参看杨祖汉《朱子心性工夫论新解》，《嘉大中文学报》2009年第1期。

③ 钱穆：《朱子学提纲》，第49、134—135页。

④ 钱穆：《阳明学述要》，九州出版社，2010，第51页。

理学工夫实乃心学工夫。之所以如此说，是因为朱子的格物穷理工夫本具反身向度，虽是在事事物物上穷理，但同时亦是在心上做工夫。当然，相比阳明致良知的心学工夫，朱子格物穷理工夫具有"以真保善"的显著特征，因而理性主义色彩浓厚。

"Protecting Goodness with Truth" and "The Integration of Truth and Goodness": an Interpretation of Zhu Zi's Moral Practice

Zhu Hanmin   Xue Jianli

Abstract: The way of Zhu Zi's moral practice has both theoretical and practical dimensions. As far as the theoretical way is concerned, Zhu Zi stressed that the sequence of the Gongfu items of *The Great Learning* should not be disordered. In fact, this order is arranged according to the value of achieving others, which mainly embodies the theoretical logic that "you can do well only if you know of the truth well". Because Zhu Zi attached great importance to the "extreme" aspect of true knowledge, this theoretical way showed a strong tendency of "protecting goodness with truth". As far as the realistic approach is concerned, Zhu Zi emphasized the parallel progress of "knowledge" and "action". This "parallel progress" is actually "functional parallel progress", and its dominant content is to "know" with "action", and study the truth with the heart, thus showing the characteristics of "the integration of truth and goodness". The levels of these two aspects are different, and the former can be used as a theoretical guide for the latter, but it should not be confused with the latter. It is of great significance to distinguish the two and point out their remarkable characteristics, which is of great significance to restore the true face of Zhu Zi's Gongfu theory, to redetermine the characteristics of Zhu Zi's Li (理), Xing (性) and Xin (心), and to re-examine the relationship between Zhu Zi and Yangming.

Key words: Zhu Zi; to study the objects and gain the knowledge; to accumulate the sincerity; the way of Gongfu; true knowledge

两居同安，已自不同

——朱子同安时期思想的艰辛转折

田智忠[*]

【摘　要】　朱子在两居同安期间，在思想上完成了从出入佛老到一意归本儒学的重大转折，故朱子在此期间的思想发展历程值得深入研究。与朱子在同安期间相关的传世文献较少，更需对其详加甄别。比较而言，学界对于朱子此时出入佛老的讨论较多，所使用的资料亦颇为杂乱。本文从对相关基础材料的考辨出发，重新梳理朱子两次停留同安时期的思想发展历程。朱子两居同安的近五年经历，有一个从迷茫未来、泛滥三教、不耐凡俗而逐渐向儒学靠拢的大趋势。朱子两居同安的思想演变是因，而其在1158年中一意归本儒学是果，因此朱子两居同安时期是其完成思想巨大转变的关键期。

【关键词】　同安；《牧斋净稿》；《大同集》；李侗

朱子早年思想发展历程上的首次重大转折，与同安实有关联。就此而言，说朱子主簿同安是其学术大方向的决定期，亦不为错。但或是因为资料有限，学界对于朱子主簿同安时期的研究并不充分。因此，从对相关基础材料的甄别考辨出发，重新审视朱子主簿同安时期在其整个学术发展历程上的意义，就很

＊【作者简介】田智忠，北京师范大学哲学学院教授，研究方向为宋明理学、朱子学。

有必要了。

朱子的这一思想转折，是指从出入佛老，强调三教可通，到一意归本儒学的转变。朱子实现上述转变，与其师李侗的反复叮咛告诫是分不开的。但朱子完成上述转变之地却是同安：1153 年中，朱子在其赴任同安主簿的路上顺路拜访李侗，这是二人的初次会面。李侗虽对朱子多有教诲，但并未促使朱子实现上述的转变。朱子随后在同安度过了三年颇为彷徨矛盾的时光。1156 年底朱子短暂返回闽北，并在次年春返回同安进行职务交接。途中朱子再访李侗，并正式师事李侗。会谈中李侗告诫朱子要加强身心涵养。朱子随后到达同安，开启半年多的蛰居生活。而其一意归本儒学就在其师事李侗后不久，实际正是其第二次在同安逗留之时。因此可以说，朱子思想的这一转折基本上与其再居同安的历程同步。朱子次年返回闽北之际的作品，显示其此时已经一意归本儒学。如此，比较朱子两次驻留同安时的心路历程，是我们考察朱子上述思想转变的必要手段。

目前学界对于朱子早年思想发展阶段的界定并不明确，通常多是以朱子正式师事李侗作为节点，认为朱子师事李侗后即开始频繁交流，而朱子也很快就一意归本儒学。但事实上，朱子在师事李侗之后随即进入了滞留闽南半年多的生涯，与李侗并无多少沟通。我们对朱子这段时间活动的考察是不够的。因此，本文将朱子在 1158 年返回闽北后开启与李侗的密接书信交流作为节点，认为这是朱子已一意归本儒学的明确标志，此前皆可算是朱子早年思想发展的历程。如此，则是将朱子第二次驻留同安之时视为是朱子在李侗的教导下，逐渐走出佛老影响的过渡阶段，而朱子两驻同安就都纳入了我们的考察视野。朱子的早年思想发展历程，又可大致分为朱子亲受父亲朱松教导期（朱子 14 岁之前）、师事武夷三先生期（朱子 19 岁之前）、科场高中后等待任职的自由生活期（朱子 24 岁之前）、主簿同安期和第二次驻留同安期这几个阶段。其中，朱子两次驻留同安时期正是其由出入三教到逐渐向一意归本儒学转折的关键期，也是我们考察的重点。

笔者以为，对朱子此阶段思想发展历程的考察仍当以朱子自己的文献为主，而对相关文献的使用要非常谨慎，避免出现因使用文献不当而考察失实的情况，故本文将考辨基础材料置于优先的地位。此外，虽然李侗在促进朱子实现上述思想转变上发挥了巨大的作用，但朱子在 1153 年初次拜访李侗后，直至四年后返回闽北之前，两人因山水相隔并没有多少实质性的联系。因此，我们不应高估李侗对于朱子第一次驻留同安期间的影响，朱子真正走出佛老的影响，当在其正式师事李侗之后。

一、对相关基础文献的考察

朱子主簿同安时期留下的直接文献并不多，我们展开相关研究的可靠资料主要有：《朱子语类》与《朱子文集》中的相关条目、《牧斋记》及其手订《牧斋净稿》中 1153 年夏到 1155 年中的诗作、后学所编的《朱子大同集》。此外，学界尚多引用部分佛老文献或地方志文献以扩充文献考察的范围。不过，对这类文献的使用更要注意间接文献的效力，严格遵循孤证不立的原则。

这里需要注意的是宋刻本《朱子大同集》（以下简称《大同集》）①。《四库全书总目提要》谓其"宋陈利用编，明林希元增辑……是集皆朱子官同安时所作……诗文皆'全集'所载，问答亦'语录'所收，别无新异，徒以贤者所莅，人争攀附以为重，故同安之人哀刻以夸饰其地，实不足以尽朱子，而朱子亦不借此表章也"。② 陈利用为朱子后学，其所编《大同集》又在《晦庵先生朱文公文集》的《别集》之前，本该较为准确。因此，虽然此书确实"别无新异"，但对于我们研究"朱子在同安"这一特定主题而言，当最有意义。但问题是，我们并没有在《大同集》中发现陈利用亲口确认"是集皆朱子官同安时所作"之语。倒是该书的孔公俊序中有"文公筮仕，尝五年簿领于兹，时所著诗文若干卷，门人陈光卿（即陈利用）辑录成编"的表述，而明儒林希元在增补该书时

---

① 《晦庵先生朱文公文集》之别集中收录有《大同集》的部分文稿，且明确标注这些文献来自《大同集》，可知《大同集》的编订时间要在传世本《晦庵先生朱文公文集》之《别集》的成书之前。

② 纪昀总纂：《四库全书总目提要》卷一百七十四，集部，别集类，存目，河北人民出版社，2000，第 4582—4583 页。

所作的序中，也言"《大同集》者，集朱子簿同时之文也"①，似乎这并不是什么问题。对此，尹波已经在其《〈朱文公大同集〉考略》一文中指出："此集所收非止朱子官同安时所作，而是包括内容与同安相关之作，时间自绍兴二十三年至绍熙年间，涵盖了朱子之大半生。"②尹先生的判断完全正确，也提示我们对《大同集》的引用尤当谨慎。仅举几例书中收录却并非朱子主簿同安时的作品。例一：该书卷三所收《题画像自警》："从容乎礼法之场，沉潜乎仁义之府，是予盖将有意焉，而力莫能也。佩先师之格言，奉前烈之余矩，惟暗然而日修，或庶几乎斯语。"但是该文的另外传世版本中则又有"绍熙五年孟春良日"或"绍熙元年孟春良日"的不同提款，则该文当为朱子晚年之作，显非朱子主簿同安期间之作。例二：该书卷一所收《日用自警》："圆融无际大无余，即此身心是太虚。不向用时勤猛省，却于何处味真腴？寻常应对尤须谨，造次施为更莫疏。一日洞然无别体，方知不枉费功夫。"此诗朱子文集中则作《日用自警示平父》，系朱子写给项安世（平父）之作，朱子与项安世的最初交往在1175年前后③，故此诗亦必非朱子居同安时的作品。例三：著名的《寻芳》诗，在《大同集》中则作《和胡先生寻芳》，"胡先生"当指胡宪，则此诗亦非朱子居同安时的作品。例四：《两绝句送顺之南归》，文中有"校罢《遗书》却归去"之语，显然与朱子托许顺之对二程《程氏遗书》的整理有关，这首诗亦非朱子居同安时之作。如此，则《大同集》中的很多资料都不应作为我们考察朱子在同安时期思想的基本材料。

关于朱子在同安期间的文献，《大同集》中还收录有相当数量策问性质的文字：《堂补课试一十二道》《策问一十二道》《策问九道》《论策一道》，这些文献又皆收入《朱子文集》卷七十四中。《大同集》的编者认为这些文献也是朱子在同安时期的作品，笔者基本认同上述判断。在这些策问中，有一题明确提及"泉之为州旧矣"，显然与闽南直接相关，必为朱子第一次在同安时的作品。另

① 尹波：《〈朱文公大同集〉考略》，《文学遗产》2017年第3期。

② 尹波：《〈朱文公大同集〉考略》，《文学遗产》2017年第3期。

③ 黄宽重：《孙应时的学宦生涯——道学追随者对南宋中期政局变动的因应》，中国友谊出版公司，2021，第246页。

外我们注意到，朱子的文集在收录朱子在白鹿洞书院时期的策问时，都明确标注了"白鹿洞"字样，则这些材料为朱子在同安时期文字的可能性极大。这批策问，广泛涉及时政问题（取士之法、台谏问题）、祭祀问题、经学问题、三代学校制度、左丘明、孔子（含《论语》问题）、《大学》之序、孟子、庄周、荀子、汉代专门之学、韩愈、瑞应问题，这些问题话题广泛，并不限于二程学统之内。其中，除庄周的提问涉及庄子与儒学的关系问题外，皆与佛老无关。这批文献也是我们研究朱子在同安时期思想发展的重要素材。

总之，我们在使用《大同集》中的文献来考察朱子主簿同安时期的思想动态上，尤需对所用材料做出考辨，万不可以讹传讹。

比较而言，《牧斋净稿》出于朱子手订，且诸材料的编年信息相对完备，可信度较高。关于《牧斋净稿》的来历，《朱子文集》卷一的《题谢少卿药园二首》下有注云："自此诗至卷终，先生手编，谓之《牧斋净稿》。"《牧斋净稿》的这批诗作皆有编年，作于 1151 年到 1155 年之间，在时间上跨越了朱子独居牧斋期间和居于同安的前两年，大可放心引用。朱子后学王柏亦提出：

> 先生之诗见于"文集"者止十卷，每病其比次失伦、裒定纷错，无以考其岁月之后先，因以验其进退之序：首卷虽先生手自删取，名《牧斋净稿》，然实少年之作也。今观《远游》一篇，已见其规庑之大、立志之坚，既有以开扩其问学之基矣。其次卷，则自同安既归，受业于延平之后，时年二十有八。自是往返七年，豁然融会贯通，而寄兴于吟咏之际，亦往往推原本根，阐究微眇，一归于义理之正，尽洗诗人嘲弄轻浮之习。其挽延平，时年三十有四，诵其本本存存之句，亦可验其传河洛之心矣。①

王柏认为《牧斋净稿》是朱子"少年"之作，其实无据，因为《远游》一篇并不在《牧斋净稿》的范围内。同时，王柏认为《朱子文集》次卷所收诗歌为朱子受业于延平后七年间的作品，这一判断也可商榷。如，多人引用的《教

---

① 王柏：《鲁斋集》卷十三《朱子诗选跋》，四库全书第 1186 册，北京出版社，2012，第 202 页。

思堂作示诸同志》即收入《朱子文集》卷二当中，这首诗显然是朱子在同安时期的作品。如此，则《朱子文集》卷二中是否收录了朱子在 1156 年居同安时的作品，亦未可知。

　　《牧斋净稿》是我们目前可见朱子最早的一批文献，可与《朱子语类》《朱文公文集》《朱子大同集》中的部分可信资料形成互补，成为我们研究朱子主簿同安时期心路历程的文献保证。

二、《牧斋净稿》所显示朱子第一次赴同安时的复杂心态

　　以前述相对可靠的文献为基础，我们可以大致梳理出朱子两次赴同安时的活动历程：朱子第一次赴同安任，于 1153 年 5 月从闽北老家出发，中途又至延平拜访李侗，这是二人的初次会面，相谈的话题多见于《朱子语类》等文献当中。朱子于 1153 年 7 月中到达同安，至 1156 年 11 月底任满后返回闽北老家；朱子在 1157 年 3 月，再赴同安进行职务交接，直至 10 月后才得以返乡[1]。值得注意的是，朱子正式师事李侗的时间节点，当在其 1157 年春再赴同安路过延平之时，由此开启与李侗的思想交流并迅速走上远离佛老的进程。本文重在考察朱子两赴同安的心路变化。

　　朱子在第一次停留同安期间，表现出强烈的出入佛老倾向，这是其此前五年中出入佛老经历的延续，但因公务繁忙、苦读典籍等原因，朱子真正投入佛老身心实践并不多。

　　朱子早在师事武夷三先生（胡宪、刘勉之、刘子翚）时期，已经在刘子翚（号病翁）处初见禅僧道谦，是年约十五六岁，随后开启了历时十多年的出入佛老之旅（但他在此期间并未放弃苦读儒家典籍，此前已进入"十年辛苦抱遗经"的苦读生涯）。不过，朱子在三先生处主要是在系统接受科举教育，以至于在数年后即已科场高中，故苦读儒学典籍仍是朱子师事三先生阶段的主流。

　　在经历了科举高中后两年左右的游历生涯后，朱子回到闽北老家等待任

---

　　①　陈国代：《朱熹在福建的行踪》，作家出版社，2007，第 219 页。朱子究竟何时返乡，传世文献并无明确记载，大致在 1157 年底。

职，并名其居所为"牧斋"，进入独居"牧斋"等候任职的三年生涯。朱子这三年生活相对自由，也是其泛滥三家、无书不读的时期。朱子也用《牧斋净稿》前半部分记录了其独居"牧斋"三年的心路历程，这些诗作中较少提及儒学思想，反而多是出入佛老之作，故束景南乃有"一部《牧斋净稿》，不过是朱熹师事道谦诗写的'实录'，留下了他的学佛习禅由高潮转向低潮的发展轨迹"[①]的说法。不过，《牧斋净稿》所收前三年的作品中，朱子对"学仙"的兴趣要远远大于"习禅"，束先生费尽心力，也只是从《牧斋净稿》中找到一首诗可以作为朱子从道谦学禅的例子，而与"学仙"有关的作品则超过十篇。

朱子在1153年五月赴同安任途中，首次拜访李侗，而在初访李侗的路途中，朱子写下了著名的《过武夷作》，提及"夏木纷已成……不学飞仙术，累累丘冢多"，有明显的希求仙佛的迹象，难怪朱子随后与李侗会谈时会提及三教可通的问题。据《朱子语类》的记载，朱子初见延平，所谈多为深受道谦影响的禅语，且认为此与儒学相通，李侗则"只说不是"，意谓此论非儒学正理。朱子反而怀疑李侗"理会此理未得"，向李侗再三质问，李侗则告诫朱子"只教看圣贤言语"。朱子虽仍执"禅亦自在"的态度，却也"且将圣人书来读"，一日复一日，在渐觉圣贤言语有味的同时，回头看释氏之说，则见其破绽罅漏百出[②]。《朱子语类》中的这条材料虽为朱子高足辅广所录，但也有人怀疑（如夏昕）这段记录失之简单。若朱子初见延平后即"遂将那禅来权倚阁起"，似与事实不符，而朱子真正将禅书束之高阁，则是在其正式师事李侗第二次返回同安之后，而李侗以"理一分殊"告诫朱子区分儒释之别，告诫朱子重视日用分殊处，也当在二人的第二次会面之时。显然，朱子虽然受到李侗的告诫，但却并未从根本上改变其三教可通的主张。是年七月，朱子到达同安，开始了自己的首次为官生涯。《牧斋净稿》的后半部分（自《同安官舍夜作二首》以下）记录了朱子在同安前两年中的心境状况。我们注意到，朱子在初到同安后寄给山中旧知己的诗作中，仍有留恋此前修仙实践的情绪：

① 束景南：《朱子大传："性"的救赎之路（增订版）》，复旦大学出版社，2016，第106页。
② 《朱子语类》卷一百零四《朱子一·自论为学工夫》，朱杰人等主编：《朱子全书（修订本）》第17册，上海古籍出版社、安徽教育出版社，2010，第3438页。

超世慕肥遁，炼形学飞仙。未谐物外期，已绝区中缘。

晨兴香火罢，入室披仙经。玄默岂非尚，素餐空自惊。起与尘事俱，是非忽我营。此道难坐进，要须悟无生。①

不过，朱子初至同安，随即大刀阔斧展开整顿：清查版籍田税，欲行经界，整顿县学，这些大有为的举动很快受阻而难以推行，但其在整顿县学上成果颇丰。以至于因公务繁忙，到了无暇读书而"几阁积埃尘"的地步，当然也无暇从事佛老实践，故这些文字更多是在其相对"不自由"的情况下"回念在老家时岁月"的体现。此后，朱子因在田税、经界上受阻而渐渐生出不得意的情绪，而其用力的重心逐渐向县学上偏转。

不过，朱子在同安第一阶段的心态极为复杂，明显有以世俗为累的情绪。这在同时期的《述怀》诗歌中有集中体现：

凤尚本林壑，灌园无寸资。始怀经济策，复愧轩裳姿。效官刀笔间，朱墨手所持。谓言殚蹇劣，讵敢论居卑。任小才亦短，抱念一无施。幸蒙大夫贤，加惠宽箠笞。抚已实已优，于道岂所期。终当反初服，高揖与世辞。②

朱子的上述心态在其同时所作的《高士轩记》也有流露。总体而言，《牧斋净稿》所收朱子在同安时期的作品体现出如下的特点：

其一，《牧斋净稿》通篇风格偏于清幽、清冷，表现出与朱子年龄不太相称的"老成感"。这既包括此前朱子因父亲早亡、寄人篱下的孤冷情绪，也包括朱子在同安时远居客乡时的陌生感，乃至病中卧床思念故里的孤寂情绪，还包括其未能一展抱负而只能料理俗事的不得志感，以及其向往佛老之出世自在的情绪。总之，朱子此时的心态并非单一的慕佛老情绪。

---

① 《晦庵先生朱文公文集》（后简称《朱文公文集》）卷一《寄山中旧知七首》，《朱子全书（修订本）》第20册，第243页。

② 《朱文公文集》卷一《述怀》，《朱子全书（修订本）》第20册，第244页。

朱子的这种情绪尤其以其初到同安时为甚，并将其反复投射为"悲秋"、"伤冬"、怀乡之情。朱子的这种困顿情绪也决定了他虽以"安心"为目的而苦苦觅心，也多有因焦虑而生出尘之想，却始终毫无所得。"牧心"也成为朱子此时的主要关切点。束景南先生将朱子此时以"牧"名斋与佛教的"牧牛"之喻相比，认为这是其出入佛老的又一例证，但是从朱子作于1153年中的《牧斋记》看，朱子所欲"牧"之心大半仍停留在"圣人之门"。《牧斋记》作于即将赴同安任之时，是对此前独居"牧斋"数年经历的反思：三年中他并未留心于饥寒危迫之事，亦无行道之劳、疾病之忧之困，而是笃志勤事于苦读六经、百氏之书，如此苦心，结果反倒是"智益昏而业益堕"。朱子认为，其"凡所为早夜孜孜以冀事业之成，而诏道德之进者"的欲速之心，违背了"古人之学，所以渐涵而持养之者，固未尝得施诸其心而措诸其躬也"和"一箪食瓢饮而处之泰然，未尝有戚戚乎其心而汲汲乎其言者"的准则。由此可知，朱子"牧心"的主要目的是要"牧"此欲速之心和慕外躁动之心。朱子强调，与志于自达于圣人的为己之学相比，"挟策读书者"终究还是第二等事。他也不认为读百家之书和读六经之书会有矛盾。总之，朱子此时虽有出尘之想，但并未改变其以儒学为本的主基调。

关于朱子的"牧心"，《文集》卷五十八一则材料颇耐人寻味：张敬之（显父）"顷蒙见教云：往者同安，因闻钟声，遂悟收心之法。显父不揆，验之信然"。对此，朱子的回应是："当时所说闻钟声者，本意不谓如此，但言人心出入无时，钟之一声未息，而吾之心已屡变矣。"[1]张敬之对朱子的见教的个人解读是实践上的"收心之法"，但朱子却强调自己的本意是"闻钟声而领悟了人心出入无时之理"，并未落在实践层面。李侗此后对朱子所反复告诫者，正在于既要悟理，更是要付诸身心实践，这一点或许正是朱子当时所欠缺的。

其二，《牧斋净稿》中大量提及老庄仙学，提及道教修养实践，甚至在篇幅上有压倒佛学的趋势。比较而言，与佛教崇尚悟性相比，道教实践初期更容易上手。当然，朱子此时所接触的并非当时已经逐渐流行的内丹术，而是步虚、

---

[1]《朱文公文集》卷五十八《答张敬之显父·梁惠王移民移粟之政》，《朱子全书（修订本）》第23册，第2800页。

存神之术。在一定程度上，步虚（存神）和守一（意守丹田）与理学所主张的"主一无适""心要在腔子里""存养"的说法颇为接近，只是更为强调调控呼吸的技术性操作。道教实践的早期阶段更注重积极主动，有为有作（如内丹南宗创始人张伯端即强调"始于有作无人见，及至无为众始知"），甚至比儒家的静坐法更为"有为"，但是这种不讲自明其德的偏技术性操作（术）也更为儒学所不取。应该说，朱子晚年醉心于《周易参同契》或与其早年醉心道教实践相关。值得注意的是，朱子在同安期间，除了最初几个月无暇读书外，投入了大量时间和精力苦读各家典籍。朱子因此身心俱疲，即使是尝试佛道修养实践也并未有所改观（朱子当时对于佛教修行的理解尚停留在思和悟的层面，其所悟昭昭灵灵的禅于养生并无多少受用，而在特别强调技术性操作的道教修养实践上，因为缺少行家指导而收获不多），以至于朱子在与李侗和许顺之的书信交流中不断提及"身羔"和"心羔"的问题。究其原因，不外于道教修养的核心是常养精气神，力求"谨固牢藏休漏泄"，但朱子一生辛苦操劳，尤其是早年新婚不久而又苦读不懈，很难做到常养精气神这一点。当然，朱子与道教究竟有何因缘，资料所限我们已难窥探其详情，而学界对于朱子早年实践道教修养的研究还远远不够。因此，我们不应对朱子此时的佛道实践收获有过高的期许。

其三，朱子在同安任上恪尽职责，尤其在督促当地教育发展上投入颇多。但他也明显表现出对各种俗物、俗事的不耐及对独居牧斋时期自由自在生活的怀念。朱子初至同安，"哀民生之多艰"的心境非常明显，其力主正经界、减轻百姓赋税都是基于此。但是随着努力的屡屡受挫、朱子亦深感很多时间浪费在为俗事而奔走，这种挫败感反过来又加强了朱子以俗事为累的心境。当然，朱子的这种心态尚停留在传统中"高士"的共有心态上。反之，朱子自从接受父亲的教诲之后，其以孔子为圣人、以儒学为圣学的立场是一贯的。这在作于主簿同安期间的《牧斋记》中有很明确的体现，也体现在其初至同安时所作的《高士轩记》。

朱子此文，微微流露出对于"仆仆焉在尘埃之中，左右朱墨，蒙犯棰楚，以主县簿"的不快，并以自设问答的形式，表达了对于个人"不遭"的感慨，同时也表达了真正的"高"不在于"有意于自高"，而是要"超然独立乎万物之表……无待于外"①之意。如此，则主簿之位虽卑，而不害其内心可自高。朱子任职同安时期因俗事而烦心，进而希求"高"的经历，对于在《牧斋记》中尚希望在圣学中大有作为的朱子来讲，明显是一个不小的打击，也明显加重了朱子此时的困顿之感。

随着朱子在同安逐渐安顿下来，其心态亦渐趋平和。据《朱熹年谱长编》归纳，朱子1154年在县学上也投入了巨大的精力，并亲自为县学诸生讲《论语》二十篇，作《论语课会说》②，亲作策问考量诸生。朱子在作于1155年的《试院即事》等五首诗作中虽尚有"淡薄""冷清"的表述，却没有直接提及与佛禅的交往。可惜《牧斋净稿》所收资料至1155年而止，故我们无法从中了解朱子在1156年、1157年中停留同安时的心态变化情况。朱子在1155年又作《泉州同安县学官书后记》（自记作于1155年4月中）、《射圃记》（自记作于1155年秋），展示了其在同安任职期间恪尽本分的一面，表明其自我定位仍然是一个以儒学为本位，不甚得志的"小官吏"。

三、1156年朱子在同安的思想演进

关于朱子在1156年的活动，陈荣捷、束景南和林振礼都提到，朱子曾于1156年中主簿同安任上，远赴潮州拜访著名禅僧大慧宗杲，这也是朱子此年仍深陷佛老影响的证据。三位先生依据的直接史料是编于明代的《大慧普觉禅师语录》卷十二中的《朱主簿请赞》："庞老曾升马祖堂，西江吸尽更无双。而今妙喜朱居士，觌面分明不覆藏。"③三位先生皆认为，文中的"朱主簿"即指朱

---

① 《朱文公文集》卷七十七《高士轩记》，《朱子全书（修订本）》第24册，第3691—3692页。

② 束景南：《朱熹年谱长编》，华东师范大学出版社，2001，第182页。《论语课会说》中并无明确的时间信息，但束景南考证精当，以《朱文公文集》卷七十四《策问》第23道中"顷与二三子从事于《论语》之书凡二十篇之说者"即指此文，则其当为朱子设讲座为诸生开讲《论语》之首讲。

③ 《大慧普觉禅师语录》卷十二，《大正新修大正藏》47册，台北新文丰出版社，1934，第861页。

熹。或许是朱子不愿提及早年出入佛老的经历，故我们在其本人文献中找不到其曾与宗杲会面的记载，这个问题仍是一悬而未决的公案。三位先生进而认为，若朱子曾与宗杲会面，时间也当在 1156 年。问题是，三位先生又都认为，朱子拜访宗杲之事发生在其渐悟佛老之非之后，这未免有些不合逻辑。笔者以为，目前所有材料尚不能证实朱子一定拜访过宗杲，也不能证伪这一说法。与之相较，朱子在 1156 年的活动绝大多数与儒学相关。

在此，我们就需要注意那些既被收入《朱子文集》卷二当中，同时又被收入《大同集》中的诗作，这些诗作极有可能是朱子 1156 年的作品，体现出与朱子此前稍有不同的心态。如，被大家所广泛引用的《教思堂作示诸同志》："吏局了无事，横舍终日闲。庭树秋风至，凉气满窗间。高阁富文史，诸生时往还。纵谈忽忘倦，时观非云悭。咏归同与点，坐忘庶希颜。尘累日以销，何必栖空山"，就极有可能是朱子 1156 年秋所作，乃有任期已满而"吏局了无事"的情况，因此此诗虽是朱子在同安时的作品，却未被收录进《牧斋净稿》中。在《大同集》卷一中，收录有朱子的《秋夕二首》之二："公门了无事，吏散终日闲。凉叶何萧萧，悲吟庭树间。琴书写尘虑，菽水怡亲颜。忆在中林日，秋来长掩关。"这首诗也当是朱子 1156 年秋所作。与这两首诗形成鲜明对比的是朱子 1152 年的《月夜抒怀》"抗志绝尘氛，何不栖空山"之语。这两首诗表明，朱子此时已在试图从儒家这边寻求销尘累方法的意愿，认为不必"栖空山"亦可销尘累，其理想也已是曾点、颜回之流，则其思想正在向儒学一方偏移无疑。再如，朱子的《小盈道中》："今朝行役是登临，极目郊原快赏心。却笑从前嫌俗事，一春牢落闭门深。"[①] 诗中反映出对此前"嫌俗事"的反思，亦反映出朱子在心态上的变化。多位学者指出，小盈镇位于绥德与同安交界处。朱子因行役至此，事当在 1156 年中（此诗不在《牧斋净稿》中，必为 1155 年后之作，而朱子 1157 年二返同安时，已不再参与政事）。于名教中寻乐事，已是朱子的新认识，正是有此转变，朱子才会有在次年正式师事李侗之举。

此外，朱子 1156 年的作品还包括：《漳州教授厅壁记》（自记作于 1156 年七月）、《一经堂记》（自记作于 1156 年闰月辛丑）、《芸斋记》（自记作于 1156

① 《朱文公文集》卷二《小盈道中》，《朱子全书（修订本）》第 20 册，第 271 页。

年闰月 5 日）。这些文献中多使用了《大学》和《孟子》的典故，儒学的味道较为明显；也都体现出辨内外之分的问题意识，表明朱子亦逐渐形成"向内用力"的自我意识。1156 年 10 月，朱子又为傅自得作《至乐斋记》。

盘谷傅公的至乐斋本位于泉州城东之佛寺间，斋主明显有泛滥百家的兴趣，故斋中藏书"自六经而下，百家诸子史氏之记籍与夫骚人墨客之文章，外至浮屠、老子之书，荒虚谲诡，诙谐小说，种植方药，卜相博弈之数，皆以列置"①，而斋之所以命名，也来自欧阳修之诗。朱子此记虽有对欧阳修"不寓心于物"的回应，但在某种意义上又是对此前所作《牧斋记》的回应，因为"至乐"之境也正是其苦苦牧心所欲追求者。心应物而不穷，在"内事其心，既久且熟"的前提下，就可心平而气和，冲融畅适，与物无际，如此方能有"观于一世事物之变，盖无往而非吾乐也"之境，说明至乐之境并不外于"圣贤之行事、学问之源奥、是非得失理乱存亡废兴之故"，至乐并不意味着弃物而逍遥尘外。这在一定程度上也呼应了程颢《定性书》的立场。

就现有可以判定为朱子 1156 年所作的文献看，朱子此时思想的天平逐渐偏于儒学已很明显，这也是朱子思想发展的大势。朱子次年再访延平，并正式执弟子之礼，未尝没有在 1156 年长期考量的因素内。在此意义上，即使朱子曾经在此时拜访过宗杲，乃至即使宗杲亦盛赞其可以与庞蕴居士相比，也未对朱子的思想发展大势产生根本性的影响。

四、朱子再赴同安之时已渐在走出佛老影响

1156 年底②，朱子因任满暂时离开同安返回闽北，并在次年春再次返回同安办理职务交接。朱子在返回的途中顺路拜访李侗，并正式拜李侗为师，由此开启了与李侗的书信互动。朱子随后返回同安，并在闽南滞留至 1157 年底，然后返回闽北老家。朱子正式师事李侗是一个标志性的事件，表明此时朱子已基本

---

① 《朱文公文集》别集卷七《至乐斋记》，《朱子全书（修订本）》第 25 册，第 4976 页。

② 束景南先生持此说法，并提出朱子在 1157 年 3 月返回同安交接，但他并未就此两个时间点给出相关的文献证据。

接受了李侗重视区分儒释之别的理念。而两人这次会谈的重要话题是对一贯与忠恕关系的讨论："熹顷至延平，见李愿中丈，问以'一贯''忠恕'之说。"①此问题的实质即是所谓理一分殊，暗含李侗对朱子要重视分殊，在分殊处区分儒释之别的告诫。朱子停留同安这段时间，正是其努力消化李侗教诲，逐渐归本儒学的关键时期。朱子在 1158 年中的文字材料已完全归于儒学的话题并被收入《延平答问》中，迈入与李侗的思想互动阶段，这一结果未尝不是朱子在第二次停留同安时所孕育的。

朱子第二次停留同安期间，亦有数篇文献传达出其心路历程。我们依照朱子的文献，对朱子第二次停留同安时的活动略作梳理。

1157 年 6 月 11 日，朱子在同安等待交接，因"高士轩"已破坏不可居，因此"假县人陈氏之馆居焉"，朱子也因"独处其间，稍捐外事，命友生之嗜学者与居其下"，"闭门终日，翛然如在深谷之中，不自知身之系官于此"，被客戏称为"畏垒之庵"。朱子亦认为："独周之书辞指经奇，有可观者，予是以窃取其号而不辞。"②"畏垒之庵"自然只是戏言，而朱子此时已正式师事李侗，与1153 年初见延平时主张"三家可通"相比，至此认为庄子之书只是"有可观者"③，地位已不可与儒学经典相比。

6 月 26 日，李侗在给朱子的复信中提到"承谕涵养用力处"，如此，朱子此前必先有写给李侗的书信，向其通报自己在"涵养用力"上的收获，朱子这封书信当是在两人别后，朱子赶往同安途中所作。据此可知，在两人第二次会面时，李侗必有对朱子"加强涵养"的告诫。朱子此时"闭门终日"，在读书之外也必然有大量时间加强涵养，落实李侗的告诫。

12 月 5 日，朱子作《恕斋记》，流露出他在一贯忠恕问题上的困惑。次年，朱子返回闽北，与胡宪、范如圭（直阁）、吴耕老、刘玶（平甫）等人书信往来

---

① 《朱文公文集》卷三十七《与范直阁·胡丈书中复主前日一贯之说甚力》，《朱子全书（修订本）》第 21 册，第 1605 页。

② 《朱文公文集》卷七十七《畏垒庵记》，《朱子全书（修订本）》第 24 册，第 3697—3698 页。

③ 有可观者"系谢良佐对佛老的态度。

相与讨论"一贯忠恕"问题。显然，朱子在第二次停留同安期间，必然会积极关注此话题，消化李侗的教诲。在《恕斋记》中，朱子表达了他在此问题上的困惑："予不佞，少从先生长者游，尝窃闻夫恕之说，以为不过推己之心以及人而已。勉而行之，又以为无难也。然克己之功未加而蔽于有我之私胜，则非此未尝不病焉……绍兴二十七年十二月五日新安朱某记。"①朱子在1158年的讨论以及后来在与李侗的思想交流中，对此问题渐有收获，即对理一分殊有了初步的认识。不过据《朱子语类》记载，朱子后来在此问题上的看法与其此时的看法又有所不同。

同样是在这一年，朱子独居同安"畏垒庵"中，苦读《论语》，遂有诸多疑惑：

> 熹向尝以"忠恕"、"一贯"之说质疑于函丈……去岁在同安独居几阅岁，看《论语》近十篇，其间疑处极多。②

朱子写给范如圭这封信的时间在其次年返回闽北之后。但朱子在信中却回忆了其28岁在同安苦读《论语》的情形。《延平答问》中最初部分多是朱子向李侗求教《论语》的内容，原因正在于此。

束景南又据《延平答问》第一封书信中有李侗"《孟子》有夜气之说，更熟味之，当见涵养用力处也"的告诫，认为朱子"七个月穷研儒经'精义'主要是精读了《论语》和《孟子》二书"。③但如《朱子语类》中记载，朱子的"七个月穷研儒经"，则主要是指《论语》：

> 某往年在同安日，因差出体究公事处，夜寒不能寐，因看得子夏论学一段分明。后官满，在郡中等批书，已遣行李，无文字看，于馆人处借得

---

① 《朱文公文集》别集卷七《恕斋记》，《朱子全书（修订本）》第25册，第4978页。

② 《朱文公文集》卷三十七《与范直阁·熹向尝以忠恕一贯之说》，《朱子全书（修订本）》第21册，第1609页。

③ 《朱子大传："性"的救赎之路（增订版）》，第148页。

《孟子》一册熟读，方晓得"养气"一章语脉。当时亦不暇写出，只逐段以纸签签之云此是如此说，签了便看得更分明。后来其间虽有修改，不过是转换处，大意不出当时所见。（ 㝐录）。①

朱子在六月中得李侗告诫可关注"养气"章，至此才有时间读《孟子》此章。

最后，还有一个问题：《朱子文集》卷二中是否收录有朱子第二次在同安时的作品？而在诗文中，朱子是否会流露出别样的情绪？据郭奇的《朱熹诗词编年笺注》，朱子在闽南的诗作至《与诸人用东坡韵共赋梅花，适得元履书，有怀其人，因复赋此以寄意焉》为止。在朱子二至同安的作品中，除了思乡和怀远人的主题外，已不见佛老的痕迹。其中，《之德化宿剧头铺夜闻杜宇》"王事贤劳祇自嗤，一官今是五年期。如何独宿荒山夜，更拥寒衾听子规？"此诗中有"一官今是五年期"之语，故必为1157年中之作。这首诗所展示的正是其深夜听鸟鸣而苦读《论语》时的情景。

小　结

通观朱子在两居同安的近五年的经历，不难发现有一个朱子从迷茫未来、泛滥三教、不耐凡俗而逐渐向儒学靠拢的大趋势。毫无疑问，如果说朱子在1158年已经是完全归本于儒学的话，那么这个果基本上是结在其两居同安时期的根上。其中，朱子1157年正式师事李侗是一个标志性的转折点。而朱子之所以有此举动，也势必以其1156年期间的长期考量及心态逐渐偏向儒学为基础。因此，朱子一生中最为艰苦又极为重要的思想转折也深深打上了同安的烙印。不过，虽然此时朱子也曾向李侗书信通报"涵养用力处"，并得到李侗的告诫需关注孟子的修养之方。但是从朱子1158年末写给李侗的书信来看，他对"存夜气"的理解仍然是知解性的、思辨性的。他在工夫论层面探索成圣问题的旅途才起步。

---

① 《朱子语类》卷一百零四，《朱子全书（修订本）》第 17 册，第 3431—3432 页。

The Ideological Transformation of Two Stays in Tong'an

—— The Arduous Evolution of Zhu Zi's Thought in Tong'an

Tian Zhizhong

Abstract: When living in Tong'an, Zhu Xi completed a significant turning point in his thinking from Buddhism and Laozi to being solely focused on Confucianism. Therefore, the development process of Zhu Xi's thinking during this period is worthy of in-depth research. There are few surviving documents related to Zhu Zi during his time in Tong'an, and it is even more necessary to carefully distinguish them. Comparatively speaking, there has been a lot of discussion in the academic community about Zhu Xi's entry and exit from Buddhism and Laozi, and the materials used at this time are also quite messy. This article aims to re-examine the ideological development process of Zhu Xi's two stays in the Tong'an period, starting from the examination and identification of relevant basic materials. During Zhu Zi's nearly five years of living in Tong'an, there was a general trend of gradually moving towards Confucianism, from confusion about the future, proliferation of the Three Teachings, and impatience with common customs. The evolution of Zhu Xi's thought of two stays in Tong'an was the origin, and his intention to return to Confucianism in 1158 was the result. Therefore, the period of Zhu Xi living in Tong'an for two times was crucial for him to complete his significant ideological transformation.

Key words: Tong'an; *Muzhai manuscripts*; *Datong Collection*; Li Tong

至善与伪善：朱子诚意论探微

白丹丹 *

【摘　要】　诚意是儒家修养论的重要组成部分。朱子以诚意为自修之首，认为诚意以至善为根本目标，具体指向善知与善行的合一，能够有效减少伪善问题。他从好恶出发肯定人的向善性，从本体、境界、人性等层面强调诚意的至善目标，从工夫层面肯定诚意在知行意义上的关键作用，从现实层面承认伪善的不可避免性，进而明晰了诚意的具体工夫路径，如格物致知、定志、慎独以及自新新民（忠恕），并指出诚意的至善倾向以及意诚达到的知行合一状态对解决伪善问题的意义。朱子诚意论体现了其性善论倾向以及美好的社会愿景，在解决伪善问题上具有重要现实意义。

【关键词】　朱子；诚意；知行；至善；伪善

　　"诚意"是《大学》的重要范畴，也是朱子关注的重要问题，在其修养论和哲学体系中占据重要地位。《大学》强调修身在"家国天下"中的根本地位，并指出从天子到庶民对修身的重视。朱子则根据《大学》文本结构，主张通过格物、致知、诚意、正心来自修，认为诚意是自修之首，是学者修身体道的关

　　* 【作者简介】白丹丹，厦门大学哲学系博士研究生，主要研究方向为宋明理学。

　　【基金项目】教育部社科基金项目"基于《北溪字义》的朱子哲学范畴研究"（22YJA720003）、福建省社会科学研究基地重大项目"朱熹生活哲学范畴系统研究"（FJ2020JD2017）。

键。朱子如此重视诚意问题，一生曾多次予以修订，其诚意论近来也颇受关注。一些学者如许家星、郑泽绵、王凯立、孟少杰等从不同侧面研究朱子诚意论[1]，丰富了该问题的研究视野。但诚意的至善倾向在解决伪善乃至自欺问题上的意义被忽略了，笔者则试图从诚意的"至善"倾向出发，探究其在解决伪善问题方面的价值和意义。本文旨在以朱子诚意观为中心分析至善和伪善问题，探讨伪善产生的原因、过程及表现，强调诚意之至善追求在解决伪善问题中的作用。

一、诚意的至善倾向

探讨朱子诚意论，明晰至善与伪善的关系，首先要证明朱子"诚意"本有的至善倾向。诚意的至善倾向与朱子下学上达的工夫路径密不可分。至善是诚意工夫追求的理想境界。诚意因其至善倾向，将善恶标准加入好恶情感，实则是将道德理性和直观感性相结合，使真实好善恶恶的理性观念成为一种类似感性的直接表达，形成一种潜意识，使人面对善恶问题时，能够直接做出合乎理性的选择。该选择是对天理本真体认的结果，也是诚意向至善目标不断贴近的表现。诚意是一个追求并臻于至善的过程。

（一）"好恶是情，好善恶恶是性"

朱子强调人之本性的纯然，同时肯定气禀不同对人性造成的影响，肯定情感欲念的合理存在，但反对私欲干扰。因此，他对人之好恶作出明确规定。

好恶是自然情感的直接表达，往往不受约束。但如果人的好恶之情不受节制，则极易受外物引诱，为物所牵、为物所役，进而因物而迁、为物所化。那么人生而具有的本然善性就不会保持，同时因为被外物异化，人也很难返本复

---

① 参见许家星：《经学与实理：朱子四书学研究》，中国社会科学出版社，2021，第251—281页；郑泽绵：《诚意关：从朱子晚年到王阳明的哲学史重构》，人民出版社，2022，第11—72页；王凯立：《"真知"与"自欺"：论朱子诚意思想发展的三个阶段》，《哲学评论》2021年第2期，第137—154页；孟少杰：《朱子的"诚意"论及其道德动力》，《哲学研究》2021年第10期，第75—83页，等等。

初，恢复本然善性。倘若人皆如此，则会造成人性迷失和道德沦丧等现象，引发社会秩序的混乱，不利于家国社会的稳定和发展，反过来影响人的生存环境，进而影响人的好恶，形成恶性循环。因此，好恶需要节制。

朱子认为，"性是不动，情是动处，意则有主向。如好恶是情，'好好色，恶恶臭'便是意"。① 好恶之情具有意欲指向，在人的判断和选择中起到重要作用。但人自然的好恶之情是纯粹自然情感的直接表达，往往需要约束和规范。对好恶之情进行有效的规约，才能避免不加节制的情感宣泄，使之有序表达。朱子指出："好恶是情，好善恶恶是性。性中当好善，当恶恶。泛然好恶，乃是私也。"② 又说："好则人之所当好，恶则人之所当恶，而无私意于其间。"③ 朱子以好恶为情，以好善恶恶为性，好善恶恶是人的好恶之情具有善之指向并受到道德理性规约的表现。这是从人之"所当然"的角度论述人之好善恶恶，人之"所当好""所当恶"对好恶之情具有规范和约束作用，能够有效地避免私意泛滥。

（二）诚意与好善恶恶

《大学》讲诚意如"好好色""恶恶臭"，意指"诚意"类似好恶情感的自然流露，无须粉饰遮掩和排斥断绝，是全然遵循意念的直接选择。不过，朱子认为诚意有其道德标准，是好善恶恶的。《礼记·乐记》讲"好恶无节于内，知诱于外，不能反躬，天理灭矣"。即好恶不加节制，又受到外在引诱，就会有所偏斜，此时需要反躬内求，方可返本复初，符合本然之天理。朱子明确强调好恶情感与是非善恶的密切关联，认为诚意工夫讲求为善去恶、实用其力，"诚意，是真实好善恶恶，无夹杂"④。

"好恶"是人生来就有的基本情感和直观本能，从情感自然生发和表达的

---

① 《朱子语类》卷五，朱杰人、严佐之、刘永翔主编：《朱子全书（修订本）》第 14 册，上海古籍出版社、安徽教育出版社，2010，第 232 页。

② 《朱子语类》卷十三，《朱子全书（修订本）》第 14 册，第 396 页。

③ 《朱子语类》卷一百一十九，《朱子全书（修订本）》第 18 册，第 3760 页。

④ 《朱子语类》卷十六，《朱子全书（修订本）》第 14 册，第 534 页。

角度来讲，可能并没有善恶的标准和取舍，亦不易受善恶观念的指引，只是一种单纯的欲望倾向，比如"好好色""恶恶臭"本身只是一种自然情感，无所谓善恶。但人修身的目的是追求"善"，作为自修之首的诚意是一个向善的工夫过程，因此好恶情感自然与是非善恶紧密相连。善恶的道德标准是人的理性追求，好恶的自然情感是一种感性的直观表达。意既诚，则人"好善"如"好好色"，"恶恶"如"恶恶臭"，这是一种遵循道德理念的直接选择。

　　但朱子指出："只是自家知得善好，要为善，然心中却觉得微有些没紧要底意思，便是自欺，便是虚伪不实矣。"① 诚意是好善恶恶的，但好善恶恶不等于诚意，也可能存在表里不一的现象，即表面好善恶恶，心中却有所不愿，故不能实际有所行动，这是意不诚的表现。诚意之好善恶恶是真实无夹杂的。因此，朱子以诚意为"善恶关"，强调诚意在人之善恶趋向中的关键作用，即"诚得来是善，诚不得只是恶"。② 这也是诚意以至善为追求目标的具体体现。

（三）诚意与至善追求

　　至善是儒家修养体系中的理想目标和境界追求，朱子便以"十分是处""极好处""最好处"③ 等语词表述至善之完满，认为至善是"事理当然之极"④，他还以"极好至善"⑤ 言太极。善之至极是一种最佳的理想状态，这是从天理本然的意义上论说。而从工夫和境界的角度讲，至善则是学者追求的终极目标，所谓"处"即处所之处，"最好处"是就境界言。从人类社会的道德标准和道德追求看，善是纯粹至善的天理的具体呈现。但"凡曰善者，固是好。然方是好事，未是极好处。必到极处，便是道理十分尽头，无一豪不尽，故曰至善"。⑥ 不过，"至善"不苟求同一，而是追求"止于所当止"。"所当止"即恰当正好的状态，

---

① 《朱子语类》卷十六，《朱子全书（修订本）》第 14 册，第 516—517 页。
② 《朱子语类》卷十五，《朱子全书（修订本）》第 14 册，第 480 页。
③ 《朱子语类》卷十四，《朱子全书（修订本）》第 14 册，第 441 页。
④ 《大学章句》，《朱子全书（修订本）》第 6 册，第 16 页。
⑤ 《朱子语类》卷九十四，《朱子全书（修订本）》第 17 册，第 3122 页。
⑥ 《朱子语类》卷十四，《朱子全书（修订本）》第 14 册，第 441 页。

万物皆有"所当止"："盖天生烝民，有物有则，是以万物庶事莫不各有当止之所。但所居之位不同，则所止之善不一。"①《大学》讲"知止"和"止于至善"，朱子认为至善是"所当止之地"，是志之所指。他强调万物各有其所，认可"得其所则安，失其所则悖"②的说法。止于至善即"得其所止"。得其所且能守之，方可谓之"止"，"止者，必至于是而不迁之意"③。

"知止至能得，是说知至、意诚中间事。"④至善是"所当止之地"，诚意则是"得其所止"的关键环节。诚意本具有至善倾向，亦以至善为根本追求。一方面，根据诚意之好善恶恶性以及至善之至极性可知，诚意以最好／善处为目标。人有好善恶恶性，诚意是一种好善恶恶、追求至善的修养工夫，追求至善是具体过程，而止于至善则是最高境界。追求至善就要警惕邪念滋生，守住正向意念。这一点是从本体和人性层面肯定至善的必然存在以及诚意的本然倾向。另一方面，按照朱子的解释框架，《大学》三纲领"明明德、亲民、止于至善"的理念贯穿于八条目，因此作为八条目之一的诚意本身即具至善倾向。朱子解"明明德"为"自新"，"亲民"为"新民"，自新新民、止于至善是一个追求并臻于至善的过程。因诚而存的善念，以及因诚意、自新新民等实现的家国天下的美好愿景，都是对至善的追求。自新新民、止于至善，可使天下之物各得其所、各得其当。这一点则是从人类生存发展的现实需要出发，将至善作为人对美好生活的向往目标。不过，诚意的至善追求即达到"事理当然之极"是一种理想追求，难免存在理想与现实的差距，故而我们能做的就是心诚求之并实际践履，正如《大学》所谓"心诚求之，虽不中，不远矣"。

总之，按照朱子的理论体系，至善是人的本然状态和人在现实中的境界追求，从人性本然意义上来讲，好善恶恶就如好好色、恶恶臭，这是对情感之道德意义的肯定。从现实人性的角度来讲，人作为血气之属，摆脱不了私欲杂念的侵扰。因此，以诚意工夫去恶全善、追求至善之境，是符合人的道德理性和

---

① 《晦庵先生朱文公文集》卷十五，《朱子全书（修订本）》第 20 册，第 704 页。

② 《朱子语类》卷十四，《朱子全书（修订本）》第 14 册，第 442 页。

③ 《大学章句》，《朱子全书（修订本）》第 6 册，第 16 页。

④ 《朱子语类》卷十四，《朱子全书（修订本）》第 14 册，第 458 页。

道德情感要求的体现。诚意理念所体现的好善、向善、追求至善，从人的动机层面保证了其道德性，同时肯定情感的道德意义。可见，在朱子的道德哲学中，情感与道德并非极致对立，他虽讲"存天理，去人欲"，但不否定感性欲望的合理存在。

二、诚意与"知行合一"

朱子以好恶为情，以好善恶恶为性，诚意是好善恶恶的，但好善恶恶并不等于诚意，诚意之好善恶恶是真实无夹杂，力求"一于善而无自欺"①。朱子肯定"诚意是毋自欺"，"毋自欺"意味着自修者的主观选择，其理想状态即"一于善而无自欺"，"毋自欺"指诚意工夫，"无自欺"是意诚的表现。作为自修之首的诚意本身即是倾向于至善、以至善为根本追求的，只要真正去做为善去恶之事，不断朝着至善目标进行自修，做到善知与善行的合一，就会"自快足于己"。这是一个为善去恶、实用其力的过程，是一种好善、向善、追求至善的自慊状态。

（一）诚意是毋自欺，意诚则无自欺

自欺与诚意相对，是理解朱子诚意论的关键问题。"朱子对'自欺'的注释经过反复修改，自欺可分为两类，有意之欺还是无意之欺，特征是表里不一，知行分离、虚妄不实。具体包括这几种情况：未能纯粹至善，微有差失者；自欺之不觉者，知善恶之分不自觉滑入恶者；自欺之微者，知善恶之分，但又自我苟且自恕者；自欺之尤甚者，外善内恶。"②本质上，自欺即"知为善以去恶，而心之所发有未实也"。③这是知行不合一的表现。朱子肯定《大学》诚意是"毋自欺"的说法，并解道"言欲自修者知为善以去其恶，则当实用其力，而禁

---

① 《大学章句》，《朱子全书（修订本）》第6册，第17页。

② 许家星：《经学与实理：朱子四书学研究》，中国社会科学出版社，2021，第264页。

③ 《大学章句》，《朱子全书（修订本）》第6册，第20—21页。

止其自欺"。① 诚意是毋自欺，这是一种诚与实的表现，是"意"经"诚"后的直觉指向，能引导人们为善去恶、实用其力，追求无自欺的意诚状态。

朱子认为，意是"心之所发"②，心有实感则显发于外。意念的外显无非借助语言、形态和动作等，通过这些外在表达亦可窥见人的内在意向。"意"是对事物的直接性的好恶表达，是人的一种内在倾向性，表现于不同欲求对象可能有不同善恶指向，即便人在欲求某一对象时只是出于直观好恶，在现实选择中也可能涉及善恶。因此，"意有善恶之殊，意或不诚，则可以为恶"。③ 故人需要诚其意。诚意是真实好善恶恶并实用其力，朱子所要诚之意必是善意，陈淳也说："'诚意'之意，是就好底意思说。"④

朱子说，"诚，实也"⑤，"诚者，真实无妄之谓，天理之本然也"。⑥ 他还认为，"事至于过当，便是伪"。⑦"诚，只是去了许多伪。"⑧"诚"即真、实，与虚、伪相对，是一种饱满充足的状态。《中庸》有"诚者"与"诚之者"之别，朱子所谓"真实无妄"是就"诚者"而言。诚意则是"诚之者"的工夫，以"诚者"为目标。因此，从诚意的意义上讲，诚则不欺、诚则无欺。不欺是指不去欺伪，而无欺则是没有欺伪，前者是包含主观选择的诚意工夫，后者则指向"意诚"状态，无论意念还是行动上皆无欺伪。要之，诚即诚实无虚、真实无妄，意即有好恶的意向，诚意则是"实其意"⑨，实其意即毋自欺，意既诚则无自欺。换言之，既好善恶恶，又为善去恶、实用其力，此即毋自欺，此即诚意，诚意追求一种"一于善而无自欺"的意诚状态。欲毋自欺还要做到知至、知尽，知至

---

① 《大学章句》，《朱子全书（修订本）》第 6 册，第 21 页。

② 《大学章句》，《朱子全书（修订本）》第 6 册，第 17 页。

③ 《朱子语类》卷十六，《朱子全书（修订本）》第 14 册，第 532 页。

④ 陈淳著，熊国祯、高流水点校：《北溪字义》，中华书局，1983，第 17 页。

⑤ 《大学章句》，《朱子全书（修订本）》第 6 册，第 17 页。

⑥ 《中庸章句》，《朱子全书（修订本）》第 6 册，第 48 页。

⑦ 《朱子语类》卷十三，《朱子全书（修订本）》第 14 册，第 406 页。

⑧ 《朱子语类》卷十二，《朱子全书（修订本）》第 14 册，第 375 页。

⑨ 《朱子语类》卷十六，《朱子全书（修订本）》第 14 册，第 514 页。

则意诚，意诚则无自欺。

（二）诚意是真实好善恶恶的自慊

好恶是人的基本情感，与"好好色"能获得感官上的满足相似，人能诚意则"自快足于己"①，这是一种对善与向善的满足感和幸福感。朱子《大学章句》将谦（慊）训为足、快，自慊即意指"自快足于己"。他还讲"自欺，非是心有所慊"②，"只今有一豪不快于心，便是自欺也"③。诚意是毋自欺，是自慊，自慊"须是十分真实为善"④。诚意是真实好善恶恶的自慊，是为善去恶、实用其力的自慊。人们乐善、向善并因此得到一种心灵上的满足，这种满足不同于感官带来的由外而内的满足，实则是一种心底满溢而自足感外露的表现。

诚意追求自我内心的满足与愉悦，"不可徒苟且以徇外而为人"⑤。《论语·宪问》记有孔子之言："古之学者为己，今之学者为人。"为己者学以自修，为人者则是为外在目的而修身，二者有本质差别。朱子认可程子"为己，欲得之于己也。为人，欲见知于人也"以及"古之学者为己，其终至于成物。今之学者为人，其终至于丧己"的说法。⑥他还以"为己"与"为人"之别来论"上达"与"下达"之不同，认为君子因工夫日进而日见高明，下达者则因陷溺于外而日见昏蔽。⑦即是说，为己者向内求，做切己的修身工夫，由此成己成物，这是自明明德的过程，"'明明德'乃是为己工夫"⑧。而为人者则是向外求、求人知，只能获得一种拘泥于外在名利的满足，甚至会因陷溺于外而丧失自我。但诚意具有为己性，从自修的角度出发，真实地好善恶恶，并为善去恶、实用其力，由此获得由内而外的满足感，但这并非单纯的个人满足，"只是见得天下事

---

① 《大学章句》，《朱子全书（修订本）》第6册，第21页。

② 《朱子语类》卷十六，《朱子全书（修订本）》第14册，第516页。

③ 《朱子语类》卷十六，《朱子全书（修订本）》第14册，第517页。

④ 《朱子语类》卷十六，《朱子全书（修订本）》第14册，第518页。

⑤ 《大学章句》，《朱子全书（修订本）》第6册，第21页。

⑥ 《论语集注》，《朱子全书（修订本）》第6册，第194页。

⑦ 《朱子语类》卷四十四，《朱子全书（修订本）》第15册，第1559页。

⑧ 《朱子语类》卷十四，《朱子全书（修订本）》第14册，第433页。

皆我所合当为而为之，非有所因而为之"。① 从人之合当为的角度来讲，为己获得的满足是对所当然的满足，诚意之为己性亦是对所当然的追求。

诚意的这种自慊状态又体现为善之诚于中、形于外。食物塑造骨骼与血肉，德性则塑造人之精神气质。一个人的意念和品质会通过外在形象表现出来。所谓"富润屋，德润身"，德性充实于中则无物欲遮蔽，故内心广大而不卑狭，此谓"心无愧怍，则广大宽平，而体常舒泰"。② 这是意诚的效验，也是追求至善过程中，一种自慊于好善恶恶并真实地好善恶恶的外在形态表现。

（三）诚意指向善知与善行的合一

朱子认为："善在那里，自家却去行它。行之久，则与自家为一；为一，则得之在我。未能行，善自善，我自我。"③ 又说："格物者，知之始也；诚意者，行之始也。"④ 诚意以格物致知为基础，知至则意诚。故诚意阶段应已具备"知"，而其作为"行之始"，其实实现了知与行的合一。朱子认为，诚意是"知为善去恶"并"实用其力"。诚意本身即指向善知与善行的合一。

儒家传统知行观极重实践，知与行合一的理念也早有体现，如《论语》讲"学而时习之"。在朱子知行观中，即便知、行存在先、后以及轻、重之别，但两者又"常相须"。⑤ 他还讲致知、力行的伴随性，以此强调知、行之共时性与合一性："既涵养，又须致知；既致知，又须力行。若致知而不力行，与不知同。亦须一时并了，非谓今日涵养，明日致知，后日力行也。"⑥ 直至王阳明才真正提出"知行合一"概念，并建构了颇具特色的理论体系。他认为，《大学》指个真知行与人看，说'如好好色，如恶恶臭'。见好色属知，好好色属行，只

---

① 《朱子语类》卷十七，《朱子全书（修订本）》第 14 册，第 586 页。
② 《大学章句》，《朱子全书（修订本）》第 6 册，第 21 页。
③ 《朱子语类》卷十三，《朱子全书（修订本）》第 14 册，第 386 页。本文标注略有改动。
④ 《朱子语类》卷十五，《朱子全书（修订本）》第 14 册，第 488 页。
⑤ 《朱子语类》卷九，《朱子全书（修订本）》第 14 册，第 298 页。
⑥ 《朱子语类》卷一百一十五，《朱子全书（修订本）》第 18 册，第 3638 页。

见那好色时已自好了，不是见了后又立个心去好。闻恶臭属知，恶恶臭属行，只闻那恶臭时已自恶了，不是闻了后别立个心去恶"。①不同于王阳明的"良知"，朱子的"知"是经过格物工夫而来的知，所致之知源自人心中固有但因受遮蔽而不显的理，此理也是人与人之间共识的来源。但求得知不意味着直接的行，诚意是促使抽象之知走向具体之行即实现知行合一的关键环节。这是一个物格而知至，知至而意诚，意诚则"知行合一"的过程。诚意讲求"知为善以去恶"并"实用其力"，指向善知与善行合一的状态，并力求至善目标。

格物致知以真知为标的。朱子认为"真知必能行"，但纯然真知属于可及而不易及但又需追求的圣人境界，并非仅靠格致工夫就可以抵达的境界。因此，基于现实中的人面临诸多私欲干扰，他们始终处于不断追求真知的过程，但面临不良意念干扰造成的知行断裂问题，诚意便是一个关键的修养工夫。诚意是实现善知与善行合一的关键一环，至善追求则有利于善知与善行的合一，有助于实现"真知必能行"的目标，使人臻于至善境界。

三、诚意与伪善

朱子所论"诚意"是对天理本真的求索和对纯粹至善的希冀，是作为行为主体的我们对善的自觉选择，并非我们别立一个道德标准去追求。因此，诚意是一个为善去恶、追求至善的过程。诚意的好善恶恶倾向会让人产生由内而外的满足感和幸福感，且诚于中、形于外。诚意最终又指向"知行合一"，从知到行是一个由抽象向具体的转变过程。知行合一的至善境界是一种理想境界，能从根本上杜绝伪善。诚意则在追求至善的过程中发挥重要作用，诚意追求善知与善行的合一，能够有效地避免伪善问题。

（一）伪善的原因与表现

朱子并没有明确提出"伪善"概念，但通过他对伪、善、至善、诚意、自

---

① 王守仁：《传习录上》，吴光、钱明、董平、姚延福编校：《王阳明全集》（上），上海古籍出版社，2011，第4页。

欺等范畴的界定以及对伪善者的描述，可以明晰伪善的意涵及其产生的原因和表现。诚意以至善为目标，而追求至善首先要厘清善恶关系，才能真正做到为善去恶。朱子从理本的角度强调本善，"朱子谓极本穷原是一至善，及其流而发，乃有不善，此即其理气分言之渊旨所在"。[①] 不过，"恶不可谓从善中直下来，只是不能善，则偏于一边为恶"。[②] 所以人之去恶全善是为了返本复善。但若不能真实地好善恶恶则会产生相反效果："好善而不诚，则非惟不足以为善，而反有以贼乎其善；恶恶而不诚，则非惟不足以去恶，而适所以长乎其恶。"[③] 而且善可以伪装，伪善与真善相对。一些人只知追求善的名声，不求表里如一，便心生伪善之念，行伪善之事，这其实忽略了一个问题：伪善具有伪装性、虚假性和欺骗性，是对道德理想和至善目标的背离，是一种表里不一、外善内恶的表现。

根据朱子的理论建构，人之所以伪善有多方面原因。首先，意不诚是人之所以伪善的关键原因。诚意是毋自欺，伪善则是自欺欺人的表现，无论是自欺以欺人，还是欺人以自欺，都是伪善的表现，皆是意不诚的表现，也是禀性不全的表现，禀性不全正是意不能自诚的原因，此亦可归根于天理人欲的分判。然后，天理人欲之间的张力是人之所以伪善的根本原因。在朱子的道德理论建构中，现实中的人在追求至善之理的过程中始终处在与欲念的斗争中，因此学者做工夫不可有片刻间断。虽然不可否认至善目标的可达成性及其产生的正向价值，但因理想之高远与现实人性之复杂而产生的距离容易使人产生挫败感，这也是道学领域容易出现伪君子的重要原因，也是后来道学一度被误解的原因之一。最后，意不能自诚则需诚意工夫，但从诚意的角度来讲，一个人意不诚还与格物致知、慎独、定志乃至自新新民等工夫的不足密切相关。缺乏这些工夫则意不诚，意不诚则私意泛滥，容易造成伪善的多发。

因此，真善是表里如一、真诚无虚、纯一无伪的善，伪善则是一种人为矫饰且偏离是非善恶标准的行为表现，从根本上是对本然之理的背离。伪善只追

---

① 钱穆：《朱子新学案》第 1 册，九州出版社，2011，第 446 页。
② 《朱子语类》卷五十五，《朱子全书（修订本）》第 15 册，第 1792 页。
③ 《大学或问》，《朱子全书（修订本）》第 6 册，第 533 页。

求虚假而非实有的名义之善，主要表现为人的私意苟且、欺世盗名、自欺欺人、虚伪欺诈。孔子所深恶痛绝的"乡愿"即是伪善的代表。朱子认为，"孔子以其似德而非德，故以为德之贼"。①他批评这种"似是而非"的"乱德"现象："乡原者，为他做得好，便人皆称之，而不知其有无穷之祸。"②乡愿不过是追求外在名声，只做为他之事的背德之人。这种为他性是伪善的重要表现，具体体现为遮掩、欺诈、表里不一。据此，伪善还会表现为伪善者的自我矛盾，出于知不尽的原因，其道德信念与应然的价值标准出现矛盾，伪善者在矛盾的调和中容易出现迎合和畏缩心理，一方面迎合价值标准而表现出表面合乎价值的言行，另一方面又偏执于外在追求而对自身行为进行遮掩。但在矛盾中挣扎也是道德选择上的偏离，持续的伪善行为会加深人的潜意识，使人不断背离真善，甚至麻木。

（二）至善倾向与伪善问题

从本源意义上讲，朱子认为理是纯然至善的，但从人性二元和人的现实性来看，人有受自身问题以及社会实存问题影响而表现出与天道不合一的现象，追求至善则是寻求人道与天道的合一。这也是诚意的目的，至善是其根本追求。至善是人的境界追求，诚意作为追求至善的工夫路径，在这个过程中发挥着关键作用。

前面分析天理人欲之间张力时，一定程度上从至善目标造成伪善问题的角度分析了至善与伪善的关系。但这不否定诚意之至善目标对解决伪善问题的意义。诚意追求的至善境界是一种纯然的状态，没有丝毫驳杂，但现实中难免存在驳杂处，而驳杂处正是下手做工夫处。诚意作为追求至善的具体工夫，旨在从根本上杜绝伪善的可能，是一个为善去恶、实用其力、避免伪善的过程。对于守死善道的人来说，至善目标永远都是立志要达成的目标。在这个意义上，诚意的至善倾向对伪善问题的解决具有重要意义。概言之，在朱子看来，虽然人有向善性，诚意具有至善倾向和知行合一指向，但追求至善的过程也难免出

---

① 《孟子集注》，《朱子全书（修订本）》第6册，第457页。

② 《朱子语类》卷四十七，《朱子全书（修订本）》第15册，第1636页。

现伪善问题，但该倾向和指向同样有助于伪善问题的解决。一方面，至善倾向在避免伪善问题上的作用主要体现在其作为目标的指引和导向性，在这个意义上，志向坚定者持守善道。另一方面，意诚与否关乎至善的境界追求和伪善的杜绝程度。至善是境界追求，杜绝伪善是境界追求的一个层面。诚意是一个追求至善的过程，意诚则是真正做到善知与善行的合一。善知与善行的合一能避免伪善问题的产生。

至善与伪善分属于不同范畴，至善是善的极致境界，纯一无伪，而伪善则是不善的表现。虽然伪善者以善的名义行事做人，但实则私意泛滥，这种虚伪欺诈、表里不一的行为与诚意理念相背，与善之标准不相符。从诚意的角度看，伪善具有欺骗性、伪装性，但并非不可察觉，所谓诚中形外，好善恶恶的自慊会体现在人的神态气质上，而伪善者的行径也无法遮掩。伪善与诚意的至善追求相悖，但诚意能有效地减少伪善的可能，避免伪善现象。不过，虽然至善在解决伪善问题方面有重要作用，但并不是说单立一个至善目标悬搁在高远处就可以避免伪善问题。事实上，除了以至善境界为目标，还需具体的工夫路径，而诚意作为"善恶关"具有关键作用。因此，诚意以至善为目标，并真实去做工夫，有助于更大程度上避免伪善问题的产生。

（三）意诚的路径与伪善的可能

诚意的至善倾向以及意诚所达到的知行合一状态是不可分的，意诚所达成的善知与善行合一的状态有助于至善目标的达成与伪善现象的弱化。因此，伪善的可能在很大程度上取决于意诚与否，具体关涉格物致知、定志、慎独以及自新新民（忠恕）等工夫。

首先，从格物致知做起。欲诚其意，首先要知善恶，致知则能"分别善恶"[1]。正是因为知得善恶的分别，善之可贵性才得以凸显，人们追求善的信念则更为坚定。但知至才能意诚，才能避免知行割裂，减少伪善问题。根据朱子对认识阶段的划分，学者可以通过即物穷理的积习过程实现豁然贯通的境界，

---

[1]《朱子语类》卷十六，《朱子全书（修订本）》第 14 册，第 517 页。

做到"吾心之全体大用无不明"①，由此则能甄别善恶，不做伪善之人、行伪善之事。

然后，做定志工夫，坚定心之所向。"既然格物致知之后，人已知'为善以去恶'，那么功夫都在于支撑和充实此志向，既然志有定向，则可以命令意念服从'志'，而务必使之'快足于己''必自慊'，否则道德主体的知情意的统一体将会产生破裂，而导致伪善、自欺或意志薄弱等弊端。"② 至善是学者志之所指，诚意以至善为根本目标属于立志阶段，因格致工夫而知得善恶之别并持守善道则属于定志阶段。立志以及定志是避免伪善的重要途径。志对意具有规约作用，志定则能守住正向意念，有助于实现意诚。

其次，做到慎独。诚意故"既不欺于显，又不欺于隐"③。意念具有隐匿性，但根据"诚中形外"的理念，人心中有恶念则自然有迹可循，会体现在其神态、言语、动作、习惯等层面。因此，从不欺于隐的角度，朱子强调慎独，认为"隐微之间，人所不见，而己独知之，则其事之纤悉，无不显著，又有甚于他人之知者，学者尤当随其念之方萌而致察焉，以谨其善恶之几也"④。慎独是对自我欲望的严格控制，即便无人监督，也能自觉约束自己，做到自律，不会止于知而无所行。慎独重在自察，"闲居无事，且试自思之。其行事有于所当是而非，当非而是，当好而恶，当恶而好，自察而知之，亦是工夫"⑤。以此则可警惕不良意念并自觉趋向善知与善行的合一，减少伪善的可能。

最后，还要自新新民，"既自明其明德，又当推以及人，使之亦有以去其旧染之污也"⑥。自新新民是在尽己基础上将至善理念推己及人的过程，有利于在更大程度、更广范围上实现意诚，避免伪善，是朱子忠恕理念在政治和教化层面的具体体现。"忠者，尽己之心，无少伪妄。以其必于此而本焉，故曰'道

---

① 《大学章句》，《朱子全书（修订本）》第 6 册，第 20 页。
② 郑泽绵：《诚意关：从朱子晚年到王阳明的哲学史重构》，人民出版社，2022，第 71 页。
③ 《朱子遗集》卷六，《朱子全书（修订本）》第 26 册，第 762 页。
④ 《中庸或问》，《朱子全书（修订本）》第 6 册，第 554 页。
⑤ 《朱子语类》卷十三，《朱子全书（修订本）》第 14 册，第 394 页。
⑥ 《大学章句》，《朱子全书（修订本）》第 6 册，第 16 页。

之体'。恕者，推己及物，各得所欲。以其必由是而之焉，故曰'道之用'。"①
自新、新民分别就尽己与推己及人意义上而言，皆以至善为目标。人人皆以
至善为追求，主动诚其意，则民之好恶有节，能在更大范围上减少伪善问题。
人人向善还会营造出一种善的氛围，给人以心理暗示和行为指引，从而减少伪善
现象。

要之，格物致知、定志、慎独以及自新新民等实现意诚的工夫路径，是对
善最大程度的肯定和追求，也是在更大程度、更广范围上减少伪善的方法和
途径。

结　语

朱子诚意论与至善、伪善问题密切相关。首先，他继承儒家修养传统，以
至善为终极目标。这一目标体现了他对人之道德理性的高度肯定，也体现了其
对理想社会的期许。其次，他通过将好恶与善恶相联，指出诚意之好善恶恶性
和至善倾向，认为诚意是作为人类本能的好恶情感向善倾斜的过程，诚意是毋
自欺，人们能够在好善恶恶、追求至善的过程中感到自慊。最后，虽然诚意最
终指向善知与善行的合一，有利于避免伪善问题的产生。但实现此目标必然经
过具体的工夫路径做好自身的修养，然后推己及人，从而更好地追求至善目标。
总之，诚意以至善为目标，有助于去除人的私心遮蔽，能够净化人的意念，坚
定人的意志，避免意志软弱，使人有志于至善目标，并真正为善去恶、实用其
力，从而更好地避免伪善现象。

---

① 《朱子语类》卷二十七，《朱子全书（修订本）》第15册，第993页。

The Ultimate Good and Hypocrisy: The Exploration on Zhu Xi's Theory of Cheng-yi

Bai Dandan

Abstract: The theory of cheng-yi (making one's thoughts sincere) is an important part of the Confucian cultivation theory. Zhu Xi put cheng-yi at the first place in his theory of self-cultivation, and believed that zhi-shan (the ultimate good) is the fundamental goal of cheng-yi and cheng-yi points to the unity of the good knowing and doing, which can effectively reduce the problem of hypocrisy. He started from hao-wu (like and hate) to affirm that people are towards to be good, and emphasized the ultimate good goal of cheng-yi from the aspect of ontology, realm, and human nature, and affirmed the key role of cheng-yi in knowing and doing from the aspect of effort, admited the inevitability of hypocrisy from the aspect of reality, then specified the concrete approach of cheng-yi (the thoughts had already been sincere), such as ge-wu-zhi-zhi (studying things to acquire knowledge), ding-zhi (being determined), shen-du (being cautious when one is alone) and the zi-xin-xin-min or zhong-shu (making oneself to be good and then extending oneself to others), and pointed out that the good tendency of cheng-yi and the state of unity which yi-cheng reach can solve the problem of hypocrisy. Zhu Xi's theory of cheng-yi reflects the good tendency of human nature and the vision of a ideal society, which has important practical significance in solving the problem of hypocrisy.

Key words: Zhu Xi; cheng-yi; knowing and doing; ultimate good; hypocrisy

朱子论《尚书》"钦"字

——兼论以理学"融释"经学的儒家诠释学

魏子钦　郭振香 *

【摘　要】 朱子以理学"融释"经学，将《尚书》"钦"字贯通于其理学体系之中。他以"主敬涵养"阐释"钦便是敬"；以"尧之钦德"挺立"敬"字工夫；以"钦体明用"开辟"圣圣相承"，凸显"钦"在本体（体质之体）意义上的价值优先与实践在先。朱子以《尚书》"钦"字阐释"敬"字，从理学构建看，他以"死敬活敬"判定秦汉诸儒不识"敬"字、回应程沙随对程颐论"敬"的误解；以"敬贯动静"反对象山"自得"、释氏"入定"、道家"数息"；以"敬彻上下"接续"道统之传"。从经典诠释看，他以转换、调适、构造的诠释活动将《尚书》理学化。朱子透过"理一分殊"的诠释活动，不仅奠定其在宋明理学的核心地位，也阐明以经典诠释促儒学发展的方法论。

【关键词】 经典诠释；钦；朱子理学；儒家诠释学

---

* 【作者简介】魏子钦，安徽大学哲学学院博士研究生，主要研究方向为儒家哲学；郭振香，安徽大学哲学学院教授、中国哲学与安徽思想家研究中心成员，主要研究方向为儒家哲学。

【基金项目】国家社会科学基金项目"明清桐城方氏学派哲学思想研究"（19BZX059）。

从经学到理学的理论嬗变，是学界研究宋明理学及其演进史的核心话题。[①]
作为"经学之宋学"[②]的集大成者，朱子将宋代的经学理学化推向顶点。关于朱
子经学理学化的阐释研究，学界对朱子《尚书》学的关注有所忽略，主要是因
朱子当时"老病"[③]未能完成对《尚书》的注解。其中，虽然"朱子无《尚书》
专著，但他对《尚书》的研究成果却开辟了后来《尚书》学发展的方向"。[④]既
有研究显示：朱子对《尚书》的理学阐释，主要通过"文献系统""文气""存
疑态度"[⑤]的诠释工作得以展开，以融会"王、苏、林、吕"[⑥]四家之学探求"圣
人之心"[⑦]，以"二帝三王之心"阐明儒家道统"十六字心传"[⑧]。只不过，"求二
帝三王之心"虽能统摄朱子《尚书》学基本问题，但却未能指明其核心概念，
也未呈现其诠释活动。朱子曾言："《尚书·尧典》是第一篇典籍，说尧之德，
都未下别字，'钦'是第一个字。"[⑨]可知"钦"是朱子《尚书》学的核心概念。
有鉴于此，以朱子论"钦"为切入点，以"钦便是敬""尧之钦德""钦体明用"
透视其理学体系及其诠释活动，彰显其迥异于象山与佛老工夫论的理学特质，
以《尚书》"钦"字构建理学道统论。

[①] 关于经学与理学研究，约从本世纪初起，作为回应西方哲学诠释学，学界提出重建
中国诠释学哲学的目标。当代学者聚焦于重绘理学发展史的研究范式，掀起一股探析儒家诠
释学现代合理性的论辩热潮。参看姜广辉《"宋学"、"理学"与"理学化经学"》，《哲学研究》
2007 年第 9 期；桑兵《理学与经学的关联及分别》，《史学月刊》2020 年第 5 期；何俊《从经
学到理学》，上海人民出版社，2021，等。

[②] 蔡方鹿：《朱熹经学与宋学》，《社会科学研究》2003 年第 5 期。

[③] 蔡沉：《书集传》，王丰先点校，中华书局，2017，校点说明第 3 页。

[④] 陈良中：《朱子〈尚书〉学研究》，人民出版社，2013，前言第 7 页。

[⑤] 王文意：《朱子读〈书〉方法对"书"类文献研究的启示》，《朱子学研究》2022 年
第 2 期。

[⑥] 陈良中：《朱子之论王、苏、林、吕四家〈书〉学》，《求索》，2007 年第 12 期。

[⑦] 尉利工：《论朱子的〈尚书〉学诠释思想》，《孔子研究》2013 年第 6 期。

[⑧] 蔡方鹿：《朱熹尚书学析论》，《孔子研究》1997 年第 4 期。

[⑨] 朱熹撰，黎靖德编：《朱子语类》卷十二，中华书局，2020，第 221 页。

一、以"主敬涵养"阐释"钦便是敬"

尧是中国古代圣贤的道德楷模，也是《尚书》记载的第一个人物。《尚书·尧典》描述了尧的德行，没有任何冗余的字句，直接以"钦"字开头。《尚书·尧典》曰："曰若稽古，帝尧曰放勋，钦明文思安安，允恭克让，光被四表，格于上下"，足见"钦"在《尚书·尧典》的重要地位。朱子的《朱子语类》曾对《尚书》"钦"字做出理学解读：

> 尧是古今第一个人，书说尧，劈头便云"钦明文思"，钦，便是敬。①

朱子肯定尧在儒家圣贤中的初始地位，指出《尚书》"钦"字的含义是"敬"。从儒学发展史看，朱子以"敬"释"钦"，其过程体现出对汉唐经学的反省。"自秦汉以来，诸儒皆不识这'敬'字。"②换言之，朱子认为汉唐诸儒不识"钦"字。根据孙星衍《尚书今古文注疏》记述,《尚书·尧典》"钦明文思安安"中"钦"字，汉唐经学家主要采取两种注解方案。第一种方案，马融认为"钦"是尧的谥号，是世人对尧做出的历史记载，以《周书·谥法解》"威仪悉备"释《尚书》"钦"字，提出"威仪表备谓之钦"③的观点。第二种方案，郑玄以"直"训解"钦"，郑玄根据《释诂》"钦，敬也"释《尚书》"钦"字，以"字面的意义说明事实"④判断"钦"字承载尧德"敬用节事"⑤的意义。

由于郑玄的注经成果能够代表汉代以来最高学术成就，因此郑玄对《尚书》"钦"的注解，能够成为汉唐经学家的基本共识。正如《后汉书·郑玄传》以"所好群书，率皆腐敝"赞誉郑玄，马融也对郑玄做出赞赏，认为"郑生今

---

① 《朱子语类》卷一百一十八，第3074页。
② 《朱子语类》卷十二，第222页。
③ 孙星衍撰：《尚书今古文注疏》上，陈抗、盛冬玲点校，中华书局，1986，第2页。
④ 洪汉鼎：《〈真理与方法〉解读》，商务印书馆，2018，第446—447页。
⑤ 孙星衍撰：《尚书今古文注疏》上，第4页。

去，吾道东矣！"不过，朱子反对汉唐经学家的观点，认为"经之有解，所以通经。经既通，自无事于解，借经以通乎理耳。理得，则无俟乎经"。① 在疏通文义与探析义理之间，朱子选择后者，认为后人注解经文应是为了揭示经文蕴含的圣贤道理，而非如汉唐经学家一般对经文进行繁琐的训诂。

朱子以"敬"释"钦"，认为秦汉以来儒者皆不识"敬"字，从主仆之喻看，"圣经字若个主人，解者犹若奴仆"。② 朱子认为郑玄的讲法是把解读者当作主人，经典反做仆人，这便是要主人顺从奴仆的意愿，服从奴仆的指示。朱子反对专意训诂考据的经学家（郑玄），认为他们因不识儒家经典真意，从而陷入穷经皓首的诠释困境，继而主张读书"须看上下文意是如何，不可泥着一字"③。按照诠释学理解，凡是清楚明白的东西，可以直接理解，但不清楚的东西，需根据"历史资料推出作者精神并以作者精神进行历史解释"。④ 但朱子并未单纯地执着于"注解"或"文义"一端，而是采用先探"文义"而后求"注解"的经典诠释法，即"读书，须从文义上寻，次则看注解"⑤。

朱子在判定汉唐儒者不识"敬"字后，指出程颐论"敬"才是正路。程颐的理解主要是从立事角度判定"钦明文思"是尧"行放勋之事"⑥，认为"钦"具"敬慎"义，在四德中"钦慎为大"⑦，但是也有学者反对程颐的观点。对此，朱子以"敬"释"钦"，其诠释过程也体现对程颐论"敬"的维护。

> 程子说得如此亲切了，近世程沙随犹非之，以为圣贤无单独说"敬"字时，只是敬亲，敬君，敬长，方著个"敬"字。全不成说话！圣人说"修己以敬"，曰"敬而无失"，曰"圣敬日跻"，何尝不单独说来！⑧

---

① 《朱子语类》卷十一，第 206 页。

② 《朱子语类》卷十一，第 207 页。

③ 《朱子语类》卷十一，第 207 页。

④ 洪汉鼎：《〈真理与方法〉解读》，第 458 页。

⑤ 《朱子语类》卷十一，第 207 页。

⑥ 程颐、程颢撰：《二程集》（下册），王孝鱼点校，中华书局，1981，第 1034 页。

⑦ 程颐、程颢撰：《二程集》（下册），王孝鱼点校，第 1034 页。

⑧ 《朱子语类》卷十二，第 222 页。

程沙随（程迥），字可久，是南宋士大夫、理学家。他认为"敬"应该有个特定主体，但程颐论"敬"无特定主体，显得散乱无章，指此为程颐论学之弊。一方面，针对程沙随对程颐的批评，朱子做出回应，指出程沙随的批评，只是局限在尊敬亲人、君主和长辈的论"敬"问题，而对程颐论"敬"在圣贤维度上则缺乏理解。另一方面，朱子通过诠释《诗经》"圣敬日跻"、《论语》"修己以敬"等经典文本，深化程颐论"敬"的理学内容。根据《论语》"修己以敬"与《诗经》"圣敬日跻"的记载，儒家认为对待他人应充满仁爱，通过自我修养保持对真理道德的敬畏。从理学境界出发，朱子指出"敬"具有无特定对象的理学意涵，而非受社会规范的他律束缚，以此回应程沙随的批评，即"敬"可以离开特定对象发挥其功能，呈现"敬"字本身具备"上达天德天道"[①]的"主敬涵养"。

从学脉继承看，朱子论"敬"传自程颐"涵养须用敬"，他认为"主敬涵养"不是一蹴而就的，是一个长期过程，需要持之以恒地进行。由于外界的诱惑和欲望的干扰，人的行为常常会偏离本性。因此，朱子告诫学者持敬自守，"'敬'字工夫，乃圣门第一义，彻头彻尾，不可顷刻间断"[②]。就狭义的主敬涵养而言，它专指未发工夫，与穷理致知相对。其中，朱子认为"敬"有"死敬"与"活敬"之分。"死敬"指的是对道德准则的刻板和僵化，程沙随、郑玄等学者就持有此类观点。这种"死敬"虽然看似虔诚，但这种虔诚是机械地奉行道德规范，缺乏对经典文本的内在理解和认同，容易陷入形式主义和虚伪。相对的，朱子认可的"活敬"则是指对道德准则的深入理解和内化，这种"敬"是真诚的、自发的，能以道德实践获得理学效验，因此能够指导学者的行为和决策。

朱子认为，莫不可知守一"死敬"，人们应该追求"活敬"。从诠释方法

---

① 翟奎凤：《程朱论"敬以直内，义以方外"——兼谈理学对经学的选择性凸显及其自我建构》，《中国哲学史》2013 年第 3 期。

② 《朱子语类》卷十二，第 225 页。

看，朱子通过"主敬涵养"以"敬"释"钦"，以理学"融释"①经学为诠释进路，揭示朱子经学理学化的诠释过程。

> 李先生（李延平）说："理会文字，须令一件融释了后，方更理会一件。""融释"二字下得极好，此亦伊川所谓"今日格一件，明日又格一件，格得多后，自脱然有贯通处"。②

按李延平的观点，"融释"是一种读书方法，但朱子将李延平"融释"与程颐"格物"进行贯通性关联，指出"融释"不仅是读书方法，更是为学工夫、修养工夫。"融释"如同"格物"能够使自我理解其生命体验，主要是因为理解者以自身内在经验来领会他人的心灵或者精神境界，通过"心理转换"将自我体验与他人生命体验得以相通。其中，"心理转换"之所以能够发生，原因在于"融释"具备揭示人与人之间在心灵体验上的感应能力。这一过程中，朱子以天理是自家体贴出来的新形式，重新注解儒家经典文献，以"心理转换"代替经学家的"历史转换"，使经学文本不再成为汉唐神道设教的传达方式。

朱子以"主敬涵养"阐释"钦便是敬"。从诠释内容看，正是因为汉唐经学家过于侧重"注解经典"的历史还原，朱子才以"死敬活敬"判定秦汉以来的儒者皆不识"敬"（钦）字，同时也回应程沙随对程颐"敬"论的质疑。从诠释方法看，朱子以理学"融释"经学为诠释进路，透过理学视角"转换"经学的诠释活动将《尚书》理学化，实现古代圣贤与后世学者的内在遥契。

---

① "融释"一词，出自《朱子语类·为学工夫》，是朱子继承李侗思想所形成的为学工夫。从诠释方法看，成中英以"融释"提炼出朱子哲学中的"超融诠释方法"，参看成中英《论重新诠释、理解与评价朱子——朱熹与中西哲学比较》，《中华文化论坛》2006年第1期。在此基础上，成中英以朱子的超融诠释方法消化伽达默尔的哲学诠释学，实现对本体诠释学的超融性阐释，参看成中英《论本体诠释学的四个核心范畴及其超融性》，《齐鲁学刊》2013年第5期与路强《本体诠释学：本体与超融——成中英教授访谈录》，《晋阳学刊》2014年第3期。

② 《朱子语类》卷一百四，第2806页。

二、以"尧之钦德"挺立"敬"字工夫

与朱子处于同时代的贤人，陆象山批评朱子论"敬"为支离。到了明代，随着理学末流的流弊日益明显，明代学者对朱子理学的批评也愈演愈烈。王阳明以"析心与理而为二，此告子义外之说"①批评朱子，以"居敬亦即是穷理"②重构儒家"敬"论。然而，朱子论"敬"并非支离工夫，从其理学出发，他指出：

> 《尚书·尧典》是第一篇典籍，说尧之德，都未下别字，"钦"是第一个字。如今看圣贤千言万语，大事小事，莫不本于敬。③

朱子对"敬"的维护，表现出从思想到思想的理学思维。一方面，他指明"钦"字在《尚书·尧典》中的核心地位；另一方面，他也揭示圣贤千言万语皆归于"敬"的道理。换言之，儒家经典虽然记载着礼乐制度、典章文物等诸多内容，但朱子认为圣人不过是随人指点、因时而变，究其本旨，圣人的千言万语皆是殊途同归、百虑一致。亦如朱子所说："圣贤言语，大约似乎不同，然未始不贯。"④尽管儒家圣贤的言语各有不同，但都是为了传达一个"敬"字：

> 根本工夫都在"敬"字。若能敬，则下面许多事方照管得到。自古圣贤，自尧舜以来便说这个"敬"字。⑤

朱子确立"敬"字在儒家工夫论的统摄地位，也落实圣贤千言万语皆出于

---

① 王守仁：《王阳明集》上，王晓昕、赵平略点校，中华书局，2016，第42页。
② 王守仁：《王阳明集》上，第31页。
③ 《朱子语类》卷十二，第221页。
④ 《朱子语类》卷十二，第221页。
⑤ 《朱子语类》卷二十一，第534页。

"敬"的观点，"圣贤之道，如一室然，虽门户不同，自一处行来便入得，但恐不下工夫尔"。① 圣贤千言万语如同千万门户，也就是千万种工夫，而每一扇门皆通向终点，每一种工夫皆指向真理。但无论是何种工夫，需要脚踏实地走好脚下每一步路，不能凌空虚蹈、悬空描画。换言之，持敬工夫尽管可以是成百上千，但是朱子认为一定要下手去做，即今日格一物，明日格另一物，真积力久，以至于豁然贯通。然而，朱子虽重工夫，但却并不囿于工夫，他清楚地知道"敬"字工夫，最终还是为了灭治人欲以澄明天理。

圣贤千言万语，只是教人明天理，灭人欲……把个"敬"字抵敌，常常存个敬在这里，则人欲自然来不得。②

工夫论在朱子理学体系中占有重要地位，所以从珠水之喻看"敬"字工夫，朱子认为人性如宝珠本自洁净透亮，但其掉入浑水则遮蔽光洁，此浑水即是"气"；若能将浑水澄清，宝珠则还复清明。所以，在天理人欲交战之机，朱子认为通过时时"持敬"，以格物穷理、居敬涵养的修养工夫，将道德准则内化为自己的信念和行为准则，使得人欲除尽、天理复现、人心听命于道心。从变化气质看，珠水之喻体现气禀理论，"看来人全是资质。……资质定了，其为学也只就他资质所尚处，添得些小好而已"③。朱子认为人们应该利用资质优势做出努力，以实现补充性的完善与提升。

但是，陆象山却批评朱子"敬"字工夫，他认为讲圣人之道，先秦经典未尝有言"持敬"者，故"观此（朱子持敬）二字，可见其（朱子）不明道矣"。④ 若是执着在朱子的"敬"字工夫，则"终日簸弄经语以自傅益，真所谓侮圣言者矣"。⑤ 象山认为儒家圣人之道非朱子的格物穷理、涵养主敬就能达

① 《朱子语类》卷十二，第222页。
② 《朱子语类》卷十二，第221页。
③ 《朱子语类》卷九十三，第2527页。
④ 陆九渊：《陆九渊集》，钟哲点校，中华书局，1980，第6页。
⑤ 陆九渊：《陆九渊集》，第6页。

到，而是在于"复其本心，使此一阳为主于内"①。然而，朱子不同意象山的观点，指责陆象山不重"敬"字工夫，其原因在于朱子认为象山过于重视"复其本心"，导致其学陷入"不知气禀"的问题。

> 陆子静之学，看他千般万般病，只在不知有气禀之杂，把许多粗恶底气都把做心之妙理，合当恁地自然做将去。②

朱子认为陆象山之学轻视气禀这一现实条件，将"气"的粗疏当成"心之妙理"，使"理"与"气"混为一谈，导致"理"中杂染着"气"，这就破坏"理"的纯正。从工夫论看，对于陆象山不重气禀的原因，如陆象山所说："仁即此心也，此理也。求则得之，得此理也；先知者，知此理也；先觉者，觉此理也。"③陆象山虽自诩其为"简易工夫终久大"，但朱子却批评这种简易工夫只是"两头明，中间暗"，并指出象山之学忽略"学即效也"的功能，将人的气禀与外界的因素混淆在一起，空讲"学即觉也"，导致人的道德观念变得模糊和混乱。

朱子批评陆象山忽略"敬"字工夫，也是因为象山过于重视"自得"之学，认为象山只是虚讲天理，空谈体认。

> 江西学者偏要说甚自得，说甚一贯。看他意思，只是拣一个笼侗底说话，将来笼罩，其实理会这个道理不得。④

"敬"字工夫是指收敛此心，主张身心并重，内外交修，莫要走作，勿陷入空寂。朱子认为曾子是持敬典范，"孔子亦是见他（曾子）于事事物物上理会得这许多道理了，却恐未知一底道理在，遂来这里提醒他"。⑤但江西学者（陆

---

① 陆九渊：《陆九渊集》，第 6 页。
② 《朱子语类》卷一百二十四，第 3211 页。
③ 陆九渊：《陆九渊集》，第 5 页。
④ 《朱子语类》卷二十七，第 737 页。
⑤ 《朱子语类》卷二十七，第 737 页。

象山）走作此心、不重持敬、空讲自得，不识事事物物道理而偏讲一贯。朱子批评道，陆象山的"自得"，如同只有索子，而没有铜钱，缺失持敬，虚谈自得。"若陆氏之学，只是要寻这一条索，却不知道都无可得穿。……某道他断然是异端！断然是曲学！断然非圣人之道！"① 朱子不仅将陆象山驱逐出儒家之学的范畴，更将其断定为异端，打落到禅学之地，"盖谓其本是禅学，却以吾儒说话遮掩"。②

相较于对陆象山的批评，朱子对禅学的批评态度更是尖锐，他认为正是因为"禅学炽则佛氏之说大坏。缘他本来是大段著工夫收拾这心性，今禅说只恁地容易做去"③。朱子认为禅宗只重心地，只讲明心见性，造成对人伦物理的抛弃、持敬工夫的轻视。以《坛经》"念念见自性"讲"圆满报身佛"为例：

> 何名圆满报身？譬如一灯能除千年暗，一智能灭万年愚。莫思向前，已过不可得，常思于后，念念圆明，自见本性。④

圆满报身意味着通过修行和追求，可以达到的心灵圆满。譬如一盏灯能够照亮黑暗、消除愚昧，禅宗以"念念圆明"落实"自见本性"，以内境运转外物，以念头通达实现超越现实。从时空关系看，过去、当下、未来，人们最容易陷入过去困境，无法解脱。《坛经》一则告诫人们要莫思向前，常思于后。《坛经》一则也指出"未来心不可得"，"莫思向前"只是当下解脱的方便法门。禅宗告诫人们不应过于沉迷过去、幻想未来，要学会点亮心灯以明心见性，念念时常圆明。

> 问释氏入定，道家数息。（朱子）曰："他只要静，则应接事物不差。"⑤

---

① 《朱子语类》卷二十七，第 737 页。
② 《朱子语类》卷一百二十四，第 3212 页。
③ 《朱子语类》卷一百二十四，第 3211 页。
④ 丁福保笺注，陈兵导读，哈磊整理：《坛经》，上海古籍出版社，2011，第 96 页。
⑤ 《朱子语类》卷一百二十六，第 3257 页。

无论是"入定"，还是"数息"，佛老之学均是以持敬保持精神状态的无尘澄澈，但朱子认为他们对持敬的理解只是重"静"，"释老等人，却是能持敬。但是他只知得那上面一截事，却没下面一截事"①。对此，钱穆解释道："释老亦知心地用功，却只重心，不重事。"② 朱子认为佛道"持敬"缺少现实关注，无法做到以"敬"字工夫贯通动静，易于出现空寂本体的问题。从三教辩证看，如果说朱子批判佛老讲持敬是从静入手，那么他的对治方法应从动上用功，但朱子看到偏于动、静一端，都易于出现与之对应的工夫弊病。

从"敬贯动静"看，佛老未能将持敬落实在践行生活，修养工夫应该能够贯通上下，心性本体能够坐落现实，两者的关系是体用一源，而不是体用殊绝。朱子认为持敬工夫应该是做到体用互显、圆融不二，实现回应佛老工夫的偏居一隅。正如陈来指出，朱子"广义的主敬涵养则贯通未发已发，贯通动静内外的全过程"③。无论是在行动之前还是行动之后，无论是在活动中还是在静止中，朱子要求学者在整个过程中都能以持敬保持警觉和自省，而不是仅在某一件事情上做持敬工夫。

> 敬，莫把做一件事看，只是收拾自家精神，专一在此。④

朱子强调，学者需对专一、专注深加重视，不要将"敬"仅看作一种手段，而是要将其视为"自家精神"的实现目的，即挺立道德主体性。从经典诠释看，朱子以"敬贯动静"引出对"自家精神"的关注，以其理学"敬"论思想"调适"《尚书》"钦"字，使《尚书》"钦"字能够回应佛老入定、数息的实践不足，对治他们只重心地、忽略人伦的学理缺失。朱子认为"钦"字传达了一种专注和投入的敬畏精神，它告诉学者在做任何事情时都应该全心全意地投入其中，不被其他杂念和干扰所困扰，提醒学者以"敬贯动静"不断反

---

① 《朱子语类》卷十二，第 224—225 页。

② 钱穆：《钱宾四先生全集·朱子新学案（二）》，第 433 页。

③ 陈来：《宋明理学》，华东师范大学出版社，2004，第 138 页。

④ 《朱子语类》卷十二，第 231 页。

思、改进自己的行为与思维方式，以变化气质收拾自家精神，以下学上达实现成贤成圣。

朱子将《尚书》"钦"字贯通于其理学体系之中，使"敬"字理论获得儒家经典的文本支撑，以"尧之钦德"挺立"敬"字工夫。从诠释内容看，朱子认为象山之学忽略"气禀"导致理气兼杂，而象山主张的"自得"虽主张一贯，但因其不重"持敬"，故朱子以"敬"字工夫指责象山之学乃是禅学。另一方面，朱子以"敬贯动静"批判释氏"入定"、道家"数息"，指责佛老只在心地用功而忽略人伦日用。从诠释方法看，朱子以理学"融释"经学的儒家诠释学，透过以理学"调适"经学将《尚书》理学化，指出"敬"字工夫在经典世界与现实生活的重要，彰显其迥异于象山与佛老工夫论的理学特质。

三、以"钦体明用"开辟"圣圣相承"

"'钦明文思'，颂尧之德，四个字独将这个'敬'做擗初头。"① 由于朱子肯定"钦"字居于《尚书·尧典》的核心地位，认为"钦"字即"敬"字。所以，少时从朱子游的蔡沉在其《书集传》中指出，《尚书》"首以'钦'之一字为言，此书中开卷第一义也"②，从而在《书集传》中进一步阐释《尚书》"钦明"关系，认为"钦，恭敬也；明，通明也，敬体而明用也"③。

不过，学界却通常认为朱子的"敬"仅是工夫，并不具备本体意义。但《书集传》却以体用论揭示"钦明"，不免让人产生疑惑。作为朱子晚年最有成就的弟子，蔡沉受朱子之托而作《书集传》。《书集传》是在朱子注《尚书》原有基础上完成的，因而，《书集传》首章的"钦体明用"，并非蔡沉肆意增添。且根据《朱子语类》记载，朱子对"敬"的阐释绝非仅局限工夫，也在本体层面做了解读。

---

① 《朱子语类》卷七，第137页。
② 蔡沉：《书集传》，第2页。
③ 蔡沉：《书集传》，第1页。

修身，齐家，治国，平天下，都少个敬不得。如汤之"圣敬日跻"，文王"小心翼翼"之类，皆是。只是它便与敬为一。自家须用持着，稍缓则忘了，所以常要惺惺地。久之成熟，可知道"从心所欲，不逾矩"。颜子止是持敬。①

朱子突出"敬"在"修齐治平"的关键地位，同时指出圣人与贤者对"敬"的不同态度。如汤、文王等圣人，他们能够自然地"敬"，故能与敬为一，纯亦不已；贤者如颜子，只是专注于"敬"，深潜淳粹。对此，李毅指出："只有对于'常人之心'或者说普通心灵而言，'敬'才主要是一种工夫，而对于'圣人之心'或者说上智心灵而言，'敬'则主要是本体方面的意义。"② 不过，尽管朱子论"敬"存在本体方面的意义，但朱子对"本体"的阐释，也是丰富且复杂。朱子在论《尚书》"钦明"时说道：

至书论尧之德，便说"钦明"，舜便说"浚哲文明，温恭允塞"。钦，是钦敬以自守；明，是其德之聪明。③

"钦"和"明"表示对尧帝内在品德（"钦敬以自守"）和外在德行（"其德之聪明"）的认可。朱子认为"钦"是恭笃以持守自身，"明"是敬德以显化聪明。就"钦""明"关系而言，虽然能够证明《书集传》中的"钦体"之"体"出自朱子对"圣人之心"（尧德）的本体阐释，但"钦体"之"体"并非是指"本体之体"（形上），而是朱子对"体"的另一种解读，即"体质之体"（形下）。

朱子对"体"存在两种论断："若以形而上者言之，则冲漠者固为体，而其发于事物之间者为之用；若以形而下者言之，则事物又为体，而其理之发见者

① 《朱子语类》卷十二，第 222 页。
② 李毅：《从"与敬为一"到"敬之提升"——朱子敬论新探》，《朱子学研究》2021年第 2 期。
③ 《朱子语类》卷十五，第 287 页。

为之用。"①从"形而下者"看，事物本身就是体，它们具有自身的特性和规律。其中的规律和原理就是事物所用之处，它们是事物运行和发展的基础。以耳目见闻举例，"耳便是体，听便是用；目是体，见是用"②。从"用"看，耳目的作用在于视听的发用，从"体"看，视听的实现源自耳目的存在。"钦"与"明"的关系亦是如此，"钦"（钦敬以自守）的作用是为了"明"（其德之聪明）的发用，"明"（其德之聪明）的实现源自"钦"（钦敬以自守）的存在。所以，朱子在"钦"（敬）上确立本体方面的意义，具体是在"体质之体"上确立的。

为了论证"敬"在圣人之心上的本体（体质之体）意义，朱子通过强调"尧舜"是"敬"字的传授渊源，凸显"钦"在"体质之体"上的价值优先。

> 圣人相传，只是一个字。尧曰"钦明"，舜曰"温恭"。"圣敬日跻"。"君子笃恭而天下平"。③

无论是尧被称为"钦明"，还是舜被称为"温恭"，或者《诗经》所说的"圣敬日跻"，等等，圣人相传，可用"敬"字概括其特质和品德。朱子强调"敬"始终只是一事，提醒人们应该珍惜和保护自己的耳朵和眼睛（体质之体），善于倾听和观察（发用），以便更好地感知和理解世界。这是说，学者不应被事物表象遮蔽而忽视事物根本，应关注事物本体（钦）的价值意义，意识到本体在发用（明）上的价值功能，须做到体用夹持，循环无端，方能内外透彻。

朱子以"敬"释"钦"，"钦"字即"敬"字，通过"敬彻上下"的运行机制，揭示"钦"是"体质之体"的实践优先。

> 敬是彻上彻下工夫。虽做得圣人田地，也只放下这敬不得。如尧、舜，也终始是一个敬。④

---

① 朱熹:《晦庵先生朱文公文集》卷四十八《答吕子约》，朱杰人等主编《朱子全书》第 22 册，上海古籍出版社、安徽教育出版社，2002，第 2226 页。

② 《朱子语类》卷一，第 3 页。

③ 《朱子语类》卷十二，第 220 页。

④ 《朱子语类》卷七，第 137 页。

　　敬不是一种行为表现，而是学者在"体质之体"上做出的察识和涵养。朱子认为即使是尧、舜这样的圣人，他们也始终保持着敬的精神和原则，而没有放下敬，这是因为"敬"是一种"彻上彻下"的修养工夫。作为圣门第一义，"敬"字工夫须是彻头彻尾，不可顷刻间断，它要求人们在与他人、社会和自己的关系中，始终保持敬畏、恭敬。学者只有真正领会了"敬"的精神，通过格物工夫的持守与涵养，才不会沦落为如"死敬"般的伪情虚礼。

　　从理学构建看，朱子以体用论阐释"钦明"，比较圣人与贤人对"敬"的不同态度，指出"敬"在圣人之心上存在本体意义。在形而上者与形而下者之间，朱子将"钦"的本体地位落实在"体质之体"，既强调"尧舜"是"敬"字的传授渊源，凸显"钦"在"体质之体"上的价值优先，也通过"敬彻上下"的运行机制，揭示"钦"在"体质之体"上的实践优先。从经典诠释看，朱子对《尚书》"钦"字的经学理学化，其目的在揭示其理学体系的同时，更构造出"自是以来，圣圣相承"①的理学道统，即对儒家道统谱系的重新排列与理学绘制。

　　"尚书文义贯通犹是第二义，直须见得二帝三王之心。"②朱子认为儒教自古以来就以天理为基础，二帝三王传承天命，依循天理，顺应人心。从"圣圣相承"看，朱子描述尧传位给舜、舜传位给禹的原因，主要在于舜能够做到"允执厥中"，所以尧传位给舜。舜传位给禹，同样也是因为禹具备这种品质，即"'允执厥中'者，尧之所以授舜也；'人心惟危，道心惟微，惟精惟一，允执厥中'者，舜之所以授禹也"③。其中，"允执厥中"是指尧舜禹皆能够恪守中庸之道，在处理事务时都能坚持公正和中立。

　　　　"人心惟危，道心惟微，惟精惟一，允执厥中"，圣贤千言万语，只是教人明天理，灭人欲。④

---

① 朱熹撰：《四书章句集注》，中华书局，2011，第 17 页。
② 《晦庵先生朱文公续集》卷三《答蔡仲默》，《朱子全书》第 25 册，第 4717 页。
③ 《四书章句集注》，第 16 页。
④ 《朱子语类》卷十二，第 221 页。

朱子认为"十六字心传"的核心在于"允执厥中"，想要落实"允执厥中"，需要践行存理灭欲。正如朱子说："如尧舜，也终始是一个敬。"① 对此，后世圣贤（如孔曾思孟、濂溪二程）著书立言，以存理灭欲启示后世学者。就"理一分殊"而言，"圣圣相承"的合理性在于"敬"字工夫既成为尧、舜、禹"十六字心传"的相授之意，也是为汤、文、武之君，皋陶、伊、傅、周、召之臣接续圣王的道统之传。例如，朱子说孔子："孔子曰：'修己以敬。'此是最要紧处！"② 说曾子："捱来推去，事事晓得，被孔子一下唤醒云：'吾道一以贯之'，他（曾子）便醒得。"③ 说子思，认为《中庸》这部"孔门传授心法"④，同样是宣扬明天理、灭人欲的道理。

《中庸章句序》言："中庸何为而作也？子思子忧道学之失其传而作也。盖自上古圣神继天立极，而道统之传有自来矣。"⑤ 朱子认为子思忧虑尧、舜的道统之传渐失其真，于是推演尧、舜相传之意，作《中庸》以承继儒家道统。孟子之后不得其传，到汉唐学者那里，《中庸》中的儒家道统仅是作思想比附，或作通释考义。直到"濂溪周夫子始得其（《中庸》）所传之要，以着于篇；河南二程夫子又得其遗旨而发挥之，然后其学布于天下"⑥。

朱子认为汉唐学者没有继承自尧、舜而来的儒家道统，这是因为"自是以来，圣圣相承"⑦ 的儒家道统，有一"敬"（钦）字相传的骨血命脉，而汉唐学者未见其本，直到濂溪、二程才将儒学真精神揭示开来。朱子将汉唐学者在儒家道统的地位加以剔除，认为周敦颐、二程兄弟续千载不传之续，重制一条孔子—曾子—子思子—孟子—周子—二程子的理学道统谱系。故而，在道统之传上，朱子认为只有将"敬"字工夫落实得真切，后世学者才能实现儒家道统的"圣圣相承"。

---

① 《朱子语类》卷七，第 137 页。

② 《朱子语类》卷二十一，第 534 页。

③ 《朱子语类》卷二十七，第 731 页。

④ 《四书章句集注》，第 19 页。

⑤ 《四书章句集注》，第 16 页。

⑥ 《晦庵先生朱文公文集》卷七十五《中庸集解序》，《朱子全书》第 24 册，第 3639 页。

⑦ 《四书章句集注》，第 17 页。

朱子以"钦体明用"接续"圣圣相承"。从理学构建看，朱子以"敬"释"钦"，以其体用论深化《尚书》"钦明"二字，凸显"钦"在本体（体质之体）意义上的价值优先与实践在先。从经典诠释看，朱子以"理一分殊"阐释"圣圣相承"的合理性，以"道统之传"确定"存理灭欲"的重要性，以《尚书》"钦"（敬）字重新"构造"儒家道统，并绘制一条孔、曾、思、孟的道统谱系。

结　语

朱子以"主敬涵养"阐释"钦便是敬"，以"死敬活敬"判定秦汉诸儒不识"敬"字，回应程沙随对程颐论"敬"的误解。朱子以"尧之钦德"挺立"敬"字工夫，以"敬贯动静"反对象山"自得"、释氏"入定"、道家"数息"。朱子以"钦体明用"开辟"圣圣相承"，凸显"钦"在本体（体质之体）意义上的价值优先与实践在先，奠定其在宋明理学的核心地位。《尚书》"钦"字也备受后世理学家的重视，作为"宋明道学的总结者与终结者"[①]，王船山也通过《尚书》"钦"字，"在检讨程朱与陆王二家认识论主张的基础上"[②]，对理学"主敬"做出新诠释，使得《尚书》"钦"字在儒家哲学史上再现光彩。

朱子以转换、调适、构造的诠释方法将《尚书》理学化，提出以理学"融释"经学的儒家诠释学。朱子没有顺从汉唐经学的注释，而是通过理学阐释《尚书》"钦"字，因为在与经典密切对话的过程中，学者需要"生发"出对自己所关怀的问题具有新意义的东西。所以，从理解本身看，朱子对《尚书》的理学阐释，绝不是重新领会《尚书》的原始意见，也不是如同象山重构儒家观念，而是在诠释"钦"字上，与《尚书》取得"视域融合"的相互理解。

---

① 萧萐父、许苏民：《王夫之评传》，南京大学出版社，2002，第604—605页。

② 陈明：《王船山"己"、"物"关系视野中的儒家认识论立场——以〈尚书引义·尧典一〉为中心》，《河南师范大学学报（哲学社会科学版）》2015年第5期。

Zhu Zi on the *Book of History* "Qin" Character

——On the Confucian Hermeneutics with the Integration of Neo—Confucianism

and Confucian Classics

Wei Ziqin　Guo Zhenxiang

Abstract：Zhu Zi integrated and interpreted the Confucian classics with Neo—Confucianism, integrating the character "Qin" in the *Book of History* into his Neo—Confucianism system. He explained that "Qin is respect" through "respecting and nurturing"; standing up the character of "respect" with the phrase "Yao's Qinde"; opening up the concept of "combining the Holy and the Holy" with the concept of "Qinti Mingyong", which highlight the value priority and practice priority of "Qin" in the sense of ontology (physical body). Zhu Zi explained the word "Jing" using the character "Qin" in the *Book of History*. From the perspective of Neo—Confucianism construction, he judged that the Confucians of the Qin and Han dynasties did not recognize the word "Jing" by using the phrase "death respecting and living respecting", and responded to Cheng Shasui's misunderstanding of Cheng Yi's theory of "Jing"; opposed Xiangshan's "self satisfaction", Shi Shi's "settling down", and Taoism's "counting breath" with the principle of "respecting the movement and stillness"; continuted the tradition with "Respecting the top and bottom". From the perspective of classic interpretation, he rationalized the *Book of History* through his interpretive activities of transformation, adjustment, and construction. Through the classic interpretation of Neo—Confucianism, Zhu Xi not only established his core position in Song Ming Neo—Confucianism, but also elucidated the methodology of using classic interpretation to promote the development of Confucianism.

Key words：classical interpretation; Qin; Zhu Zi Neo—Confucianism; Confucian hermeneutics

朱子论"整齐严肃"

唐陈鹏[*]

【摘　要】朱子对"整齐严肃"的诠释经历了三个阶段。正是在朱子的诠释下，"整齐严肃"不仅成为其"主敬"工夫体系的"用功处"与"入头处"，甚至朱子在晚年还提出了"整齐严肃便是敬"的观点，直接将"整齐严肃"视为"主敬"工夫本身。"整齐严肃"的工夫之所以必要与可能，在于其具备贯通内外与动静的特质。在"主敬四法"中，朱子认为"整齐严肃"最为"切当"，主要有以下三个方面的原因：一是"整齐严肃"可以"实下功夫"；二是受到了儒家重礼容的传统与程颐"严肃气象"的影响；三是"整齐严肃"的操存涵养工夫能为朱子构建的"下学而上达"的工夫体系准备完善的道德主体条件。

【关键词】 朱子；整齐严肃；敬；工夫；主敬四法

一、引言

在千年学府岳麓书院的讲堂前壁上，嵌刻着"整齐严肃"四个大字。此四字原为清代岳麓书院欧阳正焕山长所书，复经欧阳厚均山长嵌刻于壁，由此成

　　* 【作者简介】唐陈鹏，湖南大学岳麓书院博士研究生，研究方向为中国经学思想史。
　　【基金项目】湖南大学岳麓书院贯彻落实习近平总书记考察调研重要讲话精神专项课题"岳麓书院与整齐严肃"（项目编号：HDSY21003）。

为岳麓书院校训的重要内容。① 中国教育史上学规、学训甚多,何以"整齐严肃"四字会在岳麓书院受到如此重视? 要回答这一问题,必然需要深入研究古人对"整齐严肃"这一概念的诠释脉络及其关键节点。笔者经搜检文献发现,"整齐严肃"作为一个道德修养的工夫概念最先是由程颐所提出,意指通过保持容貌辞气上的端庄、肃穆以涵养本心,使之呈现为完全道德的状态。不过,程颐对这一概念并未有深入阐发,而朱子则对"整齐严肃"进行了特别强调与重点诠释,并使之成为其"主敬"工夫体系中最重要的组成部分之一。遗憾的是,当前学界对朱子关于"整齐严肃"的诠释尚缺乏足够的关注。因此,若将朱子对"整齐严肃"的相关论述进行深入分析,无疑有助于推进学界对朱子"主敬"工夫体系的理解,亦有利于揭示"整齐严肃"为何能在后世产生广泛影响的原因。而这,正是本文写作所欲着墨之处。

二、"整齐严肃便是敬"的提出

与汉唐经学家"罕言性命"相比,佛、老两家重视心性修养,尤重进德入道的下手工夫,以为诀要。② 如禅宗为了修禅成佛,曾主静坐,六祖惠能以"敬"纠"静"之偏,认为"常行于敬,自修身是功,自修心是德"③。降至宋世,为了扭转儒学难以收拾人心的窘境,儒者们通过借鉴佛、老的心性思想,开始了儒家"心性之学"的构建。如周敦颐提出"主静立人极"④,二程认为"言静则老氏之学"⑤,故而针对性地提出了"主敬"说,主张"涵养须用敬""入德必自敬始"⑥。而且,程颐言"敬",尤重"主一无适"。如其指出"所谓敬者,

---

① 陈谷嘉:《千年学府精神追寻——南宋时期岳麓书院"忠孝廉节"校训诠释》,《湖南大学学报(社会科学版)》2001年第3期。

② 姜广辉:《理学与中国文化》,上海人民出版社,1994,第325页。

③ 慧能:《坛经校释》,郭朋校释,中华书局,1983,第65页。

④ 周敦颐:《周敦颐集》,中华书局,1990,第6页。

⑤ 程颢、程颐:《二程集》,中华书局,2004,第1188页。

⑥ 程颢、程颐:《二程集》,第188、1194页。

主一之谓敬。所谓一者，无适之谓一"①，又说"敬只是主一也。主一，则既不之东，又不之西，如是则只是中。既不之此，又不之彼，如是则只是内"②。所谓"主一无适"，就是涵养此心，使其不为物欲私意牵引走作，始终保持虚灵知觉、专一有主的精神状态。但这种精神状态对普通士人来说是难以在短时间内操之有得的，所以程颐又指出，"主一无适"可通过容貌辞气上的"整齐严肃"来实现："如何一者，无他，只是整齐严肃，则心便一。"③这是"整齐严肃"首次作为一个道德涵养的工夫概念被提出。不过，在程颐的"主敬"工夫体系中，"主一无适"是"用功"④处，占据着最核心的位置，而"整齐严肃"则仅仅只被提及过一次。

由于"整齐严肃"在程颐的"主敬"工夫体系中并非重点所在，因而在二程去世以后，虽然程门弟子无不言"敬"，但较少有人对这一概念予以重视。降至南宋，于洛学"私淑而与有闻焉"⑤的朱子，对二程尤其是程颐的"主敬"思想极尽推崇。更重要的是，朱子特意对"整齐严肃"进行了积极的宣扬与诠释，并提出了"整齐严肃便是敬"的观点，对后世理学家产生了重要的影响。那么，朱子为何会如此重视"整齐严肃"这一概念？他为何会提出"整齐严肃便是敬"这一观点？为了回答上述问题，我们需要梳理出朱子对"整齐严肃"的诠释历程，进而在这一历程中寻找答案。

据现存文献来看，朱子对"整齐严肃"的诠释历程可划分为三个阶段。第一个阶段是在乾道五年（1169）以前。从绍兴二十三年（1153）至隆兴元年（1163）之间，朱子在工夫实践上受到李侗的影响，试图于静中体认未发本体，但朱子"求喜怒哀乐未发之旨未达，而先生没"⑥。隆兴元年李侗去世以后，朱

---

① 程颢、程颐：《二程集》，第169页。

② 程颢、程颐：《二程集》，第149页。

③ 程颢、程颐：《二程集》，第150页。

④ 现存《二程集》中载有程颐和学者的对话："或曰：'敬何以用功？'曰：'莫若主一。'"程颢、程颐：《二程集》，第202页。

⑤ 朱熹：《大学章句序》，朱杰人、严佐之、刘永翔主编：《朱子全书（修订本）》第6册，上海古籍出版社、安徽教育出版社，2010，第14页。

⑥ 朱熹：《中和旧说序》，《朱子全书（修订本）》第24册，第3634页。

子经过了几年的独立思考，于乾道二年（1166）丙戌悟得中和旧说，并迅速将其与湖湘学派所主张的"先察识后涵养"的修养方法关联起来。对此时的朱子而言，"察识端倪"无疑是其修养工夫体系中最为关键的一环。当然，察识之后该如何涵养的问题亦引起了他的思考。如乾道三年（1167）①，朱子与何镐讨论如何克制"躁妄之病"时，已经注意到心的"俨然肃然"与"敬"之间的密切关系，②可惜其只是一笔带过，并未详论。总之，由于这一阶段朱子对心、性是已发还是未发的问题尚未形成定论，在工夫进路上也没有完全归宗于二程的"主敬"说，故而对"整齐严肃"的思考与讨论并不深入。

从乾道五年至淳熙二年（1175），是朱子对"整齐严肃"诠释历程的第二个阶段。乾道五年春，在寄给张栻的《与湖南诸公论中和第一书》中，朱子痛省以往的自己"缺却平日涵养一段工夫"，并确立了以"敬"涵养"未发"的心性修养的基本思路：

> 然未发之前不可寻觅，已觉之后不容安排。但平日庄敬涵养之功至，而无人欲之私以乱之，则其未发也，镜明水止，而其发也无不中节矣。③

朱子受到程颐"涵养须是敬，进学则在致知"等主张的启发，认为只要"平日庄敬涵养之功至"则"其发也无不中节"。可见，在悟求到"心通贯未发、已发"④的中和新说之后，朱子很快便摆脱了湖湘学派"先察识后涵养"的修养方法对其的影响，并在继承程颐"敬"论的基础上初步建立了以"主敬致知"为核心要素的工夫论体系。同年朱子还曾给程洵写信，⑤一方面强调"是知圣门之学别无要妙，彻头彻尾只是个敬字而已"⑥，另一方面则对程颐的"持敬用功

---

① 见陈来：《朱子书信编年考证》，生活·读书·新知三联书店，2007，第43页。

② 朱熹：《答何叔京》，《朱子全书（修订本）》第22册，第1807—1808页。

③ 朱熹：《与湖南诸公论中和第一书》，《朱子全书（修订本）》第23册，第3131页。

④ 朱熹：《与湖南诸公论中和第一书》，《朱子全书（修订本）》第23册，第3130—3131页。

⑤ 陈来：《朱子书信编年考证》，第64页。

⑥ 朱熹：《答程允夫》，《朱子全书（修订本）》第22册，第1873页。

处"进行了总结：

> 夫持敬用功处，伊川言之详矣。只云："但庄整齐肃，则心便一，一则自无非僻之干。"又云："但动容貌、整思虑，则自然生敬，只此便是下手用功处，不待先有所见而后能也"。①

朱子将程颐的"持敬用功处"归纳为二：一是"庄整齐肃"，二是"动容貌、整思虑"。庄整齐肃，与"整齐严肃"义同；"动容貌、整思虑"，无非也是要在容貌辞色上下工夫，与"整齐严肃"义近。这说明，朱子有意将程颐的"持敬用功处"统合到"整齐严肃"上来。根据朱子所引程颐之言，可知程颐确实认同对容貌辞气的修饬有助于涵养人心之"敬"。但正如前文中所提到的，程颐自己指定的"主敬"用功处是"主一"②而非"整齐严肃"。因此，朱子对程颐"持敬用功处"的总结，与其说是一种"误解"，毋宁说是朱子试图通过对程颐言论的选择性"编辑"来表达自己对"持敬用功处"的理解。乾道六年（1170），朱子致信吕祖谦，③进一步指出："详考从上圣贤以及程氏之说，论下学处，莫不以正衣冠、肃容貌为先。"④这样，"整齐严肃"不仅仅是"持敬用功处"，还在时间与逻辑上成为"主敬"工夫的第一环节了。为什么在乾道五年之后，朱子会如此重视"整齐严肃"这一概念？在朱子同年写给林用中的信中，⑤我们可以找到答案：

> 比因朋友讲论，深究近世学者之病，只是合下欠却持敬工夫，所以事事灭裂。其言敬者，又只说能存此心，自然中理。至于容貌词气，往往全不加工。设使真能如此，存得亦与释老何异？上蔡说便有此病了。又况

---

① 朱熹：《答程允夫》，《朱子全书（修订本）》第 22 册，第 1872—1873 页。
② 程颢、程颐：《二程集》，第 202 页。
③ 陈来：《朱子书信编年考证》，第 73 页。
④ 朱熹：《答吕伯恭》，《朱子全书（修订本）》第 21 册，第 1429 页。
⑤ 陈来：《朱子书信编年考证》，第 79 页。

心虑荒忽，未必真能存得耶？程子言敬，必以整齐严肃、正衣冠、尊瞻视为先，又言未有箕踞而心不慢者，如此乃是至论。而先圣说克己复礼，寻常讲说，于"礼"字每不快意，必训作"理"字然后已，今乃知其精微缜密，非常情所及耳。①

朱子认为"近世学者之病"主要出在"持敬"问题上：或是不讲求"持敬"工夫，以致人欲横行，"事事灭裂"；或是虽然口不离"持敬"，但只是空空的"存心"，而在容貌词气上"全不加工"，与禅宗狂禅一派狂放不羁的做法没有什么区别，难以优入圣域。至于谢良佐"正容谨节，外面威仪，非礼之本"②之说，正是此病的表现。而且，朱子还从实践角度否定了"存心"之说。因为人心出入无定、思虑万千，所谓的"存心"，实际上多半变成对无从下手的一种心理体验的体认，难免会堕入神秘主义。所以，只有先通过对视听言动、容貌词气的整饬（克己复礼），使之保持"整齐严肃"的状态，才能"制于外而养于中"，涵养出具备完善道德的主体，为穷理致知准备充分的条件。一言以蔽之，"整齐严肃"是"持敬"的"用功处"，也是"入头处"。

朱子对"整齐严肃"的这一认识很快便融入到其自身的日用工夫之中。如乾道八年（1172），朱子创作了《敬斋箴》③，开篇即强调要"正其衣冠，尊其瞻视"，又说"足容必重，手容必恭"，"出门如宾，承事如祭"，④等等，明显是在强调"整齐严肃"的工夫。而在乾道九年（1173）朱子自作的《写照铭》中，又有"端尔躬，肃尔容"⑤的诫辞，亦可见其对"整齐严肃"工夫的重视。由此可见，在这一阶段，"整齐严肃"已经成为朱子"主敬"工夫体系中的核心组成部分。

---

① 朱熹：《答林择之》，《朱子全书（修订本）》第 22 册，第 1968—1969 页。

② 朱熹：《答胡广仲》，《朱子全书（修订本）》第 22 册，第 1897 页。

③ 《敬斋箴》撰作的时间可参看焦德明：《朱子的〈敬斋箴〉》，《中国哲学史》2019 年第 2 期。

④ 朱熹：《敬斋箴》，《朱子全书（修订本）》第 24 册，第 3996 页。

⑤ 朱熹：《写照铭》，《朱子全书（修订本）》第 24 册，第 3995 页。

从淳熙二年起，朱子对"整齐严肃"的诠释进入了第三个阶段。当年六月，朱子与陆九渊相会于鹅湖，就"为学之方"的工夫论问题进行了激烈的辩论。陆氏门人朱亨道在现场听讲，并记录下了两人争论的焦点："元晦之意，欲令人泛观博览，而后归之约。二陆之意，欲先发明人之本心，而后使之博览。朱以陆之教人为太简，陆以朱之教人为支离，此颇不合。"① 也就是说，在体认本体的工夫次第上，朱子主张先从泛观博览的读书、讲学、格物进入，再归之约，体认本体，是由外向内的工夫径路，而陆九渊则主张先发明本心，再去读书、讲学、博览，是由内而外的工夫径路。故而象山一派学者多以"发明本心"为重，不太注意平日里"整齐严肃"的"主敬"工夫，以至于"今日悟道而明日骂人"②，而有堕入狂禅放荡不羁之学风的倾向。这无疑让将"容貌辞气"视为"德之符"③ 的朱子感到忧心忡忡。如在给陆九渊的信中，朱子便以异常严厉的口吻说道：

> 区区所忧，却在一种轻为高论，妄生内外精粗之别，以良心日用分为两截，谓圣贤之言不必尽信，而容貌词气之间不必深察者。此其为说乖戾狠悖，将有大为吾道之害者，不待他时末流之弊矣。④

朱子批评象山"发明本心"诸论是以内为精、以外为粗，使本心与日用的工夫分成两截，造成了内与外、心与身、知与行的割裂。而且，象山不主张以读圣贤之书为成学阶梯，不重视在视听言动、容貌辞气上做"整齐严肃"的工夫，在朱子看来已属"乖戾狠悖"，将为道学之害。

在象山之学的挑战下，朱子对"整齐严肃"的工夫愈益重视。如其将"坐如尸，立如齐"和"头容直，目容端，足容重，手容恭，口容止，气容肃"定

---

① 陆九渊：《陆九渊集》，中华书局，1980，第491页。

② 黎靖德编：《朱子语类》，《朱子全书（修订本）》第18册，第3806页。

③ 朱熹：《四书章句集注》，《朱子全书（修订本）》第6册，第252页。

④ 朱熹：《答陆子静》，《朱子全书（修订本）》第21册，第1565页。

为"敬之目"，①并将是否在容貌辞气上做"整齐严肃"的工夫，视为判别儒释的根据之一：

> 世衰道微，异论蜂起，近年以来，乃有假佛释之似以乱孔孟之实者。其法首以读书穷理为大禁，常欲学者注其心于茫昧不可知之地，以侥幸一旦恍然独见，然后为得。盖亦有自谓得之者矣，而察其容貌辞气之间，修己治人之际，乃与圣贤之学有大不相似者。②

所谓"假佛释之似以乱孔孟之实者"，指的主要是象山一派的学者。他们所追求的"发明本心"，在朱子看来就是"注其心于茫昧不可知之地"。即便自以为得圣人之道，然观察其"容貌辞气之间，修己治人之际"，则与"整齐严肃"的圣人气象大不相似。换言之，是否在容貌辞气上做"整齐严肃"的工夫，将直接决定学者们能否真正的以"敬"涵养本心，进而展现出"圣贤之学"的气象。这在朱子看来，无疑正是区分儒学与佛释的一个重要依据。

在这样的情况下，朱子正式提出了"整齐严肃便是敬"③的观点。这意味着，朱子此时已不仅仅只是将"整齐严肃"作为"主敬"工夫在实践维度的一个核心环节，而是将其视为"主敬"工夫之本身。④这一观点的确立，让朱子在道德修持进路上与佛老及心学划清了界限。

综上所述，随着朱子思想体系的不断完善，"整齐严肃"在朱子"主敬"工夫中的地位也变得愈来愈重要。朱子不仅将"整齐严肃"视为"主敬"工夫的"用功处"和"入头处"，更在排辟佛老以及与象山心学的竞争中，提出了"整齐严肃便是敬"的观点。

---

① 黎靖德编：《朱子语类》，《朱子全书（修订本）》第 14 册，第 373 页。

② 朱熹：《答许生》，《朱子全书（修订本）》第 23 册，第 2876 页。

③ 此条为吕焘为己未年（1199）所闻，是为朱子逝世前一年。黎靖德编：《朱子语类》，《朱子全书（修订本）》第 14 册，第 570 页。

④ 吴震先生曾表达过相近的观点。见吴震：《朱子思想再读》，生活·读书·新知三联书店，2018，第 212 页。

三、"整齐严肃"贯通内外、动静

朱子将"整齐严肃"作为"主敬"工夫的"用功处"与"入头处"，甚至将"整齐严肃"视为"主敬"工夫之本身，这意味着对道德本心的涵养需要从对形貌辞气的整饬入手，这在当时并不为大众所普遍接受。忽略佛老之学的影响，哪怕在程门后学内部，也有不少学者认为心是内、身是外，"主敬"工夫应当直指本心，所谓"由乎中而应乎外"，即须先从内在的"心"上做工夫，而"整齐严肃"明显是从外在的"身"上做工夫，无疑有舍内而求外之嫌。如乾道五年，朱子初步提出将"整齐严肃"作为"持敬"工夫"用功处"的观点，何镐便在给朱子的信中针锋相对地指出"持敬"应当先"存心"，而不当借助外在的"修为之力"。① 为了回应何氏的这一质疑，朱子遂在回信中对为何选择"整齐严肃"作为"持敬"工夫的"用功处"与"入头处"进行了一番说明：

> "持敬"之说甚善，但如所喻，则须是天资尽高底人，不甚假修为之力，方能如此。若颜曾以下，尤须就视听言动、容貌辞气上做工夫。盖人心无形，出入不定，须就规矩绳墨上守定，便自内外帖然。岂曰放僻邪侈于内，而姑正容谨节于外乎？且放僻邪侈正与庄整齐肃相反，诚能庄整齐肃，则放僻邪侈决知其无所容矣。既无放僻邪侈，然后到得自然庄整齐肃地位，岂容易可及哉？此日用工夫至要约处，亦不能多谈。但请尊兄以一事验之，俨然端庄，执事恭恪时，此心如何？怠惰颓靡，涣然不收时，此心如何？试于此审之，则知内外未始相离，而所谓庄整齐肃者，正所以存其心也。②

朱子首先指出，何镐所言的不假修为之力的"持敬"工夫只适合"天资尽高底人"，而颜子、曾子以下的人，则尤须在"整齐严肃"也就是视听言动、容

---

① 见朱熹：《答何叔京》，《朱子全书（修订本）》第 25 册，第 4901 页。
② 见朱熹：《答何叔京》，《朱子全书（修订本）》第 25 册，第 4901 页。

貌辞气上做工夫。朱子的这一说法，在儒家的重要经典《论语》中有直接的佐证。如颜子向孔子请教为仁之目，孔子答以"非礼勿视，非礼勿听，非礼勿言，非礼勿动"（《论语·颜渊》），此即是在"视听言动"上做工夫；而曾子临终前所说的"君子所贵乎道者三"，即"动容貌""正颜色""出辞气"（《论语·泰伯》），这便是在"容貌辞气"上做工夫。接着，朱子继续说道，虽然人的心理活动变化万千、出入不定，但人内在的"心"与外在的"身"未始相离，不可能出现内心放僻邪侈而外表"庄整齐肃"的荒谬情况。因此只要能做到在视听言动、容貌辞气上"整齐严肃"，则自然会"内外帖然"，达致道德的境界。在此基础上，朱子总结道："所谓庄整齐肃者，正所以存其心也。"这是说，因为人的身心未始相离，因此"身"的"整齐严肃"，即是对内在道德本心的存养。不过此信之后，何镐对朱子之意显然有所未喻。①故而在次年写给何镐的信中，②朱子只好直接指明"身心内外元无间隔"的道理：

　　根本枝叶本是一贯，身心内外元无间隔。今日专存诸内而略夫外，则是自为间隔，而此心流行之全体常得其半而失其半也。曷若动静语默由中及外，无一事之不敬，使心之全体流行周浃而无一物之不遍、无一息之不存哉？观二先生之论心术，不曰"存心"而曰"主敬"，其论主敬，不曰虚静渊默而必谨之于衣冠容貌之间，其亦可谓言近而指远矣。今乃曰"不教人从根本上做起而便语以敬，往往一向外驰，无可据守"，则不察乎此之过也。夫天下岂有一向外驰、无所据守之敬哉？必如所论，则所以存夫根本者，不免着意安排、拔苗助长之患。否则虽曰存之，亦且若存若亡，莫知其向而不自觉矣。③

　　① 乾道六年（1170），何镐等人到寒泉精舍与朱子会讲，便讨论过主敬的问题，两人意见明显不一致。如杨方所记朱子语录中即载："何丞说：'敬不在外，但存心便是敬。'先生曰：'须动容貌，整思虑，则生敬。'已而曰：'各说得一边。'"见黎靖德编：《朱子语类》，《朱子全书（修订本）》第14册，第373页。
　　② 见陈来：《朱子书信编年考证》，第76页。
　　③ 见朱熹：《答何叔京》，《朱子全书（修订本）》第22册，第1835页。

对于"身心内外元无间隔"的问题，孟子早已有过阐发，如其指出"君子所性，仁义礼智根于心，其生色也睟然，见于面，盎于背，施于四体，四体不言而喻"（《孟子·尽心上》）。这是说仁义礼智之性根植于内心，流露出来的外在神色必然会清和温润，并同时表现在身体的各个方面。程颐亦指出"制之于外，以安其内。克己复礼，久而诚矣"。[1] 强调通过"制外"（整齐严肃）可以实现"安内"（心定理明）。[2] 所以，朱子在上述引文中指出，既然"身心内外元无间隔"，那么无论是在心上做工夫，还是在身上做工夫，都是对此心流行之全体做工夫，本无分内外，不存在"专存诸内"就是"从根本上做起"而"整齐严肃"就是"一向外驰"的道理。因此，"整齐严肃"虽是从平时的视听言动、容貌辞气等心之用上去操存涵养，但作用的是此心之全体而不仅仅是外在的形貌。换言之，"整齐严肃"是贯通内外的工夫。反观何镐只知"存内"而"略夫外"的做法，倒是人为地造就了身心之隔。况且，所谓的"存心"或"存内"，所面向的是出入不定的心理活动，而非视听言动、容貌辞气等实下功夫田地，只会在觉知过程中茫茫然莫知其向，落下"著意安排、拔苗助长之患"，故而二程在阐述修养本心的工夫时，言"主敬"而不言"存心"、谨于衣冠容貌而不强调虚静渊默。在给杨方的信中，朱子再度借"身心内外，初无间隔"之理阐释道：

> 持敬之说，不必多言。但熟味"整齐严肃""严威俨恪""动容貌""整思虑""正衣冠""尊瞻视"此等数语而实加功焉，则所谓"直内"、所谓"主一"，自然不费安排而身心肃然，表里如一矣。……大抵身心内外，初无间隔。所谓心者固主乎内，而凡视听言动、出处语默之见于外者，亦即此心之用而未尝离也。今于其空虚不用之处则操而存之，于其流行运用之实则弃而不省，此于心之全体虽得其半而失其半矣。[3]

① 程颢、程颐：《二程集》，第589页。
② 程颢、程颐：《二程集》，第588页。
③ 见朱熹：《答杨子直》，《朱子全书（修订本）》第22册，第2072页。

　　朱子的这段话可划分为两个层次。第一个层次是说，视听言动、出处语默虽然作为"心之用"见于外，但却是此心"流行运用之实"。因而只有在视听言动、出处语默上做"整齐严肃"的工夫，才能在涵养德性上产生实效。这用朱子的另一句话来表述便是"惟整齐严肃，则中有主而心自存"①，意思是说唯有在外部的形态、表情、举止、动作等方面实下"整齐严肃"的工夫，才能在表现心中之敬的同时作用于心，让此心的发用完全合乎天理，此即"心定而理明"。第二个层次则试图说明，因为身心内外本无间隔，所以只要在容貌辞色上实下"整齐严肃"的工夫，就能让工夫发于外而贯通于内，"制于外而养于中"，不费安排便"身心肃然，表里如一"。这充分说明了"整齐严肃"具有贯通内外的特质。

　　另外还需要探讨的是，朱子常常强调"整齐严肃"是"涵养未发"的工夫，如"未发时着理义不得，才知有理有义，便是已发。当此时有理义之原，未有理义条件。只一个主宰严肃，便有涵养工夫"。②但朱子所推崇的"敬"不是"将个'敬'字做个好物事样塞放怀里"的"死敬"，③而是"敬义夹持，循环无端，则内外透彻"的"活敬"。④而且朱子还强调："'敬'字工夫，乃圣门第一义，彻头彻尾，不可顷刻间断。"⑤可见，朱子的"敬"是贯穿在内外、动静等每一个道德修养的环节中的。又朱子在《答林择之书》中曾指出："大抵心体通有无、该动静，故工夫亦有通有无、该动静，方无渗漏。"⑥所以，对于作为"主敬"工夫"用功处"与"入头处"的"整齐严肃"来说，是不是也具备贯通动静的特质呢？据《朱子语类》载：

　　叔京来问"所贵乎道者三"。因云："正、动、出时，也要整齐，平时

---

① 朱熹：《答潘叔度》，《朱子全书（修订本）》第22册，第2139页。
② 黎靖德编：《朱子语类》，《朱子全书（修订本）》第16册，第2045页。
③ 黎靖德编：《朱子语类》，《朱子全书（修订本）》第14册，第373页、第378页。
④ 黎靖德编：《朱子语类》，《朱子全书（修订本）》第14册，第378页。
⑤ 黎靖德编：《朱子语类》，《朱子全书（修订本）》第14册，第371页。
⑥ 朱熹：《答林择之书》，《朱子全书（修订本）》第22册，第1981—1982页。

也要整齐。"方云："乃是敬贯动静。"曰："恁头底人，言语无不贯动静者。"①

何镐的提问针对的是曾子所言的"正颜色""动容貌""出辞气"的已发修养工夫。而朱子的回答则直接阐明，无论是平时（未发）还是"正、动、出"时（已发），都需要以"整齐严肃"的工夫来涵养本心。

朱子在《敬斋箴》中对其"主敬"工夫的核心原则进行了精辟的总结，即"动静无违，表里交正"。②通过上述讨论，我们可以发现，朱子"主敬"工夫体系中的"整齐严肃"并非是"一向外驰"或专务于"涵养未发"的，而是既贯通内外又贯通动静的，亦即"动静无违，表里交正"。这不仅破除了时儒对"整齐严肃"的误解，也让"整齐严肃"自此得以成为一种核心的"主敬"工夫进入到理学的道德修养体系中。

四、何以"整齐严肃"之说为好？

自二程以降，理学家们无不重视"主敬"工夫。到了南宋，朱熹对"主敬"工夫的推崇更是无以复加，甚至把它当作儒家道德修养的总纲领。如朱子曾说："尧是初头出治第一个圣人。《尚书·尧典》是第一篇典籍，说尧之德，都未下别字，'钦'是第一个字。如今看圣贤千言万语，大事小事，莫不本于敬。"③正是因为"主敬"工夫是如此重要，所以对于何者才是"主敬"工夫的"用力之方"的问题亦为理学家们所热议。在《大学或问》中，朱子对二程以来理学家们对"主敬"工夫的"用力之方"的探索历程进行了概要性的总结：

> 曰：然则所谓敬者，又若何而用力耶？曰：程子于此，尝以主一无适言之矣，尝以整齐严肃言之矣。至其门人谢氏之说，则又有所谓常惺惺法

---

① 黎靖德编：《朱子语类》，《朱子全书（修订本）》第 15 册，第 1279 页。
② 见朱熹：《敬斋箴》，《朱子全书（修订本）》第 24 册，第 3997 页。
③ 黎靖德编：《朱子语类》，《朱子全书（修订本）》第 14 册，第 367 页。

者焉；尹氏之说，则又有所谓其心收敛不容一物者焉。观是数说，足以见其用力之方矣。①

因朱子经常将这四种"主敬"工夫的"用力之方"放在一起讨论，故有学者将其总结为"主敬四法"。②在这"主敬四法"之中，程颐一人提出了前两种，即"主一无适"与"整齐严肃"，前文已经分别做了说明，此不赘述。第三种是"常惺惺法"，为程颐高足谢良佐最先提出，③意指唤醒、提警此心，使之解除昏昧、走作的状态，进而回复道德的状态；第四种是"其心收敛，不容一物"，为程颐高足尹焞最先提出，④其意是说要按照最高道德规范（天理）的要求让身心收敛、不走作，保持内在精神的静定而心无旁骛。由此可见，"主一无适""常惺惺法"与"其心收敛，不容一物"针对的都是人内在的"心"的层面，是内求的工夫；唯独"整齐严肃"是针对外在形体的"身"的工夫。当然，正如前文所言，"整齐严肃"也可贯通内外、动静，具有"表里交正"的特质。

那么，在朱子的"主敬"工夫体系中，"整齐严肃"与其余三种"主敬之法"之间存在怎样的关系？对于这一问题，可从以下两个维度来予以考察。首先，从目的性与效果性的维度来看，朱子认为"四句不须分析，只做一句看"⑤，即"整齐严肃"与"主一无适""常惺惺法""其心收敛，不容一物"都可以达致"敬"的境界。试看以下两则材料：

问："或问举伊川及谢氏尹氏之说，只是一意说敬。"曰："'主一无

---

① 朱熹：《四书或问·大学或问（上）》，《朱子全书（修订本）》第6册，第506页。

② 参见朱汉民、汪俐：《"常惺惺"的儒学化演变》，《孔子研究》2016年第2期。

③ 谢良佐曾说："敬是常惺惺法，心斋是事事放下，其理不同。"见谢良佐：《上蔡语录》卷二，载朱熹删定：《朱子全书外编·上蔡语录》第3册，严文儒校点，华中师范大学出版社，2010，第30页。

④ 《尹和靖集》载："祁宽问：'如何是主一？愿先生善谕。'公言：'敬有甚形影，只收敛身心便是主一，且如人到神祠中致敬时，其心收敛更不着得毫发事，非主一而何？'"见尹焞：《尹和靖集》，载王云五：《丛书集成初编》，商务印书馆，1936，第16页。

⑤ 黎靖德编：《朱子语类》，《朱子全书（修订本）》第14册，第570页。

适'，又说个'整齐严肃'；'整齐严肃'，亦只是'主一无适'意。且自看整齐严肃时如何这里便敬。常惺惺也便是敬。收敛此心，不容一物，也便是敬。"①

光祖问："'主一无适'与'整齐严肃'不同否？"曰："如何有两样！只是个敬。极而至于尧舜，也只常常是个敬。若语言不同，自是那时就那事说，自应如此。且如《大学》《论语》《孟子》《中庸》都说敬；《诗》也，《书》也，《礼》也，亦都说敬。各就那事上说得改头换面。要之，只是个敬。"②

朱子认为，包括"整齐严肃"在内的"主敬四法"都是对"敬"的实践，以使人心安顿在"义理"上，在实践目的及其效果上，四者并没有什么不同。

但是，从具体实操的维度来看，朱子对"整齐严肃"的强调明显超过其他三种"主敬之法"。且看以下几条材料：

问："上蔡说：'敬者，常惺惺法也。'此说极精切。"曰："不如程子整齐严肃之说为好。盖人能如此，其心即在此，便惺惺。未有外面整齐严肃，而内不惺惺者。如人一时间外面整齐严肃，便一时惺惺；一时放宽了，便昏怠也。"③

或问："先生说敬处，举伊川主一与整齐严肃之说与谢氏常惺惺之说。就其中看，谢氏尤切当。"曰："如某所见，伊川说得切当。且如整齐严肃，此心便存，便能惺惺。若无整齐严肃，却要惺惺，恐无捉摸，不能常惺惺矣。"④

持敬之说，不必多言。但熟味"整齐严肃"，"严威俨恪"，"动容貌，整思虑"，"正衣冠，尊瞻视"此等数语，而实加工焉，则所谓直内，所谓

---

① 黎靖德编：《朱子语类》，《朱子全书（修订本）》第14册，第571页。

② 黎靖德编：《朱子语类》，《朱子全书（修订本）》第14册，第571页。

③ 黎靖德编：《朱子语类》，《朱子全书（修订本）》第14册，第572页。

④ 黎靖德编：《朱子语类》，《朱子全书（修订本）》第14册，第570—571页。

主一，自然不费安排，而身心肃然，表里如一矣。①

从前两则材料可知，在谢良佐的"常惺惺法"与伊川的"整齐严肃"之间，朱熹明确指出伊川的"整齐严肃"之说"为好"与更"切当"。而通过第三则材料，朱子亦直接表达出"整齐严肃"相对于"直内""主一"等"主敬之说"更具有基础性的意义。

那么，朱子为什么会认为"整齐严肃"之说"为好"呢？依托上述材料并结合朱子"主敬"工夫体系的整体视角来分析的话，主要有以下几个方面的原因。

第一，"整齐严肃"是朱子"主敬"工夫体系中的"用功处"与"入头处"，在朱子晚年甚至还被等同于"主敬"工夫本身，相比于心理活动的出入无定、不可捉摸而言，从容貌辞色上做"整齐严肃"的工夫，显然是大多数人可以"实用其力"或者勉力为之的。这就是前引材料中朱子所强调的"且如整齐严肃，此心便存，便能惺惺。若无整齐严肃，却要惺惺，恐无捉摸，不能常惺惺矣"。相关阐述在前文已多有讨论，此不赘述。仅录朱子高足黄榦在《答林司户书》中的一句话以作补充："来说乃谓敬极难下手做，如整齐严肃，戒谨恐惧，犹可勉为，而主一无适，常惺惺者，难勉为也。"②

第二，对儒家重礼容之传统的继承和程颐"严肃气象"的推崇及效仿也是朱子对"整齐严肃"更为强调的因素之一。先秦儒家对君子之礼容颇为强调，并意识到内在的道德修养与外在的容貌辞色之间的密切关系。如孔子曾告诫子张："君子正其衣冠，尊其瞻视，俨然人望而畏之，斯不亦威而不猛乎？"（《论语·宪问》）又教导樊迟要"居处恭，执事敬，与人忠"（《论语·子路》），并在与颜渊的讨论中提出了"克己复礼为仁"（《论语·颜渊》）的重要命题；曾子临终时则嘱咐道："君子所贵乎道者三：动容貌，斯远暴慢矣；正颜色，斯近信矣；出辞气，斯远鄙倍矣。"（《论语·泰伯》）诸如此类，不一一枚举。另外，

---

① 黎靖德编：《朱子语类》，《朱子全书（修订本）》第14册，第373页。
② 陈淳：《北溪大全集》卷二十九，《景印文渊阁四库全书》第1168册，商务印书馆，1986，第728页。

宋儒喜以"气象"一词概括道德涵养外化为容貌辞色的现象，并尤其热衷于讨论"圣人气象"。如程颐即曾强调："学者须要理会得圣贤气象。"[①] 而且，程颐不仅提出了"整齐严肃"的工夫概念，本人亦是"严肃气象"的代表。如胡安国曾赞誉其"其修身行法，规矩准绳，独出诸儒之表"[②]，朱子则称其"规圆矩方，绳直准平"[③]。在后世学者眼中，程颐被描述为"衣虽布素，冠襟必整"且又"接学者以严毅"[④] 的严肃形象。朱子一方面对儒家礼容传统十分重视，另一方面也对程颐及其所定义的"圣人气象"有着热切推崇与向往，如其曾教导学生："且去看圣贤气象，识他一个规模。"[⑤]

第三，或许也更重要的是，朱子对"整齐严肃"的格外重视，与其精心构建的"下学而上达"的工夫体系有着直接的关系。在朱子思想体系中，小学与大学是一个有机的整体，小学是大学的基础和前提，大学是小学的必然归宿；朱子的小学与大学在本体、认知、工夫与境界上都是贯通的，具体体现为理即事、事即理、知行相须、敬贯始终。[⑥] 因此，朱子既强调"洒扫应对"当中也有"有形而上之理"，认为"当其下学时，便上达天理"[⑦]；又非常注重循着由外而内、由浅入深、由易而难的工夫次序，先在"圣贤着实用工处求之，如'克己复礼'，致谨于视听言动之间"[⑧]，然后再"因先达之言以求圣人之意，因圣人之意以达天地之理"[⑨]。而"主敬"工夫正是这圣门下学与上达之间的枢纽：

---

① 程颢、程颐：《二程集》，第 284 页。

② 胡寅：《斐然集》，岳麓书社，2009，第 520 页。

③ 朱熹：《六先生画像赞·伊川先生》，《朱子全书（修订本）》第 24 册，第 4002 页。

④ 黄宗羲撰，全祖望补修：《宋元学案》，陈金生、梁运华点校，中华书局，1986，第 591 页。

⑤ 黎靖德编：《朱子语类》，《朱子全书（修订本）》第 18 册，第 3770 页。

⑥ 朱人求：《下学而上达——朱子小学与大学的贯通》，《江南大学学报（人文社会科学版）》2013 年第 2 期。

⑦ 黎靖德编：《朱子语类》，《朱子全书（修订本）》第 15 册，第 1666 页。

⑧ 黎靖德编：《朱子语类》，《朱子全书（修订本）》第 15 册，第 1130 页。

⑨ 朱熹：《答石子重》，《朱子全书（修订本）》第 22 册，第 1920 页。

　　圣门下学而上达，由洒扫、应对、进退而往，虽饮食男女，无所不用其敬。盖"君子之道费而隐"，费即日用也，隐即天理也。即日用而有天理，则于君臣、父子、夫妇、长幼之间，应对、酬酢、食息、视听之顷，无一而非理者，亦无一之可紊。一有所紊，天理丧矣。故君子无所不用其敬。由是而操之固、习之熟，则隐显混融、内外合一而道在我矣。①

　　作为贯穿内外、动静的"整齐严肃"，不仅可以在"洒扫、应对、进退"之前进行涵养本心的工夫，还能够在"应对、酬酢、食息、视听"之时执行控扼私欲、把住心性的工夫，正所谓"动出时也要整齐，平时也要整齐"②。因此，朱子对"整齐严肃"的强调，正与其能为自身下学而上达的工夫体系准备完善的道德主体条件有关。

五、结语

　　朱子对"整齐严肃"的诠释过程，同时也是其"主敬"工夫体系确立、调整与不断完善的过程。乾道五年"己丑之悟"以后，朱子在继承程颐"敬"论的基础上，确立了"主敬致知"的生平学问宗旨，并将"整齐严肃"作为其"主敬"工夫体系的"用功处"与"入头处"。而在应对"心学"与佛老的挑战的过程中，朱子逐渐意识到是否在容貌辞气上做"整齐严肃"的工夫，是理学与佛老、"心学"在修养工夫上的一个重要区别。因此，晚年的朱子特意提出了"整齐严肃便是敬"的观点，直接将"整齐严肃"定义为"主敬"工夫本身。这一观点的提出，不仅让朱子在道德修持进路上与佛老及心学划清了界限，还强化了其"主敬"工夫的"克己"元素，体现了朱子道德修养工夫的不断深入与完善。

　　朱子对"整齐严肃"的诠释与强调对后世学者产生了深远的影响。自南宋后期以降，理学家们便无不以"整齐严肃"为持敬之方。到了明代中后期，以

---

① 朱熹：《答廖子晦》，《朱子全书（修订本）》第22册，第2083页。
② 黎靖德编：《朱子语类》，《朱子全书（修订本）》第14册，第374页。

阳明为代表的心学家们标举"致良知"而对"整齐严肃"的工夫不甚措意，至其后学，遂多有堕入狂禅一途者。这进一步证明，朱子在"主敬四法"中对"整齐严肃"的偏重以及其以"整齐严肃"判别儒学与释老的认识是充满智慧的。

Zhu Zi's Analysis of "Zheng Qi Yan Su（整齐严肃）"

Tang Chenpeng

Abstract：Zhu Zi's interpretation of "Zheng Qi Yan Su" has gone through three stages. It was under Zhu Zi's interpretation that "Zheng Qi Yan Su" not only became the "practice point" and "starting point" of his "Zhu Jing（主敬）" self-cultivation system, but in his later years, Zhu Zi even put forward the view that "Zheng Qi Yan Su" is Jing（敬）, and directly defined "Zheng Qi Yan Su" as the "Zhu Jing". The reason why the self-cultivation of "Zheng Qi Yan Su" is necessary and possible lies in its ability to penetrate inside and outside, as well as movement and stillness. Among "the four methods of 'Zhu Jing'", Zhu Zi thinks that "Zheng Qi Yan Su" is the most important. There are three main reasons. First, "Zheng Qi Yan Su" can make great efforts. Second, it is influenced by the Confucian tradition of attaching importance to etiquette and Cheng Yi's "Yan Su Qi Xiang". Third, the cultivation of "Zheng Qi Yan Su" can provide the ideal moral foundation for Zhu Zi's; s system of "learning from the lower to reach the higher".

Key words：Zhu Zi; Zheng Qi Yan Su; Jing; self-cultivation; four methods of "Zhu Jing"

朱子情法观及其当代镜鉴

赵　星　宋燕妮*

【摘　要】　朱子是封建社会承前启后的伟大思想家，也是我国法律思想的集大成者。朱子以"理"之思想行之于世，寻求法理互通、情法允协的法律思想观念，将天理、国法、人情和谐统一地联系在一起，形成了以"理"为核心，以"德主刑辅"为支撑，以"经世致用"为呈现形式，以"赦小过"为具体特征的弹性情法观，为后世法律体系的形成提供了极具传承性、功利性、创造性的学术体系。

【关键词】　情理法；弹性法律思想；立法原则；立法技巧

一、朱子情法观的基本意蕴

在朱子之前的思想史上，人们对天理、国法、人情三者之间的关系有不同的理解，"舍法取情""以理代法""有法无情"等观点彰显出三者之间或矛盾、或对立的复杂且微妙的关系。朱子引入了"理"的概念，不仅沟通了天理与国法，而且从法顺人情的角度出发，将天理、国法、人情三者联系起来进行了有

* 【作者简介】赵星，中国海洋大学法学院教授、博士生导师、法学博士，研究方向为传统法律思想史；宋燕妮，中国海洋大学法学院博士研究生，研究方向为刑法学史。

【基金项目】山东省社会科学规划重点项目"习近平新时代中国特色社会主义民本刑法思想的意蕴、传承及实现研究"（项目编号：18BXSXJ22）

效的中和，缓解了三者的内在逻辑矛盾，使三者达到相对平衡的状态，具有明显的创新性。

（一）天理是万物的根源与主宰者

朱子强调"天理"，即"理"的概念。他提出独到的宇宙生成论，将万事万物归结为一个"理"字，形成完整的理学理论体系。朱子提出，"理"有二义：

一是以"理"为本，作为世界本体的"理"，是宇宙万物的根源和主宰。在朱子的哲学理论中，"理"占有绝对的统治地位，"宇宙之间，一理而已"[①]是朱子对天地万物大本大源独一无二的见解，也是朱子为儒家教义贡献的能够与道家学说、佛教理论相匹敌的最高哲学范畴。朱子认为，"理"是至高无上的，是超越时空的，是绝对的真理和价值。朱子从时间和空间两个维度证明了"理"的本体地位，"理"的运动预示着宇宙中时间的开端，理与气的关系则从空间上说明了"先有理而后有气"的逻辑关系。[②]在此基础上，朱子进一步提出"理"与"天"的关系，谓"天得之而为天，地得之而为地"，若无"理"，则无天，若无"理"，则无地，"理"成为决定天地万物内在本质的终极存在，是天与地的权威和主宰。

二是"天理"为日常生活应当遵循的基本道德准则和伦理规范。作为客观规律的"理"，是宇宙万物发展变化所遵循的规律。朱子指出："上而无极、太极，下而至于一草、一木、一昆虫之微，亦各有理。目前事事物物，皆有至理。"[③]从宇宙本体与万物本性的关系上对"理一分殊"进行分析，朱子认为万物发展皆以理为本，只不过"生于天地之间者，又各得之以为性"[④]。朱子将"理"视为"公共之理"而非个物所专有，"自上推而下来，只是此一个理，万

---

① 《晦庵先生朱文公文集》卷七十《杂著》，载朱杰人等主编：《朱子全书》第23册，上海古籍出版社、安徽教育出版社，2002，第3376页。

② 朱汉民、萧永明：《旷世大儒——朱熹》，河北人民出版社，2001，第96页。

③ 《朱子语类》卷十五《大学二》，《朱子全书》第14册，第477页。

④ 《晦庵先生朱文公文集》卷七十《杂著》，《朱子全书》第23册，第3376页。

物分之以为体"①。无论事物如何生成变化、分分合合，最终只遵循一个理字。从社会一般法则与社会普遍法则层面上理解，朱子将宏观伟岸、虚无缥缈的"理"具象化为日常生活应当遵循的基本道德准则和伦理规范，涉及政治地位、法律规则、伦理规范、人际交往等方方面面。

（二）人情是案情实情、道德情感

朱子之"情"，有多种含义。第一种含义是案情与实情。朱子认为："居官断案，分别枉直，详审恰当，虽累岁不决之讼，案牍如山，一阅尽得其情。"②为官之人在审理案件时，应该区分是非曲直，详细审慎地做出恰当的裁决，即使是遇见年久不决或案卷如山的案件，也可以通过详尽的审阅对案情做基本的了解。朱子又提出，"情，诚实也"。"情，实也。引夫子之言，而言圣人能使无实之人不敢尽其虚诞之辞。"③朱子认为情是实有的事，用孔子的话说就是圣人能使不实之人不敢乱讲荒诞之话。人情的第一种含义是朱子从与事实相关的意义上对"情"作出的理解。

第二种含义是"道德情感"。从道德情感角度对"人情"进行理解是人情最基本的含义。"何谓人情？喜怒哀惧爱恶欲，七者弗学而能。"④这句话从个体意义上强调了"情"的存在具有客观实在性。作为人类情感的基石，喜、怒、哀、惧、爱、恶、欲这七种感情是与生俱来的，而不是通过后天学习得来的，它是人类天生的反应和需求，也是基于一定的生物学和心理学基础形成的人之为人的客观属性。而"习惯、习俗、民意"是社会群体意义上道德情感的体现。朱子提出："但区区之意，初见彼间风俗鄙陋污浊，上不知有礼法，下不知有条禁，其细民无知犹或可怜，而为士子者恃疆挟诈，靡所不为，其可疾为尤甚，

---

① 《朱子语类》卷九十四《周子之书》，《朱子全书》第17册，第3126页。

② 《晦庵先生朱文公文集》卷九十三《转运判官黄公墓碣铭》，《朱子全书》第25册，第4282—4283页。

③ 《论语集注》卷十三《子路》，《朱子全书》第6册，第180页。

④ 戴圣：《礼记》，西安交通大学出版社，2022，第103页。

故于此辈苟得其情，则必痛治之。"① 表达了朱子对士人倚仗权势、欺诈行恶的社会风俗的不满，他认为士子为非作歹的行为是对道德情感的违背。朱子又提出："盖今之俗节，古所无有，故古人虽不祭而情亦自安。今人既以此为重，至于是日，必具肴羞相宴乐，而其节物亦各有宜，故世俗之情至于是日不能不思其祖考，而复以其物享之。虽非礼之正，然亦人情之不能已者。"② 这些风俗民情承载着社会习俗、道德规范等多方面情感价值，是人们生活中普遍存在的心理状态，也是人际交往和社会文化中不可或缺的一部分，具有不可替代的价值和作用。

朱子虽然承认人情的生发具有客观性、价值性，但并未迷失在人情对法律的盲目适用中，他认为人情受物欲影响会表现出正与不正之分。朱子说："情之发有正与不正焉，其正者性之常也，而其不正者，物之欲乱之也，于是而有恶焉。"③ 性无不善，而情"有正有不正，天理人欲之别，故不可谓人情皆正"。朱子在此就指出了人之情有正当与不正当之分，符合天理的性善之情属于正当之情；而由于被物欲蔽乱为恶，就会产生与天理相对的人欲之情，属于非正当之情。既然人情不能皆正，因此"古人治世以大德不以小惠，然则固有不必皆顺之人情者"④。

（三）国法是以天理、人情为原则制定的规范

第一，法为天下之理。"法者，天下之理。"⑤ 从法律的来源来看，法是受命于天的公道，于朱子而言，天地归根结底为一个"理"字，法律不是从某个特定的个人或团体意志中产生的，而是顺应天下之理的规范。"法字、礼字，实理字。"⑥ 从法的性质来看，朱子将"法"和"礼"都归为"理"的范畴，"法"是

---

① 《晦庵先生朱文公文集》卷四十九《答王子合》，《朱子全书》第 22 册，第 2262 页。
② 《晦庵先生朱文公文集》卷三十《答张钦夫》，《朱子全书》第 21 册，第 1325 页。
③ 《晦庵先生朱文公文集》卷七十三《胡子知言疑义》，《朱子全书》第 24 册，第 3558 页。
④ 《晦庵先生朱文公文集》卷六十四《答或人》，《朱子全书》第 23 册，第 3138 页。
⑤ 《晦庵先生朱文公文集》卷六十九《学校贡举私议》，《朱子全书》第 23 册，第 3360 页。
⑥ 《晦庵先生朱文公文集》卷四十八《答吕子约》，《朱子全书》第 22 册，第 2242 页。

"理"，"礼"也是"理"，它们都是天地万物的规律或原理，是"理"的不同表现形式。"法字、礼字，实理字"强调了法和礼的共同点和联系，即都是人类对于事物本质和规律的认知和理解，是理性在实践中的具体体现。总而言之，"法"是依社会习惯、伦理道德、风俗人情制定的，符合事物存在和发展内在规律的一种规范或规则，是人们必须遵守的天理。

第二，法为公器。法为公器是指法是天下之治的良方。在朱子之前，"法者天下之公器"的思想由来已久，诸宋儒继承并发展了该思想。例如，大儒司马光认为："法者天下之公器，惟善持法者，亲疏如一，无所不行，则人莫敢有所恃而犯之也。"①司马光从法律的普适性角度提出，法律是天下人共同遵守的准则，应该不分亲疏远近一视同仁地执行法律，强调公正的恩惠和正义的重要性。儒家学者李觏认为："法者，天子所与天下共也。"②法律是天子与天下万民都要共同遵守的行为准则，即便是作为国家最高统治者的天子，也需要遵守法律。儒家先哲叶适提出："人不平而法至平，人有私而法无私，人有存亡而法常在。"③虽然人世间存在着不公平，但法律却是公正无私的，法律的存在与适用不受个人情感和偏见的影响，它以客观事实和法律规定为基础，对所有人都是平等适用的。

在此，应当强调的是，"法为公器"的含义不仅指法是需要共同遵守的行为准则，还隐含着作为公器的法必然拥有公正性的意涵。例如，程颐认为："法王于义，义当而谓之屈法，不知法者也。"④蔡襄："夫法者，天下大公之本也。"⑤这些对法之公正性的观点是基于宋儒对法律本质和作用的理解提出的，在他们看来，法律是社会公正的基石，是维护社会秩序和公平正义的重要手段。宋儒强调法律的公正性，主要表现在法律一视同仁的公平性与法律审判的公正性等

① 司马光：《资治通鉴》卷十四，中华书局，1956，第482页。
② 李觏：《李觏集》，中华书局，1981，第99页。
③ 叶适：《水心文集》卷三《新书》，《叶适集》，中华书局，1977。
④ 程颢、程颐：《河南程氏文集》，中华书局，1981，第585页。
⑤ 《历代名臣奏议》卷二百一十八，转引自：张耘华《从〈历代名臣奏议〉浅谈宋代的赦宥制度》，《新楚文化》2023年第19期。

方面，这要求法律的执行应该以公正为基础，不受任何个人情感或偏见的影响，即便在某些情况下需要法律做出一些妥协或牺牲，也是出于更大的正义和利益考虑，而不是对法律公正性的蔑视而做出的牺牲。

朱子受宋儒先哲的影响至深，他在坚持"法者天下之公器"的基础上将"法为公器"的理念进一步细化到具体的法律制度上。他提出"封建井田，乃圣王之制，公天下之法"①，这是朱子从法的普适性角度提出的观点。他认为，封建井田制是圣明君王的制度，是天下万民都要遵守的法则。朱子又提出"度量权衡，天理至公之器"②，认为度量权衡是上天用来公平地衡量万物的工具，这是朱子对"法为公器"公正性最准确的理解。度量权衡是为准确地衡量事物而发明的工具和方法，度量权衡的应用使法公正无私的特性体现得非常明显。当它被运用到法律中，意味着法能够确保个人或团体在各种情况下都能够得到公平的对待，避免执法者受主观偏见和个人情感的干扰，保证执法行为的公正性。

第三，立法制事，牵于人情。在中国传统法文化背景下，法律与人情不可分割，人情是立法过程中不可忽视的因素。如程颐所言："自古立法制事，牵于人情，率不能行者多矣。若夫禁奢侈则害于近戚，限田产则防于贵家，如此之类，既不能断以大公而必行，则是牵于朋比也。"③朱子也认可法律牵于人情的思想，"圣人顾事有不能，必得如其志者，则轻重缓末之间，于是乎有权矣，故缘人之情以制法，使人人得以生，而八议之说生焉，然其所谓权者，是亦不离乎亲亲贵贵之径，而未始出于天理人心之外也"④。即圣人在制定法律和政策时，需要充分考虑人情因素和其他各种因素，以此作为治理天下的法则。而在人情的具体内容上，朱子强调德治和法治相结合的治国理念，认为"昔者帝舜以百姓不亲、五品不逊，而使契为司徒之官，教以人伦，父子有亲，君臣有义，夫妇有别，长幼有序，朋友有信。又虑其教之或不从也，则命皋陶作士，明刑以

---

① 《朱子语类》卷一百八，《朱子全书》第 17 册，第 3514 页。
② 《晦庵先生朱文公文集》卷四十《答何叔京》，《朱子全书》第 22 册，第 1821 页。
③ 程颐：《周易程氏传》卷一，《周易程氏传》，九州出版社，2011，第 47 页。
④ 《晦庵先生朱文公文集》卷四十《答何叔京》，《朱子全书》第 22 册，第 1815 页。

弼五教，而期于无刑焉"①。朱子主张只有通过教育和法律手段，才能使法不脱离人伦之道，不超出天理人心的范围，最终确保法的公正性和可执行性。

不可否认，人情在传统儒家思想中占据重要地位，对法的制定与执行产生了重要的影响，但儒家先哲早在几千年前就意识到人情的两面性，认为过分强调人情于法无益，应当"不辨亲疏，不异贵贱，一致于法"。例如，李觏提出："如使同族犯之而不刑杀，是为君者私其亲也。有爵者犯之而不刑杀，是为臣者私其身也。君私其亲，臣私其身，君臣皆自私，则五刑之属三千止谓民也。赏庆则贵者先得，刑罚则贱者独当，上不愧于下，下不平于上，岂适治之道邪！"②李觏认为，君臣偏私、刑罚不公并非治理国家的正确之道，唯有公正、公平的社会法则才能实现社会的和谐稳定。真德秀认为，"公事在官，是非有理，轻重有法，不可以己私而拂公理，亦不可骫公法以徇人情"，而且为官应当"以公心持公道，而不汩于私情，不挠于私请"。③他们认为法律是公正、公平的，要尊重法律的权威性，严格执行法律规定，不能因为人情私利或人伦道德等非法律因素而徇私枉法。

二、朱子情法观的分析与体认

朱子在对天理、国法、人情三者之间关系作出诠释时，将天理视为国法和人情的最高准则和标准，通过国法的实施来维护社会的秩序和稳定，同时注重人情的考量和取舍，展现出异于他人的独特性质。

首先，朱子的情法观以"理"为核心。"理"之思想是朱子哲学体系的基石，也是朱子情法观的核心。朱子将"理"视为宇宙万物的本源，认为"理"是超越时空的最高本体，也是人类社会运行的基本准则。无论是"宇宙之间，

① 《晦庵先生朱文公文集》卷十四《戊申延和奏札一》，《朱子全书》第20册，第656页。
② 李觏：《李觏集》，中华书局，1981，第99页。
③ 真德秀：《西山先生真文忠公文集》，明正德刻本，第411页。

一理而已"①的本源概论，还是"理也者，形而上之道也，生物之本也"②的规律倡导，都体现出朱子"理至上"的本体论思想。

朱子的理并非宏观的、冲动的、抽象的概念。"理"具体到法律上，表现为具有道德规范的义理法律。朱子强调以义理治天下，义理是法律的最高准则，而法律是维护社会秩序和道德规范的重要工具。朱子认为，"公平""公正""仁爱"等一切美好德行都是以"理"为核心的社会伦理的外化表现，"理"之用处即为"法"。在具体的立法实践方面，朱子认为，要通过观察和思考去发现和理解具体事物中的"理"，立法时应该根据不同的社会情况和历史背景进行灵活的调整和变化，去认识和把握现实世界中的规律和秩序，以避免出现偏袒和不公的现象。在法律诉讼原则上，朱子提倡"父子有亲，君臣有义，夫妇有别，长幼有序"③的封建等级制度，其诉讼之道坚持先君臣之礼、尊卑之度，后事实曲直、刑讼之章。

理具体到家庭伦理上，则表现为亲亲相隐的天理之至。朱子以父子相隐为例，深入阐述了"理"思想的价值。朱子为"父子相隐"作注曰："父子相隐，天理人情之至也。故不求为直，而直在其中。"④他认为父子之间的容隐是符合天理人情的行为，这种思想内核与儒家思想一脉相承。程门高弟谢良佐曾说："顺理为直。父不为子隐，子不为父隐，于理顺邪？"⑤宋明理学认为："父子之亲，夫妇之道，天性也，虽有祸患犹蒙死而存之，诚爱结于心，仁厚之至也。"⑥谢氏曰："顺里为直，父不为子隐，子不为父隐，于理顺邪？瞽瞍杀人，舜窃负而逃，遵海滨而处，当是时，爱亲之心胜，其于直不直何暇计哉？"⑦把亲情人伦放至最重要的地位，是儒家以一贯之的传统，也是以孔子为代表的儒

---

① 《晦庵先生朱文公文集》卷七十《杂著》，《朱子全书》第 23 册，第 3376 页。

② 《晦庵先生朱文公文集》卷五十八《书知旧门人问答》，《朱子全书》第 23 册，第 2755 页。

③ 《孟子集注》卷五《滕文公章句上》，《朱子全书》第 6 册，第 311 页。

④ 《论语集注》卷十三《子路》，《朱子全书》第 6 册，第 183 页。

⑤ 《论语集注》卷十三《子路》，《朱子全书》第 6 册，第 183 页。

⑥ 班固：《汉书》，太白文艺出版社，2006，第 43 页。

⑦ 《论语集注》卷十三《子路》，《朱子全书》第 6 册，第 183 页。

家文化的一大特色。朱子在承认孔子所认可的合乎血亲之亲情的家庭伦理的前提下，确认"直在其中"的"父为子隐，子为父隐"的做法，不仅是人情之至，更是"天理之至也"。

其次，朱子的情法观以"法顺人情"为原则。朱子的情法观深受儒家敬天法祖重人伦的基本教义的影响，并在继承儒家传统伦理文化的前提下，提出了自己的情法观，充分认可人情的客观性及其价值。

朱子认为法不外乎人情，"缘人之情以制法，使人人得以生"①。人情是从人性出发获得的人类道德情感，无论是法的制定还是执行，都不能脱离人情。朱子认为法顺人情不仅指法应当顺应伦理之情，更应当顺应民俗之意，乡规民约同样应当被尊重，"如有乡土风俗不同者，更许随宜立约，申官遵守，实为久远之利，其不愿置立去处，官司不得抑勒，则不至搔扰"②。"因时制宜，使合于人情，宜于土俗，而不失乎先王之意也。"③朱子提出顺应人情的适用之法："为士者，但知有法，而不知天子父之为尊；为子者但知有父，而不知天下之为大，盖其所以为心者，莫非天理之极，人伦之至。"④朱子认为，法度是重要的，但不能仅以法为尊，符合天理人伦、尊卑等级的才是人情所共喻之事，这是天理之极、人伦之至，当面临一些法律不足而人情所共喻的案件时，司法者应该多考量人情所共喻之处，使裁判结果上不违反法意，下不违反人情。

尽管朱子强调人情对法律的重要影响，但对朱子的人情观进行深入研究可以发现，朱子主张对人情的适用要有限度，不能"徇情废法"。朱子认为："'天讨有罪，五刑五用哉，'此刑法之本意也。若天理不明，无所准则，而屑屑然，惟原情之为务，则无乃徇情废法，而纵恶以启奸乎。"⑤以刑处罚有罪之人是刑法的本意，如果忽视天理准则，只专注于人情，那么就有可能因人情而废法，放纵邪恶，从而引发奸邪之事。朱子又说："今天下事只碍个失人情，便都做

① 《晦庵先生朱文公文集》卷四十《答何叔京》，《朱子全书》第 22 册，第 1815 页。

② 《晦庵先生朱文公文集》卷十三《延和奏札二》，《朱子全书》第 20 册，第 650 页。

③ 《孟子集注》卷六《滕文公章句上》，《朱子全书》第 6 册，第 313 页。

④ 《孟子集注》卷十三《尽心章句上》，《朱子全书》第 6 册，第 438 页。

⑤ 《晦庵先生朱文公文集》卷三十《答汪尚书》，《朱子全书》第 21 册，第 1304 页。

不得。盖事理只有一个是非，今朝廷之上，不敢辨别是非。如宰相固不欲逆上意，上亦不欲逆宰相意。今聚天下之不敢言是非者在朝廷，又择其不敢言之甚者为台谏，习以为风，如何做得事！”①朱子倡导明确的是非标准和公正的处事原则，反对不敢直言、只顾私利的行为方式。朱子在处理亲戚托人求举之事时，认为"亲戚固是亲戚，然荐人于人，亦须是荐贤始得"②。而非完全徇人情的举荐。因为"徇人情"可能完全就是出于私心的，所以是值得警惕的。这一思想在其传人真西山那里可以得到印证，"公事在官，是非有理，轻重有法，不可以己私而拂公理，亦不可徇公法以徇人情"③。

再次，朱子的弹性情法观以"德主刑辅"为重要支撑。德治是治理国家的基础，只有通过道德教育，才能使人们自觉遵守道德规范，形成稳定和谐的社会环境。而刑罚只是德治的补充，是在德治无法达到预期效果时才使用的手段。中国古代统治者吸取商朝灭亡的教训，逐渐意识到"徒法不足以自行"，"重刑主义"、以刑制民的治国方略难以获得民众的支持，"赭衣塞路，囹圄成市"的王朝势必会被推翻，德之功在于教化万民，以德滋养万民，改变严苛的酷刑思想，形成宽松的法治环境才是当务之急。于是，在公元前十一纪，周王朝以前朝为鉴，一改秦朝"废先王之道，焚百家之言，以愚黔首"④的暴虐统治，转而倡导"'知、仁、圣、义、忠、和'六德教万民"⑤的德治思想，将"以德治民"作为国家建设的重中之重。

"德主刑辅"强调儒家传统伦理道德的重要性，倡导以德教化万民而非以刑威吓万民，避免陷入重刑重罚的沼泽，这是儒家先哲们在思想上的伟大创造。朱子在继承前人德治思想内核基础的前提下，创立了以"理"为核心的德治思想体系，是对儒家德治思想的进一步发扬光大。朱子强调"教化"的作用，"教

---

① 《朱子语类》卷一百一十一，《朱子全书》第 18 册，第 3557 页。

② 《朱子语类》卷一百七，《朱子全书》第 17 册，第 3504 页。

③ 真德秀：《西山先生真文忠公文集》，明正德刻本，第 411 页。

④ 刘建龙：《古文名篇类鉴》，中央编译出版社，2020，第 6 页。

⑤ 《周礼》，许嘉璐等译注，江苏人民出版社，2019，第 140 页。

化之行，挽中人而进于君子之域；教化之废，推中人而坠小人之深"①。教化的实行，可以引导普通人成为像君子一样的正人；教化的废弛，则会导致普通人坠入小人的深渊。对被统治者而言，德治是修身养性、知晓仁德。在"修身养性"方面，儒家思想主张人们要遵守道德规范、培养高尚品德、追求个人完善，通过自我修养和管理，实现家庭和社会的和谐稳定。对统治者而言，德治是体恤万民、轻徭薄赋。朱子认为"天下国家之大务，莫大于恤民，而恤民之实在省赋"②。统治者最根本的任务是关心百姓的生活，而减少赋税是实现这一目标的关键措施，通过减轻百姓的负担，可以促进社会稳定和经济发展，最终实现"正心以正朝廷，正朝廷以正百官，正百官以正万民，正万民以正四方"③的政治目的。

继次，朱子情法观以"经世致用"为具体呈现形式。经世致用是指做学问必须有益于国家治理和社会统治，做学问应以治国、救世、平天下为当务之急，因时制宜、因地制宜地将经典的理论运用到现实生活中，反对不切实际的空虚之学。朱子深谙哲学思想用之于治、用之于学的重要性，因此他所倡导的"理"就是治国之理、治学之理。在治国之略方面，朱子主张以儒家传统伦理思想为指导，将理学思想与国家政治紧密联系在一起，强调道德礼仪的社会治理效果和法律的治道功能。他认为："愚谓政者，为治之具。刑者，辅治之法。德礼则所以出治之本，而德又礼之本也。"④可见，朱子强调德、礼、政、刑的地位是出于治国之方略的功利性目的，这种理学思想不仅是儒家教义的精华，更是后世统治阶级政治活动的治国良方。在治学实践中，朱子主张"格物致知"，认为通过实践探究事物的本质和规律，才能获得真知。朱子一方面强调"格物致知"对修身治国平天下的重要性，"夫格物者，穷理之谓也。是以意诚心正而修身，至于家之齐、国之治、天下之平，亦举而措之耳。此所谓大学之道"⑤。同

① 《朱子语类》卷一百八《论治道》，《朱子全书》第 17 册，第 3519 页。
② 《晦庵先生朱文公文集》卷十一《封事》，《朱子全书》第 20 册，第 581 页。
③ 《晦庵先生朱文公文集》卷十一《封事》，《朱子全书》第 20 册，第 581 页。
④ 《论语集注》卷一《为政第二》，《朱子全书》第 6 册，第 75 页。
⑤ 《晦庵先生朱文公文集》卷十三《奏札》，《朱子全书》第 20 卷，第 631 页。

时，又强调做学问应有格物致知的精神。他认为，"是以圣门之学，下学之序，始于格物以致其知"，对儒家思想学习的顺序和方法应该从基础开始，通过格物学习，获得真正的知识，从而更好地指导自己的行为和实践。

最后，朱子弹性情法观以"理一分殊"为重要策略。朱子"理一分殊"的思想深受儒家传统法律思想的影响，儒家先哲程颐认为，"分殊之蔽，私胜而失仁；无分之罪，兼爱而无义。分立而推理一，以止私胜之流，仁之方也；无别而迷兼爱，至于无父之极，义之贼也"①。杨时师承二程，提出"称物平施"平衡法，认为理一而分殊，"故圣人称物而平施之，兹所以为仁之至、义之尽也。何谓称物？亲疏远近各当其分，所谓称也。何谓平施？所以施之，其心一焉，所谓平也"②。

朱子同样坚持"理一分殊"的重要策略，并将"理"分殊为"赦小过"的弹性法律思想。"赦小过"作为"理一分殊"的具体体现是指将小的过失行为或者是危害程度不大的违法犯罪行为予以宽赦。③"赦小过"这一概念最早由孔子提出，谓"先有司，赦小过，举贤才"④，是孔子要求领导者应当具有的为人处世的智慧，对待不可预见的合理性错误不必过分苛责，应容忍小的过失和错误。朱子将"赦小过"这一概念运用到法律思想中，认为"过，失误也。大者于事或有所害，不得不惩；小者赦之，则刑不滥而人心悦矣"⑤。对于小的过错应该予以宽恕和包容，在执法中应该考虑到人情和民情，而不是一味地追求法律的严苛，从而杜绝司法冤滥现象，减少诉讼，使人心愉悦、社会和谐。朱子的"赦小过"并不意味着可以随意违反法律或放弃惩罚违法行为的责任，也不是在实践中不要诉讼，而是谨慎严格地依法论罪，既不能惩戒过于松软，也不能惩戒过于严苛，而是在"松软"与"严苛"之间寻求平衡。朱子的"赦小过"不仅强调了慎刑思想，也强调了刑罚的重要性，不仅维护了统治阶级的仁政思想和

---

① 《二程集》，郭齐导读，凤凰出版社，2020，第184页。
② 杨时：《二程粹言》，王云五主编，商务印书馆，1936，第33页。
③ 徐公喜：《朱熹理学法律思想研究》，江西人民出版社，2004，第93页。
④ 《论语》，刘兆伟译注，人民教育出版社，2015，第279页。
⑤ 《论语集注》卷七《子路第十三》，《朱子全书》第6册，第179页。

德治理念，还维护了社会的公正和秩序。

朱子情法观的重中之重在于合理处理"天理""人情"与"国法"的关系，他认为"天理""国法""人情"三者是相互协调、互补互用的，在一定条件下可以相互转化。其中，"国法"作为唯一可视化的手段为统治者提供较为具体的指导原则，而"天理""人情"作为抽象的意识形态可以对"国法"进行补充和废改，以确保三者并行不悖地维护统治阶级的利益。从这个意义上说，情、理、法三者更像一个判断是非善恶标准的统一体，三者联合起来，消除彼此之间的嫌隙，才是真正的法律。①综上可以看出，朱子的情法观是引"理"入"情"、寓"情"于"法"的思想体系，天理赋予国法神秘性，人情增添国法的伦理性，最终使天理、国法、人情融合为情法观的基本理念。

三、朱子弹性情法观的当代镜鉴

自西汉儒家文化成为中华文明的正统思想以来，儒家思想就一直深刻地影响着中华法系的立法与司法，在中华法制文明漫长的演进过程中，情、理、法并行不悖、和谐统一地规制着中国人的行为，形成了具有中国特色的法律文化传统。朱子的情法观作为儒家文化中最重要的瑰宝至今依然与我国法律保持着紧密联系，为我国刑法弹性立法的合理性提供了文化支撑，具有现实的意义。

从立法原则上来说，朱子的情法观注重天理、国法、人情的关系，综合了儒家仁、义、礼、智、信等基本伦理思想，形成了符合中国人法观念的法外之法。这种在司法适用过程中不唯法律万能论的思想体现出中国人为人处世的灵活性和开放性，体现出司法者处理法律纠纷时的弹性思想，这种弹性法律在我国具有必然性。一方面，弹性法律思想的存在具有历史必然性。无论是中国传统文化中人本主义的法律追求、天人合一的和谐诉求还是德礼为本的道德支撑都为弹性法律的存在提供了可能。另一方面，弹性法律思想的存在具有客观必然性。我国是一个幅员辽阔、民族多样、人口众多的多民族国家，基于各民族

---

① 范忠信：《情理法与中国人》，北京大学出版社，2011，第24页。

发展水平、民族传统、价值观念等方面存在着较大的差异，在对社会危害性和人身危险性程度的认定上不可能采取完全相同的标准与尺度，弹性空间就显得尤为重要。弹性法律思想不仅能够很好地满足社会发展和变化的需要，具有更强的适应性，能够弥补立法本身的局限性，还能够集中有限的司法资源打击犯罪行为，具有深刻的现实意义。

从立法技巧上来说，朱子的情法观不拘泥于成文法条规定，多以理、情、礼、法等多种标准为基础，形成贴近人情、维持礼法的弹性法律空间，为我国刑事立法活动提供了借鉴。

首先，我国情节犯之情节的设置与朱子的情法观一脉相承。"情节"一词在我国刑法中使用广泛，截至 2020 年 12 月 26 日通过的《刑法修正案（十一）》，在刑法分则规定的 400 多个罪名中，以"情节严重"或"情节恶劣"作为犯罪构成要素的条文共计 122 条，涉及 135 个罪名，[①]数量如此庞杂的情节犯成为"世界刑事立法史上的创新之物"[②]。作为我国刑事立法的一大特色，情节犯的存续时间长达四十多年，在这期间，情节犯发挥了打击犯罪与保护人权的双重作用，成为刑事立法和司法实践领域出入罪的调节器。但随着研究的深入，情节犯正因弹性范围过大、判断标准不明确、违反罪刑法定原则等问题面临着巨大的批评，更有甚者主张应将其列入摈弃革除的范围之内。但从传统法律文化的角度来看，情节犯的存在具有客观性，其蕴含的弹性立法思想既顺应了我国深厚的社会文化基础和为人处世的主导文化，又符合中国人认识社会的固有规律。

谈起中国文化，人们常以"博大精深""源远流长"来形容其悠久的历史，浩如烟海的经史典籍通常被认为是悠久历史文化中的遗珠。但真正的历史遗珠应是中华文化对中国人思维方式或思维习惯的影响，这种影响隐藏在国人血液里，形成了中国人为人处世不偏激、不保守、重礼重情的儒家情法观。受儒家思想的影响，中国传统法文化也呈现出"礼法合一""经义决狱"的法律儒家化特征。其中以人本、明德慎罚，德礼为本、刑罚为用，保护弱者、实行恤刑，

---

① 本文并无意去讨论具体标准数量，只是说明"情节严重"或"情节恶劣"在我国刑法中使用较为广泛。

② 储槐植：《刑事一体化与关系刑法论》，北京大学出版社，1997，第 272 页。

执法原情、调解息讼等为特征的伦理法为传统法文化披上了一层浓厚的"人情"外衣，强调"法顺人情""法不外乎人情"的价值追求，力求在多种相互矛盾甚至对立的关系中寻得解决问题的最佳契合点，最终达到动态平衡的效果。这种浓郁的"人情"思维特征使法律与人情融为一体，不仅影响了中国人解决问题的思想模式，还为情节犯的形成提供了思维根基。

其次，朱子的情法观为企业合规计划的实施提供依据。为推动我国企业健康发展，提高违规风险防范意识，促进企业高质量快速发展，实现走出国门、直面国际市场的目标，自 2020 年起，我国开启企业刑事合规不起诉的本土化实践。企业合规计划在实施过程中遭受到一系列质疑：企业合规的法律适用是否具有合理性？企业合规的弹性立法是否有依据？有学者指出："在我国当前的实体法上，合规的激励并没有在刑法中得到肯定，没有成为一个法定的出罪或者减免刑罚的事由。"[①] 还有学者认为："若以刑事合规作为量刑参考，则置量刑的明确性于何地？置罪刑法定原则于何地？"[②] 这些学者持有的观点基本一致，即按照我国罪刑法定原则的要求，既然企业已经实施了违法行为，且该行为已经构成犯罪，司法机关应该按照罪刑法定原则的要求给予企业应有的处罚。若明知企业已经造成污染环境、财产损害等社会危害后果的情况下，依然同意在企业作出合规整改承诺后作出宽大处理或无罪处理的决定，于法无据。

面对学者们对企业合规计划的质疑，除了从《刑法》第 13 条、《刑事诉讼法》第 177 条等实体法的角度分析企业合规存在的正当性根据外，也应当寻求传统儒家情法观的文化支撑。中国传统儒家文化讲求"明德慎罚"，这种慎刑司法的态度是一种人道主义精神，能够有效地保障公民的权利，避免刑罚滥用带来的权利受损。如果按照传统的执法理念，对涉嫌犯罪的企业采用罚款、资格剥夺、定罪判刑等惩罚措施以使涉案企业不敢再犯，潜在犯罪企业不敢以身试

---

① 孙国祥：《企业合规改革实践的观察与思考》，《中国刑事法杂志》2021 年第 5 期。

② 刘子良：《刑事合规不足以解决企业犯罪问题》，《广西政法管理干部学院学报》2020年第 4 期。

法，最终可能形成"水漾理论"①伤害企业的投资者、雇员、客户等无辜第三人的权利，严重影响当地的经济发展状况。而朱子情法观视角下的企业合规计划，有利于涉嫌犯罪的企业减少资金损失和人员流动，激活企业自我监管、自我约束的能力，避免形成更加严重的违法犯罪活动，保证当地经济持续稳定健康发展，给企业留下经济再发展的动力。

最后，朱子的情法观为习惯法的融合奠定基础。习惯法是指为了满足基层生存、发展的需要，历史性形成的以宗教信仰、村规民约、行业行会要求等方式为主要特征的行为规范。习惯法形成于少数民族长期的社会活动与特定的文化氛围中，具有一定的地域色彩，对各民族的生存发展发挥着重要的作用，甚至在交通不便、法律意识淡薄的客观条件下，民族习惯法成为各少数民族地区解决纠纷的主要手段，它具有效率高、认同感强等制定法无可比拟的优势。

作为历史悠久的人类早期法律形式，习惯法一直备受法学家的关注，尤其是在我国法治建设的背景下，刑法与习惯法之间的博弈更加突出。基层地区司法工作人员在处理案件时往往面临着习惯法的任意性与国家制定法的权威性之间的矛盾，有些习惯法甚至与国家统一的刑事法治建设形成了尖锐冲突，对当地正常的刑事司法活动造成不小的影响。这些问题的出现引起了学者们极大的研究兴趣，其中，学者们最关注的问题当属习惯法的弹性处理形式是否合理？针对此问题，有的学者表示："习惯法缺乏明确的表达，人们难以根据习惯法预测自己的行为后果，这与现代刑法要求的罪刑法定原则是相悖的。"② 有的学者认为："这种行动方式在官方看来是影响地方秩序的不稳定因素，有悖于我国法律规定的刑事案件管辖原则，割裂了国家的刑事审判权。"③ 还有的学者提出："习惯法回潮，影响和制约着藏区的政治稳定、经济发展及开发、投资环境的建

---

① 根据这一理论，起诉一个企业，相当于对其判处死刑；处罚一个企业，最终受到惩罚的将是企业的投资者、雇员、养老金领取者、客户等无辜的第三人。

② 张明楷：《刑法学》，法律出版社，2011，第 54 页。

③ 王林敏：《藏区赔命价习惯法与国家刑事法制的冲突与消解》，《甘肃政法学院学报》2014 年第 6 期。

设,消极作用大于积极作用。"① 这些学者普遍认为,习惯法在处理基层纠纷时因存在过大的弹性空间而不利于刑事司法的统一与公正,无法正确指引民众的行为方向。但他们却忽视了习惯法是我国少数民族千百年来形成的,具有深厚的文化根基,在维护本地区社会秩序、解决民众纠纷的过程中起到不可替代的作用。从宏观上看,法律不外人情世故,立法更应参酌国情民俗。

结　语

朱子的法律思想不仅对儒家学派的发展和传承起到了重要的推动作用,还对中国古代法律制度的发展和演变产生了深远的影响。时至今日,朱子的情法观仍有积极的社会价值和现实意义,为我国刑法弹性立法的合理性提供了文化根基。在中国这样一个重传统文化、重人情世故的国度里,法治并非"非黑即白"的绝对对立式思维方式,中国人的思维核心是承认事物之间是可以相互转化、和谐共生的。中国的法治建设与其说是西学东渐的过程,不如说是对中国传统文化和人情世故的传承、改造与融合的过程。因为中国人追求"中庸"之道、"和合"思想,在绝对的对与错之间有特殊的"情节"存在。因此,想要试图改变中国的法治现状,一味地效仿西方法律文化是远远不够的,而应重视弹性法律思想给我国法治建设留下的"人情"价值,辩证地看待弹性立法才是明智的选择。

---

① 后宏伟:《藏族习惯法回潮及其原因探析》,《甘肃政法学院学报》2017 年第 4 期。

Zhu Zi's View of Human Nature and Law and Its Contemporary Reference

Zhao Xing   Song Yanni

Abstract: Zhu Zi is a great ideologist who connected the past and the future in feudal society, and he is also the master of Chinese legal thought. Zhu Zi practiced the idea of "heavenly principles" in the world, sought the legal ideology of intercommunication between heavenly principle and law, coordination between human nature and law, and linked the harmony and unity of heavenly principles, national laws, and human nature, forming a flexible view of human nature and law with "heavenly principles" as the core, "morality priority over punishment" as the support, "application to the world" as the form of presentation, and "forgiveness of minor mistakes" as the specific characteristics, which provided a very inheritive, utilitarian and creative academic essence for the formation of the legal system in later generations.

Key words: Human Nature and Law; flexible legal thought; legislative principles; legislative skills

朱子"论学"思想刍议

陆德海*

【摘　要】　朱子"论学"以"道者文之根本"为总纲，坚持以道为根本，以文为枝叶，"文皆是从道中流出"，要求论家摒除私意，虚心涵咏圣贤之言，做为己之学，下切己工夫，文法追求"信口流出"，提倡"坦易明白"的风格，反对好奇而务深的风气，要求议论能起到砥砺士风、"养得气宇"的功效，形成了一个包括本体论、作家论、文法论、风格论及功用论等诸方面内容在内的完整的"论学"思想体系。

【关键词】　朱熹；"论学"；天理；人欲

随着宋代文章学研究的深入开展，作为宋代文章学一个重要分支的"论学"越来越为学界所重视，相关研究成果不断面世。从现有研究成果来看，目前学界热衷于研究南宋时期的"论学"专著如《止斋论祖》《论学绳尺》等，如黄强、孙书平《宋代"论学"渊源述略》说"由于论的地位如此重要，当时人们就对它展开了研究，并形成专门的学问——论学，有《论学绳尺》之类的专书"①，把《论学绳尺》看作宋代"论学"的代表作。张海鸥、孙耀斌文《〈论学

* 【作者简介】陆德海，浙江海洋大学师范学院教授，主要研究方向为中国文学批评史。

【基金项目】2020 年度教育部人文社会科学规划项目《两宋"论学"研究》（20YJA75016）。

①　黄强、孙书平：《宋代"论学"渊源述略》，《扬州大学学报（人文社会科学版）》2002年第 6 期。

绳尺〉与南宋论体文及南宋论学》则断言《论学绳尺》"是目前仅见的南宋论学专书，'论学'之称自此始"①。至于文章学家散见于文集、笔记乃至讲学语录中的"论学"见解，尚未得到系统整理、研究。在笔者看来，这类相对零散的"论学"中不乏理论价值及影响力远超《止斋论祖》《论学绳尺》等"论学"专著的文献，最有代表性的当属朱子"论学"，无论思想高度还是理论的系统性、观点的针对性，都不是《止斋论祖》《论学绳尺》等"论学"专著所能比肩的。有鉴于此，本文将对朱子"论学"思想展开论述，彰显朱子"论学"不同流俗的品格。

一、"道者文之根本"：朱子"论学"总纲

"圣贤千言万语，只是教人明天理，灭人欲。"②朱子平生千言万语，也只是教人明天理、灭人欲。朱熹"明天理，灭人欲"核心思想在于"道"，"文皆是从道中流出"，"道"也就成为文章学家朱熹"论学"思想的总纲，贯穿于文章本体论、作家论、文法论、风格论以及文章功用观等各方面内容之中，而尤以本体论、作家论最为突出。

"道"落实到朱子"论学"的文章本体论层面，集中表述为文道合一而以道为根本。早先文章家主张"文以明道"或者"文以贯道"，有将文、道一分为二之嫌。周敦颐、程颐等理学家提出的文以载道、作文害道说，虽然在对待文、道的态度上与文章家迥异其趣，但在分裂文道上却是一致的。朱子认为"这文皆是从道中流出，岂有文反能贯道之理"，"若以文贯道，却是把本为末，以末为本"。③虽然文道二者本末轻重关系分得很明白，但是，文从道中流出的说法却肯定了文的合理性与合法性，在批评文章家本末倒置的同时，对理学家重道轻文的态度也不无纠偏意义。

---

① 张海鸥、孙耀斌：《〈论学绳尺〉与南宋论体文及南宋论学》，《文学遗产》2006 年第 1 期。

② 《朱子语类》卷一二，中华书局，1986，第 207 页。

③ 《朱子语类》卷一三九，第 3305 页。

朱子肯定文的存在合理合法，前提是"文皆是从道中流出"，是天理流行的自然产物而非人欲张扬刻意创作的结果。而文人最大的弊病是，虽然也明白道的重要性，但总把道看成一个外在于文的存在：

> 道者，文之根本；文者，道之枝叶。惟其根本乎道，所以发之于文，皆道也。三代圣贤文章，皆从此心写出，文便是道。今东坡之言曰："吾所谓文，必与道俱。"则是文自文而道自道，待作文时，旋去讨个道来入放里面，此是它大病处。只是它每常文字华妙，包笼将去，到此不觉漏逗。说出他本根病痛所以然处，缘他都是因作文，却渐渐说上道理来；不是先理会得道理了，方作文，所以大本都差。①

"根本"与"枝叶"一体共生，没有无本之木，也不应有不道之文。在文道孰为本末的问题上，文人往往嘴上说得漂亮，如韩愈也说要"无诱于势利""养其根而俟其实"，与朱子所言并无太大差别，可"平日只以做文吟诗，饮酒博戏为事"，"都衬贴那《原道》不起"，有人欲陷溺之危而未得天理流行之安。至于欧苏的"吾所谓文，必与道俱"，则是"文自文而道自道"，主观上就没认识到道的根本性意义。所以，朱子对于被南宋"论学"奉为议论典范的韩、欧诸人不无警惕，一再提醒学者诸人"大本都差"，"韩退之及欧苏诸公议论，不过是主于文词，少间却是边头带说得些道理，其本意终自可见"②。朱子认为"人只有个天理人欲，此胜则彼退，彼胜则此退，无中立不进退之理"③，即便是"晓得义理底人"尚且难免为物欲蒙蔽，何况本末倒置的"文章之士"，长期浮沉于官场文场，更容易迷失本心而流于异端，"下梢头都靠不得"，如韩愈一生排斥佛老，最终却被大颠说服，欧阳修《六一居士传》"更不成说话，分明是自纳败阙"，苏轼晚年所作《过化峻灵王庙碑》"更不成议论，似丧心人说话"。④

---

① 《朱子语类》卷一三九，第 3319 页。

② 《朱子语类》卷一三七，第 3276 页。

③ 《朱子语类》卷一三，第 224 页。

④ 《朱子语类》卷一三九，第 3310 页。

朱子认为，文章家若要提升道德修养，避免"败阙""丧心"，"明天理灭人欲"实为不二法门："天理人欲，无硬定底界，此是两界分上功夫。这边功夫多，那边不到占过来。若这边功夫少，那边必侵过来。"① 对于作家主体修养来说，"明天理灭人欲"有两个要点：一要虚心，彻底根除意必固我病症；二要做为己之学，下切己工夫，"虚心切己。虚心则见道理明；切己，自然体认得出"②。若是陷于人欲，私意妄见横亘胸中，读书就不是为了明理，而只是要用往圣前贤来印证自己的私意。朱子说这种固执己见、生吞活剥地解读古人的方式"不是'以意逆志'，是以意捉志也"③，纵使读书作文再多也无法突破自我认知局限，更无法提高自己的道德水准。朱子给出的改变方法是，"放宽心，以他说看他说。以物观物，无以己观物"④。朱子之前，苏轼也提倡虚心，道是"静能了群动，空故纳万境"，主张"随物赋形"。但是，苏轼之论显然是从庄子"物物而不物于物"而来，非但不放弃主体之"意"，更要以"意"统摄物象，追求"快意累累"。朱子的"以物观物"则强调"一向都不有自家身己，全然虚心，只把他道理自看其是非"⑤，"全然虚心"是革尽人欲后清净澄明的精神状态，与苏轼的"不得意不可使事"的意气风发全然不同。

虚心只是端正主观态度，身体力行的切己功夫才是"明天理"的唯一通道。朱子说：

> 圣贤千言万语，尽自多了。前辈说得分晓了，如何不切己去理会！如今看文字，且要以前贤程先生等所解为主，看他所说如何，圣贤言语如何，将己来听命于他，切己思量体察，就日用常行中着衣吃饭，事亲从兄，尽是问学。若是不切己，只是说话。今人只凭一己私意，瞥见些子说话，便立个主张，硬要去说，便要圣贤从我言语路头去，如何会有益。此

---

① 《朱子语类》卷一三，第 224 页。
② 《朱子语类》卷一一，第 179 页。
③ 《朱子语类》卷一一，第 180 页。
④ 《朱子语类》卷一一，第 181 页。
⑤ 《朱子语类》卷一一，第 180 页。

其病只是要说高说妙，将来做个好看底物事做弄。①

"立个主张，硬要去说"，"只是要说高说妙"，背后都是人欲在作祟，好胜心使然。"只是说话"虽然有可能给立论者带来名利方面的现实好处，但这些空谈对于提升自我修养而言却毫无用处，更别谈对于社会发展、对于历史文化能有什么贡献。"学者须是为己"②，可文辞发见于外，天然具有取悦于人的倾向，在朱子看来，文章之学庶几等同于为人之学。"今人读书，只要科举用；已及第，则为杂文用；其高者，则为古文用，皆做外面看。"③科举也罢，古文也罢，都只是做给别人看，难免有欺世盗名之嫌。哪怕是韩愈这样以捍卫古道为己任的文人，也不是为己之学，不见切己功夫："韩退之虽是见得个道之大用是如此，然却无实用功处。它当初本只是要讨官职做，始终只是这心。他只是要做得言语似《六经》，便以为传道。至其每日功夫，只是做诗，博弈，酣饮取乐而已。观其诗便可见，都衬贴那《原道》不起。"④欧阳修、苏轼都曾指出韩愈不善于处穷，到朱子这里，才真正说到了韩愈的"本根病痛所以然处"："不曾向里面省察，不曾就身上细密做工夫"，做的都是表面文章，做给别人看的。所以，"今学者要紧且要分别个路头，要紧是为己为人之际"⑤，学者首要之事是在为己之学与为人之学之间做出抉择，如严羽所说："行有未至，可加功力，路头一差，愈骛愈远。"为己则有望明天理，为人终是牵于人欲。是天理流行还是人欲横流，全在学者自择。当吕祖谦、陈傅良等人一门心思琢磨科场文章如何破题如何用虚字斡旋时，朱子却在苦口婆心地劝告学者要下切己功夫做为己之学，"存天理灭人欲"方可立论，品格高下一目了然。

---

① 《朱子语类》卷八，第140页。
② 《朱子语类》卷八，第138页。
③ 《朱子语类》卷一一，第182页。
④ 《朱子语类》卷一三七，第3260页。
⑤ 《朱子语类》卷八，第138页。

二、"信口流出"：朱子文法论主张

文章家若做到"有天理自然之安，无人欲陷溺之危"①，庶几可望"文皆是从道中流出"。朱子"论学"谈到议论文法，屡屡使用"流出"一词，如说韩愈"立朝议论风采，亦有可观，却不是从里面流出"②，又如"庄子文章只信口流出，煞高"③。文章能"信口流出"则自然浑成，这当然是最高明不过的文法。如何才能"信口流出"？什么样的文法才算是"信口流出"？"信口流出"的对立面是什么？这些问题朱子都一一作了解答。

"信口流出"是天理流行的自然表现，若要文法达到"流出"境界，首先要求作者做为己之学，没有作文之意，更无投合时好之心，畅所欲言。朱子说：

> 看子由《古史序》说圣人："'其为善也，如冰之必寒，火之必热；其不为不善也，如驺虞之不杀，窃脂之不谷。'此等议论极好。程张以后文人无有及之者。盖圣人行事，皆是胸中天理，自然发出来不可已者，不可勉强有为为之。后世之论，皆以圣人之事有所为而然。《周礼》纤悉委曲去处，却以圣人有邀誉于天下之意，大段鄙悝。此皆缘本领见处低了，所以发出议论如此。如陈君举《周礼说》有'畏天命，即人心'之语，皆非是圣人意。"④

朱子这番话虽然泛论内圣外王之道，不专指作文，但其中道理也适用于写作，尤其是议论文章写作。对于立论者来说，既然"不可勉强有为为之"，自然无欲无求，心里怎么想就怎么说，不必刻意标新立异以求胜过别人，更不必"有邀誉于天下之意"而作违心之论。苏辙之论"本领见处"所以高过陈亮之

---

① 《朱子语类》卷一三，第 224 页。

② 《朱子语类》卷一三七，第 3274 页。

③ 《朱子语类》卷一二五，第 2992 页。

④ 《朱子语类》卷一三〇，第 3117 页。

处，就在于苏辙能认识到圣人天理自然，不勉强作为。苏辙立意要"出一番好议论"，晚年的这番议论能得到后来的一代儒宗如此肯定，泉下有知的话应该非常快慰的。朱子虽然批评过苏辙"早拾苏张之绪余，晚醉佛老之糟粕"①，可一旦发现苏辙之论近道，也是不吝赞美之词，全然忘了分辨这番议论是否"佛老之糟粕"。其实，何止是苏辙，哪怕是异端宗师庄子，朱子还不是一样赞不绝口，夸赞庄子文章能"信口流出"，甚至可以说朱子对庄子文章津津乐道，即便是对庄子深有会心的苏轼，也没像朱子这样详细论述过庄子文法特征：

> "庄周是个大秀才，他都理会得，只是不把做事。观其第四篇《人间世》及《渔父篇》以后，多是说孔子与诸人语，只是不肯学孔子，所谓'知者过之'者也。如说'《易》以道阴阳，《春秋》以道名分'等语，后来人如何下得！它直是似快刀利斧劈截将去，字字有著落。"公晦曰："庄子较之老子，较平帖些。"曰："老子极劳攘，庄子得些，只也乖。庄子跌荡。老子收敛，齐脚敛手；庄子却将许多道理掀翻说，不拘绳墨。②

"信口流出"在庄子这里具体表现为：一是"快刀利斧劈截将去"，能用最简洁明快的语言讲清道理；二是"将许多道理掀翻说"，无所顾忌无所畏惧。朱子说这是"大秀才"理会道理后自然而然的表现，就差没直接说是天理流行的结果。

与庄子"快刀利斧劈截将去"截然不同的是，议论瞻前顾后，多方掩饰，曲为之说。朱子对此极为反感，批评说："周旋回护底议论最害事。"③本该以明辨是否为宗旨的议论，一旦"周旋回护"，难免掺入利害得失的考量。朱子批评好友吕祖谦说："伯恭寻常议论，亦缘读书多，肚里有义理多。恰似念得条贯多底人，要主张一个做好时，便自有许多道理，升之九天之上；要主张做不好

---

① 《晦庵先生朱文公文集》卷四一《答程允夫》，朱杰人等主编：《朱子全书》第22册，上海古籍出版社、安徽教育出版社，2002，第1860页。

② 《朱子语类》卷一二五，第2989页。

③ 《朱子语类》卷一三，第239页。

时，亦然。"①"主张一个做好时"就是有意作文，不好处其实心知肚明，就是藏匿不说。有多少人能做到"诐辞知其所蔽，淫辞知其所陷，邪辞知其所离，遁辞知其所穷"呢？如此立说，害处可想而知。朱子虽然称赞"东坡善议论，有气节"②，但也毫不客气地指出苏轼议论中意气用事的毛病："东坡平时为文论利害，如主意在那一边利处，只管说那利。其间有害处，亦都知，只藏匿不肯说，欲其说之必行。"③苏轼虽然深知"昔之为文者，非能为之为工，乃不能不为之为工也"，声称兄弟俩"未尝敢有作文之意"④，但在朱子看来，既然"欲其说之必行"，那还是有意作文，所以"东坡虽是宏阔澜翻，成大片滚将去"，还算不得是"流出"。

其次，"流出"意味着心源浩乎沛然，足乎己而无待乎外，行文直抒胸臆，无需牵扯捏合乃至穿凿附会。"圣贤所说道理，皆从自己胸襟流出，不假他求。"⑤圣贤可以不假他求，对于后世学者来说，既然有圣贤所说道理在前，将"子曰""诗云"当作论证手段未尝不可。只是，既然要以圣贤之论为依据，那么首先要放大心胸，让圣贤所说道理成为自家见解，如苏洵所言，"胸中豁然以明，若人之言固当然者"⑥，方能避免生搬硬套之弊。朱子批评胡安国说："文定爱将圣人道理张大说，都是勉强如此，不是自然流出。"⑦圣人之言坦易明白，何必夸大其词，但有分毫勉强，便有自我标榜之嫌，更何况"无其事而迁就之"。朱子认为与胡安国相比，苏轼、苏辙简洁明快的议论更值得提倡："大抵朝廷文字，且要论事情利害是非令分晓。今人多先引故事，如论青苗，只是东坡兄弟说得有精神，他人皆说从别处去。"⑧其实，苏轼议论也未尝不引经据典，

---

① 《朱子语类》卷一二二，第 2953—2954 页。

② 《朱子语类》卷一三〇，第 3113 页。

③ 《朱子语类》卷一三〇，第 3113—3114 页。

④ 苏轼：《苏轼文集》卷一〇《南行前集叙》，中华书局，1986，第 323 页。

⑤ 《朱子语类》卷一二一，第 2938 页。

⑥ 苏洵著，曾枣庄、金成礼笺注：《嘉祐集笺注》卷一二《上欧阳内翰第一书》，上海古籍出版社，1993，第 329 页。

⑦ 《朱子语类》卷一〇一，第 2558 页。

⑧ 《朱子语类》卷一三九，第 3315 页。

如论青苗法说:"孟子曰:'始作俑者,其无后乎?'《春秋》书'作丘甲''用田赋',皆重其始为民患也。青苗放钱,自昔有禁。今陛下始立成法,每岁常行,虽云不许抑配,而数世之后,暴君污吏,陛下能保之欤?异日天下恨之,国史记之曰,青苗钱自陛下始,岂不惜哉!"① 只因言辞恳切,直言不讳,引证恰当而非"无其事而迁就之",所以朱子称道"说得精神"。

再次,"流出"还意味着能把自家观点和盘托出,无所藏匿。朱子说:"张子韶文字,沛然犹有气,开口见心,索性说出,使人皆知。近来文字,开了又阖,阖了又开,开阖七八番,到结末处又不说,只恁地休了。"② 朱子批评的"近来文字",吞吞吐吐,欲言又止,以吕祖谦、陈亮为典型:"或言:'东莱《馆职策》、君举《治道策》,颇涉清谈,不如便指其事说,自包治道大原意。'曰:'伯恭策止缘里面说大原不分明,只自恁地依傍说,更不直截指出。'"③ 吕祖谦因为"大原不分明"只能"依傍说"。朱子则对陈亮的有三点批评:一是装神弄鬼,故弄玄虚,如以没着落的《雅》《颂》之音"瞒人";二是含糊其辞,装腔作势,明明没有什么自家心得体会,偏偏暴得大名,放不下众星捧月的声誉,自己又没能耐,道不出像样的道理,还要嘴硬责怪朱子"刻画太精,颇伤易简";三是不能虚心向学,"一部《周礼》,都撑肠拄肚,顿著不得"④,无法消化。有此三般,道理如何能"流出"? 相比之下,根柢不正的苏轼、苏辙兄弟,哪怕说的是歪理,可人家却能"开心见胆",有必达之隐而无难显之情,让人一听就明白。

最后,能"信口流出"则文理自然,文成而法立,并不是不讲文法。朱子说:"东坡虽是宏阔澜翻,成大片滚将去,他里面自有法。今人不见得他里面藏得法,但只管学他一滚做将去。"⑤ "大片滚将去"尚且有法可循,"信口流出"者自然更不必说,比如朱子最为推崇的《孟子》:

① 《苏轼文集》卷二五《上神宗皇帝书》,第 735 页。
② 《朱子语类》卷一三九,第 3316 页。
③ 《朱子语类》卷一二二,第 2954 页。
④ 《朱子语类》卷一二〇,第 2960 页。
⑤ 《朱子语类》卷一三九,第 3322 页。

先生因编《孟子要指》云：“《孟子》若读得无统，也是费力。某从十七八岁读至二十岁，只逐句去理会，更不通透。二十岁已后，方知不可恁地读。元来许多长段，都自首尾相照管，脉络相贯串，只恁地熟读，自见得意思。从此看《孟子》，觉得意思极通快，亦因悟作文之法。如孟子当时固不是要作文，只言语说出来首尾相应，脉络相贯，自是合著如此。”①

只有篇章安排布置合理才能“首尾照应”，行文一气呵成才能让读者感觉到文章“脉络相贯”。“固不是要作文”，“只言语说出来”而又能“首尾相应，脉络相贯”，这才是朱子理想中的“信口流出”。所以，朱子一再对弟子强调，熟读《孟子》可悟作文之法：“读《孟子》，非惟看它义理，熟读之，便晓作文之法：首尾照应，血脉通贯，语意反覆，明白峻洁，无一字闲。人若能如此作文，便是第一等文章！”②除了“首尾照应，血脉通贯，语意反覆”这些定法之外，在朱子看来，《孟子》文法尚有更高妙之处，说“孟子文章妙不可言”。妙不可言不代表不可学，朱子就认为“惟老苏文深得其妙”③。正因老苏文能得《孟子》妙处，所以，朱子虽然对苏洵多有批评，认为他“意思都不正当”④，却又一再称赞“老苏文雄浑，尽有好处”⑤、“议论虽不是，然文字亦自明白洞达”⑥。

三、“坦易明白”：朱子“论学”对文章风格的要求

朱子一再说“圣人言语，皆天理自然，本坦易明白在那里”“圣人之言坦易明白”，“坦易明白”就是朱子心目中天理流行的样子，是一切议论文章最应具备的基本风格特征。

---

① 《朱子语类》卷一〇五，第 2630 页。
② 《朱子语类》卷一九，第 436 页。
③ 《朱子语类》卷一九，第 437 页。
④ 《朱子语类》卷一三九，第 3311 页。
⑤ 《朱子语类》卷一三九，第 3306 页。
⑥ 《朱子语类》卷一三〇，第 3117 页。

宋文诸大家中，朱子认为欧、曾、苏文章庶几乎"坦易明白"："文字到欧曾苏，道理到二程，方是畅。荆公文暗。"①细论起来，南丰文似乎还有点欠缺，朱子说："南丰文却近质。他初亦只是学为文，却因学文，渐见些子道理。故文字依傍道理做，不为空言。只是关键紧要处，也说得宽缓不分明。缘他见处不彻，本无根本工夫，所以如此。"②"宽缓不分明"与"坦易明白"显然还有一段距离。朱子不仅诊断出曾巩的本根病痛所以然处是"见处不彻""本无根本工夫"，还给我们留下了有关曾巩病候的描述："曾南丰初亦耿耿，后连典数郡，欲入而不得，故在福建亦进荔子。后得沧州，过阙，上殿札子力为谀说，谓本朝之盛自三代以下所无，后面略略说要戒惧等语，所谓'劝百而讽一'也。然其文极妙。"③看到排斥佛老的曾巩反而谀辞滚滚，成了"下梢头都靠不得"的欧、苏等人所批评的不善处穷者一类，朱子心里恐怕要感慨"不如秭稗"。对比曾巩"力为谀说"与"东坡善议论，有气节""东坡议论虽不能无偏颇，其气节直是有高人处"的评价，不难看出，在朱子看来，是否善议论、是否能做到"坦易明白"，关键还在于为人是否有气节，这又回到了朱子"论学"总纲上来了："明天理，灭人欲。"若无利欲牵扯，何必"力为谀说"呢。气节是活出来的而不是做出来的，"平生功业黄州惠州儋州"的苏轼虽然在道理上不及曾巩正派，但是"东坡立朝大节极可观"④，一身浩然气足以支撑起议论，因此"文字明快"，单论文辞"坦易明白"，南丰文还比不上。

朱子表彰"坦易明白"的美学风格，旨在以此作为标准，批评彼时议论喜好标新立异的风气："大凡人读书，且当虚心一意，将正文熟读，不可便立见解。看正文了，却着深思熟读，便如己说，如此方是。今来学者一般是专要作文字用，一般是要说得新奇，人说得不如我说得较好，此学者之大病。"⑤著书

---

① 《朱子语类》卷一三九，第3309页。

② 《朱子语类》卷一三九，第3314页。

③ 《朱子语类》卷一三〇，第3106页。

④ 车若水引述刘安世语。车若水：《脚气集》，《景印文渊阁四库全书》第865册，台湾商务印书馆，1986，第532页。

⑤ 《朱子语类》卷一一，第191页。

立说不以发明道理为目的，不以明辨是非为要务，而是立意要胜过别人，陷溺于人欲而不自觉，如此修养的人怎么可能把文章作得坦易明白。在这些"以意捉志"的学者中，朱子认为叶适很具有代表性，说叶适"病在先立论，圣贤言语，却只将来证他说"①，对叶适好"说得新奇"的毛病，朱子也举了陆九渊的具体范例：

> 陆子静分明是禅，但却成一个行户，尚有个据处。如叶正则说，则只是要教人都晓不得。尝得一书来，言世间有一般魁伟底道理，自不乱于三纲五常。既说不乱三纲五常，又说别是个魁伟底道理，却是个甚么物事？也是乱道！他不说破，只是笼统恁地说以谩人。及人理会得来都无效验时，他又说你是未晓到这里。他自也晓不得。他之说最误人，世间呆人都被他瞒，不自知。②

叶适的言说方式与陈亮的"更望以《雅》《颂》之音消铄群慝，章句训诂付之诸生"同一套路。不过，《雅》《颂》之音好歹存在过，叶适"魁伟底道理"可是让凡事较真的朱文公抓破头皮也格不出个所以然的物事。对于叶适这类欺人之谈，朱子深恶痛绝，说："见或人所作讲义，不知如何如此。圣人见成言语，明明白白，人尚晓不得，如何须要立一文字，令深于圣贤之言！如何教人晓得？"③甚至认为"叶进卷《待遇集》毁板，亦毁得是"④。

如果仅止于学术思想上"务为新奇"，还不足为虑，尽可在学术范围内展开辩论，可现实是，具有无与伦比导向功能的科举，也流行追求新奇诡异的歪风。朱子哀叹说："近日真个读书人少，也缘科举时文之弊也，才把书来读，便先立个意思，要讨新奇，都不理会他本意著实。才讨得新奇，便准拟作时文使，下梢弄得熟，只是这个将来使。虽是朝廷甚么大典礼，也胡乱信手捻合出来

---

① 《朱子语类》卷一二〇，第 2906 页。
② 《朱子语类》卷一二三，第 2966 页。
③ 《朱子语类》卷一二三，第 2967 页。
④ 《朱子语类》卷一二三，第 2967 页。

使，不知一撞百碎。"① 让朱子更难以容忍的是，主政者不思改进，反而"长浮竞薄"，"出题目定不肯依经文成片段，都是断章牵合"，命题时"已欲其立奇说矣"，读书人自然"全不顾经文，务自立说，心粗胆大，敢为新奇诡异之论"。② 陈亮、叶适等人是不虚心读书"便立见解""先立论"，科举时文"才把书来读，便先立个意思，要讨新奇"，这种"全不顾经文，务自立说，心粗胆大，敢为新奇诡异之论"的歪风即便不是叶适等人所倡导，但叶适等人的所作所为无意大大助长了这股歪风邪气。可悲的是，主持科考的不是欧阳修，没有为天下取士的公心，不是想着利用科举手段革新士风、文风，反而公器私用，把科举当成标新立异的手段，如此还能选到什么好人才。"坦易明白"还是"新奇诡异"，作为议论文章的风格，不但关乎审美，也与世道人心息息相关。明白这一点，也就不难理解朱子何以激愤到甚至赞同毁掉叶适进卷的雕版了。

四、"养得气宇"：朱子"论学"之功用论

除了明天理辩是非这个基本功能外，朱子"论学"最看重的是议论对于砥砺名节、激励士气的效用。朱子说：

> "今世人多道东汉名节无补于事。某谓三代而下，惟东汉人才，大义根于其心，不顾利害，生死不变其节，自是可保。未说公卿大臣，且如当时郡守惩治宦官之亲党，虽前者既为所治，而来者复蹈其迹，诛殛窜戮，项背相望，略无所创。今士大夫顾惜畏惧，何望其如此！平居暇日琢磨淬厉，缓急之际，尚不免于退缩。况游谈聚议，习为软熟，卒然有警，何以得其仗节死义乎！大抵不顾义理，只计较利害，皆奴婢之态，殊可鄙厌！"又曰："东坡议论虽不能无偏颇，其气节直是有高人处。如说孔北海曹操，使人凛凛有生气！"③

---

① 《朱子语类》卷一〇，第175页。
② 《朱子语类》卷一〇九，第2693—2694页。
③ 《朱子语类》卷三五，第923页。

"诛殛窜戮，项背相望，略无所创"，这才是天理流行的样子，前仆后继慷慨赴义的东汉士子在朱子眼里就是道成肉身的典范。相比之下，"今士大夫顾惜畏惧"，"游谈聚议，习为软熟"，还妄谈什么节义。至于"不顾义理，只计较利害"的陈亮、叶适等人，只能诱人贪进，败坏人心。所以，不是"东汉名节无补于事"，而是当今非但士大夫于事无补，更无名节可以称道。朱子感慨说："某小年见上一辈，未说如何，个个有气魄，敢担当做事。而今人个个都恁地衰，无气魄，也是气运使然。而今秀才便有些气魄，少年被做那时文，都销磨尽了。所以都无精采，做事不成。"① 朱子说士大夫气魄都被时文销磨尽，其实朱子何尝不明白，能销磨士气岂止时文，说到底还是能否摆脱人欲陷溺之危的问题。抚今追昔，朱子不由得追念起议论妙天下的苏轼，感慨苏轼气节过人，惟其如此，其议论也能令读者"凛凛有生气"。

朱子表彰苏轼议论能激励士风，乃因不满"今士大夫顾惜畏惧"，"游谈聚议，习为软熟"，批评矛头直指好友吕祖谦"只看道理合做与不合"。"合做"则无所顾忌，是为"天理之公"；存心"不做矫激底心"则是出于"人欲之私"。朱子批评"周旋回护底议论最害事"时，纳闷"伯恭是个宽厚底人，不知如何做得文字却似个轻儇底人"②。此处批评，已经不是轻儇与否，而是软熟，不免"奴婢之态"的嫌疑了。当弟子第二天追问朱子说："昨日所说浙中士君子多要回互以避矫激之名，莫学颜子之浑厚否？"朱子斩钉截铁地回答说："浑厚自是浑厚。今浙中人只学一般回互底心意，不是浑厚。浑厚是可做便做，不计利害之谓。今浙中人却是计利害太甚，做成回互耳，其弊至于可以得利者无不为。"③ 措辞更为严厉，坐实了"不顾义理，只计较利害"的指责，全忘了"伯恭是个宽厚底人"，当真是一点也不"回互"。朱子极为看重严子陵的气节对于激发东汉士风的作用，所以屡屡称赞范仲淹议论正大，能"大厉名节振作士气"④，没想到迁延至朱子之时，非但没出现朱子期待的东汉末"诛殛窜戮，项

---

① 《朱子语类》卷一三二，第 3184 页。
② 《朱子语类》卷一二二，第 2953 页。
③ 《朱子语类》卷一二二，第 2958 页。
④ 《朱子语类》卷一二九，第 3086 页。

背相望，略无所创"那样壮烈的人文景观，反倒冒出"东汉名节无补于事"的谬论，出现了吕祖谦这种刻意辩解严子陵不矫激的软熟论调，难怪朱子批评火力如此猛烈了。

议论既然与士风相生相成，自然与世运消长也密切相关。朱子说战国虽是乱世，但"有英伟气"①，文章"信口流出"的庄子就很有代表性："庄子模仿列子，殊无道理。为他是战国时人，便有纵横气象，其文大段豪伟。"②苏氏父子从《战国策》起步，议论容有偏颇，英伟气自是少不了，只是与庄子不同的是，苏氏父子所处时代非但不是乱世，还是少有的治世。朱子"因论李泰伯，曰'当时国家治，时节好，所论皆劲正如此'"③。"国家治""时节好"孕育了李觏、苏轼等人的好议论，李觏、苏轼等人的好议论也成就了"国家治"，成为"时节好"的标志。朱子总结说，仁宗朝议论"意思气象自恁地深厚久长"，根本原因在于"所见皆实"。④"纤巧不实"就只能靠"虚文漫演"，无所不假，"习为软熟"，萎靡不振，文风士气如此，世运岂能不衰颓。面对如此衰塌景象，朱子大声疾呼要"养得气宇"：

> 今时文日趋于弱，日趋于巧小，将士人这些志气都消削得尽。莫说以前，只是宣和末年三舍法才罢，学舍中无限好人才，如胡邦衡之类，是甚么样有气魄！做出那文字是甚豪壮！当时亦自然有人。及绍兴渡江之初，亦自有人才。那时士人所做文字极粗，更无委曲柔弱之态，所以亦养得气宇。只看如今秤斤注两，作两句破头，如此是多少衰气！⑤

"魂兮归来，反故居些"，朱子在竭尽全力为这个民族文化招魂，不厌其烦地数说范文正公如何"大厉名节振作士气"，苏轼如何壮伟发越李泰伯议论如何

---

① 《朱子语类》卷一三九，第3297页。

② 《朱子语类》卷一二九，第3008页。

③ 《朱子语类》卷一二九，第3091页。

④ 《朱子语类》卷一三九，第3316—3317页。

⑤ 《朱子语类》卷一〇九，第2702页。

正大，胡侍郎万言书如何有气魄，苦口婆心地劝学者"养得气宇"，痛斥"秤斤注两，作两句破头"如何耗尽士气，可惜朱子的孤明先发终究难以挽回世运。

朱子时，叶适、陈傅良等学者"皆以道义先觉自处"①，作为对比，我们不妨看看他们的"论学"在关注什么：

> 陈龙川自大理狱出，赴省试。试出，过陈止斋，举第一场书义破，止斋笑云："又休了。"举第二场《勉强行道大有功论》破云："天下岂有道外之功哉？"止斋笑云："出门便见哉。然此一句却有理。"又举第三场策起云："天下大势之所趋，天地鬼神不能易，而易之者，人也。"止斋云："此番得了！"继而果中榜。②

且不论陈亮这两句破头是否委曲柔弱，是否衰颓，只看陈傅良、陈亮对科举程文如此津津乐道，不是"秤斤注两"是什么。"秤斤注两"不是天理流行，而是人欲"流出"。朱子批评陈亮说"同父在利欲胶漆盆中"③，正因如此，陈亮的词气虽然不算"委曲柔弱"，却根本不可能"养得气宇"。朱子批评说"同父才高气粗，故文字不明莹，要之，自是心地不清和也"④，"心地不清和"的原因，无非是"在利欲胶漆盆中"无法自拔。看好陈亮"两句破头"的陈傅良，有专讲科举文法的《止斋论祖》传世，又得淳祐十年的状元方逢辰为作批点，明星加持，止斋"论学"被不断发扬光大，可是，南宋气数也在这样的"论学"繁荣中消耗殆尽。

纵观朱子"论学"思想，我们在惊叹于其博大精深的同时，也发现其"论学"正如朱子所提倡的"议论明白，血脉指意晓然可知"，以"明天理，灭人欲"为总纲，贯串起文本论、作家论、文法论、风格论及功用论等多方面内容，

---

① 《朱子语类》卷一二三，第 2961 页。

② 《陈龙川省试》，《荆溪林下偶谈》卷三，《历代文话》第一册，复旦大学出版社 2008，第 565—566 页。

③ 《朱子语类》卷一二三，第 2966 页。

④ 《朱子语类》卷一二三，第 2965 页。

形成了一个宗旨明确的"论学"思想体系。与同时期的吕祖谦、陈傅良等人热衷于探讨科举文法不同，朱子"论学"始终倡导为己之学，要求文法做到"信口流出"，从而形成"坦易明白"的风格，最终达到"养得气宇"的目的，为南宋中期已然流入"委曲柔弱"的"论学"指出向上一路。即便在今日，朱子"论学"思想依然不失为真知灼见，不无补偏救弊意义。

A Preliminary Discussion on Zhu Xi's Thought of "Theory of Argumentative Essays"

Lu Dehai

Abstract：Zhuzi's "Theory of argumentative essays" takes "Tao is the foundation of an article" as the overall outline, persists in believing that heavenly principles are fundamental, and regards argumentative essays as the branch and leaf. "All articles flow out from the Tao", requiring theorists to eliminate personal intentions, humbly recite the words of sages, take the learning for onself, devote themselves to their own efforts, promote "faithfulness and clarity" in article techniques, advocate a "frank and easy to understand" style, oppose the culture of curiosity and deep work, and demand that argumentation can play a role in honing the morale of scholars and "cultivating a strong atmosphere". A complete "theoretical" ideological system has been formed, including ontology, writer theory, technique theory, style theory, and function theory.

Key words：Zhu Xi; "theory of argumentative essays"; heavenly principles; human desires

再论朱熹《诗经》学发展阶段及特点

刘 育[*]

【摘 要】 朱熹《诗》学思想的变化伴随着其理学思想的成熟而发生。宋绍兴二十年（1150）至淳熙四年（1177）为朱熹《诗经》学发展的第一阶段，以尊重前贤、循《序》解《诗》为其《诗》学思想的具体特征；淳熙五年（1178）至淳熙十三年（1186）为朱熹治《诗》的第二阶段，以经传分离、以《诗》发理为其《诗》学思想的具体特征；淳熙十四年（1187）至庆元五年（1199）为朱熹《诗经》阐释的第三阶段，以省察践行、以"理"解《诗》为其《诗》学思想的具体特征。朱熹的《诗经》学观是把握其专经思想的基础，也是弥合专经研究于理学思想的关键，朱熹对《诗经》的反复涵咏、解读，也对其理学思想的形成发展起到了积极促进作用。对朱熹前期、中期、晚期三个阶段解《诗》思想的发展趋势进行梳理，可以体现由崇序到斥序以至废序的"正反合"的过程，有利于读者从整体上把握朱熹诗学的发展过程。

【关键词】 朱熹;《诗集传》;《诗经》学;《诗集解》

在回顾经学发展，梳理《诗经》学史的过程中，对朱熹《诗经》学思想的

* 【作者简介】刘育，西安文理学院历史文化旅游学院讲师、博士，研究方向为宋明理学史。

【基金项目】国家社科基金一般项目"关学哲学建构的经学基础与创新价值研究"（17BZX065）。

发展阶段进行再次讨论，可谓意义重大。朱熹的《诗》学思想究竟有哪些发展阶段？与其理学思想发展存在怎样联系？为何朱熹解《诗》是《诗经》学史上的第三座高峰？这是对朱熹《诗经》学发展阶段及特点进行探讨，所要回应的主要问题。

当前学界普遍认为朱子《诗》学思想大致可分为前、后两个阶段。[①] 作者认为，以是否遵信《诗序》[②] 为标准，对朱熹《诗》学思想进行阶段划分，一定程度上能够反映其《诗》学思想的成熟，但以《诗集解》《诗集传》的刊定为标志进行思想分界则略显僵硬，也与朱熹解诗发"理"的思想变化不相吻合。束景南《朱熹年谱长编》、张立文《朱熹年谱》对朱熹生平大事进行了简要概述，对其《诗经》研究则言之过略。笔者研究认为，朱熹《诗经》学思想的发展大致可分为三个阶段：绍兴二十年（1150）至淳熙四年（1177）《诗集解》刊行为第一阶段；淳熙五年（1178）至淳熙十三年（1186）《诗集传》刊行为第二阶段；淳熙十四年（1187）至庆元五年（1199）为第三阶段。通过考证得出朱熹《诗》

---

① 以"存序""废序"划分朱子《诗》说前后阶段，本是值得推敲的，但也是宋元以降常见的看法和做法。当代多部《诗经》学史也大多遵循这种划分，如夏川才《〈诗经〉研究史概要》（清华大学出版社，2007，第115页）、戴维《诗经研究史》（湖南教育出版社，2001，第314页）、莫砺锋《朱熹文学研究》（南京大学出版社，2000，第17页）、檀作文《朱熹诗经学研究》（学苑出版社，2003，第24页）、束景南《朱子大传："性"的救赎之路（增订版）》（复旦大学出版社，2016，第260页）、郝桂敏《〈诗集解〉和〈诗集传〉诗旨差异看朱熹〈诗〉学观念的转变及原因》（《孔子研究》2002年第3期）、陈国代《文献家朱熹：朱熹著述活动及其著作版本考察》（北京师范大学出版社，2015，第89页），均以淳熙四年为界，将朱熹的《诗经》诠释思想分为前后两个阶段，认为《诗集解》是朱熹前期解《诗》所得成果，《诗集传》是其晚年解《诗》思想的体现。莫砺锋从朱熹的整个学术生涯进行考察，得出了"朱熹治《诗》是一件旷日持久的工作，《诗集传》的撰写大约始于淳熙四年（1177），而其修订则一直持续到庆元五年（1199）"（《论朱熹对〈诗序〉的态度》，《文献季刊》2000年第1期）的结论。前学大多将朱熹《诗经》学发展分为两个阶段，分段标准僵硬单一，本文认为有待商榷。

② 《诗序》即为《毛诗序》，著者有子夏与汉儒卫宏两说，《诗序》分为大序与小序两个部分，朱熹时而将《诗序》《大序》《小序》混用，具体可参考陈才：《朱子〈诗序〉观析论》，《朱子学刊》2014年第1辑，第96—111页。文中所言《诗序》多指朱熹对小序的看法。

学分为三阶段，不仅是对朱熹解《诗》二阶段说的一种否定，更是对朱熹《诗经》学思想发展脉络的进一步梳理。本文通过细致考证朱熹《诗》学的三个阶段，进一步分析各个阶段的特点，对朱熹《诗》学发展成熟与特点演变做出整体把握。

一、第一阶段：尊重前贤，循《序》解《诗》

绍兴二十年（1150）至淳熙四年（1177）《诗集解》刊行为朱熹《诗经》学发展的第一阶段。在这一阶段，朱熹治《诗》经历了由遵信毛《序》至怀疑毛《序》的转变。通过对朱熹《诗经》研究相关材料进行梳理可见，以淳熙四年《诗集解》的刊定为界限划分朱熹对《诗序》遵信与否是不够细致的。

朱熹在对《关雎》章句进行分析时已然发现了旧说于理不合的地方，却道"依故训说亦得"[①]。其对十五国风的次序有所怀疑，却又因"先儒及近世先生皆言之，故《集传》中不敢提起"[②]。可见在隆兴二年（1164）之前，朱熹对先儒《诗》说还是不敢反驳的。隆兴二年（1164）开始，朱熹对《诗》有了自己的看法，认为"向所寄示《诗》解，用意甚深，多以太深之故，而反失之"[③]。他因此与陈齐仲就可疑之处进行探讨，指出今人治《诗》虽然能够发现不同之处，但知道大意即可，不必进行深究。可见，隆兴二年（1164）后，朱熹已然可以肯定先儒治《诗》有不合理之处，但仍然采取了忽视或者曲从的做法，这正与朱熹对自己早年治《诗》的评价相合："某向作《诗解》，文字初用《小序》，至解不行处，亦曲为之说。"[④]可见绍兴二十年（1150）至淳熙四年（1177）《诗集解》刊行，是朱熹《诗》学思想经历由信《序》到疑《序》的重要阶段。

---

① 朱熹：《晦庵先生朱文公文集》卷四十《答刘平甫》，朱杰人、严佐之、刘永翔主编：《朱子全书》第 22 册，上海古籍出版社、安徽教育出版社，2002，第 1795 页。

② 《晦庵先生朱文公文集》卷三十九《答范伯崇》，《朱子全书》第 22 册，第 1768 页。

③ 《晦庵先生朱文公文集》卷三十九《答陈齐仲》，《朱子全书》第 22 册，第 1756 页。

④ 黎靖德：《朱子语类》卷八十，王星贤点校，中华书局，1986，第 2085 页。

淳熙四年序定的《诗集解》可以看作朱熹早期解释《诗经》的代表之作。淳熙四年序定的《诗集解》原文虽佚，我们仍旧能从吕祖谦的《吕氏家塾读诗记》中辑得大量相关文献。与朱熹相对较早地呈现出由尊《序》到疑《序》的变化不同，吕祖谦则一直对毛《序》采取崇信的态度。二人学术倾向的不同，加上吕祖谦未及看到《诗集传》定稿已然过世，导致《吕氏家塾读诗记》中所引用、保存的大多是朱熹早期解《诗》尊从《诗序》的部分。朱熹本人也在序言中对此进行了辨别："此书所谓朱氏者，实熹少时浅陋之说，而伯恭父误有取焉。其后历时既久，自知其说有所未安。如《雅》《郑》邪正之云者，或不免有所更定，则伯恭父反不能不置疑于其间。"①《吕氏家塾读诗记》经历了不断修改完善的过程，虽不能囿于朱子的一句评说，但大致能够勾勒出早期二人治《诗》交流的分歧，束景南先生依据《吕氏家塾读诗记》等书所辑佚出的《诗集解》文本大体上也呈现出了朱熹早期解《诗》遵《序》的思想特点。

有关《诗集解》与《诗集传》的关系问题也值得探讨。朱熹在对师友、门人的书信中，尝以"诗解""诗说""诗传"等三种方式称呼其《诗》学作品，前期多以"诗解""诗传"表述，后期则多见"诗说""诗传"等字眼。从某种程度来说，早期所成《诗集解》与中期代表作品《诗集传》具有延续性，两者都承载了朱熹对《诗经》的理解，《诗集传》是在《诗集解》的基础上完成的，然而两者又侧重不同。早年的朱熹尚处于理论学习的过程中，《诗集解》作为这一阶段的成果便更多地带有集解类书籍的特点；随着朱熹理学思想的逐渐发展与系统化，其《诗》学思想也更为成熟，其晚年作品《诗集传》便成了传注性质的著作。将现今可见《诗集解》内容与通行版二十卷本《诗集传》进行对比，我们不难发现如下特点：

第一，朱熹解《诗》的第一阶段，《诗集解》在《诗序》问题仍旧遵从旧说，崇信先贤。一方面，将《小序》冠于每首诗之首并加以阐释。如在《关雎》

---

① 朱熹：《吕氏家塾读诗记序》，见黄灵庚、吴战垒主编《吕祖谦全集》第4册，浙江古籍出版社，2008，第1页。

篇首即以 "太姒未尝称后，此追称之云耳"① 来解释《小序》所云 "后妃之德"，体现了以《诗序》引导读者理解诗文的方法。与二十卷本《诗集传》在《诗序辨说》中将《小序》总为一篇加以辨析相比，朱熹解《诗》在第一阶段并不注重阐发个人见解和强调涵咏体悟诗之本义，总体上仍旧沿袭了汉儒解《诗》的习惯，要求体现诗文中的 "微言大义"。另一方面，在《诗集解》的撰写过程中，朱熹对《大序》与《小序》的可信、可疑之处还未有着明显的区分，倾向于认为两者都是可信的。而二十卷本《诗集传》中所存的《大序》则是其从《关雎》的《小序》中拆分得出的。朱熹对《小序》也多加评议，如认为《凯风》"乃七子自责之辞，非美七子之作也"②，并不是《小序》所说的 "美孝子也"。又解《杕杜》时直下论断 "自叹之词，未必如《序》之说也"③。可见其后在修订《诗集传》的过程中，朱熹才发现 "《小序》大无义理，皆是后人杜撰，先后增益凑合而成"④，因此在涤去前人之说上大下功夫，将《大序》与《小序》区分开来。

第二，从《诗集解》中六篇笙诗的排序顺次，也可看出朱熹解《诗》的第一阶段囿于前贤之说。《诗集传》将《南陔》《白华》《华黍》《由庚》四篇置于《鱼丽》之前，是朱熹对古礼进行了深入而全备的考察之后，依据《乡饮酒礼》先鼓瑟而歌，后奏笙的礼节而加以调整。而在《诗集解》中，朱熹尽管已经察觉 "旧说常剩却一半道理"⑤，仍是选择遵从汉儒成规，将《南陔》《白华》《华黍》《由庚》置于《鱼丽》之后。此外，朱熹治《诗》的第一阶段，还在六篇笙诗名目之下，分别以 "孝子相戒以养也""孝子之洁白也""时和岁丰，宜黍稷也""万物得由其道也""万物得极其高大也""万物之生各得其宜也"⑥ 概括主旨。这明显是沿袭《毛传》与孔颖达《毛诗正义》、陆德明《释文》等前

---

① 《诗集解》卷一，《朱子全书》第 26 册，2002，第 110 页。

② 《诗序辨说》，《朱子全书》第 1 册，2002，第 362 页。

③ 《诗序辨说》，《朱子全书》第 1 册，第 376 页。

④ 《朱子语类》卷八十，第 2075 页。

⑤ 《晦庵先生朱文公文集》卷四十四《答蔡季通》，《朱子全书》第 22 册，第 1992 页。

⑥ 《诗集解》卷九，《朱子全书》第 26 册，第 271—274 页。

儒的说法，赞同笙诗"有目无辞"是由于"文辞亡逸"，而诗之大义犹在。后经过深入考察，朱熹在《诗集传》中则尽弃旧说，直言不讳："然曰笙、曰乐、曰奏，而不言歌，则有声而无词明矣。"①指出年代久远，笙诗之义已经无从考证，原本便该是有声而无词的。

第三，从诗篇内容的理解上看，朱熹解《诗》的第一阶段存在曲从汉儒成说，不敢发挥己意的情况。与《诗集传》相比，《诗集解》显得不太注重诗文的贯通性，对诗文的意义阐释仍囿于小《序》所倡导的君王、后妃德行之说。例如诠释《关雎》道"周公取以为《周南》之首篇，以教天下后世，以明凡为后妃者，其德皆当如是也"②，以此来替《小序》不美太妃之德而特言后妃之德进行回护。在解释具体诗篇内容时，则不像阐发《毛诗序》那样长篇大论，不仅篇幅较短，还多为罗列前人说法，无过多引申发挥。如其解析《螽斯》全篇，除了赞扬后妃不妒忌而子孙众多之外，也只对"绳绳兮"一句③进行了注解。此外，《诗集解》对名物的训诂考证并不看重，对诗文的存疑之处，《诗集传》常援引史书加以论证辨析，如在注解《驺虞》时直言"此与旧说不同，今存于此"④，解《车邻》不得则直言"《渭阳》为有据，其他诸诗皆不可考"⑤，《诗集解》则往往依照汉儒旧说，不敢多加怀疑。

由此可知，后人对朱熹"时复阳违《序》而阴从之"⑥的评价不无道理。朱熹早期解《诗》虽已对《诗序》萌发怀疑，看到了《诗序》对理解诗文本义的阻碍，但却囿于前贤成说，在观点上循故袭常，不敢另立新说。《诗集解》作为朱熹早期诗学思想的代表作，总体上，仍然体现出崇信《毛传》、遵从《诗序》的特点。

---

① 《诗集传》卷九，《朱子全书》第1册，第558页。

② 《诗集解》卷一，《朱子全书》第26册，第110页。

③ 朱熹在《诗集解》中诠释《螽斯》全篇，只注解"绳绳"为"不绝貌"，以凸显后妃不妒忌则子孙众多。见《朱子全书》第26册，第122页。

④ 《诗序辨说》，《朱子全书》第1册，第360页。

⑤ 《诗序辨说》，《朱子全书》第1册，第377页。

⑥ 姚际恒：《诗经通论》，顾颉刚点校，中华书局，1958，第8页。

二、第二阶段：《经》《传》分离，以《诗》发理

淳熙五年（1178）至淳熙十三年（1186）《诗集传》刊行为朱熹《诗经》学思想发展的第二阶段。朱熹认为，一味遵循传注的解释曲从前人成说，难免被先儒们的穿凿附会所误，导致学者偏离圣贤所述之"天理"，只唯本文本意是求，则不可得圣贤之指。因此这一时期的解《诗》特点在于分离经传，要求学者直求诗文本义所言之理。

朱熹于淳熙四年（1177）刊行《诗集解》以后，于淳熙十三年（1186）刊行《诗集传》以对前说进行修正与补充。几乎在《诗集解》刊行的同一年，朱熹便开始对第一阶段治《诗》进行反思。他在淳熙五年（1178）便在给吕祖谦的信中直言"大抵《小序》尽出后人臆度，若不脱此窠臼，终无缘得正当也"①，指出《诗序》对于理解《诗经》文本的阻碍，又在淳熙七年（1180）说自己"但已看破《小序》之失而不敢勇决"②。可见，在淳熙七年（1180）之前，朱熹对《诗序》已经开始进行广泛怀疑。到了淳熙十三年（1186），朱熹在与吕祖谦等人的不断辩论中，形成了自己的《诗经》诠释体系。这不仅体现在《诗集传》对《诗集解》篇幅内容的修正与删减上，还体现在他对《小序》的批评上。朱熹将《诗经》与前贤对《诗》所作传注分离，将《大序》置于全书开端以为纲领，在对《小序》间破之后，逐渐开始对前所作的《诗集解》进行反思，将原置于每篇诗首的《小序》统为一章加以分析。即使是朱子本人对具体诗篇的理解，也往往放诸末尾阐发，避免后世学者因为前人成见而先入为主。他注重对《小序》与诗文相抵牾的地方进行分析，提出"若只以《小序》论之"便会造成读书人"随语生解，节上生枝"③的弊端。朱熹中期的《诗经》阐释思想与其试图建构的哲学体系息息相关，此两者并非完全脱离社会实践。《诗集传》是朱熹《诗经》学最重要的成果，由于体例的丰富、内容的驳杂而呈现出了较

---

① 《晦庵先生朱文公文集》卷三十四《答吕伯恭》，《朱子全书》第 21 册，第 1475 页。

② 《晦庵先生朱文公文集》卷三十四《答吕伯恭》，《朱子全书》第 21 册，第 1497 页。

③ 《晦庵先生朱文公文集》卷四十八《答吕子约》，《朱子全书》第 22 册，第 2209 页。

其他经典阐释著作更为突出的特点。朱熹在《诗集传》中所使用的解经方法也不同程度地体现在对其余经典的注释中，他主张分离经文与传注，通过直接阅读经文内容体悟圣贤之意；又主张以经解经，注重将史实与经文内容、史论相结合，无法考证之处则直言阙疑，体现出了朱熹对于学术的严谨态度。朱熹由情入理的解经方法是《诗经》阐释所独有的，经学思想为理学思想的发展完善提供了理论依据，而其理学思想又反过来作用于经学研究，使其经典阐释绽放出异彩。

综观《诗集传》全书，朱熹对《诗经》文本诠释的基础建立在其对"天理"的认识和发用上。在朱熹看来天理是万事万物的起源与始终：

> 自下推而上去，五行只是二气，二气又只是一理。自上推而下来，只是此一个理，万物分之以为体，万物之中又各据一理。所谓"乾道变化，各正性命"，然总又只是一个理。①

此便是依着周敦颐的《太极图》对万物与理的关系进行了解释。自下往上推是万物—气—理，自上往下推是理—气—万物，这就是朱熹逻辑思维中"理一分殊"的宇宙生成发展图。朱熹通过阐释《诗经》表达其理本论哲学的主张，在《大雅·烝民》一诗的注释中体现得尤为明显："'天生烝民，有物有则。'物者，形也；则者，理也。形者，所谓形而下者也；理者，所谓形而上者也。人之生也，固不能无是物矣，而不明其物之理，则无以顺性命之正而处事物之当。故必即是物以求之，知求其理矣。"②

朱熹发挥《诗》中之"理"的目的是"以道德理性谴责淫乱之情"③，从而阐发、宣扬自己的伦理道德原则，并以此为标准对个人、集体的行为进行约束。在个人层面上，朱熹认为人性与天理存在必然关系，他强调以"明天理，灭人欲"来恢复人的天地之性。在集体层面上，朱熹一方面论述了君为臣纲、

---

① 《朱子语类》卷九十四，第 2374 页。

② 《诗集传》卷十八，《朱子全书》第 1 册，第 708 页。

③ 蔡方鹿：《朱熹经学之特征》，《中国哲学史》1997 年第 2 期。

父为子纲、夫为妻纲的合理性，要求人们遵循宗法等级制度来普遍地相亲相爱，一方面要求人们用仁、义、礼、智、信等道德准则修养身心，以维护等级制度和封建统治。

首先，朱熹注重阐发《诗》之理欲思想。他在注《诗》过程中将天理与人的私欲对立起来，提倡明天理，灭人欲。他认为："孔子所谓'克己复礼'；《中庸》所谓'致中性、尊德性、道问学'；《大学》所谓'明明德'；《书》曰：'人心惟危，道心惟微，惟精惟一，允执厥中'。圣贤千言万语，只是教人明天理，灭人欲。"[①]这些都是教导人们通过"变化气质"革除私欲、遵循封建社会的伦理教条。《诗集传》中许多诗篇的注解都体现了朱熹"明天理，灭人欲"的人性论观点。他注《蝃蝀》一诗说"言此淫奔之人，但知思念男女之欲，是不能自守其贞信之节，而不知天理之正也"[②]，指出男女相悦、阴阳相合本为人之常情，是合于天理的，但若男女放纵于私情而相悦无度，不以礼相从，甚至其行为与贞信等道德规范发生抵牾，就会沦为私欲。因此，朱熹又引程子"人虽不能无欲，然当有以制之"[③]之言提醒读者应在读书修养中革去私欲，明本心之天理。朱熹对描写男女之情的诗篇并非全然否定，一概斥为淫诗，其评判标准依然与是否为过分之私情、私欲相关。他对《山有扶苏》《萚兮》《狡童》《风雨凄凄》《子衿》《溱洧》《有女同车》等诗篇的看法大抵与前述相同，认为诗文内容过分纵情，流于淫乱。朱熹对《摽有梅》等诗的注解，则突出了女子"贞信自守"的品德，认为"惧嫁不及时，而有强暴之辱也"[④]是符合常理的人的正常欲求，符合封建社会伦理的要求。他在注《载驰》《泉水》等诗时赞同"卫女思归，发乎情也。其卒也不归，止乎礼义也"[⑤]，阐明这是在人欲与代表着天理的礼义发生冲突时的正确选择。因此朱熹以道德理性为标准对前者进行了批评谴责，对后者进行了赞美，这是其"明天理，灭

---

① 《朱子语类》卷十四，第 252 页。
② 《诗集传》卷三，《朱子全书》第 1 册，第 447 页。
③ 《诗集传》卷三，《朱子全书》第 1 册，第 447 页。
④ 《诗集传》卷一，《朱子全书》第 1 册，第 416 页。
⑤ 《诗集传》卷二，《朱子全书》第 1 册，第 436 页。

人欲"思想的体现。

其次，朱熹提倡宣扬《诗》所蕴含的诚、敬等涵养工夫。"诚"与"敬"既是理学家共同倡导的修养方式，更是朱熹所认为的体认天理的必经门径。他认为只有真正由内而外地存养与践行了"诚""敬"，才能达到私欲灭，天理存的道德境界，才能臻至君子之道。笔者通过对《诗集传》文本进行归纳整理，发现朱熹直接以"诚"解《诗》共有 27 篇，直接以"敬"解《诗》共有 29 篇。通过对诗篇进行具体考察可得出结论，朱熹对"诚"的定义正是以《中庸》为载体进行的，他注解"诚"为"真实无妄之谓"①，肯定这是一种"真""实"的美好德行。他解"匪直也人，秉心塞渊。骐牝三千"为"盖人操心诚实而深渊，则无所为而不成，其致此富盛宜矣"②，说明拥有"诚"这种美德的人可以无往而不利。他引程子"其存诚也，荡荡然无顾虑之意"③注解《豳风·狼跋》一诗，是为了突出周公品行高洁，处事以"诚"，不愧于心，因此无谓流言诽谤。不仅如此，朱熹还进一步解释"真实无妄之谓"为"天理之本然也"④。他将"诚"看作沟通天人的重要途径，认定"诚"具有"天理"的属性。据此，朱熹指出"诸侯夫人能尽诚敬以奉祭祀"⑤是值得赞美的，亦认为"鹤鸣于九皋，而声闻于野，言诚之不可掩也"⑥体现了天理的无处不在、无法掩盖。朱熹认为人可以通过发明本心本性而达到所谓"天下至诚"的境界，而要达到这种境界便要坚持"意诚、心正之功，不息而久"⑦。他因此将"诚"作为道德修养之首要前提，要求门人弟子以"诚"为本，体悟圣人之言、圣人之德、圣人之道。朱熹的"敬"有着内心深处的约束和外在行为的规范两个方面。他言道"敬则天理常明，自然人欲惩窒消治"⑧，即是认为"敬"的涵养工夫对于心

---

① 朱熹：《四书章句集注》，中华书局，2012，第 31 页。
② 《诗集传》卷三，《朱子全书》第 1 册，第 446 页。
③ 《诗集传》卷八，《朱子全书》第 1 册，第 540 页。
④ 《四书章句集注》，第 31 页。
⑤ 《诗集传》卷一，《朱子全书》第 1 册，第 412 页。
⑥ 《诗集传》卷十，《朱子全书》第 1 册，第 575 页。
⑦ 《诗集传》卷一，《朱子全书》第 1 册，第 420 页。
⑧ 《朱子语类》卷十二，第 205 页。

性的修养——"存理灭欲"具有重要作用。又因为"无事时敬在里面，有事时敬在事上"①，所以朱熹认为除了要保持内心的俨然与肃然，还应对体现在事物上的"敬"进行把握。他在《诗集传》中指出，诗篇作者赞美王姬"知其能敬且和，以执妇道"②正是见其送嫁之车马整齐肃穆，有感而发；他训"有严有翼，共武之服"③之"翼"为"敬"，又在《大雅·常武》中将"敬"与"整治其从行之六军"④联系起来，均为体现军队严整肃穆的风貌。由此可知，严整之状态便是《诗集传》中所体现的"敬"的外在表现之一。朱熹还在《诗集传》中将对上天、对祖先的"虔诚"看作是"敬"。他指出"我孔熯矣，式礼莫愆"⑤就是将内心深处的"敬"通过虔诚的外在礼仪表现出来，虽则鬼神无形，仍不可有丝毫懈怠与失误；又认为"天之聪明无所不及，不可以不敬也"⑥要求学者怀着虔诚的态度使得自己的行为处事不违天意。

最后，朱熹致力于发挥《诗》之纲常思想。他在《诗集传》中指出"臣子背君父，妾妇乘其夫，小人陵君子，夷狄侵中国"⑦是违背纲常、违反天理的，必然会遭受上天的惩处。他注《十月之交》说："众人皆得逸豫，而我独劳者，以皇父病之，而被祸尤甚故也。然此乃天命不均，吾岂敢不安于所遇，而必效我友之自逸哉？"⑧他强调君主有过，臣子也应绝对忠诚于君王，在注《雨无正》时疾呼："然凡百君子，岂可以王之恶而不敬其身哉！""王虽不善，而君臣之义，岂可以若是恝乎？"⑨他斥责叛离的臣子不顾君臣之义，未能尽到人臣的责任。

由此可知，在这一阶段，"天理"成为朱子《诗》学的研究对象和内容。

---

① 《朱子语类》卷十二，第 211 页。

② 《诗集传》卷一，《朱子全书》第 1 册，第 419 页。

③ 《诗集传》卷十，《朱子全书》第 1 册，第 568 页。

④ 《诗集传》卷十八，《朱子全书》第 1 册，第 715 页。

⑤ 《诗集传》卷十三，《朱子全书》第 1 册，第 622 页。

⑥ 《诗集传》卷十七，《朱子全书》第 1 册，第 692 页。

⑦ 《诗集传》卷十一，《朱子全书》第 1 册，第 592 页。

⑧ 《诗集传》卷十一，《朱子全书》第 1 册，第 594 页。

⑨ 《诗集传》卷十一，《朱子全书》第 1 册，第 595—596 页。

值得注意的是，此时解《诗》所含之"理"尚只是"理一分殊"的万理之一，还未真正成为其解《诗》治《诗》的指导原则。朱熹理学理论体系的建立虽为《诗经》诠释提供了新的思路与方法，但在分离经传，求《诗》本义时仍然呈现出不完善、不系统、不彻底的特点。这主要体现在其对具体诗文的内容解读与方法使用上。他以《汉书·艺文志》将《诗》与毛传分离收录为依据，主张"《风》《雅》之正则为经，《风》《雅》之变则为传"①。与此相类似，在与吕祖谦的探讨中，他越发察觉到《诗序》与诗文之间的相互抵牾，但在《诗集传》中，却未能对这种抵牾进行很好的处理，反而相较之前有了进一步的后退。朱熹在《答吕伯恭》一书中承认之前集解的《出车》一篇仍有可疑之处，大概是因为插入了太多别人的解释，又要强行贯穿文义，所以强自圆融，又在淳熙七年和吕祖谦通信指出"《小序》之说。未容以一言定，更俟来诲，却得反复"②，对先前批判《小序》之说有所反复。朱熹在淳熙十一年时作《答吕子约》明确指出，之前解《诗》"向外底意思多，切己意思少，所以自己日用之间都不得力"③。此外，朱熹在《诗集传》中表现出了对《关雎》之序强调推崇后妃德性的强烈不满，却在有关《驺虞》《麟趾》等诗篇的解释中，与《小序》保持一致，将其解释为"文王之化"④与"后妃之德"的泽被。以上这些都足以体现朱熹中期解《诗》发理的不彻底与不完善。

三、第三阶段：省察践行，以"理"解《诗》

淳熙十四年（1187）至庆元五年（1199）为朱熹解《诗》的第三阶段。自淳熙四年（1177）《诗集解》刊行后，朱熹逐渐开始对其《诗》学著作进行反思，更于淳熙十三年（1186）再次刊行《诗集传》以对前说进行修正与补充，因此学术界公认《诗集传》代表了朱熹晚年的成熟的《诗》学思想。

---

① 《朱子语类》卷八十，第2093页。
② 《晦庵先生朱文公文集》卷三十四《答吕伯恭》，《朱子全书》第21册，第1497页。
③ 《晦庵先生朱文公文集》卷四十七《答吕子约》，《朱子全书》第22册，第2195页。
④ 《诗集解》卷一，《朱子全书》别集第26册，第110页。

　　然而，从朱熹与柯国才、陈齐仲、蔡季通、吕伯恭等人的书信中也可看出，《诗集传》的刊行不代表朱熹治《诗》的戛然而止，而是代表着其《诗经》研究进入了一个新的阶段。在这一阶段中，朱熹开始对《诗集传》进行反思，在解《诗》中逐渐融入其理学观念和理学概念。他在60岁时仍道"《诗传》中欲改数行，乃马庄父来说，当时看得不子细，只见一字不同，便为此说。今详看，乃知误也。幸付匠者正之，便中印一纸来"①。在这十数载中，朱熹同门人弟子反复探讨诗义，直到庆元五年（1199）即他去世的前一年，朱熹不仅序定了《易学启蒙》，修订并印刻了《四书集注》，撰写了《孝经刊误》，而且在《诗经》诠释中，他对雅郑之说、《诗经》六义进行了全面的更定。从散见于其书信与《四书章句集注》的相关"诗说"中可体现他晚期治《诗》的思想。

　　宋代理学家所讲之"理"应该"包含道德倡导与社会构建两个部分"②。朱熹也认为"理"一般有两个向度，一是作为形而上的本原，一是指人世间的道德伦理规范，而两者之间又是"理一分殊"的关系。由此可见，朱熹以其理学思想解释《诗经》既是一种突破，亦是一种必然。在朱子的思想体系中，一以贯之的原则与标准即是"理"。儒家经典的产生与古代学者的圣人崇拜思想息息相关，而经典的内容亦无外乎对尧舜等贤君、孔孟等圣人言行的记载，体现着天人相合的关系。到了宋代社会，"理"代替"天""道"成了信仰对象。因此，无论从学术发展、政治实践抑或社会治理的角度出发，朱熹都试图使《诗经》的解释合于"理"，而这种理不仅是一种神秘的、不可言说的、形而上的物质本原，更带有普遍适用的道德律的性质，以"理"解《诗》亦从侧面体现了朱熹身为儒生的政治抱负与终极关怀。

　　诚如陈国代所言："'四书学'的建立，更是朱熹集一生精力完成的巨大工程。"③从《四书章句》中所引《诗》解中窥见朱子晚年治《诗》思想之一斑。与

---

①　该段出自朱熹淳熙十六年所作《答蔡季通书》，可参见顾宏义《朱熹师友门人往还书札汇编》第1册，上海古籍出版社，2017，第92页。

②　《朱子学年鉴（2014）》，商务印书馆，2015，第55页。

③　陈国代：《文献家朱熹：朱熹著述活动及其著作版本考察》，北京师范大学出版社，2015，第1页。

《诗集传》强调文本内容的流畅不同，朱熹在《大学章句》中多处对《诗经》文本进行了解读，《大学章句》对《诗经》只言片语的引用阐发更能体现朱熹理学思想的特色。他解《文王》一篇说"学者于此，究其精微之蕴，而又推类以尽其余，则于天下之事，皆有以知其所指而无疑矣"①，即体现了其晚年"理一分殊"的治《诗》指导思想。他在多处强调《桃夭》《蓼萧》《鸤鸠》等诗"其味深长，最宜潜玩"②。朱子认为，反复体味诗文内容，涵养省察而终以自得，可用以提高自身修养，使学者达到"明诚""谨独"的思想境界。

相比于淳熙五年（1178）到淳熙十三年（1186）间，朱熹但凡与他人提及《诗》，必然要对《小序》进行讨论，淳熙十四年（1187）以后，朱熹的治《诗》思想就很少提及《诗序》了，反而愈加强调"三纲五常""君臣父子""养性修身"等理学思想。朱熹以"所谓真者，理也；所谓精者，气也；所谓则者，性也；所谓物者，形也"③来解释"天生烝民，有物有则"。由此可知，朱熹对已经付梓的《诗集传》仍然有着诸多的不满意之处，因而在庆元五年（1199），他又请求叶彦忠参照自己最新的《诗经》注本对比校正原先的《诗集传》。在这一阶段，朱熹已然克服了《诗序》对自己《诗经》诠释的影响，他的治《诗》重心发生了转变，不再强调《诗序》的可疑之处，而是以理学的"天理论"为治《诗》的指导思想和方法原则，真正做到了以"理"解《诗》。

淳熙十四年（1187）至庆元五年（1199）是朱熹解《诗》的晚期阶段。"朱子《诗》学晚而益醇"④，得益于其不断对自己治《诗》的成果进行反思与修正，他回忆说"《诗传》中欲改数行，乃马庄父来说，当时看得不子细，只见一字不同，便为此说。今详看，乃知误也"⑤，即认为自己在淳熙十三年（1186）所

① 朱熹：《四书章句集注》，第5页。
② 朱熹：《四书章句集注》，第10页。
③ 《晦庵先生朱文公文集》卷五十八《答黄道夫》，《朱子全书》第23册，第2756页。
④ 马志林：《从〈吕氏家塾读诗记〉所引到〈诗集传〉的更定——简论朱熹〈诗经〉学的发展变化》，《诗经研究丛刊》2015年第3期。
⑤ 顾宏义：《朱熹师友门人往还书札汇编》第1册，第92页。

刊行的《诗集传》有过度发挥的嫌疑。朱熹晚期解《诗》既不再对《序》进行曲从，亦不再对《诗序》进行反复的批驳，而是较为平和地以《诗》的本义为标准，要求读者通过沉吟讽咏而体会其深层内涵。在这一时期，朱子对诗文的解释不再仅限于对知识本身的探讨，而是更关注《诗经》诠释贴近现实的一面，"以理解《诗》"。与前一阶段"以诗发理"重在研习《诗》中的具体之理不同，其"以理解《诗》"是要以本原的"天理"对整部《诗经》进行会通。朱熹以"天理""心性""理欲"等理学概念阐释《诗经》，重在发挥《诗》的教化功能与道德约束功能，这是朱熹理学家身份对其《诗经》学思想带来的独特影响，体现了朱熹注重内在涵养省察，并试图将"天理"的指导性与原则性落实于日常实践的晚期治《诗》思想特色。

四、结语

综上所述，朱熹《诗》学思想的变化正是伴随着其理学思想的成熟而发展的，淳熙四年（1177）与淳熙十三年（1186）可看作朱熹治《诗》思想发生转变的两个重要时间节点，但绝不是朱熹《诗经》研究的起始与结束。以《诗集解》《诗集传》进行对比，或可看出其思想的变化发展，但以此将朱熹治《诗》分为前、后两个阶段，则未免失于简单。朱熹的《诗经》学思想并非一成不变，他的《诗》学观也大致经历了三个阶段的变化，由早期的遵《序》解《诗》最终发展为斥《序》解《诗》，之后又对《诗》与《序》的关系再次进行细微调整，真正做到了体贴天理，尽去小《序》。这既是朱熹《诗经》学思想成熟的体现，也与其理学思想的发展不无关系。朱子治《诗》一生凡三变，似也可与其《诗经》学发展存在三个阶段相互佐证。由崇序到斥序以至废序，而后兼容并采，正是朱熹治《诗》所经历的正反合的圆融过程，因此后来的《诗集传》保留序的成分也不可径视为前期旧说或旧说删除未尽。朱熹《诗经》学的三个阶段并不是相互割裂的，而是延续发展又各自体现出不同特色和性质：第一阶段的循《序》解《诗》仍属于《诗经》学旧的范畴系统，第二阶段的解《诗》之"理"与第三阶段的以"理"解《诗》皆可定性为理学的《诗经》学，但根据表述的细微差距和《诗经》文本解读的侧重不同，也可从中窥见朱熹理学思想在前一阶段的不大成熟与后一阶段的臻于完善。

朱熹的《诗》学观是《诗经》研究史上的一座高峰。对朱子治《诗》思想进行研究探讨，务必将其看作朱熹学术思想不可分割的重要部分，并将其放于《诗经》学史的线索上去，方能够彰显其思想特色。《诗集传》的诗学阐释理念并非是横空出世的，它建立在对前代《诗经》学说继承和反思的基础上，既受到了作者所处时代背景、社会思潮的影响，也遵循着《诗经》学研究的发展规律。他批判性地吸收了欧阳修、张载、二程、苏辙等人的《诗经》诠释思想，继承与发展了汉唐《诗》学注重考据、训诂的严谨学风。可以说"汉唐训诂之学、唐宋之际的疑经惑传思潮、唐宋'四书'之学、义理之学、北宋以来的理学"[①] 等都是朱熹《诗》学思想的学术渊源。

此外，正如其理学思想的发展过程，从理论重心看，大致可以说经历了青年时代的心性论、中年时代的宇宙论与晚年的道统论三个大的阶段一样，朱熹《诗经》学的三个阶段并不是非此即彼，而是体现了继承发展的辩证关系，顺应了宋代《诗经》学从经传注疏向义理阐发落实的总的趋势。朱熹《诗》学著作也经历了多次的删改与修订，《诗集解》与《诗集传》作为其前期、中期的解《诗》成果，虽分别付梓，但在某种程度上仍可看作同一部作品。

与其说朱熹的《诗》学思想经历了 40 余年的积累与沉淀，其治《诗》之久长大致可与其四书学研究相媲，毋宁说在朱熹的治学生涯中，注重以"四书"学构建其理学体系，而在修身养性、省察践行、外化教人等方面，他却更为注重《诗经》的涵养、教化功用。朱子解《诗》《仪礼》《周易》等，指导蔡沈完成《书集传》，自己完成《四书章句集注》，对"五经"以及"四书"及其关系问题都有着自己的体会与洞察。朱子论《诗》，从来不是将其仅仅作为既定知识而加以授解，而是更为注重《诗经》在人的审美情趣、品格塑造方面的功能。

---

① 蔡方鹿:《朱熹经学之渊源》,《东南学术》2002 年第 6 期。

A Reconsideration of the Developmental Stages and Features of Zhu Xi's Studies on *The Book of Songs*

Liu Yu

Abstract： Zhu Xi's evolution of academic thought concerning *The Book of Songs* coincided with the maturation of his Neo-Confucian philosophy. The initial phase, spanning from the twentieth year of Shaoxing (1150) to the fourth year of Chunxi (1177) in Song dynasty, was characterized by reverence for past scholars and an interpretive approach guided by the "Preface" commentary when explicating *The Book of Songs*. The second phase, from the fifth to the thirteenth year of Chunxi (1178—1186), featured the separation of "*Jing*" and "*Zhuan*" and the elucidation of principles through *The Book of Songs*. The third phase, from the fourteenth year of Chunxi (1184) to the fifth year of Qingyuan (1199), involved self-reflection and the use of "Li" to interpret *The Book of Songs*. Zhu Xi's scholarly thoughts on *The Book of Songs* formed the foundation of his specialized study of this classical text and represented a crucial fusion of his specialized study of *The Book of Songs* with his Neo-Confucian philosophical ideas. His recurrent reinterpretations of *The Book of Songs* played a proactive role in shaping and developing his Neo-Confucian philosophy. An analysis of Zhu Xi's guiding ideologies employed during the early, middle, and late stages of interpreting *The Book of Songs* reveals a developmental trend from "respecting the Preface" to "rejecting the Preface" and ultimately "abandoning the Preface". This process allows readers to comprehensively understand the progression of Zhu Xi's studies of *The Book of Songs*.

Key words： Zhu Xi; *Shi Ji Zhuan*; the study of *The Book of Songs*; *Shi Ji Jie*

朱熹对王安石义利思想的扬与弃

王 威[*]

【摘 要】 王安石早年服膺孟子的义利思想，主政以后却倡导功利之说，这引起了包括朱熹在内的学者的批判。南宋以后，有鉴于王安石以外在事物引导行义造成的弊病，朱熹在批判中继承了王安石的部分义利学说。一方面，他在王安石内圣之道的基础上，深化了对"义出于本性"的解读；另一方面，又批判了王安石以外在标准强命为义的外王之道。究其原因，朱熹与王安石因时代背景和身份的不同，产生了不同的天道观和人性论。朱熹常年乡居，以为往圣继绝学为终身事业，希望以教化的方式，启发人对本性的探求；王安石则位列宰执，基于对现实世界的考量，试图以外在礼法来实现行义的结果。这两位学者的分歧反映了当时社会变革中的不同思潮，以及儒学在面对社会变迁时的不同回应，他们的思想在后来的历史上都产生了深远的影响。

【关键词】 朱熹；王安石；义利思想；扬弃

北宋中期以后，王朝的统治危机加深，为缓和阶级矛盾，士大夫投入到传统儒家经典的研究中，性理之学因此兴起。王安石引领性理之学风气，其学术

* 【作者简介】王威，安徽大学历史学院博士研究生，研究方向为历史文献学、宋明理学史。

【基金项目】国家社科基金重大项目"《江永全书》整理与研究"（21&ZD052）；教育部人文社科重点基地重大项目"皖派学术的跨学科研究"（22JJD770001）。

被定为官学后风靡一时，深刻影响了包括朱熹在内的宋代学者。当代研究王安石新学与朱子学之间关系的成果①虽然丰富，但大多集中于两派的政治观、历史评价和争端，而较少深入探讨学术差异的内在逻辑。例如，关于王安石和朱熹在义利观念上的差异及其根源，至今仍未得到充分的讨论。王安石在主政后通过反思事功，调整了自己的义利观②，但后人对王安石义利思想的研究主要侧重于他所提出的"以义理财""以利诱导行义"等具体措施③。相对地，朱熹则立足于二程和杨时之学，对王安石的义利思想进行了批判性吸收。他一方面称赞王安石的高尚品德和勇于行义，借鉴了新学中关于内圣修身的学说；另一方面，朱熹也批判和摒弃了王安石在外王之道上杂糅申韩、掩迹孔孟的倾向，强调修身与事功之间的本末关系。他们在思想的建构与碰撞中，为我们提供了更多可行性范例，让今人能以更灵活的态度面对修身与事功冲突。

一、朱熹对王安石"义利"观点的扬

儒家的义有两个层面的内涵，一是作为君子与小人、人与动物的区别④；另

① 夏长朴在《"其所谓'道'非道，则所言之詓不免于非"——朱熹论王安石新学》（《中国史研究》2009年第4期）中写道，"朱熹本人的经学著作方式其实已颇同于刘、王。在这种情形下，朱熹自然较能以平常心看待王安石的经学作品，他对王安石新学的评价异于陈师锡、杨时、王居正，应是合理的转变"，但"依旧维持了道学家否定新学的基本立场"。总体而言，"有别于杨时的近乎全面否定，朱熹对王安石新学的评论相较之下要客观"。另有叶建华《朱熹评价王安石——兼论朱熹对历史人物的评价》，《朱子学刊》1995年第1辑；高纪春《论朱熹对王安石的批判》，《晋阳学刊》1993年第3期；张全明《论朱熹对王安石及其变法的评价》，《晋阳学刊》1994年第5期。
② 朱汉民：《荆公新学〈三经新义〉的内圣外王之道》，《北京大学学报（哲学社会科学版）》2021年第4期。
③ 刘文波：《王安石义利观的时代特色》，《湖南师范大学社会科学学报》2008年第2期。王磊：《王安石义利观的"新义"及其当代价值》，南京师范大学硕士学位论文，2013。
④ 《论语·阳货》："君子义以为上。"《孟子·滕文公上》："父子有亲，君臣有义，夫妇有别，长幼有叙，朋友有信。"《荀子·王制》："禽兽有知而无义，人有气、有生、有知亦有义，故最为天下贵。"

一种解释为应当、正当，相对于第一层，第二层解释赋予了它以道德价值。"利"是会意字，《说文解字》："利，铦也，从刀，和然后利。"后指满足主体物质与精神上需求的客体。义利并举后便具有了伦理上的意义，是学者价值判断的主要依据。自古以来，各家学者对义利的讨论俯拾皆是，特别是性理之学兴起以后，士人阶层对义利的谈论更加深入。王安石早年崇尚思孟学派为己之学，致力于对本心性命之理的探寻，与刘敞、二程、张载等人有相同的学术旨趣，虽然部分观点有所不同，但都视彼此为同道。朱熹是二程学术的隔代传人，他活跃于南宋初年，此时王安石之学虽然日渐衰落，但依然占据学术界主导地位，他在对王安石之说的批判和继承中，形成了更完善、系统的义利学说。笔者从行义和义利关系两个方面来探讨朱熹对王安石义利思想的继承与深化。

首先，朱熹与王安石都主张修身以仁，行本心"不可已者"。北宋中期儒家学者试图通过重新阐释经典探寻先王之道，来解决朝廷困局。王安石曾表示"先王之道德，出于性命之理，而性命之理，出于人心，《诗》《书》能循而达之"①，所以他与汉唐儒家学者以强调礼法的外在作用不同，着重于找寻更深层次的性命道德之理，来加强对本心的涵养，希望以先王德性的力量支持外王事业。而行义便是先王之道外化于现实世界的结果，由此，他认为"王者之道，其心非有求于天下也，所以为仁、义、礼、信者，以为吾所当为而已矣。以仁、义、礼、信修其身而移之政，则天下莫不化之也"②。王者以道修身，以人所共有的"仁义礼信"施之于政，所以生民受其惠却不自知；而霸者不然，未施政之时先有利欲之心，又害怕天下人知晓其真正目的，故而假仁借义来欺罔天下人。所以，就个人而言，顺"不可已"的本性而行的便是"义"。

朱熹与王安石在循本性之谓义的立场上相同。当王安石以公为义推行新法时，包括二程在内的反对派都以王安石假公行私之说抨击改革的正当性。朱熹

① 王安石:《王安石文集》卷八十二《虔州学记》，刘成国点校，中华书局，2021，第1429页。

② 《王安石文集》卷六十七《王霸》，第1168页。

则不然，他曾夸赞王安石"学问高妙""修身行己，人所不及"①，认可王安石抓住机遇，勇于行义之心，变革虽未能解决问题，但王安石爱国忠君出于本性，其心廓然大公，不可以私责之。他在王安石之说的基础上进一步强调行义出于本性而非以外在标准强命为义，他说："所谓成仁者，亦但以遂其良心之所安而已，非欲全其所以生而后为之也。此解中常有一种意思，不以仁义忠孝为吾心之不能已者，而以为畏天命、谨天职，欲全其所以生者而后为之，则是本心之外，别有一念，计及此等利害重轻而后为之也。"② 行义的标准在于遂本心之仁义礼智，而不是将物质世界种种规则作为义的标准。简而言之，人之行义的判断端看其是"仁义行"还是"行仁义"，前者是以仁义为本心固有的品质，后者则将仁义作为工具。朱熹又从本体论上解释义利的分别。他认为人兼具天理之性与气质之性，以天理事功便是行义，溺于气质之偏是遂人欲。天理即为"仁义礼智"，是"此心之本然，循之则其心公而且正"③。士人修身便是为了体贴天理，以天理战胜人欲，修身与行义是由本及末的逻辑整体。

其次，朱熹、王安石都主张穷理尽性，从吾心根本处出发，实现行义。儒家重内心的修省，王安石也不例外。他曾在给宋神宗的奏疏中道："盖天下之忧，不在于疆场，而在于朝廷；不在于朝廷，而在于人君方寸之地。"④人君能否以义治国，根本在于对内心的修养，本正才能末举⑤。而对天理的追求有赖于人以穷理的方式尽性至命⑥，再以礼节之于外，内外相成。朱熹在修养论上更为精密，不仅提出了格致诚正、主敬集义、察识的一般方法，还进一步论述了修身与治国之间的本末、次序关系，他说："夫讲学所以明理而导之于前，定计所以

---

① 《朱子语类》卷五十五，载于朱杰人、严佐之、刘永翔主编《朱子全书》第 15 册，上海古籍出版社、安徽教育出版社，2002，第 1806 页。

② 《晦庵先生朱文公文集》卷三十一《与张敬夫论癸巳论语说》，《朱子全书》第 21 册，第 1379 页。

③ 《晦庵先生朱文公文集》卷十三《延和奏札》，《朱子全书》第 20 册，第 639 页。

④ 《王安石文集》集外文二《论交址事宜疏》，第 1783 页。

⑤ 《王安石文集》卷六十六《九卦论》，第 1159 页。

⑥ 《王安石文集》卷六十五《洪范传》，第 1130 页。

养气而督之于后，任贤所以修政而经纬乎其中，天下之事无出乎此者矣。"①修身到行义是有轻重缓急的。首先，便是要端本正始，格物致知，正心诚意，修身敬德，达到"以义理存心而无惑于利害"②的境界。然后，当确定朝廷之大本，否则不能一以贯之，今日一诏，明日一事，反而增加人民负担。最后，行事要顺理、乘势而行，任用贤才。这是一个辩证统一的整体，如果没有按照正确的理论修身，即便劳心费力，都无法达到治理天下以义的效果。所以，王安石与朱熹在修养本根上目标一致，但朱熹以为人之修养与行事当一以贯之，天地只有一个理，只有以理修身，然后才能行事以义。

再次，在对利的态度上，朱熹与王安石都坚持先义后利，舍生取义。王安石重刑名，时人抨击他先利后义，但其实不然。他在《刘叔宝转官制》中说："士之修身慎行，宣力四方，岂皆以取爵禄之报哉？盖其志有以谓义当如此。"③士人修身、事功的内在动力是"义当如此"，不能以爵禄等物质利益作为事功的最终目标，"危疑之际"也要"慷慨不顾万死，毕谏于所事"④。由此可见，他主张以义为先、舍生取义。朱熹继承二程之学，推崇行事以义，追求行义过程中产生的自然之利。程颐在注释孟子的"何必曰利"时表达了"君子未尝不欲利"⑤的观点，利是每个人都追求的，但要在义的基础上追求合理的利欲，在日常行事中不为利而害义，当义与利产生冲突时舍生取义。朱熹也表示："利，是那义里面生出来底，凡事处制得合宜，利便随之。"⑥义是利之和，行义本身便是追求合宜，合宜自然能够生利。而这一切的推动力并非外在的功名利禄，而是出于对本心的涵养。由此，他们都主张在以义为先的原则下，追求有功于当世，所得之利亦是行义所带来的自然结果，这种自然之利才是个人应该追寻的。

---

①《晦庵先生朱文公文集》卷十一《壬午应诏封事》，《朱子全书》第20册，第578页。

②《晦庵先生朱文公文集》卷八十一《跋张魏公为了贤书佛号》，《朱子全书》第24册，第3822页。

③《王安石文集》卷五十《刘叔宝转官制》，第851页。

④《王安石文集》卷三十八《伍子胥庙铭》，第638页。

⑤ 程颢、程颐：《河南程氏遗书》卷十九《杨遵道录》，王孝鱼点校：《二程集》，中华书局，2004，第250页。

⑥《朱子语类》卷六十八《乾上》，《朱子全书》第16册，第2282页。

最后，朱熹与王安石都认识到物质条件对人的影响与限制。王安石认为："人之情，不足于财，则贪鄙苟得，无所不至。"①人虽秉道而生，但依然要遵循自然规律，如果无法满足基本的物质需求，就会导致人心贪婪卑鄙，为求利益无所不用其极，所以王安石在总体以义为先的同时为私利留有余地②。朱熹不仅主张在合义的情况下追求私利，并从理气论和心性论上给予解释：人的形成是理和气的共同产物，理依靠气外显于世，受到其物质实体的限制，因此人不可避免地具有饥饿、口渴和疲倦等自然欲望。一般认为人的欲望是追求天理的障碍，但朱熹从理论上给予了他们以合理的安顿处。他在论"贫"时说："朋友若以钱相惠，不害道理者，可受。……若以不法事相委，却以钱相惠，此则断然不可。"③不仅如此，他在论举业时亦鼓励士人当先求为官以获得生活保障。穷固然是每个人所厌恶的，若有机会改变现状，在不违背义理的情况下自可行得。因此，他支持在符合道义的前提下满足个人的生存需要，并从心性论的角度为合理的个人利益提供了理论基础，他以为："人心出于形气，如何去得！然人于性命之理不明，而专为形气所使，则流于人欲矣。如其达性命之理，则虽人心之用，而无非道心，孟子所以指形色为天性者以此。若不明践形之义，则与告子'食、色'之言又何以异？'操之则存，舍之则亡'，心安有存亡？此正人心、道心交界之辨，而孟子特指以示学者。"④他在本体论上认为，理先于气存在，没有人之前就有了理，有了人之后二者合为一体，没有先后之分。同时，人之精神、行为都受到心的主宰，而人之心又分为人心与道心。人心源于人的气质，如果人不能正确认识到性命之理，而只循气质之性，就会陷入私欲之中。如果能够认识到性命之理，并以此来修养本心，那么即使是人心在支配一切，依然能够得到天理的正确引导。同时道心和人心本就是一体的，不能偏废。只专注于人心而忽略了道心，就会陷入放纵邪僻的境地；如果只坚守道心，刻意剔除人心，就会将性命分离，道心也将无所附着而变得空虚无有，沦于释老之学。

---

① 《王安石文集》卷三十九《上仁宗皇帝言事书》，第 644 页。

② 《王安石文集》卷六十五《洪范传》，第 1139 页。

③ 《朱子语类》卷十三《力行》，《朱子全书》第 14 册，第 410 页。

④ 《朱子语类》卷六十二《章句序》，《朱子全书》第 16 册，第 2013—2014 页。

道心和人心是统一于人体的，人的本能欲望本就是天理的一部分，所以追求基本的生存利益是合乎天理的。朱熹与王安石都赞同对本能欲望的追求，但王安石更多从现实考量，而朱熹则更进一步给予了合理利欲以理论解释。

二、朱熹对王安石义利观点的弃

王安石在探寻内圣外王之道时发现独处思考时能感知到人性之善，临事却无法落到实处，由此便产生了言行不一的问题①，为此他倾向于寻求外部因素解决这一问题。

首先，在教育的目的上，王安石放弃培养本心"不可已者"的教养方式。王安石主政以后需要有专业才能的士人推动变法，而传统的教育方式无法满足这一需求，所以他打破陈规，试图以满足常人所需的利，来实现士人行事以义的结果。为此他提出了"饶之以财，约之以礼，裁之以法"②的培养之道。他基于人的物质属性，首先"饶之以财"，满足士人的基本生活需要，让他们有足够的精力参与到修养和事功之中；然后"约之以礼"，他在《礼论》中说："今人生而有严父爱母之心，圣人因其性之欲而为之制焉，故其制虽有以强人，而乃以顺其性之欲。圣人苟不为之礼，则天下盖将有慢其父而疾其母者矣，此亦可谓失其性也。"③爱父母之心蕴于本性，若不懂得如何正确地表达，就会有轻视、痛恨父母的事情发生，所以圣人制礼作乐教导天下人如何行义。但仅依靠礼的约束不足以使人向善，还要以刑罚威慑来保证士人的行为合于义，所以还要"裁之以法"，震慑不当行为。在士人循礼守法的基础上，他更注重士人本身的才能④。王安石的内圣之学以穷理为手段，培养人本性中的仁义礼信，由内而外地符合圣王之道。但他所制定的人才培养政策却以利为基础，与其内圣之学

---

① 《河南程氏经说》卷二《尧典》，《二程集》，第1038页。程颐注"静言庸违"时引王安石之说表示"静则能言，用则违其言"。

② 《王安石文集》卷三十九《上仁宗皇帝言事书》，第644页。

③ 《王安石文集》卷六十六《礼论》，第1149页。

④ 《王安石文集》卷六十九《取材》，第1201页。

并不相应。

朱熹更倾向于涵养士人的行义之心。北宋仁宗以后，各地广设学校，选拔学官，以儒家经典、先代传注为主要内容教授其中。朱熹对设立学校教养士人的方式并无异议，但他认为学校教授的内容过于功利，不符合圣王之道。他以为：“抑今郡县之学官置博士弟子员，皆未尝考其德行道艺之素，其所受授，又皆世俗之书，进取之业，使人见利而不见义。士之有志于为己者，盖羞言之，是以常欲别求燕闲清旷之地以共讲其所闻而不可得。”① 朱熹从老师和教材两方面抨击当时的学校制度。他认为朝廷应当注重考察学官的学术能力和道德修养，学校所教授的内容不能仅专注于举业，还应加强对学人德性的涵养，使有志于内圣之道的学人，得到正确的指导。士人通过德性教育来建立仁之本，而仁本与处事是否得宜息息相关。朱熹、陈亮曾就修身与行义的关系进行辩论，针对陈亮屡遭祸事，朱熹规劝道：“愿以愚言思之，绌去义利双行，王霸并用之说，而从事于惩忿窒欲，迁善改过之事，粹然以醇儒之道自律，则岂独免于人道之祸，而其所以培壅本根，澄源正本，为异时发挥事业之地者，益光大而高明矣。”② 他首以“惩忿窒欲”“迁善改过”劝谕陈亮，正是希望陈亮能正本清源，树立仁之本，而在本根有所依靠的基础上，外王事业会更“光大”“高明”。从朱熹对人才培养的论述中不难发现，他强调士人的培养当从教导他们追求性命之理开始，仁本建立以后，才能行事以义。

其次，正因对义利的态度不同，朱熹与王安石在事功上的思想建构有了差异，造成了他们在如何治理天下上的分歧。原因是，王安石注重政刑对于人性的约束作用，而朱熹则专注于教化对于善心的启发。比如在对《尚书·召诰》“王先服殷御事，比介于我有周御事。节性，惟曰其迈。王敬作所不可不敬德”一节的注解中，朱、王二人的诠释意蕴和经学旨趣迥然有别。王氏以为是“明政刑以节之”。但朱熹则不以为然，视之为“不知道之言也”，云：“或曰服亦事也，犹任也，任殷人为御事使之佐我周之御事也，盖欲其共事相习以成善，且

① 《晦庵先生朱文公文集》卷七十九《衡州石鼓书院记》，《朱子全书》第 24 册，第 3782 页。

② 《晦庵先生朱文公文集》卷三十六，《朱子全书》第 21 册，第 1581 页。

使上下相通情，易以行化，然后有以节其性而日进于善，王则惟作所不可不敬德以率之而已。"很显然，王安石主张利用殷商后人的功利之心，以明法令、公刑赏来节制殷人之陋习。而朱熹则以性善为说，认为杂处殷、周之民，以习相熏染，以善性感动殷民，使其变化气质，自会自诚而明，敬德于上，"无有言说而人自化之也"①。可见朱熹始终恪守着圣王以道化天下的宗旨，认为殷之遗民虽然不明道理，但在周王的教化之下，同样可以化民成俗，进之于道。相比于王安石的观点，朱熹的解读也更近似于汉唐传疏："和比殷、周之臣，时节其性命，令不失其中，则王之道化，惟日其行矣。王当敬所为不可不敬之德，其德为下所敬，则下敬奉其上命，则化必行矣。"②"王之道化""不失其中"，这是传承了孔孟之道和汉唐诸贤的人性论，并在新的历史时期寄寓了新的思想意蕴。相较于王安石以法令、刑罚来约束殷人之行的观点，朱熹之说则更符合"先王之道"，而其"本根"则在于上述所论的人性善恶与义利之辨处。很显然，王安石之说特别强调"事功"的目的与外力的作用，这与其早年对性命、修身的理念或多或少有些不相应，无怪乎小程子批评他道："荆公旧年说话煞得，后来却自以为不是，晚年尽支离了。"③

最后，在致君行道上，王安石为了实现天下的治平，试图从更广阔的视域下解读义，不再将义利对立。王安石身为宰相，从大处着眼，将利视为实现义的工具，他曾劝神宗道："人所愿得者尊爵厚禄，而所荣者善行，所耻者恶名也。今操利势以临天下之士，劝之以其所荣，而予之以其所愿，则孰肯背而不为者？特患不能尔。而吾所以责之者，又中人之所能为，则不能者又少矣。夫成人之才甚不难，而自古往往不能成人之才，何也？以人主之才不足故也。"④他从人的欲望出发，希望通过制度设计来明赏罚以使行义可以获得利，将外在的利转化为行义带来的自然结果，加强礼法的外在规范和激励作用。正因此，王安石主持变法首先便提出了"以义理财"的论点，说："盖聚天下之人不可以

---

① 《四书章句集注·中庸章句》，《朱子全书》第 6 册，第 58 页。
② 孔安国、孔颖达：《尚书正义》卷十四，上海古籍出版社，2007，第 585 页。
③ 《河南程氏遗书》卷十九《杨遵道录》，《二程集》，第 247 页。
④ 《王安石文集》卷四十一《拟上殿札子》，第 687 页。

无财，理天下之财不可以无义。"① 治理国家的必要前提便是"聚天下人"，取得财富是实现义的中间环节，而目标是让更多人从行义中获得自然之利，将行义与得利构成一个逻辑整体。在王安石看来，义利之间不是非此即彼的对立关系，而是能够相互转化的统一整体，义能生利，而利亦能带来义的结果。

针对王安石为达目的"启人利心"，朱熹坚持"正谊，不谋利；明道，不计功"的观点，从而批判王安石不择手段。他认为格物致知、修身养性，重在"辨义利"，"行正义"，主张人的需求必须符合一定的规范，否则便是欲望。他并不赞赏王安石汲汲于理财、强兵之说，以为："民本不是要如此，惟上之人以德为外而急于货财、暴征横敛，民便效尤。相攘相夺，则是上教得他如此。"② 即便王安石求利是为公，但他倡导人君以天下之财奉己，会给天下以不良的示范，由是上行下效，君与臣争利、臣夺之于民，上下相争相夺，最终社会风气大变，君臣父子不能相敬相守，国家最终灭亡。他曾借此批判了张九成"以位禄名寿卜德之进否"的说法，云："愚谓德盛则名位禄寿从之，乃理之必然，非姑为此言以勉天下之为德。亦非使学者以是四者卜其德之进否也。舜之饭糗茹草若将终身焉，其受命也，乃不期而自至耳，岂曰卜之云乎？张氏之说，乃谋利计功之尤者，学者一有此念存乎胸中，则不可以进德矣。"③ 多行仁义、进德修业是理学家历来的修身方式，其内在驱动力就是对"天道"的追寻。朱熹认为张九成不求内修，专意外谋，"乃谋利计功之尤者"，这种一心追求"位禄名寿"，不讲诚意修身者，丧失了对于人性本善的探索；如果太过在意"事功"，那么即使修德也无法获得位、禄、名、寿，最终的"行义"也是毫无意义。因此，"则吾说将不见信，而彼之避也唯恐其不速矣"④ 这样"以利诱导"的处世方略，只顾眼前短暂的蝇头小利，也终是舍本逐末的做法，所以他坚决反对王安石以利诱的方式达行义的目标。所以，王安石之新学与朱子学的根本区别不在以何为义，而在于如何实现义。

---

① 《王安石文集》卷七十《乞制置三司条例》，第 1217 页。

② 《朱子语类》卷十六，《朱子全书》第 14 册，第 561 页。

③ 《晦庵先生朱文公文集》卷七十二，《朱子全书》第 24 册，第 3481 页。

④ 《晦庵先生朱文公文集》卷七十一，《朱子全书》第 24 册，第 3417 页

三、朱熹批判王安石义利观的原因

倘若深究到底是什么原因促使朱熹与王安石对义利乃至政治观点的不同解读，我们认为这与他们各自的身份意识密切相关。因为学者意识的产生与人生阅历、所处环境及理想抱负都有着密不可分的联系，那么对待学术的目的和态度也自然各不相同。

首先，从两人的社会角色看，王安石居庙堂之高，考虑更多的是理论的可行性。宋代士人普遍追寻恢复三代的理想，但这需要以一种更广阔的视野包容天下人，而非偏向某一特定群体。王安石以为："穷而为小人，泰而为君子者，则天下皆是也。先王以为众不可以力胜也，故制行不以己，而以中人为制，所以因其欲而利道之，以为中人之所能守，则其志可以行乎天下而推之后世。"①现实是天下中人多，君子少，只能"因其欲而利道之"，由此推广于天下。内圣之学虽然还是王安石精神力量的来源，行义仍然是他的最终目标，他的学术旨趣已从士大夫间的学术交流，进入实践领域。他不再刻意追求内圣之根本，可行性成为理论建构的首要目标，提倡"苟志于善而有补于当世者，咸不废也"②。在他看来，行义更多是一种理念与原则，而非行事的前提条件。在逻辑上，义确然是判断行为是否正当的"第一义"，但私欲为人所共有，所以，王安石出于现实与可行性考虑，不再纠缠于义利之间的逻辑自洽，将利欲视为可资利用的行义手段，以达到义的可实现结果。

朱熹则从师儒的角度出发，希望以圣王之道启发士人的善心。朱熹同样认识到常人禀赋不足的现实，但有鉴于北宋灭亡的历史教训，他抛弃了王安石以外在利欲作为行义自然结果的理论。他反对以外在的物质利益引导行义，认为这会造成人心沉溺于物欲的现实结果。在他看来，圣人生知自能分辨天理、人欲，但"人心惟危，道心惟微"，常人受到气质之偏的影响，不能时时察识天理，若以义生利之说倡导，会使他们堕于物欲。他在注"罕言利"时说："罕言

① 《王安石文集》卷三十九《上仁宗皇帝言事书》，第649页。
② 《王安石文集》卷三十八《伍子胥庙铭》，第638页。

者，不是不言，又不可多言，特罕言之耳。罕言利者，盖凡做事只循这道理做去，利自在其中矣。如利涉大川，利用行师，圣人岂不言利，但所以罕言者，正恐人求之，则害义矣。"① 相较于王安石以制度设计来完成行义得利，朱熹更多从教化百姓的角度考量，希望常人以道涵养自身，在事功过程中严辨义利，不让一丝一毫的利心生于心中。

其次，在学术建构上来说，两人的义利思想与他们的天道观和人性论也有很大关系。王安石的天道观深受道家影响，不专以孔孟之道为准的，以为"圣人之大体分裂而为八九……盖有见于无思无为退藏于密寂然不动者，中国之老、庄，西域之佛也"②。可见王安石虽在儒学道统行列，但不拘一格，不避佛道，而惟功利是求，促使他到先秦诸子、汉唐佛老中寻找自己的答案。因此，他的"天道观"自然深受佛老之说，尤其是道家自然无为思想的影响，以"无"为道之本，即"道"无形无迹，而"有"则是道之末，是道在现实中的体现。"无"代表的是世间万"有"的存在基础，而作为末的"有"，又使得道之"无"得以显现于世间。所以，王安石之道是自然物化之道，所谓"夫天之为物也，可谓无作好，无作恶，无偏无党，无反无侧，会其有极，归其有极矣"③。他认为上天没有人格显化，属于纯粹自然之理，而人之"性"受之于天，亦无好恶、无偏党。在此基础上，"性生乎情，有情然后善恶形焉，而性不可以善恶言也"④，"不善者，习也"⑤，"言相近之性以习而相远，则习不可不慎"⑥。这是通过已发之情来判断善恶，修身之法主要从与情相关的"习"着手，以行为的结果来判断善恶。正因善恶由习，王安石的修养之法是以外在的社会规则而不是根于本性的"仁义礼信"为义的标准，与传统儒家的内圣之说背离了。

朱熹作为二程的学脉后裔，秉承着二程"三纲五常"即"天道"的观点，

---

① 《朱子语类》卷三十六，《朱子全书》第 15 册，第 1323 页。
② 《王安石文集》卷八十三《涟水军淳化院经藏记》，第 1457 页。
③ 《王安石文集》卷六十五《洪范传》，第 1131 页。
④ 《王安石文集》卷六十八《原性》，第 1188 页。
⑤ 《王安石文集》卷六十八《性说》，第 1190 页。
⑥ 《王安石文集》卷七十二《再答龚深父论语孟子书》，第 1257 页。

并受周敦颐《太极图说》影响，将太极视为道之本体，认为"其本皆出乎天，而实不外乎我也"①，从而否定了王安石之说。他认为人之性本身便具有"君臣父子"的纲常名教，修养即是通过格物致知、正心诚意的方式从"本根"处出发，摒弃不符合"天道"的思虑。强调一切人伦道理都源于人性，人性得之于天，只需要修养自身，复性至命，就能够与"天道"同体，即"所谓性者无一理之不具，故所谓道者，不待外求而无所不备"②。通过对"天道"的阐述，程朱一派将"天道"内化为"人伦之道"，尤其重视"动机"，由正确的修养方式培根固本，才能在现实事功中做出正确的判断，否则，即便行事结果符合"天道"，也同样不能称其为"善与义"。因为朱熹与王安石对待"天道"观念体认的这种差异，所以造成了他们对义利的不同态度。

最后，朱熹自始至终都强调由本及末地贯彻先王的内圣之道，所以他在外王事业上以革君心之非为宰执的第一要务，然后在身修的基础上治理国家。王安石内圣之学与外王事业并不相关，他一方面严格规范自己的言行，另一方面却以管商之术劝导人君，培养人才。正因此，朱熹吸收了王安石对仁本部分的阐述，而抛弃了他义用的实践。我们可以通过杨时对王安石将"高明"与"中庸"截然二分的"高明处己，中庸处人"之说的批判来窥其一二。朱熹在审视杨氏观点以后，指出："中庸者，理之所当然也；高明者，理之所以然也。圣人处己应物固无二道，然处己而尽其理之当然者，所以为中庸也；知处己所以当然之理，则高明也。应物而尽其理之当然者，所以为中庸也；知应物所以当然之理，则高明也。"③对于王安石将"高明"与"中庸"截然分开所造成的思维与行事的割裂，朱熹的诠释与批判可谓一针见血、淋漓尽致。若从概念范畴的角度而言，他指明了"中庸"是理之应然，而"高明"则是知道理之所应然，二者是有机统一的一个逻辑整体。从人道与天道的关系角度来说，则只有知"天道"之所以然，然后才能在待人接物上做到顺时应人，做出既符"天道"又合"人道"，既能"致知"又能"力行"的事情来。朱熹对于王安石的"受病之

---

① 《四书或问·中庸或问》，《朱子全书》第6册，第550页。
② 《大学或问·中庸或问上》，《朱子全书》第6册，第551页。
③ 《晦庵先生朱文公文集》卷五十五，《朱子全书》第23册，第2594页。

处"批判得可谓切中肯綮、一语中的，他指出："若如其意，窃欲易曰：知不足以致知，诚不足以力行。惟不足以致知，故以高明为渊深微妙，而非局于一事为之末，而不知高明所以为中庸。惟诚不足以力行，故以中庸为出于人力之所勉强，而非天理之自然，而不知中庸所以为高明。此则王氏受病之处。"① 王安石的本意是在为天下谋公利的前提下，运用政刑、理财的手段，实现富国强兵的政治目标。然而，在他去位以后，则无法继续掌控改革的方向，而改革的最终失败，也是因为他没有意识到"天道"运行更有赖于人道，而非单纯的制度与财赋层面上的简单理想。王安石不从修身齐家而到治国平天下的路径，而一味地运用法家的强硬手段去应付千变万化的时态，定然是舍本逐末，以至于狼狈逃窜。而朱熹就能认识到"人君为政在于得人，而取人之则又在修身。能修其身，则有君有臣，而政无不举矣"②。这是强调修身首辨义利的重要性，根本还在于修身以仁，有是君则有是臣，君臣之德，其要在于得人，人不正则政也不正，政不正则天下万民难受其惠。

总　结

朱熹与王安石因各自政治身份的差异和不同的学术理念，形成了各自不同的"义利观"，在学术的建构、人才的培养、治理天下的方式上表现出根本的分歧。但事实上，朱熹对新学的得与失，认识得颇为清楚，态度上既有扬，也有弃。他一方面积极探究新学的新观点，吸收其中有益的成分，另一方面又批判王安石以利诱导行义的外王之道。朱熹对新学以外在爵禄作为行义的自然结果，将严格的礼法作为培养人才的主要方式不以为然，但在"义循本性"和"理节人欲"以及如何"为天地立心，为生民立命"问题上，与王安石倒是有着共同的志趣和诉求。随着程朱理学在南宋中期以后成为朝廷"道统"体系的核心，朱熹对新学的评价也影响深远，特别是他将北宋的灭亡归于王安石，导致后世

① 《晦庵先生朱文公文集》卷五十五，《朱子全书》第 23 册，第 2594 页。
② 《四书章句集注·中庸章句》，《朱子全书》第 6 册，第 45 页。

学人倾向于抹杀王安石在学术上的贡献，成为学术思想界的一桩公案。时至今日，这一问题仍然值得我们继续关注和探讨。

Zhu Xi's Promotion and Abandonment of Wang Anshi's Thought on Righteousness and Benefit

Wang Wei

Abstract: In his early years, Wang Anshi embraced Mencius' ideology of righteousness and profit, but after taking power, he advocated the theory of utilitarianism, which has sparked criticism from scholars including Zhu Xi. After the Southern Song Dynasty, due to the drawbacks caused by Wang Anshi's guidance of righteousness beyond things, Zhu Xi inherited some of Wang Anshi's theory of righteousness and benefitted from his criticism. On the one hand, he deepened his interpretation of "righteousness stems from nature" on the basis of Wang Anshi's inner sage path; On the other hand, it also criticizes Wang Anshi's way of being an outsider who upholds righteousness by imposing strict standards. To investigate the reasons, Zhu Xi and Wang Anshi developed different views on the way of heaven and human nature due to their different historical backgrounds and identities. Zhu Xi lived in his hometown for many years and believed that pursuing a lifelong career was to herit the learning of the saints of the past. He hoped to inspire people to explore their true nature through education; Wang Anshi, on the other hand, ranks among the top performers, attempting to achieve the result of righteousness through external rituals and laws based on considerations of the real world. The differences between these two scholars reflect the different ideological trends in social change at that time, as well as the different responses of Confucianism in the face of social change. Their ideas have had a profound impact on later history.

Key words: Zhu Xi; Wang Anshi; thoughts of righteousness and profit; Sublation

● **朱子后学研究**

真德秀对朱子"格物致知"理论的继承与发展

刘　兵[*]

【摘　要】 真德秀作为南宋晚期的重要朱子学传人，对朱子在《大学》"补传"中所提出的"格物致知"理论十分重视。首先，真德秀在与子侄辈讲授《大学》时，曾积极从朱子"即物穷理"的角度对学者"穷理"活动当先穷一心、一身之理，次及事物之理，且以读书为"穷理之要"等特点有所强调，继承了朱子的"格物致知"的解释；其次，真德秀在《西山读书记》部分内容的编纂中，借鉴了程颐的部分观点，将读书讲明义理、考论古今人物是非、应事接物而中节、因象以穷理等"广大学"内容也作为学者"格物致知"的重要组成部分，丰富了朱子的"格物致知"内容；最后，真德秀还在向宋理宗进讲《大学》的过程中，对人君的"穷理"活动有所关注，并在《大学衍义》一书中以明道术、辩人才、审治体、察民情四者为人君"格物致知之要"，发展了朱子的"格物致知"理论。

【关键词】 真德秀；朱子；格物致知；继承；发展

＊【作者简介】刘兵，南昌大学人文学院哲学系讲师、哲学博士，研究方向为宋明理学、古典文献学。
【基金项目】江西省高校人文重点研究基地项目"南宋晚期朱子学发展新探索——以'西山真氏学派'为中心"（JD23009）。

真德秀（1178—1235）作为南宋晚期十分重要的理学家，曾在与众多朱子门人（如黄榦、詹体仁、李方子、李燔、陈宓）的交往论学和大量朱子书籍的阅读中树立了其朱子学信仰，朱门高弟黄榦（1152—1221）曾称其有成为朱门"护法大神"①的资质。而在南宋"庆元党禁"的背景下，真德秀也与魏了翁（1178—1237）等人一样为朱子学重获朝廷认可做出了重要贡献，推动了朱子学在南宋晚期的进一步发展。尽管已有学者注意到真德秀在诚学②、敬论③、心论④、事理关系⑤、帝王之学⑥等问题上对朱子学理论有所继承、发展，但关于其对朱子"格物致知"理论继承与发展的研究则不多，值得发掘。具体而言，真德秀对朱子的《大学》诠释极为重视，他除了在《四书集编》⑦《西山读书记》⑧中全文照搬朱子的相关论述外，还在与门人子弟教授《大学》，以及向宋理宗进讲《大学》的过程中，积极以朱子的相关理论展开论述，并在其《西山读书记》和《大学衍义》部分内容的编写中丰富、发展了朱子的"格物致知"理论。兹从其对朱子"格物致知"理论的继承、"广大学"与"格物致知"理论的丰富、人君"格物致知之要"的提出等三个方面略作说明。

---

① 黄榦：《勉斋集》卷五《与李敬子司直书》,《景印文渊阁四库全书》第1168册，台湾商务印书馆，1986，第65页上。

② 朱人求：《真德秀对朱子诚学的继承与发展》,《哲学动态》2009年第11期。

③ 朱人求：《敬为心法——西山敬论及其影响》,《哲学与时代：朱子学国际学术研讨会论文集》，华东师范大学出版社，2011，第561—570页。

④ 朱人求：《真德秀〈心经〉与韩国儒学》,《哲学动态》2015年第4期。

⑤ 朱人求：《理即事，事即理——真德秀理事观及其影响》,《朱子学刊》2009年第1辑，第274—285页。

⑥ 姜广辉、夏福英：《宋以后儒学发展的另一走向——试论"帝王之学"的形成与发展》,《哲学研究》2014年第8期，第57—64页。

⑦ 真德秀著，陈静点校：《四书集编》，福建人民出版社，2021，第3—96页。

⑧ 真德秀著，上海师范大学古籍研究所编：《西山读书记》甲记卷二十"大学"部分，《全宋笔记》第76册，大象出版社，2019，第142—276页。

一、对朱子"格物致知"理论的继承

就理论形态而言，"格物致知"理论当属朱子学工夫论领域的重要问题。朱子作为宋代理学集大成者，对程颐"涵养须用敬，进学则在致知"①的观点十分重视。他除了强调以主敬为"圣门第一义"外，也常常以"格物致知"理论来教授生徒，诠释经典，而"格物致知"亦成为朱子学的重要理论之一。就其具体内涵而言，朱子在《大学》"格物"《补传》中谈道：

> 所谓致知在格物者，言欲致吾之知，在即物而穷其理也。盖人心之灵莫不有知，而天下之物莫不有理，惟于理有未穷，故其知有不尽也。是以《大学》始教，必使学者即凡天下之物，莫不因其已知之理而益穷之，以求至乎其极，至于用力之久，而一旦豁然贯通焉，则众物之表里精粗无不到，而吾心之全体大用无不明矣。此谓物格，此谓知之至也。②

在这段文字中，朱子将"格物致知"解释为"即物穷理"，认为人应该通过人心的知觉作用去认识、穷究天下事物之理，从而实现心的"全体大用"。所谓"全体大用"，其实指的就是心能"具众理而应万事"，所以朱子才会有诸如"格物，是物物上穷其至理；致知，是吾心无所不知"③、"格物，以理言也；致知，以心言也"④等相关论述。由此而言，格物致知之说主要建立在理学"理一分殊"和心之虚灵知觉等相关理论基础之上，"格物"强调的是主体认识活动作用于对象而言，"致知"则是就主体所获得知识后的效验而言，二者紧密结

① 程颢、程颐：《二程集》，中华书局，1981，第188页。
② 朱熹：《四书章句集注》，朱杰人等主编：《朱子全书（修订本）》第6册，上海古籍出版社、安徽教育出版社，2010，第20页。
③ 《朱子语类》卷十五，《朱子全书（修订本）》第14册，第471页。
④ 《朱子语类》卷十五，《朱子全书（修订本）》第14册，第473页。

合在一起，绝非是所谓的"两样工夫"①。同时，对于应该如何从事"即物穷理"的相关活动，朱子曾在给宁宗皇帝的奏札、讲义中有过"穷理之要必在于读书"②以及"穷理"应当先从心之体用、身之所具所接入手、进而外求事物之理等相关论述③，突出了穷理须先从心身等切近者入手，且应以读书为要的基本特点。而就其"人之理不异于己""物之理不异于人"等观点④可知，朱子并非是真的认为其他人、物的具体属性、道理与自己毫无二致，而更多的是从"理一分殊"的角度突出了万物之理在其本原上的一致性，所以穷究人、物之理并非是指要对外在事物的所有知识都了如指掌、无所不知，而是应该从心之"全体大用""具众理而应万事"的角度加以理解。从这个角度而言，尽管朱子的"格物"理论对事物知识的穷究十分关注，但其工夫之核心则在"致知"——实现心之"全体大用"上。换言之，"格物致知"理论并非一般认知意义上的知识论，而是与学者"修身"（即"内圣"）有关的"道德"知识，而这也是其穷理必以身心修养为先的主要原因。作为南宋晚期重要朱子学者的真德秀，亦对朱子的"格物致知"理论有所继承、丰富。

首先，就其对"格物致知"的基本理解而言，真德秀曾与其子侄门人就此问题有所讨论，如他谈道：

> 物，谓事物也。自吾一身以至于万事万物，皆各各有个道理，须要逐件穷究……何谓性？仁义礼智信是也。惟其有此五者，所以方名为人，我便当力行此五者，以不负天之所与。而所谓仁者是如何，义者是如何，礼智信又是如何，一一须理会得分晓，此乃穷一心之理。其次则我为人之

---

① 《晦庵先生朱文公文集》卷五十九《答陈才卿》，《朱子全书（修订本）》第23册，第2847页。

② 《晦庵先生朱文公文集》卷十四《行宫便殿奏札》，《朱子全书（修订本）》第20册，第668页。

③ 《晦庵先生朱文公文集》卷十五《经筵讲义》，《朱子全书（修订本）》第20册，第708—709页。

④ 《晦庵先生朱文公文集》卷十四《行宫便殿奏札》，《朱子全书（修订本）》第20册，第668页。

子，事亲当如何；为人之弟，事兄当如何；为人之幼，事长当如何；逐件理会……以至事兄事长等事，一一如此穷究，此则穷一身之理也。心之与身，乃是最切要处，其他世间事物，皆用以渐考究，令其一一分明，皆所谓格物也。格训至，言于事物之理穷究到极至处也，穷理既到至处，则吾心之知识日明一日，既久且熟，则于天下之理无不通晓，故曰"格物而后知至也"，此一段圣人教人最紧要处。盖缘天下之理，能知得，方能行得，若知得一分，只是行得一分，知得十分，方能行得十分，所以用逐事穷竟也。①

此处，真德秀以"事物"训"物"，以"至"字训"格"，基本接受了朱子对即物穷理的强调。同时，真德秀还在这段文字中对学者穷理的先后次序有所论述。在他看来，"心之与身乃是最切要处"，所以学者的穷理活动亦必须在对一心之理（仁义礼智信等）、一身之理（事亲、事兄、事长等）穷究至极的基础上，进而对其他世间事物之理进行考究，方能获得真知，并为个人的行为实践提供指导，做到知行合一，强调了"逐是穷竟"工夫的重要。

其次，真德秀还曾在教授门人的过程中指出："今学者穷理之要，全在读书，如读此一书，须穷此一书道理，一字一句，都用考究，如未晓了，即须咨问师友，求其指归。"②突出了学者读书当考究字句、咨询师友以求其义理、指归的重要性，继承了朱子以读书为"穷理之要"的基本观点。而关于学者应该如何读书，真德秀也曾在给门人周天骥的赠序中谈道：

学必读书，然书不可以泛读，先《大学》，次《论》《孟》，而终之以《中庸》，经既明，然后可观史，此其序也。沈潜乎义训，反复乎句读，以

---

① 真德秀著，张元济等编：《西山文集》卷三十《问格物致知》，《四部丛刊》初编第1277册，上海书店，1985，第8—10页。

② 真德秀：《西山文集》卷三十《问格物致知》，《四部丛刊》初编第1277册，第10页。

身体之，以心验之，循序而渐进，熟读而精思，此其法也。①

这里，真德秀认为读书当坚持先《大学》，次《论》《孟》，次《中庸》，次读经史的观点，其实也借鉴了程子"初学入德之门无如《大学》，其他莫如《论语》《孟子》"和朱子"必先观《论》《孟》《大学》《中庸》以考圣贤之意，读史以考存亡治乱之迹"等相关观点②。

从这些情况可知，真德秀在以"即物穷理"为"格物致知"之基本内涵、先身心而后事物的穷理次序、以读书为穷理之要等相关内容上都接受了朱子的基本观点，并从"能知得，方能行得"等知行不离的角度突出了逐事穷理的重要性，并对程朱学者认为学者读书当先"四书"而后经史的观点有所接受，体现了其对朱子"格物致知"理论的高度继承。

二、"广大学"与"格物致知"理论的丰富

真德秀在接受朱子"格物致知"和以读书为"穷理之要"观点的基础上，进一步丰富、发展了"格物致知"的基本内容，这集中体现在其《西山读书记》"广大学"部分的编纂中。③ 在这五卷中，真德秀从六个方面对《大学》所载格物致知、修身、齐家等相关内容有所丰富，除却其"广大学之五""广大学之六"两部分是对修身、齐家问题有所补充外④，其前四部分都是在对朱子"格物致知"理论进行丰富。兹据其主要内容制成简表如下：

---

① 真德秀:《西山文集》卷二十七《送周天骥序》,《四部丛刊》初编第1275册，第93—94页。

② 参见真德秀《西山读书记》甲记卷二十二"读书之序"部分对程、朱之说的借鉴,载《全宋笔记》第76册，第346—350页。

③ 详见真德秀《西山读书记》甲记卷二十二至卷二十六,《全宋笔记》第76—77册。

④ 详见真德秀《西山读书记》甲记卷二十六,载《全宋笔记》第77册，第23—30页。

真德秀《西山读书记》甲记"广大学"内容简表

篇次	主要内容	基本观点
1."广大学之一"（读书讲明义理）	《易》要指、《书》要指、《诗》要指、《礼》要指、《春秋》要指《论》《孟》要指、六经之教、六经之指、读书之序、读书之法、解经之法	以经典学习、讲明义理为格物致知的重要内容，并对部分经典要指和读书方法有所归纳
2."广大学之二"（讲论古今人物而辨其是非）	《论语》所载子产、伯夷、叔齐、微生高、左丘明、孟之反、卫公子等事，《孟子》所载陈仲子、匡章事，程朱、张轼等对古今人物的讨论	以"讲论古今人物是非"为"格物致知"之一端，突出以"至公之理"为评判标准和以之"反观己之得失"的重要性
3."广大学之三"（应接事物而处其当）	以《孟子》所载舜为天子、瞽瞍杀人事为主	以"应接事物"为格物致知之事，强调了"本义理而参时势"这一处事原则的重要性
4."广大学之四"（涉及因象穷理、知行并进等问题）	《论语》"五十以学《易》"，《周易》64卦《象》辞；《论语》《孟子》所载孔孟称水事；《尚书》《周易》《论语》及程颐、吕祖谦、朱子、张轼对知行问题的论述	1.以易理突出"因象而推其理"的重要；2.以孔子因水而论"道体无息""为学有本"等事强调学者穷理亦当由浅入深、由象识理；3.对知行并进问题有所讨论

从表格可知，真德秀对朱子"格物致知"理论的丰富具体体现在以下四个方面：

第一，真德秀在程颐"读书讲明义理"①、朱子"穷理之要必在于读书"等观点的基础上，进一步以程朱之说对《易》《书》《诗》《礼》《春秋》《论》《孟》等经典要指作出概括，而对于孔子之前六经未备等情况，真德秀也谈道：

> 或谓孔子之前六经未备，教者何以为教、学者何以为学哉？曰：经之书虽未备，而经之理已具于人心。故以温柔敦厚教之者，即《诗》之教；

---

① 如他在按语中指出："自《易》要指至此，皆格物致知之事。程子所谓读书讲明义理者也，故以为《广大学》之首。"（真德秀：《西山读书记》甲记卷二十四，《全宋笔记》第76册，第340页）

以疏通知远教之者，即《书》之教也；其它皆然。然六经未备，则学者难为功；六经既备，则学者易为力。今之学者学此经，则当思有得于经者何如。学《诗》矣，吾之德果温柔敦厚矣乎！学《书》矣，吾之德果疏通知远矣乎！必如是而深思焉，如是而自勉焉，庶乎为善学经者，不然，则章句而已耳！训义而已耳！其何益哉！①

在这段文字中，真德秀认为即便是在经书未备之时，经书所言温柔敦厚、疏通知远等"理"其实早已"具于人心"，故从为教本质的角度，六经未备之前与六经产生之后的为教内涵并没有太大的差别，但经书产生之前则"学者难为功"，而经书产生之后则"学者易为力"。所以，真德秀在肯定六经学习之重要性的同时，也指出经典学习必须于自身加以深思、自勉，决不可徒为章句、训义之学。此外，真德秀还在这一部分进一步对经典阅读过程中诸如读书之序、读书之法、解经之法等问题都有所讨论，作出了较为全面的总结，丰富了程朱等人以阅读、学习儒家经典作为格物致知主要途径的基本理论。

第二，真德秀借鉴了程颐"讲论古今人物而辨其是非"②的观点，并在程颐、朱子等人对宋以前相关历史人物评价的基础上，对孟子的论人之法有所总结。如他谈道："孟子论人物……以其察世俗之毁誉，而断之以至公之理，深得论人之法。"③真德秀强调学者要在了解世俗毁誉情况的前提下，进一步以"至公之理"作为历史人物是非评判的标准，体现了其臧否人物务为客观、公正的基本态度。而结合其乙记中对历代人君、辅相事业的考论可知，真德秀对品评古今人物是非的重视，其实也体现了其以史学议论、以史为鉴等思想来对朱子格物致知内容进行丰富的尝试。

第三，真德秀接受了程颐对学者应事接物问题的重视，并在孟子关于瞽瞍杀人、舜可窃负而逃的分析中，强调学者当坚持"本之以义理，参之以时势"

---

① 真德秀：《西山读书记》甲记卷二十三，《全宋笔记》第76册，第325页。

② 如他在按语中指出："亦格物致知之事，程子所谓讲论古今人物而辨其是非也。"（真德秀：《西山读书记》甲记卷二十四，《全宋笔记》第76册，第355页）

③ 真德秀：《西山读书记》甲记卷二十四，《全宋笔记》第76册，第349页。

的基本原则，如他谈道：

> 程子以应接事物而处其当否为格物致知之一事，然所谓处事之方，不过本之以义理，而参之以时与势而已。①

显然，真德秀在借鉴程颐以应事接物也作为学者格物致知之事的同时，突出了在具体行为实践过程中，格物致知除了包括对事物义理的掌握之外，还须结合相关时势特点进行综合判断，体现了其以孟子经权理论来对朱子格物致知理论进行丰富的特点。

第四，真德秀在结合《周易》象辞"有是象则有是理"以及孔、孟观水而悟"道体无息""为学有本"等相关特点的前提下，强调了学者穷理也需由浅入深、由象及理，如他谈道：

> 盖有是象，则有是理，理与象未尝相离……在圣人，则物自格知自至，不待穷索而知之，学者则当因象而推其理，故列此于格物致知之条，使学者知天地之间相塞充满，无非至道，诚能虚心以体之，则耳目所接，妙理粲然，而形而上者真不在形而下者之外矣。②

此处，真德秀从《周易》"有是象则有是理"的角度出发，突出了形上之理必存在于形下之象中的重要性，并指出圣人虽于象、理不须待穷索而知，而学者则须因象以推求其理。此外，真德秀也在孔孟观水而悟"道体之无息""而明为学之有本"的讨论中也强调了学者由"至显之象而识至微之理"的重要性③。

---

① 真德秀：《西山读书记》甲记卷二十四，《全宋笔记》第 76 册，第 356 页。

② 真德秀：《西山读书记》甲记卷二十五，《全宋笔记》第 77 册，第 19—20 页。

③ 如他在按语中指出："古今同此水也，然孔子观之而明道体之无息，孟子推之而明为学之有本，今人之凡观于水者，其亦知此乎？此格物致知所当察也。"又如："盖圣人之心，表里澄澈，故所闻之言虽浅，而所悟之理甚精，亦犹见至显之象而识至微之理也。"（真德秀：《西山读书记》甲记卷二十五，《全宋笔记》第 77 册，第 22 页）

整体而言，真德秀在《西山读书记》甲记"广大学"前四部分中对读书讲明义理、考论古今人物而辨其是非、应事接物而处其当、因象以穷理等内容的编写，一方面是在程朱等人相关观点的基础上有所总结，另一方面也体现了其对朱子"格物致知"理论的深入思考。

三、人君"格物致知之要"的提出

真德秀对朱子"格物致知"理论的发展还集中体现在其对人君"格物致知之要"的推衍上。尽管真德秀在《西山读书记》甲记中没有对"格物致知"具体到人君身上的相关特点有所说明，但结合其文集中的相关奏札可知，真德秀经常以《大学》"格物致知"之说勉励人君为学，例如：

> 其所谓格物致知、诚意正心、修身者，体也；其所谓齐家、治国、平天下者，用也。人主之学，必以此为据依，然后体用之全，可以默识矣。[1]
> 上曰："《大学》齐家、治国、平天下乃用处，须至诚意正心修身方得。"某奏："上面更有格物致知工夫，人君于天下之理、天下之事，须是都讲究令透彻，方能诚意正心……陛下须是做格物致知工夫，于天下义理无不通晓，则此等奸罔之言自不敢进。"[2]

真德秀在与宋理宗的奏札和当面问答中，时常以朱子的"格物致知"理论来鼓励理宗皇帝要先于天下之事，将天下之理讲究透彻，努力做到诚意正心，方能实现其治，并强调君主为学亦以格物、致知、诚意、正心、修身为体，而以齐家、治国、平天下为用。此外，真德秀也曾以《大学》一书向理宗皇帝进行经筵讲授，他在进讲《大学》"格物致知"章时曾直接对理宗皇帝谈道：

---

① 真德秀：《西山文集》卷十三《召除户书内引札子四》，《四部丛刊》初编第1269册，第110页。

② 真德秀：《西山文集》卷十三《得圣语申省状》，《四部丛刊》初编第1269册，第118—119页。

　　臣愿自今经筵讲读之际，有切于身心，关于政治者，时发玉音，质问所疑，俾臣等得悉心以对；如有未谕，即乞再三诘难，必圣心洞然无疑而后已。退居深宫，又必优游玩索其理之所以然，俾之融会贯通、表里澄澈，如此则日就月将，缉熙光明，其益不少矣。至于辅臣奏对，尤当从容访逮政事因革，俾陈其利病之原。人材进退必叩以贤否之实，如有未谕，反复审究，亦必再三都俞之外不厌吁咈。以至言官之奏论弹劾，群臣之进见对敭，率霁天威，俯加酬诘，俾摅底蕴，尽究物情，如此，则于国家之事日益明习，而举措用舍之间无不适当矣。凡此皆所谓格物也。①

　　此处，真德秀将人君与讲筵官切与身心、政治等经典要义的讲明，与辅臣就政事因革、人才贤否的讨论，以及对"言官之奏论弹劾，群臣之进见对敭"的关注都当作是人君格物致知的重要内容。也就是说，真德秀在坚持"格物致知"以知事理、明善恶为主要内容的基础上，进一步对人君"格物致知"的具体内容有所思考。

　　此外，出于对君主为学为治的关心及其自身所肩负的辅成君德之责，真德秀还在借鉴《大学》三纲八目和朱子"格物致知"理论的基础上，进一步在其《西山读书记》乙记上中（即《大学衍义》）对人君的"格物致知之要"有所总结，得出人君当以明道术、辨人才、审治体、察民情思哲为其"格物致知之要"的观点，如他谈道：

　　人君之学，必知其要，然后有以为用力之地。盖明道术、辨人材、审治体、察民情者，人君格物致知之要也。②

　　此处，真德秀直接以明道术、辨人材、审治体、察民情为人君格物致知的主要内容，则又大大拓宽了"格物致知"的具体范围。兹据其《大学衍义》中

---

① 真德秀：《西山文集》卷十八《讲筵卷子·〈大学〉格物致知章》，《四部丛刊》初编第 1271 册，第 72—74 页。

② 真德秀著，朱人求点校：《大学衍义》，华东师范大学出版社，2010，第 2 页。

的相关条目制成人君"格物致知之要"简表如下：

《大学衍义》人君"格物致知之要"简表

明道术	辨人才	审治体	察民情
1. 天性人心之善 （卷 5）	1. 圣贤观人之法 （卷 15）	1. 德刑先后之分 （卷 25）	1. 生灵向背之由 （卷 27）
2. 天理人伦之正 （卷 6—10）	2. 帝王知人之事 （卷 16）	2. 义利重轻之别 （卷 26）	2. 田里戚休之实 （卷 27）
3. 吾道源流之正 （卷 11—12）	3. 奸雄窃国之术 （卷 17）		
4. 异端学术之差 （卷 13）	4. 憸邪罔上之情 （卷 18—24）		
5. 王道霸术之异 （卷 14）			

由表可知，真德秀用了整整 23 卷的篇幅来对人君"格物致知"的四部分内容展开论述，其中又以明道术、辨人才二者为重中之重（各 10 卷）。兹根据其主要内容略为总结如下：

其一是"明道术"。真德秀认为人君要从"天理人心之善"（"性善"论）、"天理人伦之正"（五伦）、"吾道源流之正"、"异端学术之差"、"王道霸术之异"五个方面来对其修身、立政之"道术"有所明晓。首先，真德秀从理学"天命之性""气质之性"的角度对"性善"之说作出解释，以"性善"学说为"人君致知之首"[①]；其次，真德秀认为人君治天下当以正人伦为"本"，并在落实社会五种基本伦理关系（父子、君臣、夫妇、兄弟、朋友）的过程中，突出了人君当"爱敬"其亲而推行德教、君臣间须坚持"君使臣以礼，臣事君以忠"原则以及做到"友贤""用贤""师臣"之义；再次，在关于"吾道源流之正"的讨论中，真德秀集中对尧舜禹汤以至孔孟圣贤相传的核心概念有所解释（如"中道""皇极""仁""中""诚"等），以此说明孔孟之学实与尧舜禹汤之学一脉相承，

---

① 真德秀：《大学衍义》卷五，第 86 页。

故人君亦当通过儒家修身立德工夫来为百姓确立标准，进而实现"天下归仁"之政治功效；最后，真德秀认为人君还要警惕佛老、神仙、清谈、谶纬等异端学说的眩惑，并在"王道""霸术"的比较中，切实以仁心行王道，不可一味功利而为霸术。

其二是"辨人才"。真德秀认为人君的选贤任能在国家治理过程中十分重要，所以他认为人君既要对圣贤观人之法、贤君知人之事有所了解，同时也要对奸雄窃国、憸邪罔上等情况有所提防。首先，真德秀根据儒家经典（如《尚书》《论语》《孟子》）中的相关论述，指明选拔人才当以德行为主要判断标准，人主当在修其明德的基础上从言行、容貌、动机以及相关人物评价等多种手段甄别人才，为政治活动中的选贤任能奠定基础；其次，真德秀结合相关汉、唐君主知人善任的历史典故，强调人君在知人善任问题上要以尧帝、汉高帝、汉宣帝为法，切实做到去除私意、持心公平，并采取一些类似陈职、考功的有效方式对人才进行综合考察，切实做好知人善任的具体工作；最后，真德秀在相关历史经验总结与分析的基础上，认为人君在辨别人才问题上还须对奸雄窃国之术、憸邪罔上之情有所了解，对篡弑之臣、奸臣、佞幸之臣、聚敛之臣等相关情状有所知悉，方能在任用贤臣君子的同时严防奸臣小人的危害。

其三是"审治体"。真德秀对"治体"的讨论，基本上是从德刑之辨、义利之分两个方面展开，体现了其对人君治理国家当以德教为先、以刑罚为辅，不可滥用刑罚的基本态度。而在面对相关"义利"问题的时候，真德秀认为人君不可唯利是图，应当坚持仁义优先的基本原则，方能达到导民于理的政治效果。

其四是"察民情"。真德秀对人君"察民情"的论述，一方面从得民心者才能得天心、得天下的角度出发，强调人君要通过轻徭薄赋、与民休息等相关措施与民同忧乐，方能保有其国；另一方面，真德秀又从农业生产活动为国之根本的角度出发，指出人君必须切实了解农业稼穑之艰辛，以农为本，制定相关的重农措施来保障、推动农业生产活动的发展。

从上述分析中我们可以看到，真德秀对人君"格物致知"理论的丰富，一方面结合了朱子学人性论、道统论、异端论等相关内容和传统儒学中对三纲五常、王霸之辨的强调，对人君的"道术"内容作出说明，体现了其积极引导人君从事儒者之学的基本态度；另一方面，在关于人君"辨人才""审治体""察民情"等内容的论述中，真德秀也在"以史为鉴"思想的指导下，结合大量儒家经典、历史文献来对人君如何辨别人才、选择治体、了解民情作出历史总结，体现了其对人君为学当以治国为目标的高度重视。所以，尽管真德秀从明道术、辨人才、审治体、察民情四个方面来说明人君"格物致知"特点的方式与朱子"格物致知"理论有一定差异，但其聚焦于人君"格物致知之要"的理论构建，也在一定程度上发展、拓宽了朱子的"格物致知"理论。

结　语

从上述几个方面可知，真德秀对朱子"格物致知"理论的把握呈现出以下几个主要特点：第一，真德秀继承了朱子在《大学》"格物"《补传》中将"格物致知"解释为"即物穷理"的观点，并指出学者当先在穷究一心之理（仁、义、礼、智、信等）、一身之理（事亲、事兄、事长等）的基础上对其他世间事物之理有所考究，同时也接受了程朱等人以读书为穷理之要、读书须先读四书而后经史等相关主张，体现了其对朱子"格物致知"理论较为全面的接受；第二，真德秀在继承朱子"格物致知"理论的同时，将程颐所关注的读书讲明义理、考论古今人物是非、应事接事而中节等内容也纳入格物致知的范围，并结合《周易》象、理关系理论突出了"穷理"亦须由象及理的重要性，丰富了朱子"格物致知"的主要内容；第三，真德秀还在与理宗皇帝的上书而经筵进讲中逐渐对人君"格物致知"内容有所关注，并在《大学衍义》中集中以明道术、辨人才、审治体、察民情四者对人君"格物致知之要"有所总结、推衍，体现了其对格物致知工夫落实到人君一身的思考，发展了朱子的"格物致知"理论。

Zhen Dexiu's Inheritance and Development of the Theory of "Ge Wu Zhi Zhi"

Liu Bing

Abstract: As an important Neo-Confucianism in the late Southern Song Dynasty, Zhen Dexiu attached great importance to the theory of "Ge Wu Zhi Zhi" put forward by Zhu Zi in *Da Xue*. First of all, when Zhen Dexiu was teaching *Da Xue* with his nephew's generation, he actively emphasized the characteristics of scholars' "Qiong Li" activities, such as first exploring the reason of mind and body, and then exploring the reason of things, and emphasized the characteristics of reading as the "key of Qiong Li", inheriting Zhu Zi's theory of "Ge Wu Zhi Zhi". Secondly, in the compilation of part of the relevant contents of "Xishan Dushuji", Zhen Dexiu drew lessons from some viewpoints of Cheng Yi, and took the contents of "Guang Daxue" such as clarifying the truth of reading, discussing the rights and wrongs of ancient characters, handle things just right, explore truth from appearance as an important part of scholars' "Ge Wu Zhi Zhi", which enriched Zhu Zi's theory of "Ge Wu Zhi Zhi". Finally, in the process of introducing *Da Xue* to Song Lizong, Zhen Dexiu paid attention to the characteristics of the emperor's "Qiong Li" activities, he also developed Zhu Zi's theory of "Ge Wu Zhi Zhi" in his book *Da Xue Yan Yi*, taking four aspects that explore the truth, distinguish the advantages and disadvantages of talents, examine and govern the body, and understand the living conditions of the people as the emperor's "key to Ge Wu Zhi Zhi".

Key words: Zhen Dexiu; Zhu Zi; "Ge Wu Zhi Zhi"; inheritance; development

刍议程大昌的学派定位及学术影响

陶新宏[*]

【摘　要】　程大昌是与朱熹、陆九渊同时代的经世名儒。因其博通经史且能熔众家于一炉，卓然自成一家，后人对其学术派别多有分说。通过全面爬梳与考察程氏一生的学术思想和政治实践活动，能够获知他虽然无缘道学，但儒学气质清晰可见；虽然以儒解老、援道入儒，但其力图会通儒道以构建儒家形上思辨系统抗衡佛老之意图明显可见。程氏学术深湛，能发前人之所未发。一方面其著作被当时朝廷收藏并作为教材多次刊印，创建多所书院讲学授徒，传播儒学；另一方面其学术思想对新安理学乃至宋明理学的发展皆起到助推作用，尤其在解经范式及创发方面对后世影响深远，后人对其学术评价多有褒扬。

【关键词】　程大昌；儒学；以儒解老；会通儒道

程大昌（1123—1195），字泰之，徽州休宁（今安徽休宁县）人，是与朱熹、陆九渊等同时代的经世名儒。从程大昌一生的经历和著述来看，在为官之

---

　*　【作者简介】陶新宏，南京邮电大学马克思主义学院副教授、江苏现代信息社会研究基地特邀研究员，主要研究方向为中国哲学与传统文化。

【基金项目】南京邮电大学教育科学"十四五"规划招标课题"江苏红色文化资源融入高校思政课教学研究"（GJS-XKT2302）；南京邮电大学2023年党建与思想政治教育研究校级规划项目"两个结合"赋能高校思想政治教育高质量发展研究（XC2023003）阶段性研究成果。

余既能博通经史，又能博采众家之长熔于一炉，提出独到见解，卓然自成一家。具体表现为：在为学目的上，他深具儒家积极入世的担当精神，治学力求经世致用。在治学方法上，他提倡义理创发与训诂考证相结合的治学门径，反对只注重义理而抛弃汉儒训诂考证之法。在政治实践方面，他谋道也谋食，将学术与政治实践有机结合起来。他为官四十余载，历任京官和地方官，政绩卓著，为三朝经世名臣。在对金关系上，他主张积极备战，谋求复仇。在人格方面，他生性耿直、敢于直谏，为官清正廉洁、恤爱民力，能够做到为君王忠心耿耿，竭力为国为民分忧解难。值得注意的是，长期以来关于程大昌的学术身份抑或学派属性问题在学界存在诸多说法，尚未形成较为一致的共识。

目前学界关于专论程氏学派定位研究甚少，而且主要侧重宏观视域阐述，抑或模糊其学派，不做定位，① 尚未从其整个学术与政治诸多维度进行系统梳理阐释与定位。事实上，综观程氏宏富的著述及丰富的为政实践，我们能够较为系统地勾勒并判定出其儒学气质，并兼有会通儒道的独具特色，在当时学术声望堪比朱、陆。尤其是程氏在会通儒道基础上敢于发前人之所未发，其中诸多思想观点在当时及后世产生了深远的影响。

一、程大昌的学派定位

（一）儒学气质

从目前的相关研究来看，由于程大昌博学多识，著述涉及诸多学科领域，研究者在关涉到程氏学派定位方面多是简下结论而无多考论。要么说其是儒家学者中的理学家，要么判之为道家学者，抑或是兼具儒道气质的学者。实际上，

---

① 学界关于程大昌的学派归属问题主要有三种情况：一是认为程氏为儒家，为新安理学家，这或与清人赵吉士以程氏为"休宁理学九贤坊"之首有关；二是认为程氏为道家，且认为其对道家在南宋的发展起到重要作用，这主要是今人在研究道家学术发展史所需研究人物；三是不做学派认定，模糊其学派归属，此类研究主要关涉到程氏学术的某一方面思想观点。

从程大昌对学术理论的创发与政治实践等方面考察，他的确是一个经世致用的儒者。不管是会通儒道，还是高扬老氏政治权谋之术的解析，其目的皆是为儒家寻求形上理论构建的依据和为当时社会政治发掘治国理政之策。可以说，在程大昌一生的官宦生涯中，无不打上儒者积极入世的担当意识和勇于践履的烙印。

陈鼓应先生曾对程大昌解读老氏之书进行评价。他说："程氏认为：'老氏一书，凡其说理率不能外乎系辞而别立一抚也。'又说：'老语皆《易》出也，而独变其名称，以示无所师承，而求别成一家焉耳。'这种说法将老子哲学的独创性完全抹杀，同时也把老子哲学建立的动机与时代的意义轻易忽略。"① 可见，程氏作为博通儒道经典的儒者，是完全站在儒家立场上将道家哲学的独创性思想完全抹杀了。他应该是一位深研道家学思的儒者，他的学思和言论对道家来说是极其危险的。实际上，程大昌精研老氏道家学说的本意就是为了消解道家思辨哲学的独创性，而将之纳入儒家学说系统中，以此来说明儒家本来就具有形上思辨理论，只是后来在传承中有所偏向罢了。因此，宋儒构建形上思辨哲学体系只是"找回"本属于儒家的理论而已。

综观程氏文本及历代的相关资料及其评价，程大昌虽然学思丰盈，倡导儒道会通，但字里行间无时不透显出儒者积极入世及其践行自己主张的愿景。他倡导儒道会通的目的也是通过以儒解老，援道入儒为儒所用，突出和强调道家原本就出自儒家。即使对道家思想在某些方面有所肯定，也只是就其社会政治效用的角度来说的，目的还是为完善儒家形上理论建设或者是将其纳入儒家理论框架中来。在《演繁露·自序》中，程大昌直接引用儒家经典《大学》"格物致知"的主张，强调"致知必始格物"是"圣人之教"。他还通过列举儒家经典《尔雅》成为经典的原因，强调正谬刊误、考订名物、制器备物等方法对于儒家论事谈理的重要价值。

此外，程氏谈论佛教之言虽不多，但言辞激烈程度足以让人看出其排佛的立场与决心。

程大昌任秘书少监兼权中书舍人时，极力反对六和塔僧众请朝廷赐予田产

---

① 陈鼓应：《老子今注今译》，商务印书馆，2006，第385页。

并且免除科徭的诉求。其曰："僧寺既违法置田，复移科徭于民，奈何许之？况自绍兴二十二年修塔之后，潮果其不啮岸乎？"[1] 程大昌认为，僧寺不仅违法置田，还意图将科徭转嫁于百姓，必然导致百姓的税赋加重，更何况河堤是否崩塌与修佛塔并无直接关系。其实，这也与当时儒者掀起的排佛思潮相一致。从程氏学术与政治主张及其对待佛教态度方面来检视，程大昌呈现出一个清晰而典型的儒者气质与形象。

（二）无缘道学

值得关注的是，程大昌并未被列入《宋史·道学传》，而是与胡宏、陆九渊等人一起被列入《儒林传》之中，究其主要原因应该有两个方面：

一是在学术师承方面，从现存文献考察程氏并没有清晰的学术师承，虽然早年曾从学县学陈之茂，并治《尚书》，但相关记载极少又无法考证。而道学家都有明确的师承关系和学派性，极为注重道统和学统。二是程氏坚持治学路径的多样性以及政治上极力反对朋党之争的态度，决定了他比较警惕，抑或与道学者保持一定的距离。但这并不妨碍他在学术上与道学家之间交流论学以及积极践行儒者的学术与政治抱负。

事实上，道学家及其子弟一般都标榜自己是真正继承了孔孟"道统"，因而表现出骄矜过甚的姿态。这必然在无形中带有排他性，从而引起当时其他学者的反感与抵制，进而被称为"道学"之党。其实，当时众多儒者对以朱熹为首的所谓"道学"之称也颇有微词。陈亮就直言不讳地指出："（道学）以为得不传之绝学，三三两两，附耳而语，有同告密画界而立，一似结坛，尽绝一世之人于门外。"[2] 从陈亮对当时道学者的描述来看，这种情状的确给人留下难以融入道学的刻板印象。对此，陈亮明确表示自己并不自附于道学。叶适亦曾指出："道学之名，起于近世儒者。其意曰：举天下之学皆不足以致其道，独我能

---

[1] 周必大：《龙图阁学士宣奉大夫赠特进程公大昌神道碑》，朱万曙、胡益民主编：《新安文献志》卷六十八《行实》，黄山书社，2004，第 1676 页。

[2] 陈亮：《陈亮集》卷二十，中华书局，1974，第 273 页。

致之，故云尔。"① 也就是说，"道学"的名称也只是近世儒者的自称而已。叶氏对朱熹等人的道学提法比较反感。

其实，陆九渊对道学的标榜之风也颇为不满，其曰："此道本日用常行。近日学者却把作一事，张大虚声，名过于实，起人不平之心，是以为道学之说者，必为人深排力诋。此风一长，岂不可惧？"② 在陆氏看来，儒家之道本来就是蕴涵于日用常行之中，而所谓道学者却将之大张声势地吹嘘至名过于实的状态，当然会引起他人的不满，继而加以"深排力诋"。实际上，南宋时道学家们并未能真正"得君行道"，反而经常受到朝廷的排挤与打压，以致酿成"庆元党禁"的严重后果。

从学派上划分，程氏虽然不属于"道学"一派，但是在学术交流与研究方法等方面，程大昌与朱熹通过书信交流学术也并不少见。除了关于《禹贡》《河图洛书》《易老通言》《策数》以及《易》卦之位等方面的书信交流探讨外，朱熹还与程大昌探讨《老子》第十五章中关于"俨若容"的"容"字考证。朱熹认为"俨若容"中的"容"字应该是"客"字，并做了相应的版本考证。故而就此与程大昌交流论学，曰："虽非大义所系，然恐亦可备讨论之万一。不审台意以为如何？"③ 由此可见，朱熹和程大昌之间就学术问题的探讨交流具有一定共识与默契。

事实上，两人皆博学多才，长于考证名物制度，对于学术研究都抱着非常严谨的态度，即使细微的学术疑问也能够严谨考证对待。两人都不拘泥和迷信古人之说，敢于质疑并潜心研究阐释问题，对于学术方面的不同观点持开放包容的态度，建立了平等互动的学术交流模式，不故步自封。

---

① 叶适：《叶适集》卷二十七，中华书局，1961，第554页。

② 陆九渊：《陆九渊集》卷三十五《语录下》，中华书局，1980，第432页。

③ 朱熹：《晦庵先生朱文公文集》卷三十七《答程泰之》，朱杰人、严佐之、刘永翔主编：《朱子全书（修订本）》第21册，上海古籍出版社、安徽教育出版社，2010，第1651页。

二、程大昌的学术影响

梁启超先生在论及如何研究儒家哲学时，指出："研究儒家道术（哲学），不单看大学者的著述及其理论，并且要看政治上社会上所受他的影响。"[1] 显然，梳理与发掘程大昌的学术与政治影响，对于准确而完整地呈现其思想极为重要。

（一）对当时的学术影响

1. 著作被藏付秘阁、刊之郡庠

作为南宋著名儒者，程大昌研究领域涉及甚广，《四库全书总目提要》评价曰："大昌学术湛深，于诸经皆有论说。"[2] 在哲学、易学、经学、文学、科技等方面皆有诸多建树，尤其是在历史地理研究方面影响较大。

程氏对《尚书》有精深的研究并多有创见。他任孝宗朝的经筵讲席时就曾给孝宗讲授过《禹贡论》，并著有《禹贡后论》一卷和《禹贡山川地理图》两卷。这些著作深得孝宗的赏识并下令藏付秘阁，故而当时在社会上很少流传，但是该书的知名度很高。因为在宋金对抗时期讲述禹贡山川地理，并涉及北方地区，显然更易受到学者的关注。当时朱熹就听说过大昌著有此书，但却一直未能看到，直到后来转借多次才将该书收全。为此，他感叹曰："昨闻《禹贡》之书已有奏篇，转借累年乃得其全，犹恨绘事易差，间有难考究处。近得温陵印本，披图按说如指诸掌，幸甚！幸甚！此书之传为有益于后学者。"[3] 从朱熹的叙述中看出，当时程大昌的《禹贡论》已经在经筵讲席上为孝宗讲述过，朱熹转借"累年"才获得此书，因此他非常欣喜。虽然朱熹也根据自己的亲身经历对程大昌的一些观点提出了一些疑问，但还是表现出探讨的态度，"故敢辄献

---

[1]　梁启超：《清代学术概论》，东方出版社，1996，第115页。
[2]　纪昀等：《钦定四库全书总目》卷三，中华书局，1997，第18页。
[3]　《晦庵先生朱文公文集》卷三十七《答程泰之》，《朱子全书（修订本）》第21册，第1650页。

所疑，伏惟有以教之幸也"。① 足见程氏在《禹贡》方面的学术地位和影响力。

值得注意的是，《禹贡山川地理图》末尾有时任泉州教授陈应行所刻书跋。曰："阁学尚书程公，曩在经筵进黑水之说，上动天听。因以《禹贡》为论、为图，启沃帝心。其本藏之秘馆，天下学者欲见而不可得。岁在庚子，公以法从出守温陵而编修彭公提舶于此，与公有同舍之旧得其副本。应行因再拜以请，而三复其说。见其议论宏博，引证详明，皆先儒之所未及，乃请于公愿刊之郡庠，以与学者共之。"② 陈应行认为程氏其书其图可谓"议论宏博，引证详明"，而且能够发先儒之未发。因此之故，孝宗下令将其书与图"诏入秘阁"收藏。后来，程大昌出任泉州时陈应行力请将书与图刊印出来以供学者共享。

周必大对程氏此书也给予了高度评价，曰："（大昌）又为《山川地理图》，端明殿学士汪公应辰博洽重许可，读之大叹服，谓不可及。公在讲筵，遂以进御，天语嘉奖，今行于世。"③ 汪应辰对于程大昌的《山川地理图》的评价极高，他认为此书甚为博洽，甚是值得一读并为之叹服，认为远非自己学养所及。

清代的《四库》馆臣对程大昌此书评价也极高："其援据厘订，实为博洽，至今注《禹贡》者，终不能废其书也。"④ 鉴于程大昌此书在考证方面博洽得当，引经据典也保存下来了许多当时已经失传的珍贵史料，就是清朝时的学者在注解《禹贡》时也将此书作为重要的理论依据。实际上，今人对此评价也是非常之高。"它不仅是宋人研究《禹贡》的重要成果，也是国内外现存最早刻有确切刊印年代的一部历史地图集。"⑤

此外，宋人俞鼎孙所辑丛书《儒学警悟》共辑七集，主要收集了当时学者的学术著作，对后世影响很大。其中，程氏的《演繁露》和《考古编》就被分别收在第二集和第四集。由此可见，程大昌的学术建树在当时即为学界所认可

---

① 《晦庵先生朱文公文集》卷三十七《答程泰之》，《朱子全书（修订本）》第21册，第1651页。

② 朱彝尊：《经义考》卷九十三《书》，文渊阁四库全书本，第837页。

③ 周必大：《龙图阁学士宣奉大夫赠特进程公大昌神道碑》，《新安文献志》，第1679页。

④ 纪昀等：《钦定四库全书总目》卷十一，中华书局，1977，第142页。

⑤ 孙果清：《禹贡山川地理图》，《地图》2005年第1期，第68—69页。

与推崇。

事实上，程大昌的《考古编》的确是训诂考证中的精品。后世学者诸多相关著作皆频繁征引该书内容，这也奠定了程大昌在宋代训诂考证之学中的地位。清儒尊崇汉学而贬抑宋学，但是对程大昌的训诂方面的学术还是给予了较高评价的。《演繁露》对宋代的笔记体创作方式产生了积极影响，后世诸多学者在评判其他笔记体创作的优劣时，往往都会征引《演繁露》的相关观点或体例。值得注意的是，该书中记载或引述了许多珍贵的历史资料，其考证的相关成果也多为后世学者所重视。

2. 建书院讲学授徒、传播儒学

书院是南宋文化传播的重要载体之一，尤其在经济较为发达的江南地区书院发展更为迅速。程大昌具有学者与官宦的双重身份，这就给他利用书院这种平台加速学术传播方面带来了有利条件。他在任地方官时，就曾积极推动书院建设，后来退休在家也不忘创建书院培养人才，传播学术。

一是建"友教堂"。据宋人王象之在《舆地纪胜》中的记载："澹台灭明墓，在湖之东北总持寺。绍圣中，高述题篆。呜呼！有鲁澹台子羽之墓帅。程大昌于墓侧建'友教堂'。"① 淳熙元年（1174），程大昌调任江西转运副使，在巡察地方民情时发现在府城内东湖上总持院后，有孔子弟子澹台灭明之墓的遗址，当时已经荒废不堪。为了彰显先儒澹台灭明的贤达以及为后人树立为人立学之楷模，程大昌即令修复该墓并在墓旁兴建学堂，名之为"友教堂"。后来改为"友教书院"。

为此，程大昌还亲自撰写了《澹台祠友教堂记》，以记述修建该祠堂的原因与意义。曰："淳熙元年，予将江西漕，过子羽墓，叹曰：楚在春秋，士能读坟典丘索已博矣，其后屈宋，遂为儒宗，非友教遗泽与其尊向固宜。遂筑堂祠之命，曰：友教云。"② 在程大昌看来，之所以后世之人失去敬畏之心而竞相猎取功名以自夸，是因为后世离远古圣贤遥远无及，因而人们在心理上逐渐失去

---

① 王象之：《舆地纪胜》卷二十六，清影宋钞本，第 453 页。

② 程大昌：《澹台祠友教堂记》，见康熙《江西通志》卷一百二十五，文渊阁四库全书本，第 3663 页。

了可以敬畏的事情。现在发现能够给人们树立学习的儒者楷模，并以此来教化民众应该是件可喜之事。况且古之圣贤之泽已久，在人们心中留下了倾慕尊崇的意识。实际上，古今民众尊崇圣贤之理并没有不同，只有通过后天的教化才能使人们崇尚美德，醇化民风。澹台灭明虽是春秋之人，但其学问道德堪为儒宗，因而对该地之民的教化影响巨大，在此建立祠堂进行教化意义重大。

由此看来，程大昌作为儒者对于社会民风的教化极为重视，即使在巡视地方民情时也不忘宣扬儒家思想以醇化民风，并将其真正运用于政治实践中，这实际上将学术与政治进行了有机的结合。降及清顺治十一年（1654），时任巡抚蔡士英对该书院进行了重修。当时友教书院与白鹿洞书院、鹅湖书院以及白鹭洲书院并称为江西"四大书院"，为当地培养了众多的儒学人才，足见程大昌的远见卓识与贡献。

作为生于长于徽州的名臣硕儒，程大昌非常热衷于家乡的教育事业，在他的影响和带动下，宋元时期徽州涌现出一大批献身于家乡教育的儒士，如南宋的吴儆、程逢午，元朝的胡一桂、陈栎、倪士毅、郑玉、赵汸以及朱升等人。他们一方面著书立说，另一方面坚持在书院讲学，潜心于训蒙事业。这在客观上为徽州教育事业的发展打下了坚实的基础。宋代以后，徽州地区被人们称为"东南邹鲁"。无怪乎道光时期的《休宁县志》载曰："邑自文简公程大昌、格斋先生程永奇而下，师友渊源、贤哲林立，其鸿篇巨制见于宋明史志。陈氏《解题》、晁氏《读书志》、马氏《经籍考》者，盖彬彬矣。"[①]这里，县志将程大昌作为该县学术开创者而大加称颂，认为自他和程永奇开了学术风尚并具有师友渊源。这些贤哲不仅著书立说，而且留名于宋明史志，在后世影响极大。

二是创西山书院。绍熙五年（1194），程大昌告老回乡，在家乡徽州休宁会里创办了西山书院，并亲自讲学培育人才。该书院作为传播儒学、讲学授徒的重要场所，培养出了诸多德才兼备的贤达之士。程大昌弟子中较为著名的学者，除了自己的两个儿子外，还有黄何、程卓、杨大法等人。其中，其侄程卓深受程大昌的学术和人格影响。程卓不仅学识过人，而且其人格和处事与程大

---

① 道光《休宁县志》卷之二十《休宁县艺文志序》，清嘉庆二十年刊本，第 2181 页。

昌相似，一身正气，直言敢谏。后来，他还出使金国，不辱使命，累官至同知枢密院事，并被封为新安郡开国侯。此外，程大昌还带头将自己多年收藏的文献免费借给同乡学者阅览，以此加大学术传播的速度和效果。此后，徽州人如胡炳文等创办了婺源明经书院；元朝的郑玉在歙县创办了师山书院；元末明初硕儒朱升则于休宁县商山书院亲自讲学。

3. 成就人才

乾道三年（1166）十二月，程大昌兼权礼部侍郎。当时他执掌文柄，由他所成就的人才"不可计"。周必大曰："凡今老师宿儒多公门生也。"[1] 足见程大昌对南宋人才选拔与任用所作的重要贡献。元朝人在评述程大昌的功绩时，也给予了他较高的定位。《氏族大全》载曰："程大昌，……一时文柄，属公成就人才甚多。著《禹贡论》五十二篇，辨江淮、河汉、弱水、黑水甚详。著《演繁露》六卷，《易老通言》、《易原》、《庄录四书略》十卷，颇有功于学者。"[2] 从这极为简略的评论中可以看出，一方面程大昌身为执掌文柄的朝廷重臣，对当时人才的选拔与任用作出了重大的贡献。另一方面他于学术上著述繁富，历史地理与儒道之说无不涉猎，其中所著多有功于学者。

在具体的人才选任方面，程大昌提出了"贵助"与"用望"等措施。这对当时朝廷的人才选用具有重要意义。首先，针对当时朝廷处理政务方面存在效率低下的问题，他撰写了《贵助论》一文，借用古人的事例建言皇帝在用人方面要注重人才的配备和人才个性的搭配，这样才能提高处理政务的效率，为国为民造福。这体现了他在政治上的才智和为君分忧的忠诚之心。实际上，程大昌作为朝廷选拔人才的管理者，提出了具有前瞻性和可操作性的人才选用措施，在当时是非常难能可贵的远见卓识。其次，程大昌还提出了"用望"选才的观点，并阐述其优越性。他撰写《用望论》详细阐释了声望的高低对于官员任用的影响。在他看来，任用官员应该根据其在民众中的声望高低来判断，要顺随大众之盼望，做到众望所归，不能违逆民意和公论。也就是说，在选拔任用人才时，以大众所期望的人才作为导向，顺随民意自然能起到良好的效果。

---

① 周必大：《龙图阁学士宣奉大夫赠特进程公大昌神道碑》，《新安文献志》，第 1674 页。

② 佚名：《氏族大全》卷一百〇二庚《掌文柄》，文渊阁四库全书本，第 207 页。

（二）对后世学术的影响

1. 有功于"新安理学"的发展

因为理学的集大成者朱熹，祖籍系徽州（古称新安），徽人自觉以践履程朱理学作为不可推卸的担当。当时徽州就已经有不少学者师从朱熹。诸如，《紫阳书院志》中就确定"高弟十二人"。这些人都是南宋时生长于徽州并受业于朱熹的新安理学的中坚人物。他们不但潜心钻研程朱理学，而且还通过创办书院讲授朱子学，积极传播理学。即使到了清初，徽人也自豪地说："我新安为朱子桑梓之邦，则宜读朱子之书，服朱子之教，秉朱子之礼。"①可见，自南宋以降，徽人就将接续甚至固守程朱理学作为自己精神文化的归宿。

值得注意的是，南宋时徽州地区就逐渐兴起和形成了以研习二程理学为主干的儒学流派。当时徽州的名儒就有陈之茂、朱松、滕恺、程大昌等人。他们通过兴办县学等教育活动，为理学的传入和发展奠定了坚实的思想基础。其实，程朱理学虽然历来为新安学者所宗，但不应该也不能忽视早期在徽州积极传播儒学的学者群，他们的学术活动对程朱理学在徽州形成具有地方特色的学术流派有开拓之功。

实际上，"程大昌与吴儆的出现，开宋代休宁传统学术文化之先河。嗣后，休宁学者追风而起，形成了强大的学者阵容"②。程氏不仅精于学术研究，而且注重通过讲学传播思想。在他的带领和影响下，既培育出了不少学有所成的弟子，也带动了休宁乃至徽州的学术文化风气。当朱熹回徽省亲展墓时，仅休宁就有多人成为朱学在新安的重要传人，如程先、程永奇、汪莘和许文蔚等人都是在程大昌之后成为新安理学的重要人物。

质言之，新安理学的形成与发展既离不开徽州早期儒者们的初创之功，他们热衷于教育事业，为理学发展提供了良好的文化环境，当然也不能忽视朱熹后学的积极传播与弘扬。其实，在与朱熹交流论学的新安诸儒中，程大昌对新安理学的发展功不可没，朱熹的著作中就有《答程泰之》的多封书信，对程氏多部著作称许有加。此外，程氏还与当时朱门高第吴昶交好，二人亦多有学

---

① 李应乾:《茗洲吴氏家典（序）》，黄山书社，2006，第3页。

② 周晓光:《徽州传统学术文化地理研究》，安徽人民出版社，2006，第82页。

问交流。

为了表彰先儒的教化之功以及为后学树立楷模，休宁后儒在县城东门设立了理学"九贤坊"。清人赵吉士曰："休宁理学九贤坊，以程文简公为首，盖朱子而外皆其卓卓者也。公勋业烂史册，后数百年又有襄毅篁墩父子两尚书。程氏何多贤哉！九贤坊在休东门外，去寒舍旧市五里许，公与吴学士儆、程公若庸、陈公栎、倪公士毅、朱学士升及余祖东山公沨、汪公循、范公准。"[①] 这里，赵吉士认为休宁九大理学家以程大昌为首。就在整个徽州的影响力来说，除了朱熹之外就应该是程大昌的学术声望最高。

2. 促进了宋明理学发展

宋代理学是在传承原始儒家思想的基础上，熔佛老于一炉的具有精致思辨性的理论系统。同时，它也是宋代的政治、经济及文化等社会综合状况在思想领域的反映。

事实上，理学家在批判道家的同时，也积极汲取了一些道家思想因素。二程认为："道则自然生万物，……道则自然生生不息。"[②] 也就是说，道乃是万物生化的本原，并能按其内在秩序生生不息。这与《易传》所主张的"生生之谓易"有内在关联。朱熹也强调："一阴一阳之谓道，阴阳是气不是道，所以为阴阳者乃道也。"[③] 可见，只有阴阳之理才谓之道，而并非阴阳本身。他在与程大昌交流论学时也主张《易》之"太极"即为"道"。质言之，理学家在阐述儒道关系之目的就是在为儒家寻找形上本体的理论依据。

针对儒家所面临佛老形上思辨理论的挑战，程大昌在学术上通过解注儒道经典以发掘其中的义理旨归并力图会通儒道，其目的之一是论证儒家本身即具有形上理论系统，以回应时代的挑战。其实，程大昌主要是想通过会通儒道，积极汲取道家的形上理论为儒家所用，但是他在具体的论述中则采取了推理比较的方式，而后自然得出儒家所本具的形上理论。这既纠正了世人认为儒家历来缺乏形上之道的误解，也为儒家在面临佛老挑战的情况下找回了本身具有的

---

① 赵吉士辑：《寄园寄所寄》卷十一《泛叶寄》，清康熙三十五年刻本，第 476 页。

② 程颢、程颐：《二程集》，王孝鱼点校，中华书局，1981，第 149 页。

③ 黎靖德编：《朱子语类》，中华书局，1986，第 1896 页。

形上理论。在程大昌看来，这应该是一举两得的效果。程氏《易老通言》就是以儒解老的重要著作，其主旨非常明确，对后世影响至深。因此，程氏在学术上的努力显然对理学的发展起到了重要的推动作用。

值得关注的是，宋儒大都主张义理解经并出入佛老多年才有所得，但程大昌承续汉儒治学的精髓，并将之推向经世致用的方向。他希图将阐发经典义理和踏实的考证治学风格结合起来，并以此消解当时理学所暴露出的空乏与不足。这也能体现出程大昌对理学发展所作的贡献。

3. 解经上的学术贡献

自汉唐以降，儒者解经固守师说，专注于章句训诂的繁琐学风，致使儒学自身理论发展处于停滞状态。在佛道二教精巧的思辨哲学挑战面前，儒学逐渐式微。加之唐末五代以来战乱连年，儒家倡导的礼仪、道德、廉耻濒临崩溃。在内外双重危机的压力下，儒学的发展面临着全面的危机。

一是解经目的之转变。程大昌敏锐地觉察到当时儒家的理论缺陷和存在的社会危机。他顺应时代和学术思潮的转变，一方面积极探寻构建儒家思辨哲学系统的学术路径，以抗衡来自佛老的形上思潮的压制；另一方面竭力寻求缓解社会危机的政治措施。因此，他将视角转向了古代经典，希求从中发掘出应对之道。实际上，程氏通过解注《易》《老》《论》《孟》等儒道经典，积极倡导儒道会通，首先提出老氏之学本于《易》，主张儒道不二说，为儒家寻求到了形上理论系统，并力主儒家学说重归社会主导地位；然后通过以儒解老将老氏之学政治化，汲取其中蕴涵的政治权谋之术，希图以此为朝廷提供治国之术，以达到重建封建秩序的目的。

值得注意的是，在当时学者大都倡义理而贬训诂的学术风气下，程大昌却能本之于治学之道，在其绝大多数解经著作中涉及丰富的训诂考证方法，对历史上众多无人训考的名物、制度以及地理等敢于发先儒之未发，在解经治学中不随波逐流而使之陷于空疏，足见他务实的解经治学方法和求真为学的精神。

二是解经范式的创发。在程大昌的诸多著述中，始终贯穿着一种解经的模式抑或论证方法。他在阐释经典的内容后必然提出自己的新观点，然后进行逻辑推理，并运用大量的历史资料进行论证，真正做到"以史解经"。一般而言，在解注《易经》《老子》等这样的经典时，若能够进行严密的逻辑论证也就是较好的解经之作。但是，通观程氏的所有作品，他在解经时必定会采取尽可能多的历史事例反复加以论述证明，以使读者信服。这或许与他早年治《尚书》时，习得的坚实史料工夫有关。实际上，不管从程氏著作的序或跋中，还是从后人对其的各种评价中，都有所印证。

另外，程大昌在论证《图》《书》入《易》时，运用二者的数字图形来解读并加以推演论证。他以阴阳、五行、八卦所组成的象数图形来推衍并阐述了《易》来源于《图》《书》。这种将"以图解经"的方式运用于推演八卦形成之源问题中是程大昌的创发。

程大昌在《禹贡山川地理图》《雍录》及《北边备对》等著作中采取"图说并用"、互相考证之法。若遇到今本与古代记述不合，就勤精参校、订正。因此，当时和后世学者对该书的评价颇高。朱熹高度称赞程大昌在解经中"披图按说如指诸掌"的研究，认为是"有益于后学者"。①

事实上，在程氏看来，解经方法的改变只是手段，而目的则是创发古义以经世致用。他在《程氏考古编·序》的自述中就明确表达了自己解经的目的，曰："呜呼！固有乐予创发古义，而跃如不制者矣，亦安知无讳非伏郑，而诮其多事也欤！知我罪我，吾非所恤。姑从务实求是者，而行其志焉。……求闲苟遂，益取平日所疑，而尽究其极五十九年之非，忽其自见，则其为可乐，岂胜厚哉！"②可见，程大昌的学术宗旨乃是"创发古义"，这种做法或许与古制不同，或许会遭到时人或后世的责备和讥笑，但他坚持"务实求是"的治学态度和"知我罪我，吾非所恤"的为学精神，敢于怀疑和辩难古人所言，并且将这种积聚了他五十九年的生活和治学的经验作为依据，以此作为自己的乐趣和志向。

这种治学的态度和精神，不仅对于当时，就是对于现在的学者来说也是值得学习和借鉴的。实际上，程大昌在治学、政治仕途，乃至整个人生都贯穿了他所倡导的"志于斯""乐于斯"的原则和态度。

---

① 《晦庵先生朱文公文集》卷三十七《答程泰之》，《朱子全书（修订本）》第21册，第1651页。

② 程大昌：《程氏考古编·序》，辽宁教育出版社，2000，第1页。

三、结语

邓广铭先生谈及南宋儒学概况时，指出："宋朝南迁后，理学的流派已经形成，又有朱熹、陆九渊等数大师出现，这一学派在学术界和思想界的声势和影响都很大，但并不能说它已居于支配地位。例如与朱陆同时的著名学者还有林栗、程迥、程大昌等人。"[①]

事实上，通过全面发掘和考察程氏一生的学术思想和政治实践活动，虽然无缘道学，但其儒学气质清晰可见。虽然"以儒解老"，"援道入儒"，但其力图会通儒道以构建儒家形上思辨系统抗衡佛老之意图明确可见。因此，《宋史》将其列入《儒林传》确有其因。或因后世学者自身所属学派立场及论证之需要，出现诸多关于程氏学派归属及定位之争议，但从程氏整体文献所呈现的学术思想及其一生政治实践活动主旨来考察，大昌儒家身份及定位的确清晰明朗。

纵观大昌的学术影响，他一生历经南宋宣和至庆元，更历了五朝。学术上以丰厚的学术积累总能发前人之所未发，敢于质疑前人并提出自己的新观点，以致四库官臣评价其曰："大昌学术湛深，于诸经皆有论说。"[②] 这不仅反映了他治学严谨，学术功力深厚，也凸显出他具有突破权威、敢于创发的学术品格。鉴于此，程氏在当时的学术影响就已经很大，其诸多著作被朝廷收藏和多次印刷传阅，建多所书院讲学授徒培养人才，大力传播儒学。程大昌学术对新安理学乃至宋明理学的发展皆起到助推之功，尤其在解经范式及创发方面对后世影响深远。

此外，程大昌学术交流广泛，不仅与当时同僚中的学者诸如周必大、洪迈、王应麟等人，而且与当时道学大儒朱熹也多有交流论学。实际上，他的诸多学术观点也得到了学友们的肯定与认同。在后人的诸多评价中，明人胡应麟和清人顾炎武对其评价多有褒扬，而以陈振孙的《直斋书录解题》及《四库全书总目提要》评价较多，也较为中肯。

---

① 邓广铭：《谈谈有关宋史研究的几个问题》，《社会科学战线》1986年第2期，第142页。

② 纪昀等：《钦定四库全书总目》卷三，第18页。

On Cheng Dachang's Academic School Orientation and Its Influence

Tao Xinhong

Abstract: Cheng Da-chang was a famous Confucian scholar of the same era as Zhu Xi and Lu Jiuyuan. Because of his exposition of the scriptures and his ability to learn from others, he have become a school of thought, and later scholars have many opinions about his academic school of thought. Through a comprehensive crawl and examination of Cheng's life of academic thought and political practice, we can learn that although he did not have a connection to Taoism, the temperament of Confucianism is clearly visible; although the Confucian interpretation of Lao, to support the Tao into Confucianism, his intention of trying to converge Confucianism and Taoism to build a Confucian system of formal thinking to counteract Buddhism and Lao is clearly visible. Cheng's profound scholarship was able to develop what had not been developed by his predecessors. On the one hand, his works were collected by the imperial court at that time and published many times as teaching materials, and he established many academies to teach and spread Confucianism. On the other hand, his academic thinking has contributed to the development of Xin'an and even Song-Ming Confucianism, especially in the paradigm and creation of the interpretation of the scriptures, which has had a profound impact on later generations, and has been praised by many later generations.

Key words: Cheng Dachang; Confucianism; interpret Lao with Confucianism; converage Confucianism and Taoism

陈淳对"克己复礼"的诠释及其与朱熹的差异

祁博贤 *

【摘　要】　陈淳对"克己复礼"的解读是对朱熹的继承和推进。陈淳延续了朱熹对"克己"的训释，将"克己"理解为对私欲的彻底去除，将其与"天理—人欲"的观念结合起来，定位为人心之上的求仁工夫，并对"克己"与"穷理"的关系给出了完整、全面的说明。对于"复礼"，陈淳将"复"理解为复归到本然的性理，而"礼"则是人心本具的"天理之节文"。基于天理的观念，陈淳说明了"礼"与"仁"的同一性。他将"复礼"理解为克己工夫所至之境界、效验，这不同于朱熹晚年以"复礼"为事上工夫的说法。陈淳的"克己复礼"说与朱熹早年的讲法基本一致，又在具体问题上有所开拓，展现出丰富的面向，对于了解理学的工夫论思想有重要价值。

【关键词】　陈淳；朱熹；克己复礼；工夫论

"克己复礼"一语出自《论语·颜渊》篇，是孔子对颜渊"问仁"的答复，在思想史上向来受到关注。历代学者对于这一命题曾给出多种解读，从不同的侧面展现了这一命题的丰富意涵。朱熹晚年弟子、南宋理学家陈淳对"克己复礼"亦多有论及，其说乃继承朱子而来，但又并非全与朱子相同，而是在申述师说的基础上自抒己见。当代学者围绕朱熹的"克己复礼"诠释已经有相

---

*【作者简介】祁博贤，中国人民大学哲学院博士研究生，研究方向为宋明理学。
【基金项目】教育部人文社科基金青年项目"谢良佐著作整理与研究"（20YJC720002）。

当丰富的研究，^①但却很少关注陈淳的解释及其价值，往往将其简单视为对朱熹的重复，如戴维认为"陈淳所说，尽为演绎发明朱子《集注》中之旨，几无所越"^②，黄俊杰亦认为陈淳与蔡节、薛瑄等人一样"均循朱子诠释典范之旧轨"^③。这样的概括不足以展现陈淳观点的内涵与价值。本文以陈淳对"克己复礼"的诠释为考察中心，并以朱熹的克己复礼说作为参照，以求呈现出陈淳在这一主题上所持观点的渊源与创见。

一、克己：明理去欲

（一）天理—人欲架构下的字义解释

关于"克己复礼为仁"一语的含义，各家歧说颇多，其中主要的争议集中在"克己"二字上。首先，对于"克"字，古代学者们持有不同的解释倾向。汉儒之中，孔安国将"克"理解为"能"，扬雄认为"胜己之私之谓克"，马融解"克己"为"约身"。东晋时期的经学家范宁则训"克"为"责"。^④对"克"的不同理解，进一步关系到对"己"的定位。若以"克"为"能"，那么"己"便是正面的道德主体；若以"克"为"胜""约"或"责"，那么"己"便是道德实践中要予以约束、克服的负面对象。朱熹《论语集注》将"克"训为

---

① 已有代表性成果包括：钱穆：《朱子新学案》第 2 册，联经出版公司，1998，第 473—503 页；张立文：《朱熹思想研究》，中国社会科学出版社，2001，第 426—429 页；[日] 小岛毅：《中国近世礼的言说》，东京大学出版会，1996，第 19—37 页；牟坚：《朱子对"克己复礼"的诠释与辨析——论朱子对"以理易礼"说的批评》，《中国哲学史》2009 年第 1 期；许家星：《仁的工夫论诠释——以朱子"克己复礼"章解为中心》，《孔子研究》2012 年第 3 期；郭园兰：《朱熹"克己复礼为仁"诠释研究：以理学体系建构为视角》，商务印书馆，2021；秦晓：《转化与开新：论朱熹对"克己复礼为仁"的诠释》，载《朱子学研究》第四十辑，江西教育出版社，2023，第 68—83 页。

② 戴维：《论语研究史》，岳麓书社，2011，第 217 页。

③ 黄俊杰：《东亚儒家仁学史论》，台大出版中心，2017，第 183—184 页。

④ 程树德：《论语集释》，中华书局，1990，第 818—820 页。

"胜",将"己"解释为"身之私欲",是对后一种理解的明确化。^①陈淳延续了
这一解释路径,将"克己"理解为对私欲的去除。朱熹以"克"为"胜",意
在强调克己的彻底与果决。曾有弟子提出以"治"训"克",朱熹回应道:"治
字缓了。且如捱得一分,也是治;捱得二分,也是治。胜,便是打叠杀了他。"^②
可见朱熹所理解的"克己"不是简单的节制欲望,而是要彻底去除欲望对心灵
的遮蔽。陈淳则进一步将克己工夫的这一特征概括为"至健":"非至健则不能
决天理人欲胜负所由分之势,将有玩天理而不肯进,恋人欲而不忍割,而依违
于二者之间矣。亦何以勇其克复之力?……济之以至健,则割所爱如所仇,舍
所难如所易。如一剑之断蛇,更不复续;如洪炉之点雪,消镕无迹;如决洪澜,
下临万仞之壑,沛然谁能御之?"^③陈淳使用一系列的譬喻来表现以克己工夫对
治私欲时的果决,将"克己"的重心安置在"力行"上,可谓把握到了朱子克
己说的核心。

其次,关于"己"字,理学家的解释历来颇受诟病。许多学者主张,对
于"克己"之"己"与"由己"之"己",应做出同样的解释。如清儒毛奇龄
认为:"即以本文言,现有'为仁由己''己'字在下,而一作身解,一作私解,
其可通乎?"^④阮元也强调:"颜子'克己','己'字即'自己'之'己',与下
'为仁由己'相同。"^⑤然而事实上,理学家对于自己"同字异解"的做法有着清
晰的认识和充分的考量。陈淳在解释"'己'一名含二义"时分析道:"一以身
言之,如下文'由己'之己与'求诸己'之类;一有私之意焉,所谓'有己之
私',即此'克己'之'己'与'至人无己'之类。亦犹我之为言,一以身言
之,如'万物备我''我欲仁'之类;一有私之意焉,所谓'有我之私',如'毋

---

① 朱熹:《四书章句集注》,朱杰人、刘永翔、严佐之主编:《朱子全书》第6册,上海
古籍出版社、安徽教育出版社,2002,第167页。

② 黎靖德编:《朱子语类》卷四十一,《朱子全书》第15册,第1450页。

③ 陈淳:《北溪先生大全文集》卷七《详颜渊问仁段》,北京大学《儒藏》编纂与研究
中心编:《儒藏》精华编二四〇下,北京大学出版社,2018,第929—930页。

④ 毛奇龄:《四书改错》,华东师范大学出版社,2014,第414页。

⑤ 《论语论仁说》,阮元:《揅经室集》一集卷八,中华书局,1993,第181页。

我'之我也。"① 他不但为"己"的两种含义举出了例证，并且还注意到"一字多义"的现象同样也存在于"我"字的使用上，这便为"同字异解"的解释方法提供了支持。与此同时，在陈淳那里，将"己"解释为"身之私欲"，不仅是出于文句上的考虑，更是基于对克己复礼工夫本身的把握。陈淳认为，将"己"训为"身"的做法虽然也可以借助"己"与"礼"的对照而显示出"私欲"的含义，但会导致"复礼"在逻辑上居于"克己"之先的情况，这与他将"复礼"视为"克己"之效验的理解不符（详见下文）。只有将"己"直接理解为"身之私欲"，才能正确地呈现出"克己复礼"工夫的内在结构："克己之己，合下乃指身之私欲而言，非单指此身，只因对'复礼'形之，而后为己私也。若对'复礼'形之而后为己私，则须'复礼'而后'克己'，而非'克己'以'复礼'也。"②

理学家在使用"私欲""人欲"这样的概念时，往往是与"天理"相对而言。就人与物之构成来说，"天理"是构成"天命之性"的形上之道，"私欲"则属于形下之气禀，二者不容混淆；就道德修养的实践来说，二者在现实情境下并存于人心之中，"私欲"的存在使得"天理"亦即人心本具之仁受到遮蔽、不能发显，唯有去除私欲方能使人心复归于本然之善。陈淳正是从这个意义上来解释"克己"的，他说：

> "仁"即此心所得天理之全体而主于爱，常生生不已而包乎四端，犹天道之"元"而包乎四德也……耳目鼻口、四肢五脏之欲，即所得气形之私而主于有我，即所谓"己"者。而气之所禀有杂揉之不齐，则欲之所感，又有浅深之不一矣。人惟天理、私欲二者并行乎性命形气之间，而又日接乎事物无穷之境。是以性命常易为形气掩，而天理常多为私欲屈。故耳目口体之属，往往偏为己意之徇，有违于礼而害夫仁。人而不仁，则此心漠然无以帅气统形而御夫物，殆将颠迷错谬无所不至，而万善皆于是乎

---

① 《北溪先生大全文集》卷七《"己"一名含二义》，《儒藏》精华编二四〇下，第930页。标点有改动。

② 《北溪先生大全文集》卷三十二《答郑节夫》，《儒藏》精华编二四〇下，第1233页。

废矣……故克去有己之私以复还乎是礼之本然，使日用间天理常为主，而气形每听命焉，则吾心常清明端肃，无一动不合乎节文之正，而人欲无得以干之，则此身纯是天理，而仁之为体不离乎是矣。①

陈淳以"仁"为"天理之全体"，以"己"为"形气之私"，将二者视为彼此对立、相互消长的两端。人心之中本有天理，但由于人受形气拘执，再加上平日里要与纷繁的事物相接触，天理往往被私欲所掩盖，人的心灵也随之陷入颠倒迷乱的境地。因此，只有将私欲克除，人才能复归于天理，进而以理统情，充分发挥心灵的主宰作用。"仁"虽不能等同于"克己"，但若能将克己工夫做到实处，"仁之为体"也就随之呈露出来。通过引入理学的理气论与"天理—人欲"论，陈淳在"克己"与"仁"之间建立起了清楚的联系。值得注意的是，在前文所引的段落中，陈淳频繁使用"有我""己意"这样的表达，这表明他所理解的"私欲"并不限于耳目口体之欲，而是同时包括了一种狭隘的自我中心观念。正是在这种观念的驱使下，耳目口体之欲偏离了"礼"所展示的正轨而构成了对"仁"的戕害。

（二）"克己"以"穷理"为基础

如上所述，陈淳继承了朱熹的观点，将"克己"视为求仁工夫的关键，并由"天理—人欲"二分的架构为其提供了义理上的支撑。不过，从与天理相对的角度来审视"己"，便意味着：若要"克己"，人便需要对自己的欲求有一个完整而清晰的认识，对其中合乎天理的正当欲求和违背天理的私欲做出明确的区分。而要实现这一点，又需要对天理本身有所认识，否则就不免认欲为理，失落了"克己"工夫的价值导向。因此朱熹说："'克己复礼'，是要见得天理后，才做将去。"② 关于这一问题，朱熹有着清楚的认识，并且以"知先行后"的立场给出了回应。然而，对于这一先后关系的具体细节，朱熹给出的解释却

---

① 《北溪先生大全文集》卷七《详颜渊问仁段》，《儒藏》精华编二四〇下，第927—928页。

② 《朱子语类》卷四十二，《朱子全书》第15册，第1493页。

不甚一致。一方面，他认为学者可以就眼下所知之理去循序渐进地克除私欲。这一观点在《朱子语类》中有所记录，如：

> 因说克己，或曰："若是人欲则易见，但恐自说天理处，却是人欲，所以为难。"曰："固是如此。且从易见底克去，又却理会难见底。如剥百合，须去了一重，方始去那第二重。今且将'义利'两字分个界限，紧紧走从这边来。其间细碎工夫，又一面理会，如做屋柱一般，且去了一重粗皮，又慢慢出细。今人不曾做得第一重，便要做第二重工夫去。如《中庸》说'戒慎乎其所不睹，恐惧乎其所不闻。莫见乎隐，莫显乎微，故君子慎其独'。此是寻常工夫都做了，故又说出向上一层工夫，以见义理之无穷耳。不成'十目所视，十手所指'处不谨，便只去慎独？无此理也。"①
>
> 或曰："克己，是胜己之私之谓克否？"曰："然。"曰："如何知得是私后克将去？"曰："随其所知者，渐渐克去。"②

上引两条虽有详略之不同，但都是说克己工夫可以从主体当下所能了解到的理欲分际出发而从易到难地渐渐做去，并随着修养工夫的深入不断提升主体对天理的认识。"克己"的过程是工夫渐次积累和认识不断深化的过程。类似的说法在《语类》及《文集》中尚有不少。然而另一方面，朱熹有时又表示克己必须建立在对理的充分了解之上。如：

> 克己固学者之急务，亦须见得一切道理了了分明，方见日用之间一言一动何者是正，何者是邪，便于此处立定脚跟，凡是己私，不是天理者，便克将去，不但"轻躁"二字也。③

此处朱熹认为，克己虽然是"急务"，但克己工夫的开展要求对天理有着

---

① 《朱子语类》卷四十一，《朱子全书》第 15 册，第 1448—1449 页。
② 《朱子语类》卷四十一，《朱子全书》第 15 册，第 1450 页。
③ 《晦庵先生朱文公文集》卷六十《答杜叔高》，《朱子全书》第 23 册，第 2878 页。

全面的领会，如果未能"见得一切道理了了分明"便无法真正做到"克己"，为此就必须先潜心玩索圣人所传之义理。朱熹在两种见解之间未有明确的取舍，或许是因为二者各有优劣。① 根据前一说法，人只能依据当下所知之理来克除自身私欲。这一理解体现了"克己"工夫切近、可行的一面，但与朱熹心目中"克己"的特征不尽相符。前文曾经提及，朱熹将"克己"理解为彻底地去除心中的私欲，这一点构成了其与"主敬"工夫的差异。在朱熹看来，主敬工夫是"只据见在底道理持守将去"，因此其特质偏于"守成"，不如克己工夫之规模宏大。② 若是认为克己只能"随其所知"，那么克己与主敬的界限就变得模糊起来。后一说法则强调了对天理的认知在克己工夫中的指导意义，但如果只能等到完全知晓了天理之后再去做克己工夫，则又不免削弱了"克己"在道德实践中的作用，且与道德修养的紧迫性相冲突。可以说，二者中的任何一个都不足以恰当且充分表达"克己"与"知天理"之间的关联，二者之间需要做出调和。

面对前述朱熹所给出的两种观点，陈淳将前者视为克己工夫开展过程中必须经历的阶段，将后者视为克己工夫纯熟之后的理想状态，由此消解了二者之间的张力。他说：

> 截然一段已往之放心置之勿论，只据今日见定求仁一念之顷，此时此心全然清明，无一点私欲。自此而往，于非礼但勿更为之而已。一刻如一刻而常相接续，一日如一日而常无间断，由是岁复岁以终其身焉，则浑然天德矣。是其名义岂不甚精，而为力岂不卓然从容不迫哉？虽然，非至明则不能察天理人欲邪正所由动之机，将有误认天理为人欲、人欲为天理，而不自觉于冥冥之中矣。亦何以精其克复之功？……惟其知之也至明，则表里隐显、小大精粗厘分缕析，无不了然，如辨黑白而不可乱，又焉有人

---

① 《答杜叔高》一书在淳熙十五年（1188），可视为朱熹中后期之说。前引两条《语类》中第一条为吴稚所录，当为朱熹后期之说；第二条为金去伪所录，据《语录姓氏》当在淳熙二年乙未（1175）。吴稚事迹见陈荣捷：《朱子门人》，华东师范大学出版社，2007，第63—64页。

② 《朱子语类》卷四十二，《朱子全书》第15册，第1492—1493页。

欲与吾天理混哉？①

　　陈淳指出，"克己复礼"的努力可以从"求仁一念之顷"出发，而这种努力经由不断地积累便会使人进入"浑然天德"的境地。作为克己之起点的"一念之顷"，尽管是一种"此心全然清明无一点私欲"的状态，但并未达到"至明"的认识境界，而只不过是在某一特殊时刻部分地领会了天理。真正要彻底避免天理与人欲的混同，还必须对天理有着完整、透彻的认识。因此，陈淳将"克己复礼"视为"物格、知至以上事"，认为孔子乃是"即颜渊学力所至而语之，而惟颜子足以闻此"②。一般学者于格物穷理尚有欠缺，无法将工夫做到颜渊那样的程度，但也不该因此就"畏惮退缩而不务勉行之实"③。总之，在陈淳看来，在理论层面，完整的克己工夫必须以充分的"穷理"为前提；而在实际的修身过程中，人们不妨以当下有限的认知为依据，在实践中不断增进自己的体会，通过知与行之间的相互促发来提升"穷理"与"克己"的水平。这一结论既阐明了"克己"与"穷理"两项工夫的关系，又展示出二者在修身实践中的交互性。陈淳承认"克己"要以"物格知至"为基础，这保证了克己的价值导向；他又认为人们可以在未能完全"穷理"的状态下据其当下所知之理勉力从事"克己"，这一点则是出于工夫实践的现实考量而在理论上做出的让步。两种看似冲突的观点在陈淳的论述中得以协调，同时展现出了克己工夫"彻上彻下"的特质。当然，从陈淳的各处论述中看来，他对前者的强调要远甚于后者。他将"致知"视为克己工夫的一个重要特征，认为克己作为"致知"与"力行"的结合具有贯通始终的特质："故致知非健，则事物浑沦，无以剖析是非；力行非健，则或作或辍，无以造极。二者两尽，无一强一弱，乃刚健之至。此正圣人纯亦不已之事，而颜子克己工夫，亦足以当之。"④总之，在陈淳那里十分明确的是，天理的"在场"是克己工夫得以开展的必要前提。"己"的含义以及

────────────

① 《北溪先生大全文集》卷七《详颜渊问仁段》，《儒藏》精华编二四〇下，第929页。
② 《北溪先生大全文集》卷七《详颜渊问仁段》，《儒藏》精华编二四〇下，第930页。
③ 《北溪先生大全文集》卷七《详颜渊问仁段》，《儒藏》精华编二四〇下，第930页。
④ 《北溪先生大全文集》卷二十五《答郭子从》二,《儒藏》精华编二四〇下，第1145页。

"克"的方向，都是借由天理这一概念而被规定的。

二、复礼：理具于心

（一）礼："节文"与"天理"的不同侧重

"复礼"之"复"，一般作"回复""返归"解。如南朝梁皇侃《论语义疏》释曰："复，犹反也。言若能自约俭己身，还反于礼中，则为仁也。"① 隋代经学家刘炫释曰："复，反也。言情伪嗜欲所逼，已离礼，而更归复之。"② 以上说法都是认为人与"礼"之间发生了背离，人需要努力约束"己"以回归于"礼"。这一解释在理学家那里依旧得以延续，但被注入了新的意涵。在理学的心性论系统中，仁、义、礼、智既是天理，又是人得之于天理的本性。"复礼"意味着回复到人本然的善性之中，而不仅仅是在行为上符合规矩而已。二程及其弟子在解释"克己复礼"时，往往以"理"字解说原文中的"礼"字，如程颐说："视听言动，非理不为，即是礼，礼即是理也。不是天理，便是私欲。人虽有意于为善，亦是非礼。无人欲即皆天理。"③ 朱熹在此基础上进一步以"天理之节文"来定义"礼"④，在将"礼"这一概念归属于形而上之"天理"的同时又将其内涵规定为"节文"。"节文"一词使得"礼"承担起将天理与人类社会的礼制连接起来的功能，具体的礼法制度皆是以"天理之自然"为根据："礼乐者，皆天理之自然。节文也是天理自然有底，和乐也是天理自然有底。"⑤

陈淳继承了自二程至朱熹"以理释礼"的诠释进路，从天理而非具体礼制的角度来理解"复礼"之"礼"。在陈淳对"复礼"的解释中，"礼"往往作为"理"的代称而出现，"复礼"有时被直接表述为"复天理"，如"克己是去人欲

---

① 皇侃：《论语义疏》，中华书局，2013 年，第 297—298 页。

② 李学勤主编：《十三经注疏·论语注疏》，北京大学出版社，2000，第 178 页。

③ 程颢、程颐：《河南程氏遗书》卷十五，《二程集》，中华书局，2004，第 144 页。

④ 《四书章句集注》，《朱子全书》第 6 册，第 167 页。

⑤ 《朱子语类》卷八十七，《朱子全书》第 17 册，第 2973 页。

于彼，复礼是复天理于此"①。克己与复礼分别对应着"去人欲"与"复天理"，是对同一过程的两种不同表达。当然，仅仅将"礼"置换为"理"并不能完全体现出"礼"在"克己复礼"中所起到的作用，亦无法解释孔子在此处为何使用"礼"而非其他概念。对于这些问题，陈淳说："'礼'即此心所得天理之节文而主于敬，所以常生生不已，上继乎仁而下包乎义……'礼'于仁为切近，在吾心天理有持循之实，非如义、智之裁可否、别是非，介乎两端而未专于天理之守也。"②"礼主于敬"本属汉儒旧说，但在朱熹、陈淳等人那里则有着特定的含义，即以礼为性，敬是礼的发用、呈现。程朱以"主一无适"言"敬"，认为敬是心灵专一不走作的状态。陈淳进而指出"敬"是"心之生道"，是心之所以能生生不息、排除气禀干扰而不懈怠、恢复本心生生之仁的根据。③这一诠释拉近了"礼"与"仁"的距离，因为"仁"作为"此心所得天理之全体"，其根本内涵正是"常生生不已"。④"求仁"即是要通过对心灵的收摄来使其回复到"生生不已"的状态，作为"敬"之形上根据的"礼"自然也就在这样的修养活动中占据着至关重要的地位。与义、智相比，礼又是人心操存最为切近的入手处。义与智涉及对善恶、是非两端的裁断与分辨，而礼则"专于天理之守"，直

---

①　《北溪先生大全文集》卷七《"克己复礼"须知二而一一而二》，《儒藏》精华编二四〇下，第 931 页。

②　《北溪先生大全文集》卷七《详颜渊问仁段》，《儒藏》精华编二四〇下，第 927—928 页。

③　陈淳尝谓："盖'敬'者，主一无适之谓，乃心之生道，而万事之根本，所以成终而成始者也。"参见《北溪先生大全文集》卷十八《讲义·论语·学而第一》，《儒藏》精华编二四〇下，第 1054 页。《北溪字义》又言："仁者，心之生道也。敬者，心之所以生也。"参见陈淳：《北溪字义》，中华书局，1983，第 13 页。"心之生道"这一表达最初当源自程颐"心，生道也"的说法。程颐以仁（侧隐之心）为生道，以及程朱以天地生物之心言仁，都是从宇宙论的意义上理解"生道"，陈淳以"生道"言敬则是从工夫上论，认为"敬"能使心"生"。以"生"言"敬"的说法不见于朱熹的任何著述，但在张栻那里却有类似的表达："盖心宰事物，而敬者心之道所以生也。""盖心生生而不穷者，道也。敬则生矣，生则乌可已也；怠则放，放则死矣。"参见张栻《张栻集》，中华书局，2017，第 938、947 页。限于主题，本文不对张栻与陈淳"敬"论的思想关联作讨论，这一问题尚需留待日后的研究。

④　《北溪先生大全文集》卷七《详颜渊问仁段》，《儒藏》精华编二四〇下，第 927 页。

接与天理粹然至善的一面相连。总之，陈淳在此是以"礼"表征天理之价值趋向，而以"复礼"之效验来显示"克己"工夫之方向的。

理学家以天理释"礼"的做法，发挥了礼作为价值准则的抽象含义。但"礼"这一概念就其本身而言，除了具有抽象的意义之外，还应包括具体的礼节、礼制，此即朱熹所谓"节文""仪则"。朱熹早年曾依循二程及其后学的诠释进路，于解释"克己复礼"时径以"理"训"礼"，并未注意到二者之间的差别。中年之后，朱熹对此有所反省。《文集》卷四十三《答林择之》：

> 程子言敬，必以整齐严肃、正衣冠、尊瞻视为先，又言未有箕踞而心不慢者，如此乃是至论。而先圣说克己复礼，寻常讲说，于"礼"字每不快意，必训作"理"字然后已，今乃知其精微缜密，非常情所及耳。①

此信写于乾道六年（1170），朱熹时年四十一岁。②朱熹注意到程子言"敬"时每每与"整齐严肃""正衣冠"等具体仪节相结合，从中获得启示，认为"克己复礼"之"礼"不能简单训为"理"字，其原因即在于"礼"尚有"节文"一层含义，而这层含义又与修养的实践密切相关。朱熹认为，克己作为一种心灵的修养，要通过对外在行为的节制来实现，因此孔子才说"非礼勿视，非礼勿听，非礼勿言，非礼勿动"。他在《论语集注》中引用程子"制于外所以养其中也"一语来解释"四勿"，所谓"制于外"即是指按照外在的礼仪去陶冶身心。③二程的弟子谢良佐在解释"复礼"之"礼"时，不但将"礼"解作"理"，还特别地强调了此处的"礼"并非是指"礼文"，"复礼"只是说："礼者，摄心之规矩。循理而天，则动作语默无非天也。内外如一，则视听言动无非我矣。……言动犹可以礼，视听有甚礼文？以斯视，以斯听，自然合理。合理便合礼文，循理便是复礼。"④谢氏的解释取消了"制于外"这一修身步骤。他认

---

① 《晦庵先生朱文公文集》卷四十三《答林择之》，《朱子全书》第 22 册，第 1969 页。

② 陈来：《朱子书信编年考证》，上海人民出版社，1989，第 75 页。

③ 《四书章句集注》，《朱子全书》第 6 册，第 167—168 页。

④ 《论孟精义》，《朱子全书》第 7 册，第 413—414 页。

为只须于自家心地上求一"合理"即是做到了"复礼"，具体的仪节即"礼文"在谢氏的工夫理论中并未占据一席之地。针对这种观点，朱熹在《论语或问》中批评道：

> 谢氏……必以理易礼，而又有循理而天，自然合礼之说焉，亦未免失之过高，而无可持循之实。盖圣人所谓礼者，正以礼文而言，其所以为操存持守之地者密矣。若曰"循理而天，自然合礼"，则又何规矩之可言哉？①

这是说，理解"礼"这一概念不能离开其"礼文"的含义，后者有着修身之"规矩"的意义。如果说"克己"纯是一心上工夫的话，"复礼"则真正落实到事上。在求仁的道路上，二者是不可偏废的，且后者在实践中更为精切笃实："'克己复礼'，不可将'理'字来训'礼'字。克去己私，固即能复天理。不成克己后，便都没事。惟是克去己私了，到这里恰好着精细底工夫，故必又复礼，方是仁。圣人却不只说克己为仁，须说'克己复礼为仁'。见得礼，便事事有个自然底规矩准则。"②总之，在朱熹那里，"礼"既是形上之理，又涉及形下之事。通过对礼之具体规范义的突显，朱熹突显了"复礼"的工夫论意蕴，这体现出他对"道问学"的重视。

陈淳沿用了朱熹关于"礼"的一系列表述，但他的理解却与朱熹略有不同。《北溪字义》曾如此解释朱熹对"礼"的定义：

> 文公曰："礼者，天理之节文，人事之仪则。"以两句对言之，何也？盖天理只是人事中之理，而具于心者也。天理在中而著见于事，人事在外而根于中，天理其体而人事其用也。"仪"谓容仪而形见于外者，有粲然可象底意，与"文"字相应。"则"谓法则、准则，是个骨子，所以存于中者，乃确然不易之意，与"节"字相应。文而后仪，节而后则，必有天理

---

① 《四书或问》，《朱子全书》第6册，第801页。
② 《朱子语类》卷四十一，《朱子全书》第15册，第1451页。

之节文，而后有人事之仪则。言须尽此二者，意乃圆备。①

“天理之节文，人事之仪则”语出《论语集注》，是朱熹对“礼”这一概念最为完整的定义。②对这一定义，朱熹本人给出的解释是：“礼即理也，但谓之理，则疑若未有形迹之可言，制而为礼，则有品节文章之可见矣。人事如五者，固皆可见其大概之所宜，然到礼上方见其威仪法则之详也。节文仪则，是曰事宜。”③两相对比可知，陈淳将“天理”与“人事”视为体用关系，大体与朱熹的思想一致，但他对“节文”的理解却与朱熹不甚相合。朱熹认为天理本无形迹，唯有依据天理制定出的礼制方有“节文”可言，正是这些“节文”构成了人在具体事务中奉行的应然准则。陈淳则以“节文”属“天理”而非“人事”，认为“节文”是心中所具之理的自然发见，而非既定的礼节规范：“礼者，心之敬，而天理之节文也。心中有个敬油然自生，便是礼，见于应接便自然有个节文。节则无太过，文则无不及。”④这一说法强调礼作为“天理”不待安排的一面，认为人事上的种种规范是人心存得此理之后的流露。若以此种解释切入“克己复礼”的工夫论意涵则可知，陈淳并未如朱熹那样重视“制于外”的程序，而是与谢良佐“合理便合礼文”的思路更为相契。若以朱熹对“复礼”的诠释为准绳，可以说，陈淳之说和谢氏一样都是侧重于“上达”而对“下学”有所轻忽。诚然，陈淳在解释“复礼”之“礼”时曾将其称为“持循之实”⑤，但那并非是就行动的具体准则而言的，因而并不等于朱熹所讲的“节文仪则，是曰事宜”。朱熹十分重视礼作为具体事宜的这一内涵，但陈淳却对此留意不多。

（二）“克己”与“复礼”的关系：工夫与效验

基于对“礼”的形上化诠释，陈淳进一步说明了“礼”与“仁”之间的

---

① 《北溪字义》，第 20 页。
② 《四书章句集注》，《朱子全书》第 6 册，第 72 页。
③ 《晦庵先生朱文公文集》卷六十《答曾择之》，《朱子全书》第 23 册，第 2894 页。
④ 《北溪字义》，第 19 页。
⑤ 《北溪先生大全文集》卷七《详颜渊问仁段》，《儒藏》精华编二四〇下，第 928 页。

同一性：

> 仁者心理之全体，礼者心理之节文。全体者，节文所合之本统也；节文者，全体所分之条派也。故窃谓：仁者礼之会而礼者仁之达。仁者礼之会，明道所谓"视听言动一于礼之谓仁"、伊川所谓"克尽己私，只有礼时方是仁"也。礼者仁之达，横渠所谓"礼仪三百，威仪三千，无一事而非仁"也。①

仁为天理之全体，礼则是就天理具有内在的结构条理而言的，二者皆具于人心之中。陈淳从辨析"全体"与"节文"的关系入手，认为仁是礼的最终依归，礼是仁在具体情境中的延伸和外显。因此，在"克己复礼为仁"这一命题中，"复礼"就成了主体经由克己工夫所获致的效验，作为纽带将"克己"与"仁"联结起来。陈淳说："而于是一言之中，所要又在'克己'，而所主则在'复礼'……故克去有己之私以复还乎是礼之本然，使日用间天理常为主，而气形每听命焉，则吾心常清明端肃，无一动不合乎节文之正，而人欲无得以干之，则此身纯是天理，而仁之为体不离乎是矣。"②从上引文句中，可以看出陈淳对"克己"与"复礼"两者关系的界定。他将"克己"视为"克己复礼"一语中的关键所在，而将"复礼"理解为克己工夫所至之效验，认为只要人们经过"克己"的修炼而收到了"复礼"的效验，那么此心便纯然是天理流行，也就达到了"仁"的境界了。"复礼"即是"复天理"。若是尚有未能与礼尽合处，便说明心中尚有私欲残留："其实只不复天理处，便是人欲之根尚在，潜伏为病，未能真去净尽，而犹有阴拒天理于冥冥之间，似病不病，正如疟疾人寒热既退矣，而精神犹浑浑不爽。"③

---

① 《北溪先生大全文集》卷七《仁礼》，《儒藏》精华编二四〇下，第 932 页，标点有改动。

② 《北溪先生大全文集》卷七《详颜渊问仁段》，《儒藏》精华编二四〇下，第 928 页。

③ 《北溪先生大全文集》卷七《详〈克斋记〉"克己乃所以复礼"句》，《儒藏》精华编二四〇下，第 931 页。

按照陈淳的解释，"克己复礼"作为一种修养方法，其重心全在"克己"二字上，"复礼"的意义则在于为克己提供方向上的指导以及反映克己工夫是否精细。因此，就二者的关系而言，"复礼"并非独立于"克己"的另一重工夫。这样的观点与朱熹晚年对"克己"与"复礼"之关系的解释同样并不相契。朱熹于《克斋记》中曾提出"予惟'克''复'之云，虽若各为一事，其实天理人欲，相为消长，故克己者，乃所以复礼，而非克己之外别有复礼之功也。"①这是以"复天理"解释"复礼"，并将"复礼"归结为"克己"所达成的目标与结果，因此"克己"与"复礼"实为一事。到了晚年，朱熹转而认为，"复礼"是"克己"之安顿处，也是"克己"之后的精细工夫。"克己又只是克去私意，若未能有细密工夫，一一入他规矩准绳之中，便未是复礼。"②至于《克斋记》中的旧说，在此时的朱熹看来则不免"也说得忒快了"③。之所以会发生这一转变，一个重要的原因是，朱熹注意到现实中有些人虽能做到"克己"却无法在行动上"复礼"，如他眼中的佛教中人便"只是克己，更无复礼工夫，所以不中节文，便至以君臣为父子，父子为君臣，一齐乱了"④。依儒家立场来看，这些人显然并未真正实现"仁"的价值理想。朱熹认为，他们在"克己"上的成就无可置疑，"不可谓之有私欲"⑤，但他们对天理的认识存在偏差，从而在礼上有所欠缺，这才在修养实践中走入了歧途。为了应对这种可能出现的问题，就必须突出"复礼"在工夫中的地位，以日用之间的规矩为"克己"的向导，而非仅从人心之中探求理欲分界："不若日用间只就事上子细思量体认，那个是天理，那个是人欲。"⑥这样的解释在修养活动中具有指导意义，但却使得"私欲"与"天理"的截然对立关系不再严格，因而实际上构成了理论与现实之间的张力。陈淳也注意到了"克己而不能复礼"的问题，但他将这一现象归因于"克己"

① 《晦庵先生朱文公文集》卷七十七《克斋记》，《朱子全书》第24册，第3710页。
② 《朱子语类》卷四十一，《朱子全书》第15册，第1453页。
③ 《朱子语类》卷四十一，《朱子全书》第15册，第1453页。
④ 《朱子语类》卷四十一，《朱子全书》第15册，第1452页。
⑤ 《朱子语类》卷四十一，《朱子全书》第15册，第1454页。
⑥ 《朱子语类》卷四十一，《朱子全书》第15册，第1449页。

不够透彻："有能去人欲矣，而未能复天理，则是所去者止其粗而未及精，止其显而未及隐。"①借助这样的解释，陈淳也就延续了朱熹在《克斋记》里的看法，将"克己"与"复礼"理解成完全的一体两面关系："二者相为消长……故去人欲是乃所以复天理，而实非有二事，此二而一也。"②当然，在陈淳那里，克己与复礼的关系除了"二而一"之外尚有"一而二"，但所谓"一而二"只是说去除私欲当以复还天理为归宿，这一说法的主要意图是突显对价值理想的追求，在修身实践方面的考量或许不如朱熹晚年那样全面。不过也正因如此，陈淳不必面对朱熹晚年克复说与理欲观念之间暗藏的冲突。在认知层面充分把握"天理"以保证行动之正当性，是陈淳在处理"克""复"关系时的核心关切。

三、结语

借助陈淳对"克己复礼为仁"的诠释，我们可以看到，理学家在诠释这一命题时，对"己""礼""仁"三个中心概念的理解都是围绕着理学的最高概念"理"而展开的。在陈淳的解释中，"仁"与"理"是相等的，"己"则恰恰处在"理"的对立面。至于"礼"，按照陈淳的说法，既是"天理之节文"，又是理相对于人心的"切近"之处。它为修养活动的主体（人／人心）、对象（己）与目标（理）三者提供了一种稳定的联结模式。

在关于"克己""复礼"的解释中，陈淳继承了朱熹的问题意识和思想架构，但又在一些具体问题上给出了不同于朱熹的答案。二人对"克己"的见解基本一致，但关于"复礼"的观点却多有出入。他们的差异可以归结为理解倾向的不同：朱熹认为对"克己复礼为仁"的讨论应该以修身的实践为根本的落脚点，陈淳却更注重这一命题所呈现出的范畴结构，以及居于这一结构中心的"理"。如果将陈淳简单地视为朱熹的忠实追随者，那么似乎应该说，他未能完

---

① 《北溪先生大全文集》卷七《详〈克斋记〉"克己乃所以复礼"句》，《儒藏》精华编二四〇下，第 931 页。

② 《北溪先生大全文集》卷七《"克己复礼"须知二而一一而二》，《儒藏》精华编二四〇下，第 931 页。

整地理解朱熹"克己复礼"理论的旨趣。然而,陈淳的"误解"并未偏离朱子学的义理,而是始终以"天理—人欲"这一理学的中心议题为思考的主轴。陈淳对"克己复礼为仁"的解读基本上延续了朱熹早年在二程及其后学影响下形成的诠释模式,又在具体问题上提供了一系列更为充分、深入的解说,而与朱熹晚年出于实践考虑而修正之后的学说之间存在一定距离。陈淳关于"克己复礼"的理论是在朱熹基础上的推进,展现了理学经典诠释的多重面向,对于了解理学的思想结构尤其是工夫论体系有着重要的参考意义。

Chen Chun's interpretation of "Conquering Oneself and Returning to Propriety" and Its Differences with Zhu Xi's Idea

Qi Boxian

Abstract: Chen Chun inherited and promoted Zhu Xi's view in his interpretation of "conquering oneself and returning to propriety". Chen Chun continued Zhu Xi's interpretation of "to conquer oneself", understood it as the complete removal of selfish desires, and combined it with the concept of "the principle of heaven and the desires of human", positioning it as the effort to seek humanity on one's heart, and then comprehensively analyzed the interactive relationship between "conquering oneself" and "understanding the principles thoroughly". Chen Chun understands return "Fu" as returning to the original nature of the principle, and "Li" is the human heart's original "concrete details of the principle of heaven." Based on the concept of Principle, Chen Chun explained the identity of propriety and humanity. He understood "returning to propriety" as an intended effect of self-conquest, which was different from Zhu Xi's idea in his old age. Chen Chun's interpretation is basically the same as Zhu Xi's earlier teachings, and has developed on specific issues, showing different aspects, which is of great value for understanding the gongfu theory in Neo-Confucianism.

Key words: Chen Chun; Zhu Xi; conquering oneself and returning to propriety; gongfu theory

董铢理学思想探析

刘雨涵　杨柱才[*]

【摘　要】 董铢为朱子高弟，自淳熙元年（1174）入朱子门下，至庆元五年（1199），先后在寒泉精舍、武夷精舍及竹林精舍（沧州精舍）问学。党禁期间，仍坚持问学，坚执师说。董铢的著述主要关乎"四书""五经"，其学术主旨关乎道气、心性等重要问题，强调内外交养之功。又精于《易》，以《易》卦爻为"假借虚设"，种种事象都可纳入卦爻予以解释，因而可以广泛应用。于易数有独到之见，提出"五者数之祖"，"四者数之用"之说。其修养工夫主张"主静为本，静而存养"，奉行"理不外事"为宗旨的认识论。

【关键词】 董铢；理学；易数

作为朱子高弟，董铢对"理""气""心性"皆有个人之见解，并得到了朱子之赞赏，且在易学象数上形成了一家之见，其学对介轩一派流于新安影响较大。《宋元学案·介轩学案序录》云："勉斋之学，尚有自鄱阳流入新安者，董介轩一派也。鄱阳之学，始于程端蒙、董槃涧、王拙斋，而多卒于董氏。"[①] 言下之意，董铢是朱子理学流向新安的关键人物。

---

* 刘雨涵（1990—），女，江西南昌人，南昌大学 2019 级中国哲学硕士研究生，主要从事中国哲学研究；杨柱才（1966—），男，南昌大学人文学院哲学系教授，主要从事中国哲学研究。

① 黄宗羲：《宋元学案》第四册，中华书局，1986，第 2970 页。

董铢（1152—1214），字叔重，旧字少范[①]，饶州德兴（今属江西）人，学者称槃涧先生。嘉定元年戊辰（1208）进士及第，官婺州金华县尉。黄榦《董县尉墓志铭》记述，董铢既冠从乡之儒程洵游，程氏语以朱子之学，于是尽弃所学，取"四书"终日玩习。又经程洵引荐，裹粮入闽从学朱子，每一二岁必至朱子之门，每至必累月而返。同门皆知其求学之志坚毅，问学之履勤谨，在朱门地位较特殊。程洵《跋西京要书后》称董铢之字叔重，此跋末尾题署"淳熙元年八月三日"。[②]而董铢改字叔重，是从学朱子之时，请朱子为改。[③]由此可知，董铢师事朱子当不晚于淳熙元年八月（1174）。顺带提及，王懋竑《朱子年谱·朱子论学切要语》系《答董叔重（一）》于淳熙十一年甲辰（1184）。恐误。董铢于理学义理之思考日深，且操存持守，将义理落实于日用常行。著有《性理注解》《易注》《尚书注》《四书注》等[④]，然皆已佚。本文主要依据《晦庵文集》《朱子语类》等书中与董铢相关的材料，对董铢理学思想作一探讨。

一、宇宙观

通过讨论理气问题来构建宇宙观是朱子哲学的一项重要内容。董铢的宇宙观深受朱子影响，承继了朱子"道须合理与气来看"[⑤]的观点，并作了延展，且于"道""理""阴阳"以及"生物"诸说中展开讨论。

1.道

关于道，董铢提出，"阴阳非道也，一阴又一阳，循环不已，乃道也"[⑥]；"屈

---

① 程洵：《周徽之诗集序》，《尊德性斋小集》卷二，《知不足斋丛书》，清道光鲍氏刻本，第40页。

② 《尊德性斋小集》卷二，第1页。

③ 《答董叔重（一）》，《朱文公文集》卷五十一，《朱子全书（修订本）》，上海古籍出版社、安徽教育出版社，2010，第2348页。

④ 董凤笙纂、沈良弼修：《民国德兴县志》卷八，《江西府县志辑》32，《中国地方志集成》，江苏古籍出版社，1996，第258页。

⑤ 《朱子语类》卷七十四，第1896页。

⑥ 《朱子语录》第七十四卷，第1896页。

伸往来非道也，所以屈伸往来循环不已，乃道也"①。从本体之全来看，"道"为"大化之流行"之所以然；从本体之微来看，"道"是局定底之本然之妙。对董铢分释出的"大化流行"之道与"本然之妙"之道，朱子亦表示十分赞同。在董铢看来，"大化流行"之道和"本然之妙"之道是宇宙起源与秩序二者的动态统一，即宇宙起源与秩序的所以然与所当然。宇宙起源的所当然就是"大化流行"之道，即"一阴又一阳，循环不已"。故其言："阴阳非道也，一阴又一阳，循环不已，乃道也。只说'一阴一阳'，便见得阴阳往来循环不已，乃道也。"②意为道之生生不息，是宇宙起源的总依据。而宇宙秩序的所以然则为"本然之妙"之道，是宇宙生生不息的缘由，即一阴一阳循环往复不已之所以然，故其又言"屈伸往来非道也，所以屈伸往来循环不已，乃道也"③。总而言之，董铢认为阴阳循环不已为宇宙生发之所当然，阴阳循环不已的依据则是宇宙生发之所以然，宇宙万物的衍生皆因有此所以然与所当然之理。

2. 理

关于理，董铢的观点有三：一是理为"实理"，理有"必然"；二是理有对待，即无孤立存在之理。三是理与气相即不离。《语录》中董铢问朱子："'诚者，物之终始'，恐是就理之实而言。'不诚无物'，恐是就人心之实此理而言？"朱子答曰："非也。此两句通理之实、人之实而言。有是理，则有是物；天下之物，皆实理之所为。彻头彻尾，皆是此理所为，未有无此理而有此物也。无是理，则虽有是物，若无是物矣。盖'物之始终'，皆实理之所为也。下文言'君子诚之为贵'，方说人当实乎此理也。"④此对话中董铢以"不诚无物"指心之实理的看法，受到朱子的指正，但可清楚地知道董铢认为世间之物皆有其理，理有实有的特点，万物皆有其所当然与所以然之理。董铢又讲到"理有对待"。《语录》中其问朱子："'天下之理，无独必有对。'有动必有静，有阴必有阳，以至屈伸消长盛衰之类，莫不皆然。还是他合下便如此邪？"⑤对这一观点朱子予以

---

① 《朱子语录》第七十四卷，第 1896 页。

② 《朱子语录》第七十四卷，第 1896 页。

③ 《朱子语录》第七十四卷，第 1896 页。

④ 《朱子语类》第六十四卷，第 1579 页。

⑤ 《朱子语类》第九十五卷，第 2435 页。

肯定，并说："自是他合下来如此，一便对二，形下便对形上。然就一言之，一中又自有对。且如眼前一物，便有背有面，有上有下，有内有外。二又各自为对。虽说'无独必有对'，然独中又自有对。且如棋盘路两两相对，末梢中间只空一路，若似无对；然此一路对了三百六十路，此所谓'一对万，道对器'。"① 由此看来，董铢认为不存在孤立之理，有动之理就必定有相对的静之理，有阴之理就必定有相对的阳之理，以此类推之，屈伸、消长、盛衰之理皆为如此。

3. 道与阴阳

董铢说："道者，本然之妙，变化者所乘之机。故阴变阳化而道无不在，两在故不测。故曰'知变化之道者，其知神之所为乎？'"② 此观点也得到了朱子的认可。董铢此说所表达的是"理气相即不离"的意思。董铢认为阴阳变化即是"一气之屈伸往来"，故其言"阳主伸，阴主屈。鬼神阴阳之灵，不过一气之屈伸往来者而言耳。天地之间阴阳合散，何物不有？所以错综看得"。③ 气作为物质世界的基础，是运动变化的，此气之伸为阳，此气之屈为阴，"阴必有阳，以至屈伸消长盛衰之类，莫不然"④。阴阳交互消长存在于万物化生过程的终始。其言："变者化之渐，化者变之尽。盖化无痕迹，而变有头面。逐渐消缩以至于无者，化也。阳化为阴、刚化为柔、暖化为寒是也。其势浸长，突然改换者，变也。阴变为阳，柔变为刚、寒变为暖是也。阳化为阴，是进极而回，故为退；阴变阳，则退极而上，故为进。故曰变化者，进退之象也。阳化为阴，阴变为阳者，变化也。所以变化者，道也。道者，本然之妙，变化者所乘之机。"⑤ 董铢以气之进退来说明阴阳变化，认为"变"是"化"的积累，"化"是连续的"变"，每一个"变"是"化"的积累下的一个顿点。在"变"与"化"的过程中，"化"没有可见的行迹，"变"有可见的具象。"化"的表现是"气"渐渐消减缩小直至不可见。就好比阳气转化为阴气，有形质的刚转化为柔，温暖转化为寒冷。阳气转化为阴气是由旺盛之阳气逐渐消减而殆弱之后阴气慢慢呈现；

---

① 《朱子语类》第九十五卷，第 2435 页。

② 《答董叔重（九）》，《朱文公文集》卷五十一，第 2364 页。

③ 《朱子语录》第八十七卷，第 2260 页。问答中朱子回复："固是"。

④ 《朱子语类》第九十五卷，第 2435 页。

⑤ 《答董叔重（九）》，《朱文公文集》卷五十一，第 2364 页。

有形质的刚向柔转化则为刚的特性逐渐减弱直至柔的特性慢慢呈现；温暖转化
为寒冷则是由于温暖之气逐渐退减以至寒冷之气在此过程中慢慢呈现。此种呈
现与消退，董铢将其表达为"进""退"。"退"之表现为阳化为阴，是刚进之阳
至于极端之后折返而回；"进"之表现为阴变为阳，是柔退之阴至于极端之后回
复而上。董铢把"变"与"化"总结为事物之进退之象。阳渐化为阴，阴顿变
为阳，此则为变化。然变化之中且有一个所以然之故，此便是"道"。"道"是
事物变化之所以然之故，是"变"与"化"之所以然的原因与依据，是物事始
终的"本然之妙"。

　　"天地生物之心"也是朱子理学的一个重要命题。董铢对此多有发挥，形
成了自己的看法。他认为此"心"无有止息，对"复"卦"一阳复于下"作了
解说："'一阳复于下，乃天地生物之心也'，先儒皆以静为见天地之心。窃谓
十月纯坤，不为无阳。天地生物之心未尝间息，但未动耳，因动而生物之心始
见。"[1] 他认为十月是纯坤月，但不能说纯是阴而无丝毫之阳。天地生物之心是
没有一息停顿的，十月纯坤，是天地生物之心的"未动"状态，先儒以为静见
天地之心是不对的，因为静时未动而不可见。一阳复生于下，则是一阳发动，
正可见"天地生物之心"。《语录》载董铢"问'乾刚健中正'，或谓乾刚无柔，
不得言中正。先生尝言：'天地之间本一气之流行而有动静耳。以其流行之统体
而言，则但谓之乾而无不包。以动静分之，然后有阴阳刚柔之别。'所谓'流
行之统体'，指乾道而言耶？"朱子答曰："'大哉乾元！万物资始。''乾道变
化，各正性命。'只乾便是气之统体，物之所资始，物之所正性命，岂非无所不
包？但自气之静而言则为阴。所以阳常兼阴，阴不得兼阳，阳大阴小，阴必附
阳，皆是此意也。"[2] 董铢认为"乾"是"刚健中正"，是指乾是纯刚之质无有一
丝柔之质。'以气为整体流行之一气'也就是'流行之统体'，即为"乾"。"乾"
为"流行之统体"，从流行来说就是动，因此乾是动的，但其内在之性为刚健且
中正。因为"刚健"所以"乾"可以是生之力；因为"中正"所以"乾"能够
为动之所以然而所当然。故言"乾"可以"万物资始"，"各正性命"。由董铢所

---

　　① 《朱子语类》第七十一卷，第 1792 页。

　　② 《朱子语类》第六十九卷，第 1730 页。

问乾道为"流行之统体"及问"复"卦一条来看，"乾"则为"生物之心"之所以然，亦为"道之本然之妙"；而生生不息的"道"之"大化流行"还有"坤"的作用。因为董铢认为"道"的生化流行在于"生物之心"无一息滞碍，这是因为"生物有常"，此之所以然则在"坤"。故董铢问朱子："'坤至柔而动也刚，至静而德方。程传云：坤道至柔而动则刚，坤体至静而德则方。'柔与刚相反，静与方疑相似？"曰："静无形，方有体。方谓生物有常，言其德方正一定，确然不易，而生物有常也。静言其体，则不可得见，方言其德，则是其著也。"[①]结合朱子对董铢疑惑的回答可知，董铢认为《文言》"坤至柔而动也刚，至静而德方"。这一句程子解释是"坤道至柔而动则刚，坤体至静而德则方"，此句中"静与方"相似。朱子则为董铢解答了"静与方"如何相似。由静之体用来看静是抽象的、无形的，方是有具象的、有形的。方从理之生物是恒常不变的，从理之用的德来说是有具体表现形式的，具体的表现形式是方正。方正的形体也体现了一定的规定原则，是必然不变的，亦是当生必生，不会改变。静是说坤之体是没有形状可以见，方是指坤之德用，是形于外所以必然可见。对"乾""坤"二卦的阐述也体现了董铢关于"生物之心"和"生物有常"的具体思考。而这两点则可看出董铢对宇宙生化流行的思想逻辑，体现了董铢整体且流动的宇宙观。

综上，董铢的宇宙观与朱子有同有异，并有所创见。认为"大化流行"之"道"为宇宙整体运行的起始，也贯穿宇宙万物生生的过程。其中有"道"之"本然之妙"。"理"与"阴阳"的相即不离的作用变化，与"本然之妙"之"道"有一种内在的关联性，也是道的体现。"乾""坤"二卦可视为"生物之心"的具体呈现，"生物之心"则为万物生生的发动之源与价值之源。

二、心性与工夫

"心性"与"工夫"作为朱子哲学思想的重要的问题，是思考人之所以为

_____

① 《朱子语类》第六十九卷，第 1738 页。

人的理论与修身依据。对此，董铢也予以了关切，并提出了富有意义的看法。认为"性"在本源上只有一个，此即所谓"性，一也"；但现实上则是兼"理"与"气"之性，此即所谓"性与气虽不离，元不相杂"①。且在这一理论的基础上，在工夫论上主张以"敬"为本，"敬"贯动静，以"静"为本。

董铢认为"性"在本源上为"一"，是纯善无杂的，然就现实而言，"性"与"气"二者相待不可分，须兼"性"与"气"而言。本源上的"性"为不易之纯善，即所谓"继之者善"。

首先，董铢认同吕大临"性一也"这一观点，此性与现实流行意义上的"刚柔昏明"之性有实质上的区别。严格讲，刚柔昏明之性不能称作性。董铢说："流行之分有刚柔昏明者，非性也。有三人焉，皆一目而别乎色，一居乎密室，一居乎帷箔之下，一居乎广廷之中。三人所见昏明各异，岂目不同乎？随其所居，蔽有厚薄尔。"这一比喻将"性""气"分释得十分明白。又说："若移此语以喻人物之性亦好。铢顷尝以日为喻，以为大明当天，万物咸睹，亦此日耳。蔀屋之下，容光必照，亦此日耳。日之全体未尝有小大，只为随其所居而大小不同耳。"②董铢以为"性"为恒常且唯一的人物之本体，是普遍的。而"性"落在不同人物的形体上便受到的形体之器的遮蔽，从而形成了个体之别，是分殊的。董铢将太阳来喻作"性"，认为当太阳普照大地之时，实有的物质世界都可以看得清清楚楚，都是因为这一个太阳。在茅屋的下面，小缝隙都一定有阳光的照亮，也是因为这一个太阳。这个太阳光的全部整体是没有具体形态的，只是因为这光所照到的物体大小不同才会感觉这个光照有大小的分别，此理解深得朱子的认可。这也是董铢对"性"与"气"关系的思考，认为"性"与"气""元不相杂"，又相即不离。淳熙十一年甲辰（1184），董铢对此就有思考。他认为"凡人说性，只是说'继之者善'"，与《易》所谓"继之者善"不同。《语类》载董铢问："或谓明道所谓'凡人说性，只是说"继之者善"'，与《易》所谓'继之者善'意不同。明道是言气质之性未尝不善，如

---

① 《答董叔重（七）》，《朱文公文集》卷五十一，第2370页。
② 《答董叔重（七）》，《朱文公文集》卷五十一，第2370页。

孔子'性相近'之意。"① 在董铢看来，人性之"继之者善"与《易》所谓"继之者善"有所不同。明道所言"继之者善"是指气质之性如同孔子所言"性相近"的意思，是兼理与气而言，没有不善。而后董铢将此观点进一步分说，见于甲寅（1194）与朱子书信论孟子的性命论："孟曰：'口之于味也，目之于色也，耳之于声也，鼻之于臭也，四肢之于安佚也，性也。'此'性'字专指气而言，如'性相近'之'性'。'有命焉。'此'命'字兼理与气而言，如'贫贱之安分、富贵之有节'是也。'仁之于父子也，义之于君臣也，礼之于宾主也，智之于贤者也，圣人之于天道也，命也。'此'命'字专指气而言，所遇应不应，所造有浅深、厚薄、清浊之分，皆系乎气禀也。'有性焉。'此"性"字专指理而言，如'天地之性'之'性'。"② 董铢将孟子所言"口之于味"等为专指气上言的"性"，是口目耳鼻生理感官之本能之"性"，是气习所主导的性，与孔子所言"性相近"之性相似。然此"性"可否全然尽之则是有限制于"命"，而这个"命"则兼有"理"与"气"的含义。而孟子所言"因父子之间止于仁，君臣之间止于义，宾主之间止于礼，贤者止于智，圣人止于天道，皆为命"，此命也是兼理气而言。董铢认为人伦之中的仁义礼智之"性"为"天地之性"之"性"，而此"性"能否完全实现也受到因"气"而言之"命"的影响。董铢的此种思考是在朱子启迪之下产生的，在《语类》"口之于味也章"中，董铢问先生"'命'字之义"与"孟子谓'性也，有命焉'，此'性'所指谓何？"朱子回答便是将"命"与"性"二分，谓"专以'理'而言"与"'理'兼'气'而言"。③ 对孟子所言仁义礼智之"性"，董铢认为是纯粹的形上之"理"，就其纯一不杂而言，是万物之所以然和所当然之统一的纯然之"理"。此"性""如'天地之性'之'性'"，是人心之道德意识与道德认知的主导者。而孔子言"性相近"之"性"则兼"理"与"气"，虽无不善，但受"气"所遮蔽，应需要"天地之性"的纯善加以规范与节制。所以在董铢看来，"性"在本体上是恒常不变之"一"，于事实上则是兼"理""气"。在认识上，

---

① 《朱子语类》卷九十五，第2433页。

② 《答董叔重（九）》，《朱文公文集》卷五十一，第2365页。

③ 《朱子语录》第六十一卷，第1463页。

董铢将"性"与"气"做出了清晰的划分，认为二者互补杂糅，而于本源来讲"性"应当主宰"气"。此"性"于心而言即是"道心"。

其次，在思考"性"与"心"的关系时，董铢将"性一"作为"心"的思考起点，认为"心"有体用，体为大本，即"性一"。应由此体来主宰"心"，保持"心"之寂然的状态。故其言"'寂感者，此心之体用也'。此心存，则寂然时皆未发之中，感通时皆中节之和。心有不存，则寂然者木石而已，大本有所不立也。"① 在董铢看来，这个存有"理"之"心"，在寂然之时全然是体，是"未发之中"，"心"之用的感通是在与物相接而应时所有行为意念都达到"中节之和"。董铢所言"存主处"应兼有两层含义，即"存有"与"存主"。其一，"存"即为"存有"，此"存有"即"心"之虚灵知觉之实处，无有被遮蔽和滞塞。其二，"主"为"心"之能动性，为"心"之动，由此"心"主宰物事之流行，为"心"之"存主"。故"存主处"兼"存有"与"存主"处。"活泼地"是形容天理流动运转不息，充满生意，即"所谓'必有事而勿正心'者，若有所事而不为所累云尔，此存主之要法。盖必是如此，方得见此理流行无碍耳"②。体之流行发见虽然无有停顿滞碍，但人们可以看见此理于日用伦常之间，起初都是因为这"心"，所以必定让此"心"存有之后才可以看见理之全貌展现于物事，而理之妙用之轨迹便可以无有滞钝。"必有事而勿正心"就好比"心"中存主之事，但并不觉得此事是一种约束，董铢认为这便为"存主"的方法，此"存主"之处应是"浑然在中"。此"浑然在中"董铢认为是喜怒哀乐未发之时，"心"是绝对虚有，因为心是无实有的形态之虚。此为董铢"心之存主"之观点。此存理之心则为道心，道心在人心之中，主导人心，就如同上文所说的纯善之性当主导"性相近"之性。董铢认为"人心之体，虚明知觉而已，即寂感者"。知觉从义理上去则为道心，即纯粹之"理"；知觉从利欲上去则为人心，此人心兼"理""气"，即所谓"利欲如口之于味、目之于色之类，非遽不好，但不从义理上去，则堕于人欲，而不自知矣"③。就人心之本体，即是人心

---

① 《答董叔重（九）》，《朱文公文集》卷五十一，第 2366 页。

② 《答董叔重（七）》，《朱文公文集》卷五十一，第 2369 页。

③ 《答董叔重（六）》，《朱文公文集》卷五十一，第 2361 页。

之本来的样貌，是"虚明知觉"，无具体之形状且光亮不晦暗的，同时又具有感物而动的知和觉的功能。知觉功能感应顺从于天理的那一面就是道心，倘若顺从于利欲则为人心。利欲就好比口有味觉需求、眼睛有视觉需求一样，单单说口、眼之所求，并非不好，而是口、眼之需求没有合于"理"之所当然之规则，便会一味地顺着人之欲求追逐于物，失去人之自主性，亦为失其道心。道心主宰人心即为成就圣人的方法，也是董铢工夫论的理论依据。

再次，从本源之"性一"来看，"心"之"一"就是"道心"，修身以至于圣人之域则为存有"道心"，且"道心"主宰"人心"。"道心"存有的表现则为"咸有一德"。对于"咸有一德"，董铢认为："窃谓一者，其纯一而不杂。德至于纯一不杂，所谓至德也。所谓纯一不杂者，盖归于至当无二之地，无纤毫私意人欲间杂之，犹《易》之常，《中庸》之诚也。说者多以'咸有一德'为君臣同德。'咸有一德'固有同德意，而一非同也，言君臣皆有此一德而已。苏氏曰：'圣人如天，时杀时生；君子如水，因物赋形，天不违仁，水不失平。惟一故新，惟新故一。一故不流，新故无敢。'"①君主同有此"一德"之"心"应是"纯一不杂"。德行到达了纯一无杂，便是所谓至德。"纯一不杂"之"一"应该是解作始终不变之一；"纯一不杂"之"不杂"当为此"一"纯粹至极充斥全然之公理，无一丝一毫的人之私欲在其间。解说"咸有一德"之学者多数认为"咸有一德"为君与臣同有一种德性。但是董铢认为"咸有一德"虽然有同有一样之德的意思，但是"一"并不是指"同"，只是说君与臣有"一"这样的"纯一不杂"之德性。虽朱子认为此言与苏氏所言不同，但认为此处为日用之工夫处。

最后，董铢受朱子启迪之后形成了以"敬"为本的工夫论思想，即"敬"贯"动""静"，以"静"为本，"动""静"兼治的工夫论。关于"敬"为本，董铢认为"敬即好，不敬即不好"②，并举颜子、仲弓、司马牛三人所言如何为仁不同，"然克己工夫，也是主敬；其言也切，也是主敬"③。董铢自己则从圣人设立卦象，系上言辞来思考"敬"。他说："当好时便须有戒慎收敛底意；当不

---

① 《答董叔重（五）》，《朱文公文集》卷五十一，第2358页。
② 《朱子语类》卷第七十，第1761页。
③ 《朱子语类》卷第四十二，第1081页。

好时，便须有艰难守正底意。彻首彻尾，不过敬而已。卦中无全好者，亦无全不好者。"① 其中的警戒道理都是在说须要守住"敬"这个字。故言所有的卦中没有绝对说好的，也没有绝对的不好的。其实就是表明敬则为吉，不敬则不吉。董铢由《易》来思考"敬"，以"敬"作为工夫的主要方法。认为"敬"是获吉的根本缘由，从而将"敬"贯穿于其整个工夫之中，达到对理学的体悟与践行。"敬"之主要内容则为"主一"。程子有言："主一之谓敬，无适之谓一。"② 由上文"咸有一德"为工夫落脚处可知，"一"即是心里只纯净无杂。"主"为两层含义：其一，由"动"言谓"省察"，即是须由"一"来为"思""行"之"省察"，一切内在思想与外在行为皆由"一"作为主导；其二，由"静"言谓"存养"，即是须由"思""行"皆依照"一"之目的与标准来，守住此"一"。关于"敬"贯"动""静"，以"静"为本，"动""静"兼治，董铢认为"须是动静两下用工，而主静为本。静而存养，方始动而精明。"③ 董铢认为程子言"善观者，却于已发之时观之"④ 这一句未妥，如果只在已发处观察"善"便忽略未发时的存养工夫。并以"复"卦来加以解释，言："纯坤之月，可谓至静。然昨日之静，所以能养成今日之动；故一阳之复，乃是纯阴养得出来。在人，则主静而后善端始复。"⑤ 故董铢认为涵养应以主静为本，贯穿始终。此"静"也是动之所向，董铢说："'艮其背，不获其身'者，止而止也，所谓'静而止其所'也。'行其庭，不见其人'者，行而止也，所谓'动而止其所'也。静而止其所者，是只见道理所当止处，不见己身之有利害祸福也。动而止其所者，只见道理所当行处，不见在人之有强弱贵贱也。古人所以舍生取义，杀身成仁者，不获其身也。所以不侮鳏寡、不畏强御者，不见其人也。然惟不获其身者，乃能不见其人。故曰动静各止其所，而必以主夫静者为本焉，所以自源而徂流也。程先

---

① 《朱子语类》卷第七十，第 1761 页。

② 程颢、程颐著，王孝鱼点校：《二程集》河南程氏粹言卷第一，中华书局，1981，第1173 页。

③ 《朱子语类》卷第六十二，第 1514 页。

④ 《朱子语类》卷第六十二，第 1514 页。

⑤ 《朱子语类》卷第七十一，第 1792 页。

生所谓'止于所不见，则无以乱其心，而止乃安'，是又就做工夫上言。"①董铢认为"艮"之"止"有就"静"上言，亦有就"动"上言，故须"动"静"两处下工夫。"艮其背，不获其身"是"止而止"之意，第一个"止"便为"静"，故董铢言此为"静而止其所者"。"行其庭，不见其人"者，是指"行而止"，"行"为"动"，故言此"动而止其所"。于"静而止其所"，是指人不会因为自身的利害祸福为所停止之处，而去影响"所止之处"，而是只明道理应当所止之处，古人"舍生取义""杀身成仁"之所以然之故便是言"不获其身"。不去侮辱鳏寡之人、不畏惧强权之原因则是"不见其人"，都是"艮"之所止。然"动"之"止"与"静"之"止"皆为"止其所当止之止"，此"止"应当以"静"为本，才能以是"溯流穷源"，由自内而明其所以止，以至至外而行其所当止，此"止"便方可为当止之处。工夫在静上言则需要明动之所向，在动上言须要知其静之所复。

可见，董铢的心性与工夫论思想与宇宙论思想逻辑是一致的，其中也有朱子的影响，但他对"性""心"作出了二分的思考，且将二分的思考逻辑贯穿其中，有自己的思想特色。

三、易数观

理学的建立与发展，与易学有着较密切的关系，理学家往往同时也是易学家。《董氏家谱》中所录明初朱镜《送董大用远新安序》记说，董铢与朱子情谊深厚，且于《易》学切磋问学甚密，涉及问题众多。这说明董铢对于易学不仅甚为重视，而且颇有研究。以现有资料观之，董铢甚爱与朱子论《易》，仅《语录》中所记载，其问《易》条目就有九十余条。其易学思想主要见诸"象数观"，故以此来作讨论。

董铢之象数观较有其个人特色，其将易之数分为以数五为"体"，以数四为"用"。于象，他认为"象"为阳气所聚而成，"形"为阴气所聚而成。

---

① 《答董叔重（十）》，《朱文公文集》卷五十一，第2374页。

"象""形"为变化的可见之痕迹。[①] 于数，他由《河图》《洛书》推导"五者，数之祖也"。《河图》《洛书》作为其数说之推衍之源，朱子尤为赞赏。

董铢说："《河图》之数，不过一奇一偶相错而已。故太阳之位即太阴之数，少阴之位即少阳之数，少阳之位即少阴之数，太阴之位即太阳之数。见其迭阴迭阳，阴阳相错，所以为生成也。天五地十居中者，地十亦天五之成数。盖一、二、三、四已含六、七、八、九者，以五乘之故也。盖数不过五也。《洛书》之数，因一、二、三、四以对九、八、七、六，其数亦不过十。盖太阳占第一位，已含太阳之数；少阴占第二位，已含少阴之数；少阳占第三位，已含少阳之数；太阴占第四位，已含太阴之数。虽其阴阳各自为数，然五数居中，太阳得五而成六，少阴得五而成七，少阳得五而成八，太阴得五而成九，则与《河图》一阴一阳相错而为生成之数者，亦无以异也。不知可如此看否？《启蒙》言其数与位皆三同而二异；三同谓一、三、五。二异谓《河图》之二，在《洛书》则为九；《河图》之四，在《洛书》则为七也。盖一、三、五阳也；二、四，阴也。阳不可易而阴可易，阳全阴半，阴常从阳也。然七九特成数之阳，所以成二、四生数之阴，则虽阳而实阴，虽易而实未尝易也。"[②]

《河图》《洛书》作为易之起源，是八卦衍化之依据，董铢认为《河图》之数皆为一奇数和一偶数相错。所以《河图》中太阳之位（即图北位）相即不离的是太阴之数六，少阴之位（即图南位）相即不离的是少阳之数七，少阳之位（即图东位）相即不离的是少阴之数八，太阴之位（即图西位）相继不离的是太阳之数九。整个图为阴阳相叠交错而表示生成的。天数五地数十在图的中间，地数十同样为天数五这个生数的成数。是因为一、二、三、四这四个数为生数，按照义理来说，生数之所以得生是因为其已包含成数之理，故一、二、三、四始出便包含成数六、七、八、九。而为何成数是六、七、八、九？是因为生数一、二、三、四都与数字五相合。所以董铢认为《河图》之数皆以五为起源。《洛书》之数，由一、二、三、四对应九、八、七、六，《洛书》之数也都在十之内。太阳为顺序之首，其中已有太阳之数（数一），次之少阴含有少阴之数

---

① 《答董叔重（九）》，《朱文公文集》卷五十一，第 2365 页。

② 《答董叔重（十）》，《朱文公文集》卷五十一，第 2373 页。

（数二），次之少阳含有少阳之数（数三），次之太阴含有太阴之数（数四），虽然《洛书》以阴阳象其数，但是图的中部为数字五，太阳（数一）得五生成了六，少阴（数二）得五生成数七，少阳（数三）得五生成数八，太阴得五而生成数九，阴阳之数一阴一阳交错与五相合的生成之规律与《河图》一阴一阳交相互错而来的生成之数实则是相同的原理。董铢又言《易学启蒙》中说道，《河图》《洛书》的数和位有三个相同，两个不同。三个相同的是指一、三、五。两个不同是指《河图》的数二在《洛书》为数九位置；《河图》的数四在《洛书》为数七的位置。之所以数一、三、五属于阳，二、四属于阴，是因为阳是不可以改变的，而阴是可以改变的，所以阴始终是归顺于阳。又因数七、九为成数中的阳，所以数二、四为生数中的阴。这样看来阳用于外但其内主阴，虽然其内主阴，阴为可变，但有阳为用，阳为不可变。或曰："天地之数五十有五，而大衍之数五十，何也？"铢窃谓天地之所以为数，不过五而已。五者，数之祖也。盖参天两地，三阳而二阴，三、二各阴阳错而数之，所以为数五也。是故三其三、三其二而为老阳、老阴之数，两其三、一其二而为少阴之数，两其二、一其三而为少阳之数，皆五数也。《河图》自天一至地十，积数凡五十有五，而其五十者，皆因五而后得。故五虚中若无所为，而实乃五十之所以为五十也。一得五而成六，二得五而成七，三得五而成八，四得五而成九，五得五而成十。无此定数，则五十者何自来耶？《洛书》自一五行至九五福，积数凡四十有五，而其四十者，亦皆因五而后得。故五亦虚中若无所为，而实乃四十之所以为四十也。一六共宗而属太阳之位数，二七共朋而少阴之位数，三八成友而为少阳之位数，四九同道而为太阴之位数。不得此五数，何以成此四十耶？即是观之，《河图》《洛书》皆五居中而为数宗祖。大衍之数五十者，即此五数衍而乘之，各极其十，则合为五十也。是故五数散布于外为五十而为《河图》之数，散布于外四十而为《洛书》之数，衍而极之为五十而为大衍之数，皆自此五数始耳。是以于五行为土，于五常为信。水、火、木、金不得土不能各成一气，仁、义、礼、智不实有之，亦不能各为一德。此所以为数之宗，而揲蓍之法必术而极于五十以见于用也。不知是否？ ①

---

① 《答董叔重（九）》，《朱文公文集》卷五十一，第2363页。

于"天地之数"和"大衍之数"为何不一样。董铢认为天地相交而生之成数，都是以数五为本源，所以数五是所有生成之数的来源。而后，他以此为中心对《河图》《洛书》分别进行了详细的分解，《河图》之数由天数一至地数十，其相合之结果为五十五，然而其中一、二、三、四与六、七、八、九、十相合为五十，都是因为数五而得，生数一、二、三、四分别合于五，得地数六、七、八、九，十为天地之成数。数五居于中间之位置为虚位，看似无所作为，实则五为数之体。而后的一与五相合成成数六，二和五相合成成数七，三与五相合成成数八，四与五相合成成数九，五与五相合成十，如果不是这些天地之数依次与五相合，那天地之数之五十由何而来？《洛书》数字是以奇数为用，故只有九个数。然将一至九相加总数为四十五，而五为其余四十之主。董铢认为《河图》《洛书》二图皆是以数五为图之中位。以此印证，五于中为实乃为虚用之体，是天地生成流行之数之源。不论是《河图》，抑或是《洛书》，皆需与五相合而流行生成，此数五流行与五行之生成中是指土，在五常之中则为信。这是因为五行之金木水火没有土便不能生成各自流行之气，五常之仁义礼智没有信之实有则不能各自实为一德。以上之论皆可验证董铢"五者，数之祖"，五为象数之体的象数观。

董铢以"天为参，地为两"[1]论其象数之体，然何谓"参天两地"，董铢云：天之象圆，圆者，径一而围三。参天者，参其一也。地之象方，方者，径一而围四。两地者，两其二也。故参其一而为三者，因圆象而有三数也；两其二而为四者，因方象而为四数也。参天两地，则为数者五，故天地之数皆五也。三三为六[2]，则为老阳、老阴之数；两其三、一其二，则少阴之数；两其二、一其三，则为少阳之数。故参天两地者，数之祖也。[3]其意为，天的样貌是圆形，圆是直径为一，周长等于三的图形。参天是指以直径一为一参而成三。地

---

① 阮元校勘《十三经注疏（清嘉庆堪本）一》《说卦传》："参天两地而倚数。"汉孔颖达注疏为："倚，立也。既用著求卦，其揲所得，取奇数于天，去偶数于地。"

② 《晦庵文集》卷五十一校记："三三为六，《正讹》改作'三三三二'，同治本作'二三为六'。"（《朱子全书（修订本）》第22册，第2417页）按，清贺瑞麟《朱子文集正讹》所改，于义为长。

③ 《答董叔重（九）》，《朱文公文集》卷五十一，第2365页。

的样貌是方形，方以一为边长长度，围合为四边。因为地属阴，以二为阴，所以两地指以二为一，四围有两个二。参天两地实则为数五，因此董铢认为天地之数也为五。三个三为九，此为老阳卦，三个二为六，为老阴之数；两个三与一个二相合为八，为少阴之数；两个二与一个三相合为七，为少阳之数。参天两地就五，五为数之起源。参天两地之由与朱子之说无异，但可明董铢以此发明其"五者，数之祖"的象数观。董铢之象数观有体亦有用，董铢认为，揲蓍之数，以四为主。盖四者，数之用也。太阳一。少阴二，少阳三，太阴四，其位四也。分揲挂归必四营也，揲之亦必以四，故皆以四为主。故老阳三十六，少阴三十二，少阳二十八，太阴二十四，皆四约之也。及其扐也，五四为奇，五除挂一，四不除挂一，皆为四者一。所谓奇也。九八为偶，九除挂一，八不除挂一。则为四者二，所谓偶也。是皆以四数为主。[①]董铢关于五为数之祖的论断，与心学创立者陆象山论数的观点相合。二人皆有以"五"是"天地之数"生成变化多样性的基础和根源。象山在论《九畴》言"五，数之祖"[②]，董铢言"五者，数之祖也"。虽其二者之同则为以天地之数与大衍之数中，五为数之变化的依待，且其都以仁、义、礼、智、信之信；水、火、木、金、土之土来象形数五于事物之中的作用。董铢与陆象山所论"五者，数之祖也"，为数之生成变化皆依待数五得以流行生成，含摄于其整个易之生成系统内，且变化的归结不出数量的五、种类的五。

总之，董铢作为朱子理学流向新安之关键人物其思想对后学影响较大，虽其著述皆已佚失，然不可不究。董铢之思想以"四书"为门径，由识"仁"与行"仁"为起点，贯以"动""静"两下之工夫，成于"阴阳互为其根"其源为"一"之易学思想。详之则为，第一，于本体上，董铢主张以"一"为本体，此本体恒常且"纯一不杂"。第二，于理气心性上，"道""性""心"皆需兼"理"与"气"，且二者"虽不相离""元不相杂"。第三，于工夫上，以"敬"为本，且"敬"贯"动""静"。解"艮"卦强调"动"中主"静"，解"复"卦则强调"静"中有"动"。"动"中有"静"是需明有"止"，静中有动则为需明如何复

---

① 《答董叔重（十）》，《朱文公文集》卷五十一，第2373页。
② 陆九渊撰，钟哲点校：《陆九渊集》，中华书局，1980，第41页。

其初。最后，董铢之思想于易学象数之说浑然贯通，以为"五者数之祖""四者数之用"。

The Research of Dong Zhu's Neo Confucianism

Liu Yuhan　　Yang Zhucai

Abstract： Dong Zhu from Dexing, an excellent disciple of Zhu Zi, was indifferent to fame and pursued true knowledge in all his life. He was the key disciple who promoted the development of Xin An Neo-Confucianism derived from Zhuzism. Dong Zhu joined Zhu Zi as early as the second year of Chunxi (1175). From the second year of Chunxi to the fifth year of Qingyuan (1199), studied in Hanquan Jingshe, Wuyi Jingshe and Zhulin Jingshe (Cangzhou Jingshe). Even during the Ban Period, Dong Zhu still insisted on learning and teaching conceptions of Zhu Zi . Dong Zhu wrote many books mainly related to *The Four Books and Five Classics*, and The Nature of Mind and Righteousness. The thoughts of his Neo-Confucianism are great variety and he emphasizes the learning and applying combination, which also balances being and acting. He excels in the though of changing, which inherits the though of Zhu Zi while developed the thinking of himself. His conclusion is "The Yijing builds a eternal structure that is stable and flexible, synchronizing human activities for the unfolding of universes that everyone can use it". In addition, his Phenomenological View included: (1) The original reason for the cosmos are no more than the five, and the number "five" is the ancestor for all the numbers. (2) Perform Gua by dividing the yarrow according to the number "four", since the number "four" is a fundamental number for the Gua. In conclusion, the thoughts of Dong Zhu's Neo-Confucianism based on the the principles how to differential public interest from self-interest. To cultivate human intrinsic nature, he supported that "being quiescent is the fundamental to grow up it". For the epistemology, he pursued that there is no isolated "matter" and "principle".

Key words： The Excellent Disciple Of Zhu Zi; Neo Confucianism; philosophy

● **宋明理学研究**

"东南三贤"与"乾淳三派"：
全祖望对南宋理学史的建构及其思想意蕴

金晓刚 *

【摘　要】"东南三贤"与"乾淳三派"已成为南宋乾淳理学的经典概括，但二者所涉人物与学派并不吻合。全祖望所指认的"三贤"与"三派"，虽汲取了前人观点，但也有自己的叙述语境。如单方面解读，认为这是全祖望的全部理解，抑或理学史的真实反映，未免失之仓促。全氏凸显吕学的"兼取其长"与"递传不替"，与自身的学术史观有密切关联，虽未必完全符合理学史真相，但这一视角对重新认识宋代理学史有重要意义。

【关键词】 东南三贤；乾淳三派；全祖望；理学史

　　"东南三贤"（朱熹、张栻、吕祖谦）一词，已被广泛用于描绘南宋理学的高峰，成为南宋理学士群的符号，不断被后人叙说、追忆。清代全祖望在补修《宋元学案》时，对南宋乾淳时期的理学生态，也采用了这一名词，称："朱、

---

　　* 【作者简介】金晓刚，浙江师范大学人文学院副教授、江南文化研究中心研究员，研究方向为学术思想史研究。
　　【基金项目】国家社科基金青年项目"南宋至清初稀见'学案'类文献的理学谱系研究"（22CZX031）。

张、吕三贤，同德同业，未易轩轾。"①但对南宋理学流派的格局，世人又多沿用全祖望的另一表述："宋乾、淳以后，学派分而为三：朱学也，吕学也，陆学也。"②在全氏的话语中，"东南三贤"无陆九渊，张栻的湖湘学又未能进入"乾淳三派"，二者之间的人物、学派并不吻合，是何原因导致二者的歧出？这些概念是否是思想史的真实反映，还是全氏特定语境下的有意建构？系列疑问耐人寻味。

正如理学史上众多流行久远的固定称谓、名号，早已构成世人的研究逻辑与集体记忆。从既有学术史来看，对"东南三贤"与"乾淳三派"的研究，也大多扎堆于人物具体思想的诠释与对比，抑或三者之间交游、讲学的梳理与钩沉。对这些名号来历的考察、省思，学界展开的讨论并不多见。③本文拟通过"东南三贤"名称的历史考察，并解读全祖望提出"乾淳三派"的真正意蕴，进而反思理学史上经典名号的生成过程及其意义表达。

一、"东南三贤"名号的流传及内涵

南宋"东南三贤"地位的奠定，既与朱熹、张栻、吕祖谦各自的学术精湛造诣有关，更与三方分处三地，又声气相求，多次开展会讲、书函往来关系密切。④然而，正如理学史上响亮的名号，并非一开始就自然存在，许多是经过后人不断形塑与推扬的结果。"东南三贤"名称的生成与流传，也经历了类似的过程。

---

① 黄宗羲著、全祖望补修：《宋元学案》卷五十一《东莱学案》，中华书局，1986，第1678页。

② 《宋元学案》卷五十一《东莱学案》，第1653页。

③ 对"东南三贤"名号的考察，目前仅见张天杰的《吕祖谦与张栻交游详考——兼谈南宋初年"东南三贤"之由来》（《湖南大学学报（社会科学版）》2019年第4期）、《从〈宋史〉出发看"东南三贤"的提出》（《朱子学研究》2023年第2辑总第41辑）。前文主要论述三人之间的交往、讲学过程，后文则分析朱、张入《宋史·道学传》，而吕入《儒林传》的缘由，并认为"东南三贤"并称之说出自浙学学者。

④ 王宇：《"张吕会讲"与"东南三先生"鼎立格局的奠定》，《浙江学刊》2018年第5期。

从现有文献来看，虽难以确定"东南三贤"的最早出处，但这一称号在三人生前殊不多见，类似的提法更多出现在张、吕逝世后。淳熙八年（1181）九月，吕祖谦病逝，辛弃疾在祭文中说："厥今上承伊洛，远溯洙泗，金曰朱、张、东莱，屹鼎立于一世，学者有宗。"[①] 吕、辛二人的共同好友陈亮在《与张定叟侍郎》中也提到："乾道间，东莱吕伯恭、新安朱元晦及荆州，鼎立为一世学者宗师。亮亦获承教于诸公，后相与上下其论。今新安巍然独存，益缔晚岁之好。"[②] 张定叟即张栻弟张杓，根据"新安巍然独存"可知此函作于张、吕逝世后。从名号的制造者而言，这一说法较早诞生于与吕祖谦交往契密的友朋之间，表达的既是对故友亡逝的哀思，也是对其学术地位的认可。

张天杰教授指出，"东南三贤"的提法，在朱熹与张栻的传记中似乎极少见到，而在吕祖谦的传记之中则特别引人注目。从这些最早的文本以及吕祖谦的传记来看，"东南三贤"的提法确实是吕祖谦以及浙学一系在主导着。[③] 他还进一步强调，"东南三贤"并称之说与浙学有着重要的关联，其目的或是为吕祖谦辩护，或出于浙籍学者的立场。[④] 不过，这一说法似有商榷之余地。从目前的学术史脉络来看，这一称呼最早出现于前文述及的辛弃疾、陈亮二人的祭文中，在此后流行过程中，也确实有大量浙籍学者（如叶适、楼钥、陈耆卿等）接受并使用这一称号。但这一称号的使用者，并非完全与浙学有重要关联。

在吕氏逝后十余年的庆元元年（1195），朝廷的经筵讲习中就有关于"东南三贤"的话题。《宋史全文》"庆元元年六月"条引用了《讲义》的一段话，云："孝宗皇帝崇尚伊洛之学，一时明师大儒相继而起。张栻在湖，朱熹在闽，吕祖谦在浙，皆推明是学，以续孔孟正脉之传，天下学者翕然从之，得其说者互以

---

① 吕祖谦：《东莱吕太史文集附录》卷二《祭文一·辛殿撰幼安》，黄灵庚、吴战垒主编：《吕祖谦全集》第1册，浙江古籍出版社，2008，第763页。
② 陈亮：《陈亮集》卷二十九《与张定叟侍郎》，中华书局，1974，第322页。
③ 张天杰：《吕祖谦与张栻交游详考——兼谈南宋初年"东南三贤"之由来》，《湖南大学学报（社会科学版）》2019年第4期。
④ 张天杰：《从〈宋史〉出发看"东南三贤"的提出》，《朱子学研究》2023年第2辑总第41辑。

传授。"① 嘉泰二年（1202），蜀人李心传也有相应的论述："乾道、淳熙间，二人（朱熹、张栻）相往来，复以道学为己任，学者号曰晦庵先生、南轩先生。东莱吕伯恭，其同志也。"② 同时期闽人方大琮在复友人函中，称周敦颐之学，"赖二程子阐明之而益大，朱、张、吕扶翼之而益尊"③。以上记载说明"东南三贤"之说，并非皆为了辩护吕祖谦，或出于浙学立场，甚至与浙学亦不一定有必然的重要关联。换言之，三贤之并称在晚宋学界的接受群体中已具备相当的普遍性，而非局限于浙籍学者。而随着理学逐步升格为官方意识形态，这一称号也常出现于朝廷的相关制度与活动中。如淳祐、端平年间的科举策论中就有"乾淳之际，异人辈出，正学大明。张之教行于荆，吕之教行于浙，朱之教行于闽，如笙簧之并奏，无非雅乐之正条也"④ 的试题。景定二年（1261），时为储君的宋度宗上奏理宗："朱熹、张栻、吕祖谦，志同道合，切思讲磨，……今熹已秩从祀，而栻、祖谦尚未奉明诏，臣窃望焉，故有是诏。"⑤ 均是"东南三贤"在晚宋流传广泛的重要印证。

从以上晚宋士人的叙述可以发现，在他们看来，三先生除倡讲学之功外，还接续了北宋以来的濂洛之学，其贡献与意义关系到整个孔孟儒学的盛衰。两宋理学在三先生手上得到了衔接，形成了"北宋有濂洛，南宋有三贤"的格局。而在朱、张、吕从祀孔庙后，标志着三人"真儒"地位获得官方的权威认定，其意义也不只限于自身，而是升级为一种文化资本，成为界定他人理学成就的重要媒介。吴潜在为魏了翁文集作序时，先叙述三人的学术贡献，紧接着称赞魏氏"我公嗣之，识照古今而不自以为高，忠贯日月而不自以为异，德望在生民，名望在四夷，文章之望在天下，后世盖所谓兼精粗、一本末，集乾淳之大

---

① 佚名：《宋史全文》卷二十九上，黑龙江人民出版社，2004，第 2005 页。

② 李心传：《建炎以来朝野杂记》甲集卷六《朝事二·道学兴废》，中华书局，2000，第 138 页。

③ 方大琮：《与周连教梅叟》，曾枣庄、刘琳主编：《全宋文》卷七三八五，上海辞书出版社、安徽教育出版社，2006，第 403 页。

④ 佚名：《群书会元截江网》卷三十五《法祖嘉猷》，《景印文渊阁四库全书》第 934 册，台湾商务印书馆，1983，第 502 页。

⑤ 陈桱：《通鉴续编》卷二十三，景印《文渊阁四库全书》第 332 册，第 941 页。

成者也"。[①]魏了翁生于淳熙五年（1178），无法直接师从三先生，但其能"集乾淳之大成"，很重要的一点是他私淑三先生，具备了"接嗣"的身份。金履祥在追溯先师王柏的理学渊源时，也通过王柏祖父王师愈"与朱、张、吕三先生为友"[②]，建构王柏与三先生的传承关系。在这种叙述模式中，只要从游、交友甚至私淑三先生，即获得了理学真传的可能，隐含着三先生对他们的因果逻辑。这些人透过"接嗣"或"交游"的概念，得以与三先生相提并论。"三先生"一词也再次发挥出与众不同的意蕴。

宋代以后，虽然对三先生的学术高下存在不同理解，但以三先生作为乾淳理学代称或南宋理学正统已是毋庸置疑的一种常识。全祖望在建构乾淳理学时，也延继了宋代以来关于"三贤"的论说。不过，以三先生概括乾淳理学，并不足以反映当时理学运动的全貌。恰恰相反，在晚宋士人的历史记忆中，更具文化象征意义的典型，并不是"东南三贤"，而是更为宽泛的"乾淳诸老"。

叶适在《著作正字二刘公墓志铭》中称："每念绍兴末淳熙终，若汪圣锡、芮国瑞、王龟龄、张钦夫、朱元晦、郑景望、薛士隆、吕伯恭及刘宾之、复之兄弟十余公，位虽屈，其道伸矣；身虽没，其言立矣。好恶同，出处偕，进退用舍，必能一其志者也。"[③]绍兴之后，中经隆兴两年，即是乾道元年（1165），因此"绍兴末淳熙终"的时段亦与乾淳时代吻合。在叶适眼里，这批乾淳诸儒虽地位不显赫，密切程度不同，但彼此互为同道，有着共同的追道志业及其行动方式。端平三年（1236），袁燮之子袁甫回忆："乾淳间，美材出，儒风盛，士耻独学，谀闻父爱子，延硕师，择直谅友，甚已饥渴。自儒先凋零，斯道湮郁，学者甘心孤陋，世推真师友亦罕焉。缅怀乾淳，抚几太息。"[④]在袁氏的记

① 吴潜：《履斋遗稿》卷三《魏鹤山文集后序》，《景印文渊阁四库全书》第1178册，第420页。

② 金履祥：《仁山集》卷四《鲁斋先生文集目后题》，中华书局，1985，第54页。

③ 叶适：《水心文集》卷十六《著作正字二刘公墓志铭》，刘公纯等点校：《叶适集》，中华书局，1961，第306页。

④ 袁甫：《蒙斋集》卷十八《东岩老人郑君墓志铭》，《景印文渊阁四库全书》第1175册，第542页。墓主郑良朋"卒于端平乙未（二年）五月十有二日，越明年四月丁酉，葬于邑东五里冈之原"。可知此墓志铭约撰于端平三年（1236）。

忆中，乾淳时代恰好是理学繁荣、诸儒彬彬的时代，诸儒之间讲学切磋。而他所处的端平年间，这一良好的文化氛围已如明日黄花。稍后，吴潜也提到："至乾淳间大儒辈出，朱文公倡于建，张宣公倡于潭，吕成公倡于婺，皆著书立言，自为一家，……永嘉诸老如陈止斋、叶水心之徒则又创为制度器数之学，名曰实用以博洽相夸，虽未足以颉颃二三大儒，然亦有足稽者寥寥然四五十载。"①虽然不同人对"乾淳诸老"的名单有不同表述，各自主题亦不尽相同，但在晚宋士人心中，"乾淳诸老"是一庞大的道学士群，在学术、政见、处事上存有分歧，然彼此引为同道，又相互砥砺，有着共同的追求，尤其是表现出明显的和而不同的特征，推动了南宋理学的崛起与生长，使之成为乾淳以后南宋文化的思想主流。而在这批人中，最能发挥伊洛思想的佼佼者当属朱、张、吕三人，正如周密所说："伊洛之学行于世，至乾道、淳熙间盛矣。其能发明先贤旨意，溯流徂源，论著讲解卓然自为一家者，惟广汉张氏敬夫、东莱吕氏伯恭、新安朱氏元晦而已。"②

全祖望虽使用三先生的说法，但他指认的三先生"同德同业"其实还蕴含了另一层意义。在"朱、张、吕三贤，同德同业，未易轩轾"之后，全氏紧接着说：

> 张、吕早卒，未见其止，故集大成者归朱耳。而北溪辈必欲谓张由朱而一变，吕则更由张以达朱而尚不逮张，何尊其师之过邪！③

此段话其实是全祖望针对朱熹门人陈淳《严陵学徒张吕合五贤祠说》中独尊其师，歪曲三贤学术关系而进行的一段辩解，并非是乾淳理学运动的概括。事实上，全祖望从未遮蔽三贤之外其他儒者的意义，他称："当乾道、淳熙间，朱、张、吕、陆四君子皆谈性命而辟功利，学者各守其师说，截然不可犯。陈

---

① 吴潜：《履斋遗稿》卷三《魏鹤山文集后序》，第419—420页。
② 周密：《齐东野语》卷十一《道学》，中华书局，1983，第202页。
③ 《宋元学案》卷五十一《东莱学案》，第1678页。

同甫崛起其旁，独以为不然。"① 在他眼中，乾淳时代诸儒虽各立其说，但学派繁荣并兴，尚未形成晚宋定于一尊的朱学垄断格局。如果说包括三贤在内的乾淳士群共同推动着理学运动是完全可以的，但只将镁光灯聚焦于三贤身上，其他人容易成为模糊的背景，以致于很可能把"东南三贤"的名号提前视作当时的主流。

二、"乾淳三派"的语义还原

如前文所及，关于南宋乾淳以后的理学格局，学界常引用《宋元学案》中全祖望关于"乾淳三派"的论述。单凭这一句话，很容易让人做出判断，认为在全祖望眼中，乾淳理学只有朱、吕、陆三派。也因全氏关于宋元理学史的经典性解释，后人不可避免地将他的说法等同于思想史的真实。其实，这样的判断与结论，既非全氏对乾淳理学的全部理解，更非南宋理学史真实图景的反映。

"乾淳三派"的论述，出自全氏的《同谷三先生书院记》，文中与之相关的几句是：

> 宋乾、淳以后，学派分而为三：朱学也，吕学也，陆学也。三家同时，皆不甚合。朱学以格物致知，陆学以明心，吕学则兼取其长，而又以中原文献之统润色之。门庭径路虽别，要其归宿于圣人则一也。②

全祖望在这里先表达乾淳之学分为朱、吕、陆三家，但其重点实是强调三家旨趣尽管不同，然求圣求贤的目标是殊途同归的。不过，"学派分而为三"的

---

① 《宋元学案》卷五十六《龙川学案》，第 1850 页。此段话实出自宋濂的《喻偃传》："当乾道、淳熙间，朱熹、吕祖谦、陆九渊、张栻四君子皆谈性命而辟功利，学者各守其师说，截然不可犯。陈亮崛起其傍，独以为不然。"只是对朱、张、吕的顺序做了调整，见宋濂《宋濂全集》卷十六《喻偃传》，人民文学出版社，2014，第 302 页。

② 全祖望：《鲒埼亭集外编》卷十六《同谷三先生书院记》，《全祖望集汇校集注》，上海古籍出版社，2000，第 1046 页。

简约概念，的确很容易被人接受、传播，久而久之就形成全祖望认为乾淳理学
被三家垄断的论断。

　　通览《同谷三先生书院记》全篇，可发现全氏撰写上述文字有其语境所
在。所谓的"同谷"，系鄞县城东四十里的同谷山，原为全祖望先祖明代南京工
部侍郎全元立的赐茔之地，后全氏家族建书堂于此，称瞻云馆，父子兄弟多读
书其间。全祖望之父以经术教授乡里，曾剪纸为陈埙、王应麟、黄震三先生神
位祭祀。乾隆年间，全祖望请于当道，瞻云馆改作三先生书院，配祀全元立，
遂撰有此记。文中的"三先生"是指甬上陈埙、王应麟、黄震三位乡贤，而非
朱、吕、陆三人。依全祖望之见，陈、王、黄三氏的学术渊源分别来自朱、吕、
陆三家：

　　　　吾乡前辈于三家之学，并有传者，而陆学最先，杨、袁、舒、沈，江
　　右弟子莫之或京，杨、袁尤多昌明之功。顾其大弟子，自袁正肃公而外，
　　陈侍郎习庵其最也。嗣是，则王尚书深宁独得吕学之大宗。……朱学则巴
　　陵杨（案：当为阳，指阳岊）氏之传，授之史公蒙卿，而黄提刑东发又别
　　得之遗书中。①

　　言下之意，先引出朱、吕、陆三家之学，是为了给后面叙述陈埙、王应
麟、黄震三人做铺垫的。全氏撰写此记，一方面是践行"释奠于其乡之先师"
的古训，以纪念陈、王、黄三人讲学甬上，形成"互相过从，以资攻错"的学
风；另一方面，通过重建先贤书院，以唤醒后人对乡贤的记忆，进而勉励学者
复振学术，而非旨在全面叙述乾淳理学的原相。

　　对于全祖望在书院记中，将王应麟定位为"独得吕学之大宗"，当时人是
有异议的。他们认为王应麟从学王埜、徐凤，而王、徐二人"得之西山真氏，
实自詹公元善之门"，詹体仁为朱熹弟子，故王应麟当属于朱学传人。他们甚
至批评"吕学未免和光同尘之失"②，从而反对将王应麟视为"吕学世嫡"。全祖

――――――――――

　　①　全祖望：《鲒埼亭集外编》卷十六《同谷三先生书院记》，第 1046—1047 页。
　　②　全祖望：《鲒埼亭集外编》卷十六《同谷三先生书院记》，第 1047 页。

望的答复是，王应麟论学"兼取诸家，然其综罗文献，实师法东莱，况深宁少师迁斋，则固明招之传也"①。这里，全祖望只称王应麟在"综罗文献"上师法东莱，在学术上则是"兼取诸家"。他在《深宁学案序录》也强调："深宁之父亦师史独善以接陆学。而深宁绍其家训，又从王子文以接朱氏，从楼迁斋以接吕氏。又尝与汤东涧游，东涧亦兼治朱、吕、陆之学者也。和齐斟酌，不名一师。《宋史》但夸其辞业之盛，予之微嫌于深宁者，正以其辞科习气未尽耳！若区区以其《玉海》之少作为足尽其底蕴，陋矣！"②显然，全祖望反对将王应麟视为文献辞科渊博之士，与前论王应麟在"综罗文献"上师法东莱相矛盾。其实，全氏所要申明的是，王应麟在为学之法上继承吕祖谦不主一家的包容态度。

再来看《同谷三先生书院记》的撰述题材。全祖望撰有大量关于书院的记文，但其中众多观点前后抵牾，甚至不合历史事实。如《甬东静清书院记》称：

> 先是，吾乡学者杨、袁之徒极盛。史氏之贤喆，如忠宣公、文靖公、独善先生、和旨先生、鸿禧君、饶州君，皆杨、袁门下杰然者也。静清为独善孙，始由巴陵杨氏以溯朱学，当时只轮孤翼，莫之应和。而黄提刑东发出焉，遂稍稍盛。朱学之行于吾乡也，自静清始，其功大矣。③

黄震早史蒙卿 34 年出生，其在四明一带传播朱子学时，史蒙卿尚是孩童。史蒙卿归依朱子学在景定年间（1260—1264），在四明地区传播朱子学则至咸淳十年（1274）辞官回乡之后。而此时的四明陆学，据黄震在《读陆象山文集》

---

① 全祖望：《鲒埼亭集外编》卷十六《同谷三先生书院记》，第 1047 页。全氏后半句显然有误，王梓材在校订《宋元学案》时，于楼昉小传下指出："李悦斋为绍熙庚戌（1190）进士，厚斋尚书以嘉定癸未（1223）生，相去三十四年，且其父温州已是幼从迁斋，尚书未必再及楼门。王厚斋云云，当是王厚斋尚书之父之伪脱耳。"可知，师从楼昉者为王应麟父，非王应麟本人。

② 《宋元学案》卷八十五《深宁学案》，第 2856 页。

③ 全祖望：《鲒埼亭集外编》卷十六《甬东静清书院记》，第 1052 页。

中提到已是"泯然无闻"①了。因此，四明地区的朱子学流传，并非如全祖望所云的"自静清始"。而在此文开头，全祖望先叙述元代理学传承谱系"有元儒林世系：鲁斋、白云专主朱学，静修颇祖康节，草庐兼主文安，其足以辅翼二许者"②，后紧接着称"吾乡程敬叔兄弟最醇……而敬叔兄弟，得之静清史先生"③。很明显，全祖望褒奖程端礼、端学兄弟的"最醇"，暗含着二人的师承者史蒙卿共享学术醇正的称号。全氏这一叙述手法，与《同谷三先生书院记》如出一辙。

在全祖望所撰其他书院记中，同样可见他叙述前后不一的说法。如《碧沚杨文元公书院记》，全祖望大力夸赞杨简为象山功臣，称其"生平践履，盖涑水、横渠一辈人，曰诚，曰明，曰孝弟，曰忠信，圣学之全，无以加矣"④。当有人质疑杨简以发明本心为终极目标而寖失象山之传时，全氏为之努力辩解，"特以当时学者沉溺于章句之学，而不知所以自拔，故为本心之说以提醒之"，主张"论人之学，当观其行，不徒以其言"。⑤在这篇杨简书院记中，全氏护翼慈湖之心，可谓不遗余力。

然在《宋元学案》全氏补本中，全祖望对杨简之学则充满诟病："象山之门，必以甬上四先生为首，……而坏其教者实慈湖。然慈湖之言不可尽从。"⑥"慈湖之与洁斋，不可连类而语。慈湖泛滥夹杂，而洁斋之言有绳矩"⑦，其评价重点与叙述语气判若云泥。全祖望为何在书院记中孜孜称美甬上先贤，甚至不惜违背史实，很大程度是缘于祠堂记、书院记之类的题材，原本就与墓志铭、神道碑类似，多为歌颂、扬善之作，充满溢美之词，自然难免夸饰的成分，亦难以作为撰述者对传主态度的唯一依据。

---

① 黄震：《黄氏日抄》卷四十二《读本朝诸儒书》，张伟、何忠礼主编：《黄震全集》第5册，浙江大学出版社，2013，第1492页。

② 全祖望：《鲒埼亭集外编》卷十六《甬东静清书院记》，第1052页。

③ 全祖望：《鲒埼亭集外编》卷十六《甬东静清书院记》，第1052页。

④ 全祖望：《鲒埼亭集外编》卷十六《碧沚杨文元公书院记》，第1045页。

⑤ 全祖望：《鲒埼亭集外编》卷十六《碧沚杨文元公书院记》，第1045页。

⑥ 《宋元学案》卷七十四《慈湖学案》，第2466页。

⑦ 《宋元学案》卷七十四《絜斋学案》，第2525页。

其实，全祖望对甬上先贤的日常叙述与评骘渗透了较多的乡邦意识，推崇多而批判少。连通常被视为"实证之书"的《宋元学案》全氏补本，也倾注了地域关怀。据早坂俊广先生的解读，书中原本被朱熹批判的"浙学"一词，被全祖望反其道行之，用来颂扬浙东学术思想的卓越性。他以故事的方式将永嘉、金华、四明各地的思想整合于"浙学"之中，并有意识地将自己所在的四明地区作为终点而进行表彰。[①] 全祖望在书院记中揶揄乡贤也就不难理解了。

再者，现今通行本《宋元学案》中关于"乾淳三派"的说法，并非是全祖望补修时增入，而是道光年间《宋元学案》的校定者王梓材、冯云濠从全氏《同谷三先生书院记》中辑出所补。因全氏补本系未竟稿，诸多学案缺少全祖望的案语。为弥补这一缺憾，王、冯二人在增补时特从全祖望文集中辑入，而非全氏自己拟撰。这一做法，虽说能汇集全祖望的态度，但是否是全氏一以贯之的意见的反映，就难以断言了。因此，如果单独抽离书院记中关于"乾淳三派"的说法，就径自认为这是全祖望对乾淳理学的全部理解，未免以偏概全。换言之，全氏表举"乾淳三派"，并非否认三家以外不存在其他学说。他对乾淳以后理学的分派，应当从更广泛的文献中进行考察。

全祖望对南宋理学的认识，集中体现于百卷定本《宋元学案序录》。就全氏的建构来看，乾淳理学的格局，除朱、吕、陆三派外，尚有张栻所代表的湖湘之学，其在当时的规模、影响力绝不亚于朱、吕、陆三家。黄宗羲在《南轩学案》中就评论："湖南一派，在当时为最盛。"[②] 全祖望也毫不讳言地指出朱、吕、张、陆"四家之徒遍天下"，还称张栻之后湖湘理学的盛况，"谁谓张氏之后弱于朱乎"[③]？全氏关于乾淳诸老以后至宋亡理学史的建构，主要体现在《宋元学案》卷六十二《西山蔡氏学案》至卷八十九《介轩学案》。这些学案按学派划分，可分为六类：一是朱熹门人及后学的学案（如《西山蔡氏》《勉斋》《潜庵》《木钟》《南湖》《九峰》《北溪》《沧州诸儒》《西山真氏》《北山四先

---

① ［日］早坂俊广著，陈辉译：《关于〈宋元学案〉的"浙学"概念——作为话语表象的"永嘉"、"金华"和"四明"》，《浙江大学学报（人文社会科学版）》2002年第1期。

② 《宋元学案》卷五十《南轩学案》，第1611页。

③ 《宋元学案》卷七十一《岳麓诸儒学案》，第2368页。

生》《双峰》等）；二是吕祖谦后学的学案（如《丽泽诸儒》《深宁》等）；三是象山后学的学案（如《慈湖》《絜斋》《广平定川》《槐堂诸儒》等）；四是张栻后学的学案（如《岳麓诸儒》《二江诸儒》等）；五是邵雍后学的学案（如《张祝诸儒学案》）；六是各家之外的学案（如《丘刘诸儒学案》）。因此，从全氏建构的整个晚宋理学史来看，他视域中的乾淳理学至少是朱、吕、张、陆四家并列，以"乾淳三派"概括其对南宋理学格局的判定不足为据。而从思想史原景来看，以"乾淳三派"概括当时的理学，就像一把筛子严重过滤掉了历史信息，遮蔽了南宋理学史的广阔图景，容易影响到对理学运动的完整认识。

三、表举吕学"兼取其长"的理路及思想史意义

按照全氏的理解，吕氏之学既摄朱学的格物致知，又取陆学的明心见性，又有家族的"中原文献之统"，在学术上更显殊胜。在所补立的吕氏后学《丽泽诸儒学案》中，他还称美"明招学者，自成公下世，忠公继之，由是递传不替。……明招诸生历元至明未绝，四百年文献之所寄也"[①]。全氏关于吕祖谦之学的论断，是否符合学术史事实，同样值得深思。

关于吕祖谦之学，在历代备受推崇之时，同样不乏批评之调。朱熹就对吕祖谦教人先读《左氏》和诸贤奏疏的做法不满。他认为吕氏倡导先读《左氏》、奏疏之言，一切从利害关系着手，脱离了发明内在性理这一根本，致使内心空虚不实。[②] 稍晚的李心传也指出吕学"优柔细密之中，似有和光同尘之弊"[③]，认为吕氏之学颇显驳杂。晚宋大儒黄震一方面从调停诸家之争的态度称赏吕祖谦"调娱其间，有功于斯道"[④]，另一方面，又敏锐指出吕氏这种兼蓄、宽恕对道学之传"有害"：

---

① 《宋元学案》卷七十三《丽泽诸儒学案》，第 2434 页。

② 向世陵：《朱熹对吕学的批评及吕祖谦学问观一瞥》，《浙江学刊》2018 年第 5 期。

③ 《宋元学案》卷三十《刘李诸儒学案》，第 1088 页。

④ 黄震：《黄氏日抄》卷四十《读本朝诸儒理学书八》，第 1447 页。

先生并包融会,以和为主,故常规警晦庵。然道不直不见,启一时纷
纷之辨者,晦翁也;垂万世昭昭之训者,亦晦翁也。[1]

在与朱熹的对比架构中,黄震认为朱熹的为"道"而辩是理学发展的重要
环节,所谓"理不辩不明"。而吕祖谦以和为贵的这种态度容易沦为乡愿,不辨
是非,从而隐没"道"的真义。黄震的这一批评,在明代唐枢的《宋学商求》
中亦有响应。唐枢推赞吕祖谦包容各家之学,但也诟病东莱"如御庖调手,仅
能药剂咸淡,但依旧吃自家羹豉"[2]。在他眼中,东莱博采众家却未能融会贯通,
"歧博约而为二"[3],容易戕害儒学之基本精神。这些批评虽有各自的语境与立
场,但从吕氏的学术体系来看,这种不立涯涘、包容众家的确显现出学问浩博
的优势,但另一方面容易造成丧失自我、消解自家学说。吕祖谦之学在后世的
衰微,或许与其未确立自家学说宗旨有很大关系。

据田浩先生的研究,在朱、吕均在世时,吕祖谦所收学生远远胜于朱熹,
其在当时道学同道中的影响力胜过朱熹。[4]但是门下学子之济济,并不意味着
学术传承之延绵。随着吕祖谦的病逝,吕学之传明显受挫。吕学的众多门人或
转向朱学,或投靠陆学,吕氏之学渐被合并。从吕氏门人的类型来看,虽有政
治与学术两类,但更有影响的实是政治一途(如乔行简、葛洪、楼钥、李诚之
等人)。他们在思想上的造诣的确不如黄榦、陈淳等朱门弟子。随着吕氏第一代
门人的谢落,后续传承也逐渐湮没。尽管全氏称"明招诸生历元至明未绝",其
实,所谓的"递传不替"是断层的,且是不显著的。

---

[1] 黄震:《黄氏日抄》卷四十《读本朝诸儒理学书八》,第 1435 页。

[2] 唐枢:《宋学商求》,《四库全书存目丛书》子部第 162 册,齐鲁书社,1995,第 453 页。

[3] 唐枢:《宋学商求》,第 455 页。

[4] 田浩《朱熹的思维世界》称,吕祖谦教过的学生,"1180 年左右,丽泽书院有近 300
学生。……加上 1180 年以外的丽泽书院学生,1167 年、1168 年和 1173 年三年在明招山任
教时的学生,以及严州官学的学生,总数至少上千人"。而朱熹的学生人数,只有 467 人,
而且"大部分是在 1182 年到 1200 年之间投入门下,亦即吕祖谦去世后的 19 年间所招收的"。
分别参见田浩《朱熹的思维世界》,江苏人民出版社,2009,第 91、92 页。

此外，全祖望自己对"乾淳以后，学派为三"也有不同的表达。他在《水心学案序录》称："乾、淳诸老既殁，学术之会，总为朱、陆二派，而水心断断其间，遂称鼎足。"[1] 这里，全氏以水心之学代替了吕学，认为乾淳以后，形成鼎足三分的学派是朱、陆、叶三家，这也透露出全氏对吕学是否足以抗衡朱、陆多少带有存疑的意味。在《东莱学案》中，全祖望援引黄震《黄氏日抄》的一段话以评价吕氏，"东莱先生以理学辨朱、张，鼎立为世师，其精辞奥义，岂后学所能窥其万分之一"[2]。光读此句，黄震对吕祖谦之褒赞不可谓不高，但是全祖望实际上只摘录了前半句，裁去了后半句。后半句即上文已提的"先生并包融会，以和为主，……顾后学于诸老，自当参观耳"。很明显，在黄震心中，学术造诣与成就更胜一筹的是朱熹而非吕祖谦。全氏的碎片摘引，容易让人误解黄震的原意。全氏推崇吕学的心迹，亦昭然若揭了。

从历代推崇吕祖谦的言论可以发现，绝大多数是基于吕氏对各家之学包容兼蓄的精神。全祖望汲汲表举吕氏，固然有延继、综合历史评价的一面，但他不断凸显吕祖谦的"兼取其长"，塑造吕学"四百年文献"的传承不坠，无疑有过度夸饰的成分，这已越出学术史的客观定位，背后恐过多渗透了自己的思想旨趣。

就思想渊源而言，无论私淑黄宗羲，还是与李绂、方苞等人交契，全祖望的学术倾向与阳明学更为接近。而当时朝野的学术主流是尊朱辟王，对陆王心学一派基本持否定态度，以致李绂等人当时欲为陆王心学回护均受到不同程度的抵制。《明史·儒林传》虽不立《道学传》，但以程朱为尊的处理态度即是最明显的反映。

对全祖望而言，朝廷尽管在政治领域不抹杀阳明学的意义，但尊朱辟王的学术立场，无疑加速了陆王心学的沉寂式微。这一境况，无论对学术发展而言，还是以阳明学为重镇的甬上学统来说，均是全祖望难以接受的情景。黄宗羲父子的《宋元学案》已经为陆学辩护，设置象山及其后学的学案。全祖望延继梨洲父子的思路，同样为陆学正名，主张折衷朱、陆，反对"门户之病"。在他看

---

① 《宋元学案》卷五十四《水心学案》，第 1738 页。

② 《宋元学案》卷五十一《东莱学案》，第 1679 页。

来，"陋儒门户妄相攻，言朱言陆总朦胧"。对于朱子学学者，他激赏"宗朱而不尽合于朱"的治学理念，严厉批判那些墨守朱学"不敢一字出于其外"①的治学路径。他认为："善读朱子之书者，正当遍求诸家，以收去短集长之益。若墨守而屏弃一切焉，则非朱子之学也。"②按全氏之意，如何跳出墨守朱子学之桎梏，为朱子学发展注入活力，必须向朱子学以外的学说汲取精粹，以补自身之不足。

全祖望虽不否认程朱与陆王的差异，但不主张理学与心学的二分，他谓："理学、心学之分为二也，其诸邓潜谷之不根乎？夫理与心，岂可歧而言乎？"③他综观明代理学发展史，认为理学与心学并非决然对立。朱学、阳明学与白沙学，三者之间互相倚重，构成各自发展的动力。故从学说渊源来看，"白沙未始不出于康斋，而阳明亦未尝竟见斥于泾阳也，是乃朱子去短集长之旨也"。④

在他眼中，历代官修史书很大的缺陷就是抱门户之见，所以他感慨：

> 朝廷之修官书，足以为害，不足以为益。魏崔浩注群经，勒石国中，而先儒之说几废，幸其被毁而止。唐修正义，而百家之师传折而归一。宋之三经亦幸其行之不久，盖天下之足以废弃一切者，莫有若官书也。⑤

他批判的对象正是官修史书"整齐学术"后带来的"狭隘僻陋之私"。这也反向印证了全祖望在论述历代学术的脉络中，主张"不名一家"的学术史观，才能认识思想史的真相。

因为主张兼容并蓄的宗旨，所以全祖望补修《宋元学案》的初衷，就是要重构历史上的宋学原貌，站在宋学的知识、思想的整体视域中，力图还原学

---

① 全祖望：《鲒埼亭集外编》卷十六《横溪南山书院记》，第 1055 页。

② 《宋元学案》卷四十八《晦翁学案序录》，第 1495 页。

③ 全祖望：《鲒埼亭集》卷二十八《陆桴亭先生传》，第 512 页。

④ 全祖望：《鲒埼亭集》卷二十八《陆桴亭先生传》，第 513 页。

⑤ 全祖望：《鲒埼亭集外编》卷四十一《与谢石林御史论古本大学帖子》，第 1611 页。

术史中的宋学，而不只是狭隘的宋代理学。在全祖望眼中，宋学是一门涉及各个知识、价值领域的全体大用之学，其义理、经济、考据、辞章是一个紧密联系的整体，密不可分。只有义理之学，没有经济、考据、辞章，无疑窄化了宋代理学的丰富内涵。如他在叙述北宋初期的儒学史时就说"庆历之际，学统四起"，这一"庆历学统"的学术内涵就涉及当时义理（创通经义）、经济（革新政令）、考据（疑经辨经）和辞章（古文运动）等不同领域。而吕祖谦主张明心与格物并进的为学方式，正是代表了宋学中心学与理学互相交叉的进路，是宋学兼容并蓄精神的体现，符合了全祖望重建宋学史的历史理念，故最受其青睐。结合全氏的学术理念，就可以清晰解释他为何屡屡强调吕祖谦的"兼取其长"了。

全祖望这一会通宋代的义理、经济、考据、辞章的整体性视野，对后来学者考察宋代理学的知识与价值产生了重要的启示。如邓广铭、漆侠、朱汉民等学者均主张以儒学学统的视域叙述宋代理学，能够更完整地、真实地彰显与描述宋代理学学术思想的丰富性，也更加合乎宋代理学的真实形态、实际进程。[①]

四、结语

通过对"东南三贤"与"乾淳三派"概念的梳理可看出，全祖望所指认的"三贤"与"三派"，虽吸取了前人观点，但也有自己的叙述语境。全氏凸显吕学的"兼取其长"与"递传不替"，寄寓了他追求学术包容的理想，也是他"去短集长，不名一师"学术史观的体现。如截取只言片语，进行单方面解读，认为这是全氏对南宋理学的全部认识，抑或是理学史的真实反映，未免失之仓促。换言之，"东南三贤""乾淳三派"的名称，对于把握南宋理学的脉络是十分便

---

① 参见邓广铭《浙东学派探源——兼评何炳松〈浙东学派溯源〉》，《益世报·读书周刊》第 13 期，1935 年 8 月 29 日，第 11 版；漆侠《宋学的发展和演变》，河北人民出版社、人民出版社，2011；朱汉民《照着儒学学统重写理学史》，《复旦学报（社会科学版）》，2018年第 3 期。

捷且重要的。但是思想的复杂性,很难以一种概括与类型化的方式来说明,乾淳诸儒也并非只有三先生,乾淳以后的理学也不只有朱、陆、吕三家。如果只从名号概念去认知南宋理学,无疑简化了对历史复杂性的把握。

类似的例子在理学史叙述中颇为常见。如以学术论衡,宋儒范浚难当"婺学开宗"之名,但其在明清被推尊为"婺学开宗",背后归因于婺学传统重建、王学冲击、嘉靖帝御注《心箴》等因素的助推。[①]黄宗羲为了确立明代理学与宋代理学的分庭抗礼地位,以证成他"有明文章事功皆不及前代,独于理学,前代所不及"的总体评价,在《明儒学案》中将方孝孺塑造为"有明学祖",并努力撇清方氏与宋濂的师承关系。这样的设计不可避免地牺牲了相当的"面"的介绍,显然不能反映明初理学的全体大势。[②]这些案例说明,理学史上众多经典名号的形成有其内在的机制与动力,背后渗透了制造者的意义表达。这些名号与理学史的原貌有一定的出入,恐难以视为思想史的全部实录。只有深入历史语境,解读名号的生成过程,并置于整体理学史的参照体系中,才能真正理解名号所富有的思想意涵。

而全祖望基于自身的学术理念,表举吕祖谦之学的"兼取其长",认为其学较朱、陆两家更为优胜,虽未必完全符合思想史的真实。但这一视野是对吕学兼容并蓄精神的准确把握,大大突破了道统论话语下的狭隘宋代理学史,对今日重新认识宋代理学的知识、内涵和价值无疑有重要意义。

---

① 龚剑锋、金晓刚:《地域理学谱系的生成机制及检讨——以宋儒范浚"婺学开宗"形成为中心的考察》,《浙江师范大学学报(社会科学版)》2014年第5期。

② 王宇:《试论〈明儒学案〉对明代理学开端的构建》,《浙江省委党校学报》2007年第4期。

"Three Sages in the Southeast" and "Three Schools in the Qian Chun": Quan Zuwang's Construction of the History of Neo–Confucianism in the Southern Song Dynasty and its Ideological Implications

Jin Xiaogang

Abstract: "Three sages in the Southeast" and "three Schools in the Qian Chun" have become the classic generalizations of Qianchun Neo–Confucianism in the Southern Song Dynasty, but the figures they refer to do not coincide with the school. Although the "three sages" and the "three schools" identified by Quan Zuwang have absorbed the views of predecessors, they also have their own narrative context. It would be too hasty to interpret this unilaterally and think that it is the whole understanding of Quan Zuwang or the true reflection of Neo–Confucianism history. Quan's emphasis on Lv school's "taking its advantage" and "inheriting it continuously" is closely related to his academic historical view. Although it may not be completely consistent with the history of Neo–Confucianism, this perspective is of great significance to re–understand the history of Neo–Confucianism in Song Dynasty.

Key words: three sages in the Southeast; three schools in the Qian Chun; Quan Zuwang; history of Neo–Confucianism

毛奇龄《大学证文》所录"季彭山改本"辨伪

林梦佳 *

【摘　要】　宋明时期，儒家经典系统发生了从"五经"到"四书"的转向。朱子《大学章句》开启了《大学》文本改订之风；王阳明借表彰《大学古本》以反对朱说，又把改订之风推向高潮。毛奇龄《大学证文》便在此背景下编纂而成。该书收录了 11 家不同文本，是研究《大学》改本史的重要史料依据。但深究而论，毛奇龄此书有杜撰之嫌。书中所列"季彭山改本"与现存季本《大学私存》内容完全不同。本文考证毛奇龄所说"季彭山改本"的来历与内容，指出其与事实不符，改本当为伪作；在此基础上，溯源毛说，考察毛氏学风，进一步指出此伪本极有可能是毛奇龄为炫博所造。厘定毛说真伪，有助于澄清《大学》改本史，提醒学者以《大学证文》为据时需持更审慎的态度；确定《大学私存》为季本所作唯一改本，对研究季本本人思想与阳明学发展的多形态化都有重要意义。

【关键词】　毛奇龄；《大学证文》；"季彭山改本"；造伪；季本；《大学私存》

　　宋明时期，随着程朱理学逐渐成为官方正统学说，儒家经典系统也发生了从"五经"到"四书"的转向。《大学》从《礼记》中一单篇，一跃成为核心经典。朱子改订《大学》文本，编纂《大学章句》，开启了《大学》文本改订的风气。明代王阳明公开提倡《大学古本》以对抗朱说，并以"古本"为据阐发心

---

* 【作者简介】林梦佳，中山大学博雅学院博士研究生，研究方向为宋明理学。

学思想，又将改订之风推向高潮。①

　　身处明末清初的毛奇龄（1623—1716，字大可，号西河），面对的就是这种《大学》改本层出不穷的情形。在此背景下，他撰写《大学证文》一书，著录 11 种《大学》文本。毛奇龄《大学证文》在《大学》改本史上占据重要地位。《四库全书总目》称赞"奇龄备列诸本，使沿革秩然，亦足以资考证"②，并将其全文抄录于《四库全书》中。此外，《四库全书简明目录》又盛赞此书对诸改本"一一断制分明，具有源委"③。《四库全书》及以四库馆臣为代表的官方认可，使得《大学证文》成为研究《大学》改本史的重要史料依据。

　　然而，随着越来越多珍本古籍文献的整理面世，毛奇龄《大学证文》也得以被重新检视。一方面，面世的原文或与《大学证文》所收改本相抵牾，真伪考证便成为一个亟须解决的问题；另一方面，古籍文献的整理开放、佐证材料的增多，使得辨伪成为一个可操作的论题。本文所要考辨的"季彭山改本"，便是其中一例。

一、问题的提出

　　毛奇龄《大学证文》录有"季彭山改本"，并言其为明代学者季本所作。季本（1485—1563），字明德，号彭山，正德八年（1513）拜入王阳明门下，属于阳明早期弟子。考察季本著述，他曾撰写过《四书私存》一书。④ 由"四书私存"书名推知，季本当留有与《大学》相关的论著。但因《四书私存》

---

① 刘勇认为王阳明从文本改订入手进行学说创新活动，在方法论上具有典范意义。中晚明学者借鉴阳明这种立说模式，通过改订《大学》文本以阐发新说，最终形成《大学》改本的多元竞争局面。详见刘勇《明代中后期的〈大学〉文本改订竞争运动》，《中国史研究》2018 年第 3 期。

② 永瑢等：《四库全书总目》卷三十六，中华书局，1965，第 305 页。

③ 永瑢等：《四库全书简明目录》卷四，上海科学技术文献出版社，2016，第 104 页。

④ 季本著述宏富，所著书目详见徐渭《徐文长三集》卷二十五《先师彭山先生小传》，《徐渭集》第 2 册，中华书局，1983，第 628 页。

一度被认为已经失传，例如被乾隆誉为"文献于兹率可征"①的《经义考》都云"未见"②，故学者无从考察季本有关《大学》的具体论述。《大学证文》所著录的"季彭山改本"，因此成为了解王阳明亲传弟子季本所作《大学》改本的唯一途径。③

随着古籍文献的整理开放、古籍数字化技术的发展，原尘封于图书馆一隅的《四书私存》得以进入研究者的视野。④《四书私存》的公之于众，证实季本确实作有一《大学》改本，亦即《四书私存》中的《大学私存》。然而，季本《大学私存》与毛奇龄《大学证文》所列"季彭山改本"内容完全不同。

依据毛奇龄所载，季本改本"不分章节"，"仅大文六叶，无疏义"。⑤然而《大学私存》不仅章目分明，还注释详尽。在具体的经文移易上，毛奇龄所载改本对经文的改动较多，删去了"故治国在齐其家"七字，并将引证的古书文句全都移置到文末，呈现出引文与正文截然两分的特殊面貌。而《大学私存》并未删补文字，只是以"八条目"为纲，略微调整了经文顺序。

简言之，《大学私存》与毛氏"季彭山改本"（下文简称"毛抄本"）在文本内容上并没有明显的相关性。由这两种不同的《大学》改本，可推得以下三种

---

① 《御制题朱彝尊〈经义考〉》，《经义考新校》第 1 册，林庆彰等主编，上海古籍出版社，2010，第 10 页。

② 朱彝尊:《经义考》卷二百五十六，《经义考新校》第 9 册，第 4593 页。

③ 例如李纪祥讨论的季本《大学》改本，就是毛奇龄《大学证文》所收录者。详见李纪祥《两宋以来〈大学〉改本之研究》，台湾学生书局，1988，第 195—199 页。

④ 现存《四书私存》有两种刊本。一种藏于国家图书馆（下文简称"国图本"），一种藏于上海华东师范大学图书馆（下文简称"华师本"）。国图本前有题跋；版本样式为半页十行，行二十一字；白口，单鱼尾；书口有书名、卷数及页码，其中《大学私存》与《中庸私存》书口处还有刻工名字。华师本前无题跋，版式、页数，以及刻工姓名及其出现页数均与国图本一致。据此推知，二者使用的当是同一刻版。但国图本与华师本稍有差异，例如《论语私存》卷一《学而》的"弟子入则孝"章，国图本作"或言未周"，华师本作"或有永周"。可见二者所用刻版应经过修补。台湾学者朱湘钰于 2013 年点校出版的《四书私存》乃以国图本为底本。

⑤ 毛奇龄:《大学证文》卷四，《景印文渊阁四库全书》第 210 册，台湾商务印书馆，1986，第 312 页。

情形：

（一）《大学私存》与毛抄本都是季本所作。如果此种情形成立的话，则季本有两种不同改本存世，这说明他曾数度更易《大学》改本内容。

（二）《大学私存》与毛抄本二者之间，仅有一种是季本所作，另一种则为伪作。

（三）《大学私存》与毛抄本皆非季本所作。

需要说明的是，已有前辈学者关注到了季本《大学》改本的版本问题，并相继有研究成果面世，分别是日本学者水野实的《季本的〈大学〉改订本再考》①与中国台湾学者朱湘钰的《季本〈大学私存〉之补正与整理》②。水野实主要从思想的一致性来论证《大学私存》乃季本所作；至于毛抄本，水野实并未能直接证实其真伪，只是委婉地提出"盲信其为季本所作是非常危险的"③。朱湘钰在水野实研究的基础上，补充驳斥了毛抄本流传历史之谬。但一方面因史料所限，其在论证过程中存在一些罅漏，部分论点有待修正；另一方面，朱氏仅推断出毛抄本非季本所作，对于此本之来龙去脉并未有进一步深究。概言之，前辈学者的研究成果已证明《大学私存》为季本所作，但对毛抄本仍缺乏正面有效的证据直接证实其真伪。本文在前辈学者已有研究成果之上，借助新史料所带来的客观论据，详细论证毛奇龄《大学证文》所列"季彭山改本"实为伪作。在此基础上，溯源此伪本产生的时间，为此伪本之来龙去脉提供一种可能解释。

二、"季彭山有改本未刻"说不实

毛奇龄言"季彭山改本"的流传历史为：

---

① ［日］水野实：《季本的〈大学〉改订本再考》,《东洋的思想和宗教》第 12 号, 1995，第 19—39 页。

② 朱湘钰：《季本〈大学私存〉之补正与整理》,《中国文哲研究通讯》2012 年第 4 期。

③ ［日］水野实：《季本的〈大学〉改订本再考》，第 23 页。

季彭山本曾有改本未刻，张宫谕阳和讲学龙山，出其书以示学者，因刻之行世。①

前已指出，季本确实存有一《大学》改本，即《四书私存》中的《大学私存》。不过，《大学私存》并未注明刊刻时间。本节通过分析现存《大学私存》的实物刻本信息与文献记载材料，指出《大学私存》为嘉靖间建阳坊刻本，且由季本本人联络刊刻。因此，毛奇龄"季彭山曾有改本未刻，张元忭刻之行世"一说真实性存疑。

首先，分析《大学私存》的刻工信息，确定此书大致刊刻时代。现存《大学私存》与《中庸私存》版心处有刻工姓名，且二者多有重合。《大学私存》所载刻工姓名为余四、刘清、四、余、叶一清、一清、陆山、六七、乙、山，《中庸私存》所载刻工姓名为刘清、一清、余、六七、熊二、陆山、余四、詹二、乙、山。其中，余四、四、余当为同一人，叶一清、一清当为同一人，陆山、山当为同一人，六七当为"陆七"的简省。因此，两部书实际刻工为余四（四、余）、刘清、叶一清（一清）、陆山（山）、陆七（六七）、乙、熊二、詹二。考察这些刻工信息，列表如下：

《大学私存》《中庸私存》刻工信息简表 ②

姓名	信息
余四	明嘉靖间刻字工人。参与刻过《唐柳先生集》（半页 13 行，行 23 字）、《重校正唐文粹》（张大轮本）。万历间参与刻过《西山先生真文忠公文集》（景贤堂本）。
刘清	明嘉靖间闽中地区刻字工人。参与刻过《青湖先生文集》（汪延艮本）、《薛文清公集》（曾大有本）。
叶一清	明嘉靖间刻字工人。参与刻过《汲冢周书》（章檗本）、《荆川文编》（胡帛本）。

① 毛奇龄：《大学证文》卷四，第 312 页。

② 表内刻工信息，均见瞿冕良编：《中国古籍版刻辞典》，苏州大学出版社，2009，第381、245、143、458、457、928、900 页。按，刻工"乙"的信息暂未查找到。表中着重号为笔者所加。

续表

姓名	信息
陆山	明嘉靖间苏州地区刻字工人。参与刻过《四书集注》（应槚本）。万历间参与刻过《纪录汇编》（陈于廷本）。
陆七	明隆庆间刻字工人。参与刻过《文苑英华》（胡维新本）。万历间参与刻过《医学纲目》。
熊二	明嘉靖间闽中地区刻字工人。参与刻过《邵武府志》（邢址本）。万历间参与刻过《今献汇言》（高鸣凤本）、《见素集》（林及祖本）。
詹二	明嘉靖间闽中地区刻字工人。参与刻过《周易程朱传义》《诗经集传》《书经集传》《礼记集说》《春秋四传》（五种均吉澄本）。万历间参与刻过《新刊唐荆川先生稗编》（文霞阁本）。

据此可知，这些刻工主要生活于嘉靖至万历年间的福建一带。并且，余、刘、叶、熊、詹诸姓皆为明中后期福建建阳的刻工大族。[①] 因此，《大学私存》当为嘉靖至万历年间的福建刻本，并且极有可能是福建建阳坊刻本。

其次，考察《大学私存》校正者信息，由校正者进一步断定此书当为嘉靖年间福建刻本。《大学私存》题名下注有"潮阳蔡亨嘉校正"。蔡亨嘉（1500—？，字元会），嘉靖二十六年（1547）进士。[②] 嘉靖三十三年（1554）至嘉靖三十五年（1556）间任龙溪县（属福建省漳州府）知县[③]，后升为江西建昌

---

① 方彦寿：《增订建阳刻书史》，福建人民出版社，2020，第452页。

② 龚延明主编：《天一阁藏明代科举录选刊·登科录》下，毛晓阳点校，宁波出版社，2016，第33页。朱湘钰（《季本〈大学私存〉之补正与整理》，第100页）认为蔡亨嘉为白沙门人，因为白沙文集中有《次韵世卿赠蔡亨嘉还饶平》七律一首，当误。说明如下：首先，蔡亨嘉生于弘治十三年（1500），而白沙卒于是年；其次，古人交往以字、号相称，不可能直接称名，白沙《次韵世卿赠蔡亨嘉还饶平》一诗的"蔡亨嘉"当是某位字（或号）"亨嘉"的蔡姓友人。综上，二者不可能是同一个人。

③ 《（乾隆）龙溪县志》卷十二《职官》，《中国地方志集成·福建府县志辑》第30册，上海书店出版社，2000，第119页。

府通判①。季本《赠漳州别驾汪先生膺奖序》曾提到"知龙溪蔡君某"。原文如下：

> 维时海洋多寇，吴越之间被害为甚。天子遣重臣征剿之，而都宪太仓王公实总闽浙戎政，以漳为番舶所通要区，临视其地。而于海沧之安边馆尤注意焉。诸司咸推先生之贤，遂委之以莅馆事，至则悉厘旧弊，一以无事处之。其民晏如也。逾三月，而王公迁职将行，念其劳，特赐书嘉奖，兹固劝贤之礼也。民欣然服其公而尤叹其不能举以为守也。于是知龙溪蔡君某以民之情告余，谓宜有以述之。②

该文写于都宪太仓王公"迁职将行"之时。"都宪太仓王公"即王忬（1507—1560，字民应，号思质，江苏太仓人）。王忬于嘉靖三十一年（1552）被"擢提督军务巡抚浙江兼辖福建漳、泉二郡"，并于嘉靖三十三年（1554）"移抚大同"。③故季本《赠漳州别驾汪先生膺奖序》当写于嘉靖三十三年，而此年蔡亨嘉正任龙溪县知县。因此，季本文中的"知龙溪蔡君某"即为蔡亨嘉。这说明季本在蔡亨嘉任龙溪县知县之时，与其有交往。

前已述及，由刻工信息可知《大学私存》为嘉靖至万历年间福建刻本，而蔡亨嘉在嘉靖三十三年至嘉靖三十五年间任福建龙溪县知县。从地理空间上言，蔡亨嘉校正《大学私存》一书当发生于此时；而季本在此一时期与蔡亨嘉有交往，也可佐证这一观点。校正为刊刻出版的一道必备工序，因此《大学私存》的刊刻也当在这一时间段前后。

---

① 《（光绪）潮阳县志》卷十五《选举》，《中国地方志集成·广东府县志辑》第 28 册，上海书店出版社，2003，第 220 页。

② 季本：《季彭山先生文集》卷一《赠漳州别驾汪先生膺奖序》，《北京图书馆古籍珍本丛刊》第 106 册，书目文献出版社，1988，第 855 页。

③ 过庭训：《本朝分省人物考》卷二十三《南直隶苏州府·六》，《续修四库全书》第 533 册，上海古籍出版社，2002，第 466 页。

再次，《四书私存》成书于嘉靖三十三年①。查阅文献资料，嘉靖三十四年（1555），季本曾到福建拜访建阳坊刻大家：

> 嘉靖乙卯之岁（按：嘉靖三十四年），余携书入闽，再过建阳。而李子子遂与其兄子盛、子恒，以余为阳明之徒，皆问学焉。与之语，颇不逆也。至冬，其二兄偕计上京师，子遂送之，特至于越。寓于门下者，凡四月。②

李子遂为李有秋（生卒年不详，字子遂），其家为建阳坊刻大家。③其兄子恒为李有则（生卒年不详，字子恒，号左溪），曾于嘉靖间刊刻季本《律吕别书》。季本于嘉靖三十四年带书去建阳，并与建阳坊刻大家交往，可见此行去建阳的目的非常明确：刊刻图书。

结合前述内容，细捋时间线：嘉靖三十三年，《四书私存》完书；嘉靖三十四年，季本去建阳寻求刻书。同一时期，蔡亨嘉在龙溪任上为《大学私存》作刊刻前的校正。据此可推知，《大学私存》乃是季本牵线联络在建阳刊刻出版。综合前面考证的刻本信息，基本可断定《大学私存》刊刻于季本生前，乃为嘉靖间建阳坊刻本。

三、张元忭传刻说之谬

上一节指明毛奇龄的"季彭山曾有改本未刻"一说不实。然而，仅证明季本生前有改本已刻，并不能确凿论证毛说之伪。毛奇龄所录内容既与《大学私存》不同，所谓"季彭山本曾有改本未刻，张元忭刻之行世"同样可解释为季本在《大学私存》外另有一改本未刻，此一未刻本由张元忭传世。有鉴于此，

---

① 《四书私存》收录了季本自撰的三篇序文、一篇跋文。根据这四篇文章的落款时间可知，《大学私存》成书较早，另外三书完成时间比较相近，其中《孟子私存》最后完书。嘉靖三十三年《孟子私存》的完成，标志着《四书私存》正式集结成为一书。

② 季本：《季彭山先生文集》卷一《送李子遂归建阳序》，第857页。

③ 方彦寿：《增订建阳刻书史》，第264页。

本节从毛奇龄所言"张宫谕阳和讲学龙山，出其书以示学者，因刻之行世"一说入手，考证此说不可能成立。

张元忭（1538—1588，字子荩，号阳和）讲学龙山确有其事。关于龙山的地点，其好友罗万化（1536—1594，字一甫，号康洲）言："戊午举于乡。时太仆公督学湖湘，子荩罢计偕往观，逾年始归，筑融真堂于龙山阳，讲学其中。"[①] 融真堂在万玉山房内，徐渭《万玉山房歌》题下注："其堂名'融真'（阳和）。"[②] 此长诗中有"万玉山房谁构此？青衿大雅张公子"和"只今构室卧龙巅，镜湖西去水连天"二句。据此，龙山当指会稽卧龙山。此外，据张元忭言："稽山书院者，文公之祠在焉……仆书屋数椽，在祠之东，日夕瞻依。"[③] 稽山书院在会稽卧龙山西岗，书屋在稽山书院东侧。综上，张元忭讲学龙山的确切地址是会稽卧龙山上，距稽山书院不远的书屋融真堂。

筑室龙山发生于张元忭自湖湘归来至隆庆二年（1568）春试期间。张元忭好友朱赓（1535—1609，字少钦，号金庭）对此事有详细记述：

> 戊午，举于乡。时太仆公（按，张元忭之父）督学湖湘，子荩念违子室久，溯江往省，不复置计偕于念。逾年，乃归。其后连上春官不第，则筑室龙山之上，复邀余及一甫（按，罗万化）读书其中，经术世务，靡不相与究极，慨然有必为古人之志焉。戊辰，三人同上春官，子荩顾独不第，意方怏怏，而会太仆公以云南武定功为忌者所中，有诏逮讯于滇，子荩自邸中仓皇驰归，身披太仆公至滇，间关于骇机伏弩之间。[④]

张元忭于嘉靖三十七年（1558）举于乡。当时张元忭父亲张天复（1513—

———

① 罗万化：《明奉直大夫左春坊左谕德兼翰林院侍读阳和张公墓表》，张元忭：《张元忭集》卷首，钱明编校，上海古籍出版社，2020，第14页。

② 徐渭：《徐文长三集》卷五《万玉山房歌》，《徐渭集》第1册，第128页。

③ 张元忭：《张元忭集》卷四《答傅太守》，第120页。

④ 朱赓：《朱文懿公文集》卷十一《奉直大夫左春坊左谕德兼翰林院侍读阳和张公行状》，《四库全书存目丛书》集部第149册，齐鲁书社，1997，第435页。

1573，字复亨，号内山）在湖湘督学。张元忭中乡举后，未直接参加次年会试，而是先去湖湘看望父亲，直至嘉靖三十八年（1559）才回越。此后，因"连上春官不第"，张元忭才"筑室龙山"，并邀请朱赓与罗万化一起在龙山读书。"连上春官不第"，说明至少两次参加春闱失利，而"筑室龙山"发生于连续春闱失利后，故推知时间最早当为嘉靖四十四年（1565）后。隆庆二年（1568），三人一起北上会试，独张元忭不第。随后，张元忭因父有难而赴滇。因此，筑室龙山讲学当发生于嘉靖四十四年至隆庆二年间。

关于龙山讲学的缘起背景，朱赓在为罗万化所写的《行状》中有更为生动的描述：

> 戊午，公廪于学宫，声誉籍籍起。是年，宫谕举于乡。越辛酉，不佞亦举，而公独后。然公志益锐，曰："学未有诣其精而不售者。"于是，吾三人复偕云石沈公，集于龙山，究心经术世务，丽泽如初。一夕，龙山夜鸣如吼，占者谓当发大魁，殆为两公乎？甲子，公举于乡。戊辰，公与不佞同举南宫。[①]

结合上下两则材料，参与龙山讲学的人仅为张元忭、朱赓、罗万化与沈云石四人。当时，张元忭与朱赓虽然先后于嘉靖三十七年、嘉靖四十年中乡试，但此后却连年考进士失利。罗万化更是在乡考中屡试不中，直至嘉靖四十三年（1564）才举于乡。因此，此三人都是在科考场上不得意的士子。至于沈云石，尽管其生平暂不可考，但根据朱赓所述几人都共同抱有"学未有诣其精而不售者"的信念，可知他也是落第士子。因此，他们聚集龙山讲学的目的非常明确：切磋学艺、备战科考。

毛奇龄言收录的改本为张元忭在此时期所传刻，但结合上述考证出的讲学龙山的地点、时间、人物及背景信息可知，张元忭不可能在此期间传刻季本未刻本。原因如下：

---

① 朱赓：《朱文懿公文集》卷十一《资善大夫礼部尚书兼翰林院学士赠太子少保罗文懿公行状》，第 431 页。

其一，张元忭在卧龙山的融真堂是私人书屋，他筑室龙山的目的是准备科考。所谓龙山讲学，只是张元忭与朱赓、罗万化等二三好友之间的学艺切磋，并非是面向公众的传道。可以说，在此期间，张元忭既没有可对之传播季本改本的受众，也没有刊刻改本的闲暇。即便是朱赓与罗万化，他们同样要准备科考，无暇联络刊刻，更遑论二人也从未提及过此事。

其二，张元忭讲学龙山发生于嘉靖四十四年（1565）至隆庆二年（1568）间。此时，季本已经去世①，而刊刻于季本生前的《大学私存》已经行世。在已有行世改本敷理明晰、注疏详尽的情况下，张元忭为何还要出示一个仅有白文而无疏义的改本？这一改本是否有刻之行世的必要？并且，据季本自述，《大学私存》从成书到出版历经十余年。② 如果《大学私存》外另有一改本，为何季本在此序言中从未提及此事？如果是此一改本作于《大学私存》后，为何季本要舍弃新说而刊刻旧说？

其三，张元忭与季本弟子徐渭交好。然而，徐渭在万历二年（1574）为季本入祀乡贤祠造势所作的《季彭山先生举乡贤呈》中，提到季本已刊刻行世的书目里，只有《四书私存》，并未有由张元忭所传刻的另一《大学》改本。③ 按照毛奇龄所说，张元忭此时已经传刻季本改本，那为何与张元忭交好的徐渭却没有著录此书？而且，不仅徐渭未提及，连张元忭本人也从未提及此事。在他为季本所写的传记中，张元忭详列了季本的著述，但此一著述清单中也没有除《四书私存》外的另一单行《大学》改本。④

综合上述几点，张元忭在龙山传刻季本未刻本之事绝不可能成立。至此，我们可断定毛奇龄有关"季彭山改本"之说为谬，《大学证文》所录改本当非季本所作。

---

① 季本去世于嘉靖四十二年（1563）。

② 季本：《〈大学私存〉序》《〈中庸私存〉序》，《四书私存》，朱湘钰点校、钟彩钧校订，台湾"中研院"中国文哲研究所，2013，第3、47页。

③ 徐渭：《徐文长三集》卷二十九《季彭山先生举乡贤呈》，《徐渭集》第2册，第670页。

④ 张元忭：《张元忭集》卷九《季彭山先生传》，第236页。

四、毛奇龄杜撰之嫌

前已证实毛奇龄所列为伪本，但此伪本究竟产生于何时？由何人造伪？对此，本文认为毛奇龄有杜撰此一改本之嫌疑。

据现行可见资料，除毛奇龄《大学证文》外，最早记录季本《大学》改本一说的是与毛奇龄同时期的朱彝尊。朱彝尊在《经义考》中著录了季本《大学》单行本，但在该条书目下，朱彝尊注明此说源于毛奇龄的《大学证文》。[1]因此，所谓的季本有《大学》单行本一卷是朱彝尊根据毛奇龄《大学证文》推得。稍晚的《（雍正）浙江通志》也著录了季本有单行《大学》一卷，此说同样延自毛奇龄。[2]值得一提的是，在此之前的《（嘉靖）浙江通志》《（康熙）浙江通志》都没有提到季本有单独的《大学》行世。此外，清代乾嘉学者王定柱对张元忭刊季本改本一事，言之凿凿，但细考其来源，实仍以毛奇龄为本。[3]质言之，据已有材料，毛奇龄之说不见他传，而流传的所谓季本单行《大学》改本，追溯其源又皆以毛奇龄为据。

毛奇龄造伪不实之学风，前人早有论及。清人全祖望（1705—1755，字绍衣，号谢山）曾编纂《萧山毛氏纠谬》一书，逐条批评毛奇龄学术不实之问题。尽管此书今已失传，但主要内容全祖望在《萧山毛检讨别传》中曾有概述。全氏指出毛奇龄学风不实主要体现在九个方面，撮要如下："有造为典故以欺人者"；"有造为师承以示人有本者"；"有前人之误已经辨正而尚袭其误而不知者"；"有信口臆说者"；"有不考古而妄言者"；"有前人之言本有出而妄斥为无稽者"；"有因一言之误而诬其终身者"；"有贸然引证而不知其非者"；"有

---

① 朱彝尊：《经义考》卷一百五十九，《经义考新校》第6册，第2918页。

② 《（雍正）浙江通志》卷二百四十二《经籍二》，《中国地方志集成·省志辑·浙江》第8册，凤凰出版社，2010，第26页。

③ 王定柱：《椒园居士集》卷二《〈大学臆古〉附证叙》，《清代家集丛刊》第11册，国家图书馆出版社，2015，第54页。

改古书以就己者"。①

全祖望的批评切中肯綮。尽管也有学者想为毛奇龄辩白，但仅能于情理上做融通解释，在学术层面始终无法反驳全祖望之说。例如阮元在为毛奇龄全集所作序中，仅能以"略短著功"一言微弱辩解："议之者以检讨好辨善詈，且以所引证索诸本书，间有不合也。余谓：善论人者，略其短而著其功，表其长而正其误。若苛论之，虽孟、荀无完书矣。"②晚清学者李慈铭在《书〈鲒埼亭集外编·萧山毛检讨别传〉后》中虽立场鲜明地反对全祖望，但其所能指责的也只是全祖望记述毛奇龄私事之行为，"至篇中所列西河诸误，诚不能为之解"。③正如钱穆所言："西河以德性之未醇，影响及于学术，虽爱西河之才者不胜为之辨。"④

质言之，溯源学术史，毛奇龄之说不见他传，而后世流传的季本单行改本与所谓的张元忭传未刻改本说都源自毛奇龄；考察毛奇龄学风，前人对其早有造伪不实之批评。由此推知，《大学证文》所收"季彭山改本"极有可能为毛奇龄所造。毛奇龄应当闻知季本有《大学》改本，但因种种原因不得见。为了炫博，他假造一文，并借季本私淑弟子张元忭的身份，以"筑室龙山"为背景，编造了"龙山传刻改本"的故事，赋予此伪作一张看似合情合理的"身份证"。尽管毛奇龄著书不严谨，但诚如全祖望在《萧山毛检讨别传》中所作之断语："西河之才，要非流辈所易几，使其平心易气以立言，其足以附翼儒苑无疑也。"⑤

---

① 此九条"罪状"乃为全祖望父亲口授。全祖望在此基础上推而尽之，修《萧山毛氏纠谬》一书。详见全祖望《鲒埼亭集外编》卷十二《萧山毛检讨别传》，《全祖望集汇校集注》中，朱铸禹汇校集注，上海古籍出版社，2000，第987—988页。

② 阮元：《揅经室二集》卷七《毛西河检讨全集后序》，《清代诗文集汇编》第477册，上海古籍出版社，2010，第320页。

③ 李慈铭：《越缦堂文集》卷六《书〈鲒埼亭集外编·萧山毛检讨别传〉后》，《越缦堂诗文集》中，刘再华校点，上海古籍出版社，2008，第897页。

④ 钱穆：《中国近三百年学术史》，商务印书馆，2005，第252页。

⑤ 全祖望：《萧山毛检讨别传》，第989页。

五、结语：辨伪与学术

季本有《大学》改本传世，但并非毛奇龄《大学证文》所收录的"季彭山改本"，毛氏"季彭山改本"极有可能是毛奇龄所造。

厘定毛说正伪，证定季本改本，一方面有助于拨乱清源。毛奇龄《大学证文》影响深远，因清代官方学术的推崇与认可，《大学证文》成为《大学》改本史上的重要史料依据。清代学者翟灏在毛奇龄的基础上梳理《大学》改本流变情况。[①] 民国学者钱基博直接依托《大学证文》论述"《大学》之本子"内容。[②] 直至近代，唐君毅在讨论《大学》文本的疑异时，仍以毛奇龄此书为依据。[③] 因此，考辨《大学证文》中"季彭山改本"的真伪有助于澄清《大学》改本史，提醒后来学者对《大学证文》要持更审慎的态度。

另一方面，确定《大学私存》为季本所作唯一改本，对研究季本本人思想及阳明学发展的多形态化都有重要意义。季本为阳明第一代弟子，阳明以《大学古本》为心学思想体系的重要经典依据，但季本对这一核心文本却持有疑议。他并未遵从师说，而是在《大学古本》与《大学章句》外另立一改本。此改本在编排上吸取了朱子"三纲领八条目"的结构；在具体内容上，主要凸显阳明学体用一源、内外合一之意。据此可见季本尝试融通朱王的意图。季本在阳明后学中以"龙惕说"为人熟知。但相较于嘉靖十五年（1536）提出的"龙惕说"，于嘉靖二十二年（1543）所著的《大学私存》对本体的根本地位更为着意。可以说，《大学私存》的编纂，是季本在与同门往复辩难"龙惕说"之后，对自身学术更为圆融的表达，由此也可见季本思想的演变脉络。并且，在阳明弟子纷纷借讲学阐释师说的风气下，季本选用著述的方式，借由对《大学》文本的再审订，试图将阳明良知学说融摄于经学体系中，借经学以证阳明心学的

---

① 翟灏：《四书考异》总考三《诸家改定〈大学〉》，《翟灏全集》第 1 册，汪少华等点校，浙江古籍出版社，2015，第 14—29 页。

② 钱基博：《四书解题及其读法》，山西人民出版社，2014，第 5 页。

③ 唐君毅：《中国哲学原论·导论篇》，九州出版社，2020，第 242—243 页。

合法性与合理性。这说明阳明学在第一代弟子中已呈现出不同的发展面貌,季本的注经释教是身为阳明弟子对如何阐扬师说的一个身体力行的回应。

简言之,"辨章学术,考镜源流"本就是学术思想研究的题中之义。辨正毛奇龄《大学证文》所收"季彭山改本"为伪作,不仅具有文献学上的价值,而且对研究季本思想的演变、阳明学派学术发展的历史都有重要的意义。

The Falsification of "Ji Pengshan's Revised Version" in Mao Qiling's
Daxue Zhengwen
Lin Mengjia

Abstract: In the Song and Ming dynasties, the Confucian classic system turned from the Five Classics to the Four Books. Zhu Xi's *Daxue Zhangju* initiated a trend of revising the text of *Daxue*; Wang Yangming opposed Zhu Xi's viewpoint by praising *Daxue Guben*, which pushed the trend to a climax. Mao Qiling's *Daxue Zhengwen* was compiled in this context. This book includes 11 different texts and serves as an important historical data basis for studying the history of the revision of Daxue. Upon closer examination, however, it is suspected of being fabricated. The content of "Ji Pengshan's Revised Version" in this book is completely different from Ji Ben's *Daxue Sicun*. This paper examines the origin and content of Mao Qiling's "Ji Pengshan's Revised Version", pointing out that it is not consistent with the facts and the revised version should be considered a forgery. Tracing the origin of Mao's statement and examining his academic style, it is further pointed out that this fake edition is very likely created by himself to show off his erudition. Distinguishing the authenticity of Mao's statement can help clarify the history of the revision of Daxue and remind scholars to be scrupulous about Daxue Zhengwen. Also, it is significant for the study of Ji Ben's thought and the multifaceted development of the Yangming Study.

Key words: Mao Qiling; *Daxue Zhengwen*; "Ji Pengshan's Revised Version"; forgery; Ji Ben; *Daxue Sicun*

晚宋时期理学的向下传播及思想变容

——以科举参考书为中心的探讨

岑天翔[*]

【摘　要】　晚宋时期，以古文选本、时文选本、类编书籍为代表的科举参考书开始积极选录及改编以朱子著述为首的理学文本。此类书籍在当时频繁刊刻、广泛流播，作为载体为理学向一般知识阶层传播起到了正向作用。另一方面，理学文本在进入科举参考书时，经历了倾向性的筛选过程，其原有的文本结构遭到破坏，且被施加文学性的评点，改变了理学家原本预设的学习进路以及论述重点。这种思想变容是理学在传播过程中因应受众的下移所发生的变化，可以视作元明以降文化下沉与普及的先声，不乏积极的意义。

【关键词】　晚宋；科举参考书；一般知识阶层；向下传播；选择性转化

关于理学在宋代的兴起与发展，学界有着一种以思想精英及其"创造性的思想"为描述对象的典范性叙事。然而，这些思想虽然在观念史上具有突破性，但未必是当时知识界的主流观点，而是有待一系列筛选、积淀与普及化的过程，

---

　　* 【作者简介】岑天翔，大阪大学人文学研究科博士研究生，日本学术振兴会特别研究员（DC2），研究方向为宋代文献与思想文化。
　　【基金项目】日本学术振兴会研究课题"南宋士大夫思想与诗歌研究——着眼于士大夫与乡里的结合"（23KJ1429）。

方得以在知识阶层间广泛流行，成为普遍接受的"一般性的思想"。但是关于这种思想向下传播过程的研究，时至今日仍未得到足够的重视与有效的推进。究其缘由，或许是因为在前近代中国，一般知识阶层自身留下的文献记载颇为稀少，使得近乎不可能直接重构其阅读图景与思想接受活动，自然也无从论及理学在此阶层间传播及发展的情况。不过，科举参考书作为当时庞大的士子群体所普遍阅读、广泛接受的书籍，反映了士子群体阅读及思想接受的倾向，因此可以将其作为探究理学在晚宋一般知识阶层间传播的材料及线索。本文尝试从科举参考书的视角出发，探讨理学在南宋晚期（1224—1279）得到官方认可后，如何向一般知识阶层传播、渗透，以及在此过程中其思想如何发生筛选、变容。

一、科举参考书对理学文本的选录及改编

晚宋时期，随着科举社会的成熟、读书人群体的扩增以及商业出版的活跃，科举参考书在士人群体间广泛流行。岳珂《愧郯录》在提及科举参考书时，直言"此等书遍天下"，"充栋汗牛"，以至于"百倍经史著录"，"不胜其禁且毁者"云云。① 可见此类书籍在当时盛行之况。根据现存实物及书目著录，宋代的科举参考书，除《礼部韵略》等工具书外，大致可以分为"选本"与"类编"两类，其中前者又有"时文选本"与"古文选本"之别。以下围绕这三种类型，探讨晚宋时期科举参考书对理学文本选录与改编的情况。

（一）时文选本对理学学说的吸收

时文选本是指专门选录诗、赋、策、论、经义等科举考试文体的选集，其中由于策、论考试在北宋中期以后的场屋取士中占据重要地位，故以策论时文选本的刊行最夥。此处以《论学绳尺》《策学绳尺》两部晚宋时文选本为例，探讨其对理学的吸收情况。

---

① 岳珂：《愧郯录》卷九，中华书局，2016，第123页。

1.《论学绳尺》。由林子长笺注、魏天应选编，最早刊行于宋末开庆元年（1259），今存三种明刊本及四库全书本。该书选录一百余篇南宋场屋试论作品，据统计共有四十四篇选文采录周敦颐、张载、二程等的理学话语，其中以引用朱子学说的情况最为常见，而且这一趋势至宋末愈为显著，超过四分之三的选文都有吸收朱子思想的痕迹。①

2.《策学绳尺》。是另一部成书于宋末的时文选本，与《论学绳尺》专选论体文不同，专门选录南宋场屋试策作品，目前仅存中国国家图书馆藏清钞本。据统计，该书收录十九篇策文中，有十篇涉及理学思想，其中有七篇更是直接引用朱子学说②。此外，编者还在书中直言："圣朝崇圣学，晦翁先生之说盛行于世，对策者多引用为话头"，并指出其中一篇策文"皆引晦翁之说为证"，"可为格式"。③ 由此可见，晚宋时期的时文选本不同于此前同类书籍对经史的偏好，而是转向性理学说，尤其特重朱子学说。

（二）古文选本对理学文本的选录

古文选本，是指选录科举文体以外的古文作品的选集，书中往往附刻圈点、评注，以助士子研习场屋时文，因此也属于科举参考书之一种。值得注意的是，在南宋中期古文之学曾与理学呈现出分立而不相容的态势。南宋中期的古文选本，如《古文关键》《崇古文诀》等书中也几乎不见选录理学文本。迨至晚宋，随着理学得到官方认可，古文选本开始频繁选录理学文本，其中尤以朱子文章备受推崇。此处以《新编诸儒批点古今文章正印》《新刊诸儒批点古文集成》《二十先生回澜文鉴》三部选本为例，讨论其对理学文本的选录情况。

1.《文章正印》。由刘震孙、廖起山选编，成书于晚宋咸淳九年（1273），今存台北故宫博物院庋藏宋刻本。该书共选文五百八十余篇，其中数量最多者

---

① ［比利时］魏希德：《义旨之争：南宋科举规范之折冲》，胡永光译，浙江大学出版社，2015，第303页。

② ［比利时］魏希德：《义旨之争：南宋科举规范之折冲》，第303–304页。

③ 佚名编：《策学绳尺》卷八，中国国家图书馆藏钞本，第11a页。

为朱子，共计五十六篇，其余理学诸子如张栻三十篇、吕祖谦九篇、程颐八篇、胡宏七篇。就篇目而言，理学家诸多阐发心性学说以及理学修养工夫的经典文本，都被该书纳入阅读、评析的体系之中。

2.《古文集成》。由王霆震选编，成书于宋景定二年（1261）前后，今存中国国家图书馆藏宋刻本以及《四库全书》本。该书共选文五百余篇，其中数量最多者亦为朱子，共计四十一篇，其余如张栻二十二篇、真德秀十篇、程颐五篇、黄榦三篇、张载二篇，内中关涉性理学说的文章所在多有。

3.《回澜文鉴》。由虞祖南、虞夔选编，成书于理宗朝中后期，今存中国南京图书馆庋藏刻残本、天一阁藏明钞本以及日本静嘉堂藏钞本三种版本[1]。该书虽有阙佚，但后集目录得以完整保存，据此可以管窥该书的选文倾向。后集共收录二十家一百篇文章，朱子、张栻、吕祖谦之作入选最多，共计二十五篇，其余刘子翚、林之奇等理学名家亦有若干篇入选。

要言之，在晚宋古文选本的选文中，以朱子为首的理学家的作品占据了主导地位，甚至远远超过韩、柳、欧、苏等古文家，体现出理学在晚宋学问体系中占据主流地位，且向其他学问门类渐次渗透的情势。

（三）类编书籍对理学著作的改编

类编书籍，即上引岳珂所谓"编类条目、撮载纲要之书"，是宋代新兴的一种科举参考书类型，因为有着"便观览、便检阅"的特点，故"士子遂谓场屋之计可取具于类书"[2]。北宋至南宋中期社会间流通的类编考试用书，以"纂类经史，缀缉时务"[3]为主要特征，即以经书、史书及时务奏议为对象，根据文意予以分类编辑，现存如《永嘉先生八面锋》《山堂先生群书考索》等皆属此类。但至晚宋时期，随着理学得到官方认可，社会间开始流行以理学著作，尤

---

① 参见岑天翔：《南宋古文评点选本〈二十先生回澜文鉴〉考论》，《台北教育大学语文集刊》第 40 期（2021 年 12 月），第 103–140 页。

② 章大醇：《重刻通鉴纪事本末序》，曾枣庄、刘琳主编：《全宋文》第 338 册，上海辞书出版社、安徽教育出版社，2006，第 16 页。

③ 苏轼：《苏轼文集》卷二十五《议学校贡举状》，中华书局，1986，第 724 页。

其是朱子著作为对象的类编考试用书。此处以《类编标注文公先生经济文衡》《文场资用分门近思录》两部类编考试用书为例，讨论其对理学著作的改编情况。

1.《经济文衡》。由马桂等人编选，最早刊行于晚宋淳祐十一年（1251），今存一部中国清华大学图书馆藏元刻本以及若干部明清刻本。这是一部选取朱子语录、文集分类编次并加以批点注释的类编考试用书。全书分为三集，分别纂集朱子对宇宙本体及道德修养的论述，对历代君主名臣及学者著述的评论，对政治经济、礼乐刑罚的论述。

2.《分门近思录》。编者不详，今存台北"国家图书馆"庋藏宋刻本，根据莫友芝、阿部隆一的版本鉴定，知是刻印于南宋末[①]。该书将朱子原本十四卷的《近思录》改编作二十卷，调整原书的结构次序，并对条目文字多有删节，每卷内新立若干类目，共计有一百二十一项。

除去以上列举的两部外，晚宋社会间应当还流行有更多类似的分类编辑理学文本而成的考试用书，只是由于文献阙佚，如今不得而见。例如常挺编纂之《诸儒性理文锦》，该书见《四库全书》"总集类存目"著录，但如今已经佚失，"其书全录宋儒性理之文"，"分六十四类，文以类附，盖专为科举之用"[②]。可知其书亦是选录理学诸子的性理学文章，分类编次而成的科举参考书。其六十四项类目，与《经济文衡》每一集的类目数量接近，这当是晚宋考试用书出版之惯例。

要言之，时文选本、古文选本与类编书籍这三种虽然在形式上有所不同，但其本质皆是在晚宋时期理学得到官方认可，逐渐成为科举出题标准的背景下，以理学文本为对象，通过选录及改编从而形成一部便于观览、检阅，利于举子准备科试的参考书。

---

① 参见莫友芝：《宋元旧本书经眼录》卷一，上海古籍出版社，2009，第 38 页；[日]阿部隆一：《中国访书志三》，《斯道文库论集》1976 年第 16 期，第 125 页。

② 永瑢等撰：《四库全书总目》卷一百九十一，中华书局，1965，第 1736 页。

二、科举参考书与理学的向下传播

在南宋晚期，理学著作虽获官方推广传播，但尚未在境内普及。即使是在文化发达的浙江地区，据活跃于宋元之际的戴表元回忆称，13世纪前期"朱氏书犹未盛行浙中"[①]。而与之相较，科举参考书则较早在全国范围内广泛地流通，在南宋中期便已"遍天下"，"充栋汗牛"，以至于"百倍经史著录"，"不胜其禁且毁者"。据晚宋舒岳祥记载，当时即使在偏僻乡下的山间，也可见专门贩卖科举参考书籍的书肆。[②]可见其流播之广远。

科举参考书的广泛流通，首先是由于南宋以降科举竞争的激烈与官学教育资源的有限，使得研读科举参考书成为考生不可或缺之事。[③]其次是受惠于福建建阳书坊的商业出版模式，据岳珂记载，此类举业用书在刻印与销售环节上，分别具有"日辑月刊"与"速售"的特征，由此极大地提升流通的效率。复次是销售价格的低廉，虽然没有宋代的具体数据，但根据明代的情况推测，举业用书相比其他类型的书籍，尤其是大部头书籍，售价要相对便宜得多。售价低廉，则意味着更多人有能力购买，这为科举参考书向更广大的中下层士人群体间传播提供了现实条件，而理学文本也凭此加速了向下传播的进程。

下面以成长于宋末的大儒吴澄的读书经历为例，呈现宋末士人因科举参考书接触理学文本的实态。据《年谱》记载，吴澄十岁时偶得朱子《大学章句》《中庸章句》等书，但当时尚未用力于此。他自称"幼时习诗赋，未尽见朱子之书，盖业进士者不知用力于此也"。晚宋景定二年（1261），吴澄在阅读各种举业用书时，接触到收录有颇多理学文本的《古文集成》：

---

① 戴表元：《剡源文集》卷七《于景龙注朱氏小学书序》，《景印文渊阁四库全书》第1194册，台湾商务印书馆，1983，第4b页。

② 舒岳祥：《阆风集》卷一一《重建台州东掖山白莲寺记》，《景印文渊阁四库全书》第1187册，第9b页。

③ 关于宋代士子阅读科举参考书的情况，可参考刘祥光：《印刷与考试：宋代考试用参考书初探》，《政治大学历史学报》2000年第17期，第57—90页。

十三岁大肆力于群书应举之文，尽通。公于书一览无不尽记，时麻沙新刻《古文集成》，因家贫从鬻书者借读，逾月而归之。①

吴澄既然将《古文集成》全书记诵，则该书中收录的程朱文章想必一定也研读精熟，受其影响。吴澄于十五岁作《敬铭》，自称"以续朱子《敬斋箴》之作"②，这是他自科举之学转向理学的标志性事件。朱子《敬斋箴》原是受到张栻《主一箴》的启发而作，《古文集成》庚集卷八正收录有张栻的《主一箴》与朱子的《敬斋箴》二文。此外，另一部举业用书《文章正印》亦收录此二文，这两篇文章当是晚宋举业用书中的常见选文。吴澄续朱子《敬斋箴》的行为，虽是为表明弃举业而从理学的决心，但却与其曾阅读举业用书的经历不无关系。

吴澄是少数有文集材料留存，表明其曾有阅读科举参考书经历的例子，但在当时除吴澄这样的大儒以外，应该还有更多士子像他这样通过科举参考书中接触到理学文本，且在思想上受到其影响。

除了古文选本在晚宋普遍流行外，理学类编书籍亦在当时频繁刊刻、广泛流播。例如前文所举《经济文衡》，书前所附黄辐的序文称：

文公先生之文，析经之微，探道之赜，皆凿凿精实语，……其间以意次葺而资场屋之用者，不知其几家矣。季机马兄所编《经济文衡》乃其一也。

此间明确提及，当时与《经济文衡》性质类似、专门纂辑朱子文章以供场屋考试之用的举业用书"不知其几家矣"，数量极多且广泛流行于晚宋社会间，可以说是当时举子颇为常见、容易接触到的案头书。

晚宋时期反映类似情状的材料尚有不少。端平元年（1234），徐侨曾言，

① 危素：《年谱》，载吴澄：《吴文正集》附录，《景印文渊阁四库全书》第1197册，第5a页。

② 吴澄：《敬铭》，李修生主编：《全元文》卷五百〇九，江苏古籍出版社，1998，第336页。

当时"熹之书满天下，不过割裂掇拾，以为进取之资"①。由此处的"割裂掇拾""以为进取之资"等语可知，当时流行的应是与《经济文衡》类似，在朱子著作的基础上去取删选、分类编辑而成，供举子应考的科举参考书。此外，罗大经《鹤林玉露》记载当时士子的阅读风尚与理学读本的编纂情势："近时讲性理者，亦几于舍六经而观语录。甚者，将程、朱语录而编之若策括策套。"②宋代的"策括""策套"，特指将经史著作根据文意分类编纂的一类书籍，在晚宋时期，二程、朱子的语录著作也同策括等一样，被拆解析分，重新编排，其目的也同样是为资场屋之用。可见当时理学类编书籍盛行于世之情势。

综言之，无论是选本类还是类编类，科举参考书在晚宋社会间都颇为流行，而其中选录的理学文本也凭借该类书籍流播广远的特性，得以"四方转致传习"③，特别是渗透至中下士人阶层间，有效地实现了向下传播与普及化。

事实上，这种借科举参考书以促进理学传播的思路，早已被晚宋的理学家意识到。欧阳守道虽然对科举之学多有批评，但也不得不承认由于"国家以科举取士"，"士不敢不为者，势驱之也"④的现实，故而希望绾合理学与科举之学，使得阅读科举参考书与研习性理之学不致两相冲突。于是，他在为一部科举参考书作序时指出："然则刊刻流布，传于同试场屋之士，使得吾说者皆有以告有司，如此而应科举，亦何负科举哉。"⑤即是希望通过举业用书的刊刻流布，将性理之学在场屋举子群体之中传播普及，进而也引起考官们的重视。这一思路也从侧面印证了科举参考书所具有的传播效力，以及其在理学向下传播过程中的正向作用。

---

① 脱脱等:《宋史》卷四二二，中华书局，1985，第 12615 页。
② 罗大经:《鹤林玉露》卷六，中华书局，1983，第 333 页。
③ 岳珂:《愧郯录》卷九，第 123 页。
④ 欧阳守道:《李氏赋编序》,《全宋文》第 346 册，第 440 页。
⑤ 欧阳守道:《拟解试策序》,《全宋文》第 346 册，第 442 页。

三、俗化一大厄？——科举参考书与理学的思想变容

前文讨论了晚宋科举参考书对以朱子为首的理学著述的选录与改编，以及对理学思想向下传播的助力。但正如王汎森所指出："思想、观念的下渗都有一个筛选的过程，而筛选的过程是有重要意义的"①，晚宋科举参考书对理学文本的选录同样伴随着"筛选"。此种"筛选"实际上就是一种再创造的过程，即理学思想在此一过程中经历转化与变形，其中某些思想被摒弃、遗漏，某些思想则得到强化，由此塑造着阅读者对理学思想的认知与接受，对晚宋及后世思想的动向产生了影响。

（一）文本的筛选

首先，晚宋科举参考书在选录理学文本时，存在明显的倾向性。前文述及古文选本在选文方面以朱子文章为最多，而类编书籍亦皆以朱子著作为对象，显示出朱学在科举场域所拥有的主导性地位及影响力。

此外，即使是朱学文本群内部也存在筛选的过程。在晚宋科举参考书中，反映朱子政策论、经史学方面的文本几无选录。这些原本可以成为考生写作策、论——政策建议与历史评论时的重要参考，但却出乎意外地很少入选。

与之相对，反映朱子存在论的文本则多数入选。以《文章正印》《古文集成》为例，这两部书的选文存在一个不容忽视的倾向，便是所谓"易学图"的大量入选。同时图后大量抄蕞来自朱子《周易本义》《易学启蒙》等书的文字。这类文本将太极与先后天八卦及《河图》《洛书》结合，借助象数卦爻，推演宇宙的本原及生成变化。这些易学图的入选，反映出晚宋举业用书编者及中下层士人在接受朱子的思想学术时，对其中宇宙本体的问题，特别是对利用图式象数推演宇宙生成变化，格外热衷。甚至在《文章正印》卷首所收序中，编者刘震孙毫不隐晦地指出朱子所继承的是邵雍，而非二程的学术传统。这种独重象

① 王汎森：《思想是生活的一种方式——中国近代思想史的再思考》，北京大学出版社，2018，第 39 页。

数的筛选倾向以及连结邵、朱的学统论述，偏离了朱子本人的学统论述，也破坏了其易学原本贯通义理、象数的体系，使得其中重术数的面向特别凸显出来，而贯通义理、切于人事的面向则在一定程度上被遮蔽了。

在《分门近思录》一书中也可以看到类似的筛选倾向。该书改编自朱子与吕祖谦合著的《近思录》，原书首卷及末卷论道体，卷二至卷五论内圣修身工夫，卷六至卷十二论理政处事之方，全书综合内圣与外王、贯通形上与形下，体系完备。但改编后《分门近思录》二十卷，其中前十三卷专谈心性修养工夫，如"性""心""气""仁""义""诚"等；卷十八至卷二十则是有关宇宙本体及生成的问题，如"天道""阴阳""濂溪太极图"等；只有卷十四至卷十七则稍涉"治道""礼乐""兵备"等政策论的内容，而且多数类目下皆只有一两条内容。该书的重编使得原书思想中道之体及内圣修养的面向得到强化，道之用及理政处事的面向则遭到隐没。换言之，原本贯通内圣与外王的《近思录》，在经科举参考书改编后，被转化为专尚内圣言说之书。

科举参考书中所见的这种筛选倾向，与晚宋时人对当时士子学风的记载，可以相互印证。如欧阳守道曾描述当时士子："读四书数叶之书，则相逢语太极矣。"[1] 黄震则称当时士子："高谈性命，揣摩图象。"[2] 又称"掇拾绪余，增衍浮说，徒有终身之议论。"[3] 由此可见，科举参考书中的筛选倾向，实与当时一般知识阶层的思想趋向相一致。若进一步言之，可以认为正是科举参考书在一定程度上形塑了士子对理学的思想接受活动，推动了这种思想趋向的发展。

（二）结构的改造

晚宋科举参考书基于编者自身的理解及读者的需求，对理学著作的结构进行破坏性的拆解、改造。如《经济文衡》一书，将朱子文集、语录的结构次序打乱，重新分类编次，存在论及道德论的内容被置于书首《前集》的位置，列有"太极图说""两仪四象""道体""性命""性情"等五十五项类目；《后集》

---

[1]　欧阳守道：《送黄信叔序》，《全宋文》第 346 册，第 388 页。

[2]　黄震：《三省斋序》，《全宋文》第 348 册，第 185 页。

[3]　黄震：《余姚县学讲义》，《全宋文》第 348 册，第 241 页。

是对历代君主名臣、学者著述的评论，列有"尧""舜""禹""孔子"等七十一项类目；《续集》内容主要为政治经济、礼乐刑罚方面的论述，列有"纪纲""赏罚""用相"等四十三项类目。在该书"类编"与"标注"的结构下，书中类目接近于一种索引，由此读者可以不必翻阅朱子文集、语录的原书，仅根据类目，便可以找到所需的文段。而且每一文段的首处，都以"论……之义""此段专言……"的形式概括了这部分的主要内容，使得读者无需进行完整、深入的阅读，便可迅速掌握文段内容，将之化用至考场作文之中。

然而朱子本人主张的是"逐段、逐句、逐字理会"，"首尾贯穿"的读书法，即通过逐篇逐句式的精读进而把握思想的整体性，同时认为正确的读法将保证正确的意义理解。①科举参考书却将朱子的著作拆解成各类目，隐含的认识是朱子的思想是可以拆分开来，依据关键词而分别理解的。这无疑背离了朱子为后学所预设的读书方法及学习进路。此外，"标注"等形式使得文本理解被限制在编者所概括、提示的方向之内，而不再是读者自身虚心涵咏、切己体察后的结果。如此一来，读书变成了一种纯粹的知识性阅读，不再具备朱子所说自我体会、涵养生命的道德实践的意味。

像这种拆解原书结构的情况，也见于另一部晚宋类编书籍《分门近思录》。该书改编自被尊为"我宋之一经"的理学经典《近思录》，但根据书名中"文场资用"等语，可知这部书的定位不再是通往圣贤之学的"四子之阶梯"，而是有利于举子应对考试、提升作文能力的科举参考书。该书将《近思录》原书十四类目之结构打乱，重新编为二十卷，冠以新的类目，足有一百二十一项之多。这种体例改造，使得朱子原书中依工夫次第而建构的阶梯式结构，转变为以关键词为中心的平面式结构。同时也形塑了相异的阅读方式：读者不再依先后次序研习精进，而是根据自身所需，检索特定词汇以求速览、速记。朱子以道德自觉为核心的圣贤之学，在这里被转化为一种以功利实用为取向的学问。

---

① Daniel Gardner. Learning to be a sage: selections from the Conversations of Master Chu, Arranged Topically, CA: University of California Press, 1990, P35−56.

（三）文学性的评点

晚宋科举参考书还首次将"评点"引入对儒学经典及理学文本的诠释之中。"评点"包括点与评二者，前者是指在文章行间施加的圈、点、抹等符号，标记内容重要、文辞优美处；后者是指在文章首尾或行间施加的评语，围绕立意观点、章法结构及字句文辞等进行点评。南宋中期以降，将这些符号与评语作为引导读者理解的"副文本"，与正文一并刊印流播的情况颇为常见。

这种评点文化，肇始于南宋中期吕祖谦的《古文关键》，最初仅限于古文的阅读，至南宋晚期则开始向古文以外的文本类型弥散，儒家经籍诸如《春秋》三传、《礼记》《孟子》等，以及理学文本等，都被从原先的文本脉络中拆分出来，纳入选本评点的体系之中。这意味着这些文本不再作为一字不易的经典，而成为可以被评骘优劣的对象，其权威性与神圣性遭到了消解。而且更为重要的是，在评点的体系下，作者、思想家对于文本诠释的专断性有所松动，评者、编者掌握了引导读者如何去阅读、如何去理解文本的权力，甚至能以自己个人的诠释取代作者的原意，参与到文本意义的创造活动之中。

在《文章正印》《古文集成》《经济文衡》等晚宋的科举参考书中，我们可以看到理学文本普遍被施加点抹符号及评语。如《文章正印》别集卷十六收录朱子阐述政治哲学的重要文本《皇极辨》，并在行间施加细密的圈、点、抹等评点符号。其中不乏点抹符号与文章原意冲突的情况，例如"上则流于老庄依阿无心之说，下则溺于乡原同流合污之见"句旁被施加圈点。但这两句与文章主旨并非紧密相关，此处的圈点更多的是为了向读者提示这两句是工整藻丽的对句，可供学习作文造句之法。由此可见，通过这些符号，编者可以将自己的理解、好尚杂糅入文本之中，隐秘地改变原有思想家论述的重点与方向。

再如另一部举业用书《回澜文鉴》，该书后集卷六收录朱子《克斋记》，文末有编者的评语："此篇以克己为仁，议论起极有意味，中间辨天理人欲之私，末说程门学者所见之差，尤为切当，至于铺叙名斋亦尽佳。"这则评语对朱子文章主旨的概述虽然不差，但其重点在于将文章的结构拆解为"起""中""末"三部分，评析其章法结构之妙处。这种三段式的结构，实则是宋代时文写作的固定程式。换言之，是在以时文文法的眼光审视理学家的义理文本。另如同书卷五在张栻《道州重建濂溪周先生祠堂记》"元气胥会"句旁评"善造语"，"尤所当先者"句旁下评"末叙事佳"；《三先生祠堂记》"良材美质，何世无之"段旁评"文势圆转"，这些行间夹批都暂时撇开文章的思想内容，专就字句章法、开阖关键、文脉辞气等诸面向展开评析。

像这样着眼于字句、章法、文脉等作文技术的评点，朱熹本人对其多有批评，称其是将文字"来入个腔子做"①。就更深层处而言，这种对作文技术的重视，体现出这样一种认识：文章是需要刻意学习的，而非道德充足后自然流出的。这种认识与朱子所主张"道外无物""文皆是从道中流出"的观念大相异趣。尽管朱子本人嫌恶评点这种形式，但在身后，自己的作品却被作为评点的对象，不得不谓是一种反讽。同时也反映出在科举参考书的影响下，南宋晚期的理学追随者，并没有循着朱子预设的学习进路，而是以一种相对变形、异质的形式来理解、接受他及先贤们的思想。

事实上，关于科举参考书对于理学文本的筛选、改造及其思想的变容，早在朱子身后便为其门人所意识到。陈淳《读高斋审是集》便曾严厉批评当时流行的一部举业用书。这部书从朱子著述中截取、类编"道德""仁恕""性情""心志""才气"等相关言论，以供举子场屋考试之用，但陈淳指出这些文本"若合符节、不容更易"，即在朱子著述中与前后语境相互关联，具有整体性，而一旦如举业用书般拆解成各类目，便是割裂、曲解圣贤之原意，"其亦误矣"。②

至晚宋时期，这种思想变容，更引起理学精英们的忧虑。欧阳守道曾亲睹此类科举参考书在晚宋社会间极为流行，称其"有铜钱数百即可得"，"编类整整，欲言性，性之言千万，欲言仁，仁之言千万"。他清楚地意识到这种书籍对于朱子正学的割裂与曲解，以及对士风、学风的影响，于是发出感慨："呜呼，其不为俗化一大厄欤？"③俗化，在作为思想精英的欧阳守道看来，显然是颇具负面性的，意味着背离与曲解先贤本意，故称之为"厄"。但若考虑到文本自身具有的能动性，则其内容与性质脱离原初的脉络所发生的变形，乃是为了适应新的阅读受众。事实上，"俗"字包含着"下层的、大众的"之意，而"俗化"

---

① 黎靖德编：《朱子语类》卷一三九，中华书局，1986，第3321页。
② 陈淳：《读高斋审是集》，《全宋文》第295册，第209页。
③ 欧阳守道：《送黄信叔序》，《全宋文》第346册，第388页。

一语则明示了理学向社会中下层传播时所发生的思想变容。换言之，正是在这种"俗化"的变容中，理学思想得以为更广大的受众所接受。因此，若抛开思想精英的立场，不妨将晚宋科举参考书所带来的思想变容视作是元明以降"文化的下沉与普及"的重要组成部分，其中亦不乏积极的一面。

四 、结 语

此前论及朱子身后理学的发展，往往列举若干知识精英的思想观念，止步于论述知识界上层的思想趋向。至于构成知识界基层、数量更为庞大的科举士子群体，他们如何接受与理解理学，其思想呈现出如何的状况，则往往阙如。基于此，本文以科举参考书为线索，探讨晚宋士子群体对理学接受活动的一个面向，并由此寻绎出理学在一般知识阶层传播、发展的轨迹。晚宋时期，理学得到官方认可并逐渐影响科考出题标准，科举参考书亦因应此一变化，开始积极选录与改编理学著作。由于举业用书借助建阳书坊商业出版之便，有着刊印频速、数量庞大、流布广远等特点，使得理学文本随之在中下层士人群体间广泛传播，成为宋元时期理学向下传播进程中的重要一环。同时举业用书也发挥了将知识体系化、一元化的作用，促使朱子建构的道统、理学谱系成为知识界的共识与常识，即所谓"人无异端，家无异说，士无异学"①。

然而另一方面，晚宋科举参考书多出于建阳商业书坊，其编者能动地改编了理学文本，使其思想多有筛选与转化，综合而言可以分为文本的筛选、结构的改造、文学性的评点等三个方面。这其中的一部分为后世所继承，如针对儒家经籍、理学文本进行文学性评点，在南宋晚期虽是潜流，但至元、明则发展成一种不容忽视的文化现象，特别是在明代中晚期，"五经""四书"及理学文本（甚至是佛经等宗教文本），都被纳入评点的范围内，以作文技术的眼光审视、分析。另外一部分则引起反拨与修正，如随着科举参考书带动一般知识界侈谈本体性理之风的流行，宋末元初思想精英间又出现了另一重视躬行践履

---

① 佚名编：《群书会元截江网》卷三十六，《景印文渊阁四库全书》第 934 册，第 36a 页。

及治道的反拨思潮，如黄震、许谦等大儒均纠正空谈本体义理之偏，排诋玄奥隐僻之说。基层思想的流弊刺激精英思想的创造，精英思想在向下传播的过程中又不免产生新的流弊，南宋以降理学的发展与演进，可以说就是在这种思想"上层"与"基层"的交光互影、互相影响下展开的。

The Downward Dissemination and Transformation of
Neo-Confucian in Late Song

Cen Tianxiang

Abstract：Beginning from the reign of Emperor Lizong of the Southern Song Dynasty (1224—1264), the interpretation of the classics favoured by Zhu Xi (1130—1200) became the standard material for the civil service exams. Commonly referred to as Lixue in Chinese and "Neo-Confucianism" in English, this interpretation of the classics was widely disseminated in examination reference aids such as the ancient-style prose anthologies and encyclopaedias (leishu) used by prospective exam candidates. This article discusses how Lixue was disseminated to a wider population in the late Song dynasty, and how it was filtered and transformed in the process. These reference works were frequently printed and widely circulated, and played a major role in spreading Lixue ideas to the general literati (imperial examination candidates). When Lixue texts were included in examination reference aids, they underwent selective transformation, including disrupting their original text structure and adding literary-oriented annotations and commentaries, which in turn altered the direction of Lixue itself. This transformation can be regarded as a prelude to the popularization of Lixue in the seventeenth-century.

Key words：the Late Song Dynasty; Examination Aids; Selective Transformation; Prospective Exam Candidates; the Popularization of Lixue

论北宋理学家的琴学义理观

——以邵雍、周敦颐、张载的琴学义理观为例

雍树墅 *

【摘　要】　古琴作为儒家乐教思想的一种载体，其发展命运与儒家思想的兴衰程度是成正比的，儒学兴则琴学义理盛。北宋理学家不乏通音律、擅抚琴者，他们通过闻道、悟道、乐道的方式去探寻琴学义理。邵雍提出"以琴洗心"的琴学义理观，认为以"无弦琴"洗心，"心垢"自去而变化气质，其"心"便可得"正"。周敦颐提出"淡""和"琴学义理观，主张用"淡而不伤，和而不淫"的琴乐去"宣八风之气"，"平天下之情"；张载提出"知乐成性"的琴学义理观，认为"知乐"便可"成性"，主张通过"以乐激善"来变化人的"气质之性"而养护人的"天地之性"。

【关键词】　北宋理学；琴学义理；变化气质；乐教

"古之圣帝明王所以正心、修身、齐家、治国、平天下者，咸赖琴之正音

* 【作者简介】雍树墅，南京工业职业技术大学副教授、哲学博士，主要研究方向为儒家乐教理论。

【基金项目】江苏省高校哲学社会科学专题项目"先秦儒家乐教思想融入高校思想政治教育的价值意蕴与实践探索"（2021SJB0259）；校级人才引进项目"宋代琴学中道德教化思想及其当代价值研究"（2021SKYJ123）阶段性成果。

是资焉。"① 古琴被视为"三代之音"的遗存而作为雅乐和治世的代表，所以深受宋代帝王的喜好，"上之所好，下必从之"。在朝廷的倡导与帝王的推崇下，宋代古琴艺术的发展达到了高峰，此时，儒家乐教思想与琴乐传承俱盛，琴学义理呈现出一种圣贤气象。宋代实行"右文政策"以儒家思想作为治国方略，迎来了与文人士大夫共治天下的盛世，而宋代的文人士大夫大都兼有学者、诗人、琴人、政治家等多种身份，他们通过闻道、悟道、乐道的方式去探寻古琴文化艺术之境界，以"理"作为情感的依据，高扬具有道德教化和明道的古琴来表达对修身、齐家、治国、平天下的追求。

由于宋代理学家学术主张上的差异，"持心学立场的理学家比较注重个体之心，由此引出的结论是心与理合一，或心即理。以理为第一原理的哲学家，则更为注重性，其基本倾向是强调性与理为一，或性即理。心即理和性即理体现了不同的哲学趋向，前者蕴含着对个体存在的承诺，后者则侧重于肯定普遍本质的优先性"②。此种"不同的哲学趋向"反映在宋代琴坛上则是理学家以琴修心之历程的两种不同呈现，持"性即理"为立场的理学家主张以琴养性而正心穷理，突出琴以载道；持"心即理"为立场的理学家主张以琴为心之自然流行，突出琴即是道。尽管北宋理学家直接谈论古琴艺术的言论并不多，但是从他们抚琴操缦的体悟中，不难发现其思想中蕴含了深刻的琴学义理观。基于此，本文拟以邵雍、周敦颐、张载的琴学义理观为案例，分析、考察北宋理学家将琴学义理融摄理学之情形。

一、邵雍"以琴洗心"的琴学义理观

邵雍（1011—1077），字尧夫，号安乐先生，河南辉县人，后人称康节先生，著有《皇极经世》《伊川击壤集》等。邵雍爱琴，也爱弹琴，其诗《古

---

① 程允基：《诚一堂琴谱》，《琴曲集成》第 13 册，中华书局，2010，第 445 页。

② 杨国荣：《何为理学——宋明理学内在的哲学取向》，《武汉大学学报（哲学社会科学版）》2019 年第 2 期。

琴吟》云："长随书与棋，贫亦久藏之。碧玉琢为轸，黄金拍作徽。"①《答人见寄》又云："鬓毛不患渐成霜，有托琴书子一双。既乏长才康盛世，无如高枕卧南窗。"②邵雍《观物篇》中所观之"物"包含宇宙中品类不同的万物，即所谓"以天地观万物，则万物为万物；以道观天地，则天地亦为万物"③。这就是说，邵雍的"观物"是指对客体的观察、思考与体悟而言的，无论是"以物观物"还是"以理观物"，最终目的就是要达到天人一体的最高境界。当理学家面对古琴时，同样以琴为媒介去观世界，达于"浑然与万物同体"的境界。邵雍便是如此，《听琴》云：

> 琴宜入夜听，别起一般清。才觉哀猿绝，还闻离凤鸣。青山无限好，白发不须惊。会取坐忘意，方知太古情。④

《性情吟》云："君子任性，小人任情。任性则近，任情则远。"⑤邵雍言性趋向于全善，并认为观物不应以"心"观之，而应以"理"观之。《观物内篇》云："天所以谓之观物者，非以目观之也。非观之以目而观之以心也，非观之以心而观之以理也。"⑥他也认为观物不应以"我"观之，而应以"物"观之，"以物观物，性也；以我观物，情也。性公而明，情偏而暗"⑦。"心"与"理"相对，"情"与"性"相对，"理"与"性"是不偏不倚的"公而明"，"心"与"情"则不然，是需要祛除的"偏而暗"。倘若"心"能够升华至"理"的高度，和"性"一样"公而明"，就能够"用天下之心为己之心，其心无所不谋矣"⑧就是

① 邵雍著，郭彧整理：《邵雍集》，中华书局，2010，第 355 页。

② 《邵雍集》，第 228 页。

③ 《邵雍集》，第 9 页。

④ 北京大学古文献研究所编：《全宋诗》第 7 册，北京大学出版社，1992，第 4486—4487 页。

⑤ 《邵雍集》，第 487 页。

⑥ 《邵雍集》，第 49 页。

⑦ 《邵雍集》，第 152 页。

⑧ 《邵雍集》，第 49 页。

"至神至圣者"。但人的"心"因为被遮蔽而"不公不明"，存有"心垢"则需要"治"，需要"洗"。那么如何洗去"心垢"呢？

邵雍说："人多求洗身，殊不求洗心。洗身去尘垢，洗心去邪淫。尘垢用水洗，邪淫非能淋。必欲去心垢，须弹无弦琴。"① 在邵雍看来，"洗心"之琴应为"无弦琴"。但是"乐必发于声音，形于动静，人之道也"②。乐是由声音发展而来，表现为一定的变化，反映人们的各种思想情感，也影响着人们的心。众所周知，拨动琴之七弦振动而发声，有规律变化的琴声才能组成琴音，把琴音按照节奏与韵律演奏出来便是乐了。那么，邵雍认为的"无弦琴"，即琴之无弦而何以弹呢？《晋书·隐逸列传》中记载："性不解音，而畜素琴一张，弦徽不具，每朋酒之会，则抚而和之，曰：'但识琴中趣，何劳弦上声！'"陶渊明所弹之琴即为"无弦琴"，也是"无弦琴"的由来。陶渊明少学琴书，喜弹琴，善弹琴，弹无弦之琴正是其已得琴中之意而忘却琴之形制而已，说明他弹琴追求的不是琴技，而是以觉悟琴中之"意"为重。同样来说，邵雍弹琴是要超越琴艺器艺的层面，可以忽略琴之形制去体悟琴中之"理"的，正所谓"琴之为技小矣"。古琴于邵雍而言，亦不过是含"理"之物、治"心"之器，《旋风吟二首》云："安有太平人不平，人心平处固无争，棋中机械不愿看，琴里语言时喜听。"③ 这就是说，以无弦之琴洗心，"心垢"自去，"心"和"性"一样"公而明"。故，"以琴洗心"变化其气质，其"心"得"正"。

邵雍以弹无弦之琴洗却"心垢"的同时也在寻觅知音。倘若"棋逢敌人才堪着"，那么于邵雍而言则是"琴少知音不愿弹"。④ 邵雍的知音方是能得"无弦琴"之"意"者。《黄金吟》云："辩捷非通物，涵容是了心。会弹无弦琴，然后能知音。"⑤ 弹得"无弦琴"，方能更好地追求"天性"领略琴中之"理"。若能对"性""理"有所感悟并升华至义理层面的思辨，那么知音、无弦之琴是否

① 《邵雍集》，第 480 页。

② 杨天宇撰：《礼记·乐记（下）》，上海古籍出版社 2004 年，第 504 页。

③ 《邵雍集》，第 351 页。

④ 《邵雍集》，第 243 页。

⑤ 《邵雍集》，第 463 页。

还重要呢？《演绎吟》云："何者谓知音，知音只在心。肝脾无效验，钟鼓漫搜寻。既若能开物，何须更鼓琴。来仪非为凤，只是感人深。"①由此可见，当能觅得"性""理"之时，知音与无弦之琴便不再重要了。所以说对于邵雍而言，弹无弦之琴而"以琴洗心"正是其修养心性的途径之一，目的是要达到天人一体的境界，探索体悟"天理"的思想方法。

二、周敦颐"淡""和"琴学义理观

周敦颐（1017—1073），字茂叔，湖南道县人。因晚年在濂溪书堂讲学，世称濂溪先生，著有《太极图说》《通书》。《通书》中《礼乐》和《乐》共四篇集中体现了周敦颐乐学思想的精华。从《元公周先生濂溪集》或朋友所题墓志铭等文献不难发现：首先，周敦颐雅好古琴并时常与琴相伴，《题濂溪书堂》云："倚梧或欹枕，风月盈中襟；或吟或冥默，或酒或鸣琴。"②蒲宗孟作《先生墓碣铭》记录周敦颐："乘兴结客，与高僧道人，跨松萝，蹑云岭，放肆于山巅水涯，弹琴吟诗，经月不返。"③其次，周敦颐精通琴学，赵抃④作《同周敦颐国博游马祖山》云："下指正声调玉轸，放怀雄辩起云涛。联镳归去尤清乐，数里松风耸骨毛。"赵抃所言周敦颐鼓琴下指即是正声，何谓正声？"正声感人，而顺气应之。顺气成象，而和乐兴焉。"⑤"古之乐章、乐府、乐歌、乐曲，皆出于雅正。"⑥可见正声即是"中和雅正"之乐。

儒家历来主张以"中和雅正"为乐之审美准则，而周敦颐则在此基础上提

---

① 《邵雍集》，第 484 页。

② 周敦颐著，陈克明点校：《周敦颐集》，中华书局，1990，第 60 页。

③ 《周敦颐集》，第 87 页。

④ 《琴史》中记载："赵抃，字阅道，以清节正论显于仁宗朝，迄熙宁初，尝参豫国政，今以太子少保致仕。公好琴，其将命于四方，虽家人不以从行，而琴与龟鹤未尝去也。王事之隙，时弹古曲以和平其心志。故终始完洁无疵，为世师表云。"参见北宋朱长文著《琴史》卷五，钦定四库全书，第 228 页。

⑤ 《礼记·乐记》（下），第 485 页。

⑥ 张炎著，夏承焘校注：《词源注》，人民文学出版社，1981，第 9 页。

出了"淡""和"的审美准则：

> 古者圣王制礼法，修教化，三纲正，九畴叙，百姓大和，万物咸若，乃作乐以宣八风之气，以平天下之情。故乐声淡而不伤，和而不淫。入其耳，感其心，莫不淡且和焉。①

周敦颐强调乐"淡而不伤，和而不淫"的特点，认为"乐声淡则听心平，乐辞善则歌者慕，故风移而俗易矣"②；也认为"政善民安，则天下之心和，故圣人作乐，以宣畅其和心，达于天地，天地之气，感而太和焉"③。尽管周敦颐是从整体论述"礼乐"的，但是周子雅好古琴并精通琴学，"淡""和"之乐审美准则实际上也折射其对古琴音乐的审美。由此可见，周敦颐所提倡的"淡""和"琴学观是立足于琴乐之功能"淡则欲心平，和则躁心释"而言的，故主张用"淡而不伤，和而不淫"的琴乐去移风易俗，消除人们的欲求，目的是"宣八风之气"，"平天下之情"，调和七情而至天下人心、人性、人情平和才能政善民安。

那么，"淡""和"之乐何以调和人之七情呢？周敦颐的琴学观与其理学有着必然的联系。《通书》中提出了"诚""性"的概念，此二概念正是理学家后来论述的"天命之性"与"气质之性"。"诚"是来自宇宙本原的乾道、太极，其本身是与心性道德相关的概念，是人内在的纯粹至善的本性。而周敦颐认为人的本性是有区别的：

> 刚善，为义，为直，为断，为严毅，为干固；恶，为猛，为隘，为强梁。柔善，为慈，为顺，为巽；恶，为懦弱，为无断，为邪佞。惟中也者，和也，中节也，天下之达道也，圣人之事也。④

---

① 《周敦颐集》，第27—28页。
② 《周敦颐集》，第29页。
③ 《周敦颐集》，第29页。
④ 《周敦颐集》，第19页。

人性之善恶不一，"性者，刚柔，善恶，中而已矣"，刚善、刚恶、柔善、柔恶等类型都是多样化现实性的存在，与"性"中之善恶相对应，人心也有"淫心""邪心""欲心""躁心"等。"乐者，音之所由生也；其本在人心之感于物也。"①乐是由音组成，其根源是人类有能够产生思想感情的"心"受到外界事物的刺激。情由心生，其哀心、乐心、喜心、怒心、敬心、爱心之发动若违背中和便会走向"恶"，"故圣人立教"便要使人自动抛弃刚柔善恶，达到内心中和的状态。而"淡""和"之琴乐具有释心、平降心躁的功能，用以调和人之七情防"淫心""邪心""欲心""躁心"的产生，使人自易其恶。周敦颐确立了以"诚"为核心的"主静无欲"的修身论，而"淡""和"之乐正是其通过抚琴以至"主静无欲"的修养之术，正如台湾学者李美燕教授认为，周敦颐对于"淡和"之说的提出有可能是来自其抚琴操缦的体认。②

三、张载"知乐成性"的琴学义理观

张载（1020—1077），字子厚，祖籍大梁，生于长安，因长期侨居横渠镇讲学，故被称为"横渠先生"，有《正蒙》《经学理窟》《张子语录》等多部著作。张载的礼乐思想是其气本论哲学体系的重要组成部分，张载将礼乐之本体归于气，将礼乐之本源归于自然。《经学理窟·礼乐》言：

> 声音之道，与天地同和，与政通。蚕吐丝而商弦绝，正与天地相应。方蚕吐丝，木之气极盛之时，商金之气衰。如言"律中大簇"，"律中林钟"，于此盛则彼必衰。方春木当盛，却金气不衰，便是不和，不与天地之气相应。③

---

① 《礼记·乐记》（下），第468页。

② 李美燕：《周敦颐的"淡和"乐教观及其对汪烜〈立雪斋琴谱〉的影响》，《艺术评论》（台北）2012年第23期。

③ 张载著，章锡琛点校：《张载集》，中华书局，1978，第263页。

张载以气来论证"性与天道合一"的理学主题，认为整个世界都是由气构成的，由此建立起一种以气为本的宇宙本体论。他认为"声音之道，与天地同和"来源于《乐记·乐论篇》"大乐与天地同和"与"和，故百物不失"，正是因为"大乐"和天地一样的协和，所以能够发展一切事物的本性。他认为"声音之道，与政通"来源于《乐记·乐本篇》"声音之道，与政通矣"，说明声音的道理是和政治息息相通的。由此张载认为一个国家的治理若能达到政通人和的状态，那么应当顺应天地万物相互感通、相互和谐的天人合一之道，故古者圣王乃作乐以感通人心，发挥乐之共情功能阐发与天地之气的同和之道。

张载指出"蚕吐丝而商弦绝"，从"丝""弦"可推测此处论述与古琴相关，缘由如下：中国古代乐器按其制作材质的不同可分为八类，即"金、石、丝、竹、匏、土、革、木"，而"八音"则是古代乐器的统称。"丝"是"八音"之中的一类，即指弦乐器，如琴、瑟等。在《礼记·乐记》中出现多处以"丝""弦"代表琴瑟的记录，如"昔者舜作五弦之琴，以歌《南风》。夔始制乐，以赏诸侯"[1]。"金石丝竹，乐之器也。"[2]"乐师辨乎声诗，故北面而弦。"[3]郑注："弦，谓鼓琴瑟也。"[4]"丝声哀，哀以立廉，廉以立志。君子听琴瑟之声，则思志义之臣。"[5]"蚕吐丝而商弦绝"正是描述了古琴乐律与天地万物之间的自然关系，意为春木当盛之际弹奏商音的丝弦则会断绝，谓何？因为"商"音属五行之气中的"金"，与五行之气中春木当盛之"木"相克而不和谐，"声者，形气相轧而成"[6]。声音之道与天地之气相同和，声音的发声根源也是符合气化原理的。郑玄引用《礼记·月令》中"律中大蔟"与"律中林钟"为例，"孟春气至，则大蔟之律应。应谓吹灰也。大蔟者，林钟之所生，三分益一，律长

---

① 《礼记·乐记》（下），第 479—480 页。

② 《礼记·乐记》（下），第 487 页。

③ 《礼记·乐记》（下），第 490 页。

④ 郑玄注，孔颖达疏：《礼记正义》卷第三十八，李学勤主编：《十三经注疏》第 14 册，北京大学出版社，1999，第 1304 页。

⑤ 《礼记·乐记》（下），第 496 页。

⑥ 《张载集》，第 20 页。

八寸。凡律空围九分。《国语·周语》曰：'大蔟所以金奏，赞阳出滞。'"①"林钟者，黄钟之所生，三分去一，律长六寸。季夏气至，则林钟之律应。《周语》曰：'林钟和展百物，俾莫不任肃纯恪。'"②这里所表达的意思为"大蔟"为孟春之乐，应十二律吕中的第三律，而"林钟"为季夏之乐，应十二律吕中的第八律。张载以气化之理说明，"大蔟"与"林钟"之乐二者所应天道呈显之气象不同，前者应和木气正盛，后者呈显火气之盛，于此盛则彼必衰之理。张载从气本论哲学出发，认为乐律与天地同和，同归源于自然。然而"律吕有可求之理，德性深厚者必能知之"③。何为律吕可求之理？这便涉及了乐的道德教化功能。

首先，春木当盛且金气不衰，便意味着律吕不和，也与天地之气不相应，此时应根据天地自然之规律来制定与天地相和之乐，发挥"乐和同"之功能。张载认为和乐是道之根源："和乐，道之端乎！和则可大，乐则可久，天地之性，久大而已矣。"④"万物和合生长便可成就天地之宏大，乐于、安于气之变动而不违背便能使其长久。"⑤而天地之性的本质正是宏大与长久，故圣人作乐便突出体现"和"之精神，用以教化天下。张载也认为"和"精神可与"八音克谐，无相夺伦，神人以和"（《尚书·舜典》）相呼应，感染万物，融通于律吕之"和"，谱写道德价值之乐章才能使国家上下和谐秩序，发挥"乐"与政通的治国功能。

其次，张载提出"天地之性"与"气质之性"的概念，所谓"天地之性"即是"湛一气之本"，是气的先天本性，也是万物之性，主要包括仁义礼智之性。所谓"气质之性"即是"攻取气之欲"，是气的后天欲望，有形气之私和善恶之别，主要指对外物的欲求。"天地之性"与以和气聚成形之后的具体人性

---

① 《礼记正义》卷第十四，《十三经注疏》第 13 册，第 524 页。
② 《礼记正义》卷第十六，《十三经注疏》第 13 册，第 594 页。
③ 《张载集》，第 263 页。
④ 《张载集》，第 24 页。
⑤ 张小雨、曾振宇：《张子乐教思想探析》，载《交响——西安音乐学院学报》2021 年第 1 期。

"气质之性"相区别，"形而后有气质之性，善反之则天地之性存焉。故气质之性，君子有弗性者焉"①。张载将人性区分为天地之性与气质之性，力图解决人性的天道本性与具体人性的差别问题。同样地，张载直接将礼乐与"天地之性"相联系，突出礼乐之本源归于自然，但是"形而后有的气质之性"因"人之刚柔、缓急、有才与不才，气之偏"可能遮蔽了"天地之性"而未能"尽性"，"天地之性"在个体中若能尽显则谓"性成"。然而，张载认为在"性未成而善恶混"之时，尤为防备郑卫之音对人心的影响："移人者莫甚于郑卫，未成性者皆能移之，所以夫子戒颜回也。"②

未成性者皆被郑卫之音所移，何以如此呢？张载从地理环境决定论的角度分析了郑卫之音形成的原因：

> 盖郑卫之地滨大河，沙地土不厚，其间人自然气轻浮；其地土苦，不费耕耨，物亦能生，故其人偷脱怠慢，驰慢颓靡。其人情如此，其声音同之，故闻其乐，使人如此懈慢。其地平下，其间人自然意气柔弱怠惰；其土足以生，古所谓"息土之民不才"者此也。③

由于郑卫地滨大河，水源丰富，土地肥沃，物产富饶，人们生活相对惬意而有富余时间与精力开展娱乐活动，这自然使得两国之人不需劳苦耕种，在享受之中其精神自然轻浮颓靡。

> 郑卫之音悲哀，令人意思留连，又生怠惰之意，从而致骄淫之心，虽珍玩奇货，其始感人也亦不如是切，从而生无限嗜好，故孔子曰必放之。亦是圣人经历过，但圣人能不为物所移耳。④

① 《张载集》，第23页。
② 《张载集》，第263页。
③ 《张载集》，第263页。
④ 《张载集》，第378页。

而郑卫两国之乐纤细柔弱，温柔婉转，动人心魄，则最为穷奢极欲，嚣张顽固而无道德内涵。孔子云："放郑声，远佞人。郑声淫，佞人殆。"（《论语·卫灵公》）故"夫子戒颜回也"。郑卫之音对于"天地之性"的滋养无益，却能裹挟人心投入声色娱乐之中，移走其"本然为善"之性而无法助人"成性"。也正是郑卫之音的移性之功，改情之效，故张载认为时人所抚之琴已"不远郑卫"：

> 今之琴亦不远郑卫，古音必不如是。古音只是长言，声依于永，于声之转处过，得声和婉，决无预前定下腔子。①

由此可见，张载表达了对当时古琴之乐的强烈不满。究其缘由，张载认为时人所弹琴乐必不是古乐，因为古乐早已消失，人们并不能欣赏到千年之前的乐，然而时人却又对古乐追求甚深，往往用乐之律吕作为衡量是否为古乐的标准，因为黄钟之宫乃律吕之本，所以便从寻找黄钟律吕之位开始，然后通过四折取中法或三分损益法等方法来计算其余律吕之位，依此而定音阶的高低来作乐，认为此乐必是"古乐"，这便是张载所认为的"预前定下腔子"。那么，什么是古乐呢？张载说："只此《虞书》'诗言志，歌永言，声依永，律和声'求之，得乐之意盖尽于是。"②这样，张载借《尚书·尧典》之言，从古乐之功能的角度抒发其对古乐的认知，诗以表达人之思想情感，歌则通过咏唱诗的言语突出诗的意义，五声（宫、商、角、徵、羽）的高低是根据咏唱而制定的，律吕用以调和五声使乐之和谐，若能如此，明了其中之意便已是古乐了。张载说："歌亦不可以太高，亦不可以太下，太高则入于噍杀，太下则入于啴缓，盖穷本知变，乐之情也。"③即认为琴曲要符合乐律，乐声也不能太高太低，以中和之乐抒发人内心的情感，也是乐的功能，所以"古乐养人德性中和之气"。由此可见，张载心中的古乐是与传统儒家古乐一脉相承的。

事实上，张载所维护的传统儒家所主张的"中和雅正"之琴乐，与其所言

---

① 《张载集》，第263—264页。
② 《张载集》，第262页。
③ 《张载集》，第262页。

"古乐养人德性中和之气"均蕴含着发挥乐教的功能——"知乐"方可"成性"，即通过"以乐激善"变化人的"气质之性"来养护人的"天地之性"。由此也开启了宋代理学家由乐之"中和"调节"心"之个人情感的发动，以至"无过无不及"而变化气质，即是"喜怒哀乐之未发，谓之中；发而皆中节，谓之和。中也者，天下之大本也；和也者，天下之达道也"①。

四、结语

总之，古琴文化艺术作为一种社会意识形态，必定受社会环境、政治背景和道德观念的影响，是对其赖以生存的经济基础和社会现实的反映。儒家思想对古琴文化艺术的影响从未间断过，并与其相融相通并肩走过三千多年蜿蜒曲折的历史长河。可以毫不夸张地说，儒学兴则琴理盛。宋代儒学的复兴为古琴文化艺术的繁荣奠定了基础，以邵雍、周敦颐、张载为代表的北宋理学家坚持"性即理"的立场，认为琴是一种载"道"之器，突出提倡"将治四海先治琴"、用琴"扶正国风，翼赞王化"。邵雍言"性"则趋向于全善，周敦颐言"性"是"刚柔善恶中"，张载把"性"分为"天地之性"与"气质之性"，故应通过以琴养"性"来追求其中之"理"，坚持修心以琴稳途径以固先天根基，变化气质，正心穷理。并努力将琴学义理融摄理学之中，使琴理成为其理学的范畴之一。正如蒙培元先生所言："乐之成为理学范畴，主要是指天人合一，亦即人和自然界合一的情感体验，也是一种主体意识。作为一种本体论的超越的体验，它既是情感的，又是超情感的；既是理性的，又是超理性的。"②

当然，关于琴学义理的问题，北宋不仅有以邵雍、周敦颐、张载为代表的理学家进行过探讨，其他如欧阳修、王安石、沈括、苏轼等政治家、文学家也有专门的讨论，因本文主要讨论琴学义理与理学的关系，所以只选择了邵雍、周敦颐、张载三位理学家作为研究对象。事实上，无论是理学家还是政治家、文学家，他们的琴学观既是各有特性而相互区别的，亦是相互联系而互为补充

---

① 杨天宇撰：《礼记·中庸》（下），第 691 页。

② 蒙培元：《论理学范畴"乐"及其发展》，《浙江学刊》1987 年第 4 期。

的。总之，宋明理学家的琴学义理观是宋明理学研究中一项重要课题，它不仅反映了理学对艺术的影响，而且折射出艺术对理学的作用，值得学界将此课题的研究进一步拓展与深化。

On the Argumentations of Qin Studies by Neo-Confucianism Scholars of the Northern Song Dynasty

——Taking Shao Yong, Zhou Dunyi, and Zhang Zai's Views on the Meaning and Principles of Qin Studies as Examples

Yong Shushu

Abstract: As a carrier of Confucian music education, the fate of Guqin's development is directly proportional to the rise and fall of Confucian thought. The rise of Confucianism leads to the flourishing of the theory of Guqin. There were many Neo-Confucianism scholars in the Northern Song Dynasty who were proficient in music and rhythm, and were skilled in playing the Guqin. They explored the meaning and principles of Guqin through the Tao. Shao Yong proposed the theory of "washing the heart with the Guqin" in Qin studies, believing that by washing the heart with the "stringless qin", the "heart dirt" can change its temperament and obtain "righteousness". Zhou Dun-yi proposed the concept of "simplicity" and "harmony" in the study of Qin, advocating the use of "simplicity without harming, harmony without lust" in Qin music to "promote the Eight Winds" and "calm the world's emotions"; Zhang Zai proposed the theory of "knowing music to achieve one's nature" in Qin studies, believing that "knowing music" can achieve one's nature. He advocated changing one's "temperament" and nurturing one's "nature of heaven and earth" through "using music to stimulate goodness".

Key words: Northern Song Dynasty's Neo-Confucianism; argumentations of Qin studies; changes in temperament; music education

● **海外朱子学研究**

东亚气学思潮中认识论的两种形态

——以罗钦顺与贝原益轩为例

杨世帆 *

【摘　要】　近世东亚中日两国都曾涌现过一股"气学"思潮，该思潮否定作为形上实体的天理，主张在气体流行中认识事物之"条理""物理"。明代的罗钦顺与江户的贝原益轩均有类似主张。但罗钦顺虽主张就分殊事物体认个别之理，其认识论的最终目的仍然是于"天人合一"中体认宇宙整体秩序之"理一"，并赋予了认识行为强烈的道德实践意义。而贝原益轩则认为宇宙整体秩序是不可知之物，主张将其存而不论，专注于对个别事物的经验认知，最终发展出主客两分的经验主义认识论。这并不仅是二人的个体差异，更是中日两国近世思想中认识论的两种不同的发展路径。

【关键词】　东亚气学；认识论；罗钦顺；贝原益轩

　　* 【作者信息】杨世帆，江苏省社会科学院哲学与文化研究所助理研究员，主要研究方向为东亚儒学、中日文化交流。
　　【项目信息】国家社科基金青年项目"日常生活视野下的近世日本儒学实像研究（1603—1867）"（22CSS030）。

随着元明时期"理"的"去实体化"①，明清儒学中逐渐展现出一种"气学"倾向②，并且随着东亚各国之间的文化往来，气学相关的诸多书籍逐渐流传于海外。在此刺激下，东邻日本也涌现出与之类似的"气学"思潮。然而，仔细对比中日两国"气学"走向，即可发现，即使在理气关系上同样主张"气本体"，但在认识论的问题上，中日两国学者往往具有不同的态度。以罗钦顺与贝原益轩为例，二者在本体论上展现出高度相似，但在认识论方面却大有不同。并且这些差别并非完全来源于二者的个体差异，而是与中日两国思想、学术的发展方向息息相关。为理解东亚儒学中普遍性背后的多样性，有必要对两国的"气学"思想进行更为详尽的个别分析。本文将以罗钦顺与贝原益轩为例，并结合其对两国后世思想家的影响，分析东亚儒学中"气学"这一思潮中认识论在中日两国的不同发展走向。

一、罗钦顺的理气论与理一分殊

罗钦顺的理气论问题，历来聚讼纷纭。大陆学者往往因其提倡"理只是气的理"，认为罗钦顺以气为第一性，以理为附属于事物属性、条理，从而将罗钦顺归为主气的唯物论。③ 但有部分港台学者对此颇有异议，如杨儒宾认为罗钦顺

---

① 陈来：《元明理学的"去实体化"转向及其理论后果——重回"哲学史"诠释的一个例子》，《中国文化研究》2003 年第 2 期。

② 关于"气学"这一表述，张岱年提出，宋明哲学的中心问题为"气、理、心三者孰为根本"。张岱年认为以此可将宋明哲学划分为气学、理学、心学三个流派。张岱年：《再版序言》，《张岱年文集》（第 2 卷），清华大学出版社，1990，第 24 页。日本的山下龙二等诸位学者也提出明清时期有一股与"理学""心学"并立的"气的哲学"存在。［日］山下龙二：《阳明学的研究 展开编》，现代情报社，1971，第 3—4 页。

③ 张岱年：《中国哲学大纲》，中国社会科学出版社，1982，第 74—75 页；侯外庐主编：《宋明理学史》下卷，人民出版社，1987，第 476—479 页；任继愈主编：《中国哲学史》第 3 册，人民出版社，2003，第 319—323 页。

之理具有一定的超越性倾向。① 林月惠、杨祖汉则认为其不属气论，而是与朱熹同属理气二元结构。② 近来，大陆也有学者对唯物论的罗钦顺解释提出了一定的修正，认为罗钦顺学说中气对理并不具有决定性作用，因此理并非完全为从属于气的第二性，而是具有决定事物运行的"规律"之意。③ 本论文将尝试以"一致性"与"特殊性"的视角，在前人之说的基础上展开阐发。

众所周知，罗钦顺对朱熹理气论的修正，源于对朱熹学说中理气二分倾向的不满，多次批判"朱子终身认理气为二物"④。主张理"初非别有一物"，而是存在于具体的气的运动变化之中。其论述如下：

> 自夫子赞《易》，始以穷理为言。理果何物也哉？盖通天地，亘古今，无非一气而已。（中略）千条万绪，纷纭轇轕，而卒不可乱，有莫知其所以然而然，是即所谓理也。初非别有一物，依于气而立，附于气以行也。⑤

称古今天地之间"无非一气而已"。而理是对气的运动发展、循环无已的描述性概念。展现了罗钦顺以气构建世界本体的倾向。仅从这一段材料看，似乎可支持罗钦顺思想中"理"为第二性的观点。但纵观其著作，则可见在这一问题上，罗钦顺往往有一些看似矛盾的表述。

> 理只是气之理，当于气之转折处观之。往而来，来而往，便是转折处也。夫往而不能不来，来而不能不往，有莫知其所以然而然，若有一物主

---

① 杨儒宾：《罗钦顺与贝原益轩——东亚近世儒学诠释传统中的气论问题》，《汉学研究》（台湾）2005年第1期。

② 林月惠：《异曲同调：朱子学与朝鲜性理学》，台大出版中心，2010，第156页；杨祖汉：《从当代儒学观点看韩国儒学的重要论争续编》，台大出版中心，2017，第134—135页。

③ 杨立华：《宋明理学十五讲》，北京大学出版社，2015，第280页。

④ 罗钦顺著，阎韬点校：《困知记》，中华书局，2013，第38页。

⑤ 《困知记》，第5—6页。

宰乎其间而使之然者，此理之所以名也。"易有太极"，此之谓也。[①]

如这一段中，一方面强调"理只是气之理"，但也重申了气的运动发展中似乎有所主宰，而理正以此而得名，似乎强调了理对气体运动的宰制性作用。并且该段中称所谓"易有太极"也为气体流转中似有一理主宰之意。而罗钦顺对"太极"的描述，似乎也大有超越性本体之意。

> 夫太极，形而上者也；两仪、四象、八卦，形而下者也。圣人只是一直说下来，更不分别，可见理气之不容分矣。[②]
>
> 太极之本体，动亦定，静亦定。神则动而能静，静而能动者也。以此分明见得是二物，不可混而为一。[③]

台湾学者杨儒宾即据此认为，此"动亦定，静亦定"的表述仅能属于具超越意义的本体。[④]据此而观，似乎罗钦顺思想中的"理""太极"并不能从属于气，某种意义上甚至对气的运动有一定的主宰作用。

但本文认为，以上罗钦顺对理、太极的描述，必须放在其"理一分殊"的语境中理解。"理一分殊"的概念贯穿于本体论、心性论与工夫论中，是讨论罗钦顺思想时难以绕开的命题。"理一分殊"这一命题起源于程颐论《西铭》，后朱熹又借佛语"月印万川"加以阐释。

但仔细分析，则可见罗钦顺断不能接受"月印万川"的"理一分殊"结构。盖因月印万川，则具体的万川之外，则必须有一作为本体的"理一"高悬于空中。而罗钦顺所主张的"理一分殊"是指在分殊的具体万物中，蕴含着使其得以成为一体的一致性。其著作中，多次表述"所谓理一者，须就分殊上见

---

① 《困知记》，第 89 页。

② 《困知记》，第 196—197 页。

③ 《困知记》，第 73 页。

④ 杨儒宾：《罗钦顺与贝原益轩——东亚近世儒学诠释传统中的气论问题》，《汉学研究》（台湾）2005 年第 1 期。

得来，方是真切"，可见罗钦顺所理解的"理一"，是对个体事物所内含的一致性的描述，并没有赋予"理一"超越性本体意味。其论太极时，也采取了同样的立场：

> 或者因"易有太极"一言，乃疑阴阳之变易，类有一物主宰乎其间者，是不然。夫易乃两仪、四象、八卦之总名，太极则众理之总名也。云"易有太极"，明万殊之原于一本也。因而推其生生之序，明一本之散为万殊也。①

其称"太极则众理之总名也"，"总名"二字，充分说明了罗钦顺所谓的"太极"并非本体，而是对万殊之理的一个整体描述。同时，这段材料也可回应罗钦顺思想中理是否能宰制气体运行的问题。这一段中，明确说明了阴阳气体变易之时，其运行现象虽秩序井然，但并非真有一本体主宰于其中。也就是说，当讨论分殊之理时，罗钦顺所理解的理是个别事物的属性、性质，个别事物的性质各具特殊性，但特殊性中又蕴含着一定的一致性，因此万殊之事物才能作为一个整体运行不止。而将万物视作一个整体，观察其运行时，罗钦顺所说的"理一""太极"有整体秩序之意。但在其表述中，并不是"理一"主宰气体流行，而是在气体流行之中，可总结、概括出一致性秩序。其中区别，决定了"理一""太极"是对气的整体运行的描述性概念，而并非主宰气体流行的本体概念。

诚然，罗钦顺的著作从未有过气优先于理的表述。盖因所谓理气何为第一性的问题，是后人在整理学术史时所提出来的问题，而不是罗钦顺面对的问题。罗钦顺自觉地去面对的是朱子学中理气二分的问题。因此他的论述，一直强调的是理气一体、相即不离。但罗钦顺在论述理气一体这个命题时，对宇宙本体的描述方式，更多的是强调气体自身的流行，而将理、太极解释为气体流行中展现的一致性、秩序性。因此，罗钦顺本人或许无心于理气何者为第一性的问题，但从他的表述方式以及产生的影响来看，将其归为气学先驱，

---

① 《困知记》，第6页。

并无不当之处。

二、天人合一的认识论

值得注意的是，在这种理一分殊的语境下，罗钦顺虽认为"理无大小故也。若于事物上无所见，谈玄说妙有何交涉"①，多次强调要在具体的分殊事物上体认理，但是他的最终目标并不是对个别分殊之理的归纳，而是意图通过对分殊的认知，实现对理一的体认。

> 近年以来，乃为有以自信者何？盖此理之在心目间，由本而之末，万象纷纭而不乱，自末而归本，一真湛寂而无余。惟其无余，是以至约。②

这一段是罗钦顺对自我境界的描述。在其描述中，罗钦顺自信自己已经完全能体认万殊之理之中的一致，可以说"由本而之末，万物纷纭而不乱，自末而归本，一真湛寂而无余"。这一境界正是罗钦顺格物工夫的最终目标。

> 夫此理之在天下，由一以之万，初匪安排之力，会万而归一，岂容牵合之私？是故察之于身，宜莫先于性情；即有见焉，推之于物而不通，非至理也。察之于物，固无分于鸟兽草木，即有见焉，反之于心而不合，非至理也。必灼然有见乎一致之妙，了无彼此之殊，而其分之殊者自森然其不可乱，斯为格致之极功。然非真积力久，何以及此？③

罗钦顺明确表达格致之极才可见得分殊事物之间森然不乱，感受到气体运行中的和谐一致。更重要的是，其思想中对理一的体认，已不仅是狭义认识论中主体对客体事物的经验认知，更是个人修养工夫的要求。上段引文中也表达

① 《困知记》，第95页。
② 《困知记》，第1页。
③ 《困知记》，第4页。

了从万殊中体认"理一"，要求体认自身性情与"理一"的一致。盖因其理论中，"理一"不仅存在于客体事物中，也存在于人的性情之中，是性情中的合理规范。

> 至理之源，不出乎动静两端而已。静则一，动则万殊。在天在人，一也。（中略）惟是喜怒哀乐之发，未必皆中乎节，此善恶之所以分也。节也者，理一之在分殊中也。中节即无失乎天命之本然，何善如之？①

罗钦顺认为，善恶源于喜怒哀乐之发是否合于规范（中节），此规范即为性情中的理一，如"理一"存在于"分殊"之中，性情的规范存在于万殊的喜怒哀乐之中。而格物致知的工夫，正是为了使人的性情、言行合于此"理一"的规范。因此，罗钦顺将"格物"之"格"解释为"通彻无间"，认为"工夫至到，则通彻无间，物即我，我即物，浑然一致，虽合字亦不必用矣"②。也就是说，格物之至，自身言行、性情合乎"理一"，则可以与万物运行的秩序保持一致，从而实现天人、物我合一。也就是说，罗钦顺虽然多次强调，"理一"存在于分殊的具体事物之中，但他最后的目标是通过"分殊"去体认"理一"，并且他所理解的对"理一"的认知，并不是主客二分地对分殊客体事物的经验认知。而是要求个人主体符合"理一"的规范，从而使自我融入宇宙万物的一致性中。通过这种主客合一的方式，完成对"理一"的体认。

因此罗钦顺思想中的"认识论"，并不是狭义上主体对客体现象的经验认知行为，而是要求通过实践的认识行动，不断地追求主客的统一。在对宇宙整体秩序的体认过程中，"认识"这一行为也被赋予了道德实践意义。在天人合一的维度上，实现了认识论、本体论与价值论的统一。

如前文所述，罗钦顺对朱熹理气论的修正影响深远，"理是气的理"的概念在整个东亚范围内流传极广。但是，即使在相同的本体论下，罗钦顺以天人合一为方法，以体认"理一"为目标的认识论却未必为人所认可。

---

① 《困知记》，第 10 页。

② 《困知记》，第 5 页。

三、贝原益轩对罗钦顺的接受与修正

罗钦顺思想传入日本，源于丰臣秀吉对朝鲜发动的壬辰战争。朝鲜刻版的《困知记》流入日本，其后在江户早期的思想界产生了极大的影响。[①] 其中，又以贝原益轩受罗钦顺影响最大。贝原益轩是日本江户初期重要的思想家，早年笃信朱子学，却在 85 岁高龄时撰写《大疑录》《慎思录》，表达了对朱熹学说的质疑与反思，并且其质疑与罗钦顺几乎如出一辙，认为"圣人未尝以理气为二物，然朱子以为理气决是二物"[②]。此外，贝原益轩也曾多次直接表达过对罗钦顺的赞赏与认可。

> 罗钦顺之学，其说不阿于宋儒。其言曰："理只是气之理。"又曰："理须就气上认取。"窃谓宋儒分开理气为二物。其后诸儒，阿谀于宋儒，而不能论弁。只罗氏师尊程朱，而不阿所好，其所论最为正当。[③]

可见，在反对理气二分，主张"理是气之理"以及"就气认理"的立场上，贝原益轩与罗钦顺的立场高度一致，甚至对"理是气之理"的论证过程，也与罗钦顺极为相似。

> 道是阴阳之流行，纯正而有条理之谓，是阴阳之本然不纷乱者。[④]
> 以其流行而一为阴一为阳谓之道，以其有条理而不乱，又谓之理。虽由所指不同，而姑异其名，然其实皆一物而已矣。（中略）气之纯正而流行者谓之道，以其有条理而不纷乱，故谓之理。其实道与理一也。[⑤]

---

① ［日］阿部吉雄：《日本朱子学与朝鲜》，东京大学出版会，1965，第491—534页。
② ［日］贝原益轩：《大疑录》，《日本思想大系》第34卷，岩波书店，1970，第393页。
③ 《大疑录》，第395页。
④ 《大疑录》，第390页。
⑤ 《大疑录》，第404页。

贝原益轩认为，"道"与"理"实为一物，是对阴阳气体流行，有条不紊这一状态的描述，这一理解与罗钦顺的论述高度一致，二人均认为"道""理"并非本体性概念，而是对气体流行的描述性概念。

此外，在理一分殊的理论上，贝原益轩的看法也与罗钦顺类似。

> 万理同出乎一源，而至其末流则万有不齐焉。故理一分殊之说，无物而不有矣。请试论之。（中略）如物之性，天道流行而化生万物。亦皆一般是理之一也。然牛有牛之性，马有马之性，犬有犬之性，豕有豕之性。（中略）禀性亦各不同，是分之殊也。如草木之性虽无知，有生意而发荣亦皆一般。是理之一也。然梅有梅之性，松有松之性，菊有菊之性，兰有兰之性。凡群卉之性各不同，是分之殊也。如爱物亦然，君子之于物也，禽兽虫鱼草木无物而不爱，爱之理一也。而其中有大小，有驯暴，虽一禽一兽不妄杀。然杀之有时以礼。不得已则虽畜养亦杀之以礼，如草木虽一树一草不妄伐，而伐之以时。有故则虽艾夷烈焚亦可也，是分之殊也。凡天下之事有理一分殊。其大率如此，自然之理也。[①]

可以看出，贝原益轩所主张的理一分殊，也非朱子学中"月印万川"模式，而是强调天道流行所化生的事物，以整体而言存在某种普遍共性，而以个体观之则可见其特殊个性。并且这种理一分殊的模式也存在于人的行为准则之中，主张君子处世以整体而言当有一普遍准则，而在面对具体事物之时又有具体分殊之节度。

可见贝原益轩与罗钦顺一样，排除了"理一"的超越本体意义。但是值得注意的是，罗钦顺在论述"理一"时，更倾向于将"理一"表述为天地万物作为一个整体动态运行时展现出的一致性。而从益轩的表述中，可发现其"理一"之意更倾向于静态的分殊事物中所具存的普遍属性。这一差别看似微妙，但实际上极大地决定了二人认识论上的巨大差异。

如前文所论，罗钦顺认识论的要求于"分殊"中体认"理一"。其"理一"

---

① ［日］贝原益轩：《自娱集》，《益轩全集》卷二，国书刊行会，1973，第208—209页。

为万物流行中条理不乱的一致性，因此对"理一"的体认并不要求对所有个别分殊之事物的具体认知，只需追求自我身心合乎天理之规范，则终能实现"天人合一"，完成对万物整体"理一"的体认。对此，罗钦顺具有极强的信心，并对质疑人能穷理的观点展开了批判。

> 谢上蔡有言："心之穷物有尽，而天者无尽，如之何包之？"此言不知为何而发。夫人心之体即天之体，本来一物，无用包也，但其主于我者谓之心尔。心之穷物有尽，由穷之而未至尔。物格则无尽矣，无尽即无不尽，夫是之谓尽心。心尽则与天为一矣。如其为物果二，又岂人之智力之所能包也哉。[1]

谢上蔡的疑问在于，天地间具体的个别事物无穷，而人如何能穷尽这无穷事物之理呢？而罗钦顺认为，穷理并非主客二分地对外物进行经验认知，而是心体与外物合而为一，则自然能穷尽天下之理。此处二人的分歧在于：谢认为穷理是对个别事物分殊之理之总和的穷尽，要求对无穷客体事物进行个别经验认知，这个过程中必然会显现出无限之事物与有限之经验的紧张关系，谢上蔡以此开始质疑穷物的可能性；而罗钦顺所理解的穷理，是对"理一"，也就是天地万物运行中一致性的体认。这种体认要求在天人合一的状态下，感受其运行的一致性即可实现。因其消除了主客之分，所以不需要对所有客体事物都进行个别经验认知。

回到贝原益轩，其立场更近于谢上蔡。如前文所述，贝原益轩所理解的"理一"是在万殊事物个别属性中的一种共通性质。从逻辑上推论，为了在万殊之事物中总结归纳出共通性质，自然有必要对万殊事物的性质进行个别认知。但若如此，则贝原益轩的穷理不免又将陷入谢上蔡所提出的无限之事物与有限之经验的紧张关系中。

实际上，贝原益轩也确实意识到了这个问题，称"天地之间，只理最广大

---

[1] 《困知记》，第42页。

无穷，虽大贤，非一人所可能知能言"①，展露出与谢上蔡相似的困惑。而在他的穷理实践中，也多次意识到人对客体事物之理的探求有所极限。如其论及海潮变化，称：

> 大率天地之运行变化，有自然之数不可以私意窥测，不可以常理推穷。故虽贤者恐不能知所以然。苟欲穷所以然，不免为私意臆度也。然则如此之类，措之度外不论而可也。②
>
> 其一月之中潮汐进退之时，所以日日有迟速而不同者，各有定期而不差，是与天道之运行昼夜一周而不息。皆是天地自然之理，不可测知其所以然也。③

可见贝原益轩很清醒地意识到以人的有限认知，虽然能对具体的事物现象展开经验归纳，但很难从个别分殊事物，推论出天地运行变化的整体之理，进而主张仅对可认知的分殊事物现象做经验归纳，而对超出经验的"所以然"之理暂存而不论。

与其他儒者相比，贝原益轩重"知"的倾向格外引人注意。贝原益轩认为，"知"是"人身之一大宝"，且求"知"之法在于拓展"闻见"。④ 由此可见，益轩所重之知在于对具体事物的经验见闻之知。实际上，贝原益轩也写了如《大和本草》《花谱》《菜谱》《日本释名》等名物学、博物学的著作。这类著作都是贝原益轩对事物性质展开经验见闻的成果。

"尊德性"与"道问学"原本就是朱子学的两个方向。无论是朱熹本人还是后世朱子学者，都非常注重具体事物上的格致。尤其是明清气学兴起之后，更加强调在具体的分殊事物上的穷理。但在朱子学的理论中，对分殊事物具体

---

① 《大疑录》，第389页。
② 《自娱集》，第206页。
③ 《自娱集》，第206—207页。
④ ［日］贝原益轩：《五常训》，《日本思想大系》第34卷，岩波书店，1970，第146—147页。

现象的格物，从来都是为了实现对现象背后"所以然之理"的体认。前文所述，罗钦顺虽然否定了"理一"的形上实体意义，但他对人能体认"理一"的信心也无动摇。也就是说，在认识论上，朱熹与罗钦顺虽侧重略有不同，但都要求从分殊的事物现象中推论、体验到现象背后统一的秩序。在这个问题上贝原益轩展现出与朱熹、罗钦顺截然不同的态度。

贝原益轩虽然也认可"理一分殊"的结构，承认宇宙万殊之事物中具有一定的普遍性特质，但从他的格致方向来看，可见其致力于对分殊之事物的具体经验认知，却并不认为能够从对分殊中归纳出贯通于万物的"理一"。可以说，贝原益轩对普遍性秩序，采取了一种存而不论的态度，转而面向分殊事物，追求经验见闻之知的无限积累扩展。

四、近世东亚智识主义的两种方向

值得注意的是，这种认识论上的差异并不是罗钦顺与贝原益轩的个体差异。当我们把视野放宽到近世整个东亚，则可以发现，这种差异广泛地存在于中日两国近世思想的发展过程中。

贝原益轩重见闻之知的倾向，在近世东亚并非孤立现象。余英时曾指出，中国明代中晚期开始，儒家学术逐渐转向"道问学"的途径，以前受到轻视的"闻见之知"开始受到重视。余英时将其总结为明清时期"智识主义"倾向的兴起，并认为罗钦顺、王廷相、戴震等人，在知识论上均具此智识主义倾向。[①]

上述罗钦顺、王廷相、戴震等人，在本体论上均具气学倾向。盖因气学思想往往强调在理在气中，就气认理。在认识论上要求在具体事物上积累见闻知识，由此杜绝了向壁虚造，以一己私见为天下至理的弊病。如王船山便强调应当"即物以穷理"而非"立一理以穷物"[②]。可见其也将"理"理解为"物"中的性质、秩序，从而反对离开具体之"物"而预设一"理"，主张在具体的"物"中探求"理"的存在。这一立场，与气学思潮的兴起有着重要的关系。非

---

① 余英时：《论戴震与章学诚》，生活·读书·新知三联书店，2000，第332—337页。

② 王夫之：《搔首问》，《船山全书》第12册，岳麓书社，2011，第633页。

但王船山一人，王廷相、戴震等人，均有类似主张。

但仔细分析中国明清气学思想家的著作，则可发觉，其智识主义主张中，大多具有两种共性。第一，虽重视积累见闻之知（道问学）的工夫，但其最终目的仍然在于德行之知（尊德性）的实现。也就是说，无论如何强调见闻之知的积累，但在中国气学的体系里，见闻之知并没有脱离德性之知，获得自存自在的独立价值。第二，即使是气学思想的思维范式中，德行的规范也与世界整体的运行秩序具有高度一致性。也就是说，明清气学中认识论的最终目的，仍然是通过个体事物经验见闻的积累，实现对某种普遍秩序的体认。同时这种对世界整体秩序的体认过程，往往也是德性自我实现的工夫。

如前文所述，这一点在罗钦顺的思想上已有体现。罗钦顺之后，气学思潮中的其他人物，其思维范式大多也不出此藩篱。

以批判朱子学最为严厉、智识主义倾向最为强烈的戴震为例。在理气论上，戴震坚定地主张理绝无超越实体，而是存在于事物的"分理""条理"。同时，认识论上，戴震也非常重视具体知识的积累，余英时甚至称戴震的哲学彻头彻尾是"主智"的，是"儒家智识主义发展到高峰以后才逼得出来的理论"[1]。而戴震在训诂、史地学领域的诸多著作，正是其智识主义取向的集中体现。

但是，尽管戴震表现出了如此强烈的智识主义倾向，但他仍然没有脱离"德性资于学问"[2]的思维范式。也就是说事物知识的最终目的，仍然在于以知识为德性奠基。人类道德的规范，仍然存在于宇宙万物的整体秩序之中。

> 一阴一阳，其生生乎，其生生而条理乎，以是见天地之顺，故曰"一阴一阳之谓道"。生生，仁也，未有生生而不条理者。条理之秩然，礼至著也。条理之截然，义至著也。以是见天地之常。[3]
>
> 生生者，化之原；生生而条理者，化之流。分者其进，合者其止；进者其生，止者其息。生者动而应求，立乎至博；息者静而自正，立乎至约。

① 《论戴震与章学诚》，第 353 页。

② 戴震：《孟子字义疏证》，《戴震集》，上海古籍出版社，2009，第 281 页。

③ 戴震：《读易系辞论性》，《戴震集》，第 162 页。

博，故与为条理也。约，故与为统会也。草木之根干枝叶花实谓之生，果宝之白全其生之性谓之息。君子之学也如生，存其心以合天地之心如息。[①]

可见戴震虽认为个别事物虽有其"分理"，但将宇宙万物视为一个整体时，仍可见其生生流行之间条理秩然。在戴震的语言体系里，万物之分理的各自显现为"生"，而整体条理秩然之合为"息"。"君子之学也如生"，要求博学万物个别之理，以求其博。而"存其心以合天地之心如息"则要求体认万物整体之合，统会个别知识的积累，使"其心"合于"天地之心"，合乎万物之条理秩然。

可见戴震虽追求个别知识之博，但其"道问学"之博，仍然是为了实现"尊德性"之约的途径，智识本身并非学问的最终目的。

中国明清气学思潮中的智识主义倾向，其思维范式大多不出此藩篱。但日本气学中的认识论则与此大有不同。如前文所述，贝原益轩学术极重视对具体事物的见闻之知，但同时他也认为，人无法通过对现象的见闻推出现象背后具有普遍一致性的"所以然之理"。这一特点也可广泛见于其他持气学立场的江户儒者著作中，如与贝原益轩几乎同时代的伊藤仁斋，在认为世界是"一元气"生生不息的"活物"的同时[②]，主张"理"仅属于个别事物的条理、性质，而无法以"理"形容万物生生不息之妙[③]，进而主张"宇宙之穷际不可得而知之"[④]，"理之不可穷也可见矣"[⑤]，声称宇宙不可穷尽，否认"穷理"的可能性。而时代稍晚的荻生徂徕，更是旗帜鲜明地主张天地是一神秘不测的活物，以人类有限之智，实无法穷尽其变化，并在此不可知的世界观下，彻底地否定了朱子学的格物穷理论。

　　夫理者事物皆有之，故理者纤细者也。宋儒之意谓合其细可以成其大

---

① 戴震：《法象论》，《戴震集》，第156页。

② ［日］伊藤仁斋：《语孟字义》,《日本思想大系》第34卷，岩波书店，1970，第116页。

③ 《语孟字义》，第124页。

④ ［日］伊藤仁斋：《大学定本》，早稻田大学所藏正德三年序本，第11页。

⑤ ［日］伊藤仁斋：《童子问》卷之中，《近世思想家文集》，岩波书店，1966，第236页。

矣。岂其然哉。①

　　理苟不穷之，则莫能得而一焉，然天下之理，岂可穷尽乎哉。②

　　荻生徂徕认为，理为存于个别事物中的个别、纤细之条理。唯有穷尽宇宙万物所有的个别之理，才能理解无数个别、特殊之理中的同一性。但世间万物广袤无穷，非常人之智可以穷尽，因此，实际上常人无法通过综合无数个别之理，实现对整体秩序的理解。对常人来说，世界的整体性秩序永远是不可知之物。源了圆曾指出，荻生徂徕将个别现象作为客观事实加以承认，但缺乏从自然现象中探索其原理的志向③，其原因正在于此。

　　值得注意的是，贝原益轩、伊藤仁斋、荻生徂徕，都没有否定宇宙天地中普遍秩序的存在，只是主张以常人有限的见闻、经验，无法从无数的个别现象中推出普遍秩序。但徂徕弟子太宰春台则完全不同，在他的理论中，宇宙的运行如同生物的活动，本身就具有一定的不确定性和非规律性。春台认为宇宙的运行变化，并不能完全符合于一种普遍秩序，彻底地否定了对普遍秩序的追求。因此，在太宰春台的语言中，"理"被严格限定为个别事物之"物理"，而彻底失去了具有普遍秩序含义的"天理"之意④。

　　由此可见，与中国的气学思想家对整体秩序的追求相比，日本的儒者往往更重视对个别事物现象的归纳，而缺乏对宇宙整体秩序的探求。他们往往认为，无法由个别现象推出普遍原理，进而将普遍原理、秩序视为不可知之物。在这个问题上，日本气学与中国气学的认识论取向，展现出截然不同的样态。

　　中日两国的气学思潮，整体上都批判了作为形上实体的理，将认识的对象从形上实体的"天理"转移到了形下事物之"条理""物理"。基于此，两国都发展出了关注个别事物之理的智识主义倾向。但是，中国气学家对个别事物知识的探索，仍服务于其对宇宙整体普遍秩序的体认。而日本气学的认知论在某

---

① ［日］荻生徂徕：《弁名》，《日本思想大系》第36卷，岩波书店，1970，第244页。

② 《弁名》，第244页。

③ ［日］源了圆：《德川合理思想的系谱》，中央公论社，1972，第75—95页。

④ ［日］小岛康敬：《徂徕学与反徂徕》，鹈鹕社，1987，第53页。

种意义上放弃了对整体普遍秩序的探寻，更彻底地转向了对个别事物的认识。

另一项更为影响深远的分歧在于，中国儒学中对世界普遍秩序的追求，往往源于普遍性秩序对德性的支持，而日本气学的发展逐渐脱离了这一模式。实际上，贝原益轩也并不反对宇宙秩序与人类德性的同一性。他虽然认为宇宙普遍秩序是不可知之物，但并没有完全否认普遍性秩序的存在。同时他也认可"盖天地生物之心，人受之以为心，所谓仁也"[①]。也就是说在贝原益轩这里，德性之源仍可追溯到宇宙天地生物之理。但在徂徕、春台的理论中，人类社会的秩序已经不来源于宇宙自然，而源于圣人的人为制作[②]。随着人之德性与自然秩序的断绝，通过"天人合一"感受宇宙整体秩序的认识论也不再能成立，人对自然的认识，完全转向了主客二分地对个别客体事物的经验认知。

小　结

元明之后，整个东亚范围内都涌起了一股否定形上实体，强调世间唯有气体流行的"气学"思潮，而罗钦顺与贝原益轩是这股思潮中，中日两国的杰出代表者。在本体论上，二人展现出了高度类似性。但几乎相同的本体论下，二人所发展出的认识论却大异其趣。在理一分殊的结构中，罗钦顺表现出了对"理一"的强烈追求，其认识论的最高目标在于在天人合一境界中，实现对"理一"的体认。而贝原益轩则认为对常人而言普遍性秩序是一种不可知之物，进而转向了对"分殊"的客体事物经验见闻之知的归纳，走向了一条更为彻底的智识主义之路。

罗钦顺之后，中国"气学"一脉的儒者，大多都显示出对普遍价值、秩序的追寻。即便是智识主义倾向最为强烈的戴震，也承认气体流行的具体事物之间存在着具有普遍价值的义理，其对具体知识的追求，最终仍然服务于对普遍性义理的追求。

---

① 《自娱集》，第182页。

② ［日］丸山真男：《日本政治思想史研究》，王中江译，生活·读书·新知三联书店，2000，第57—86页。

但日本的学界则显现出完全不同的样态，贝原益轩之后，伊藤仁斋、荻生徂徕等人，均认为贯穿于世界整体的普遍秩序已超出人类的认知范围。更后期的太宰春台，发展出更彻底的不可知论，主张世界万物的变化具有一定的混沌性，不可以"理"推论万物全体之发展。从而将认知的方向彻底地转向了存在于具体事物中的分殊之"物理"。

如杨国荣所论，近代哲学往往被视为"认识论的转向"，这种转向被理解为哲学的关注重心从本体论引向了认识论问题。在这种视域中，认识论每每与本体论相分相对。这种狭义上的认识论，往往专注分析认知行为，而悬置存在本身。[①] 日本气学往往对宇宙整体同一性存而不论，甚至否认其存在，转而专注于对个别现象进行经验归纳的认识论倾向，与西方近代哲学的"认识论转向"有一定的相近之处。

但是，这种主客二分的认识论，往往遮蔽了世界与人的存在之间的统一性，使世界与人站到了相分而相对的位置上。这种相分相对的认识视角，也使得人对世界的认知彻底局限在"现象—经验"的领域。对现象背后的本体领域，彻底丧失了认知其存在的可能性。因此从哲学的立场来看，这种狭义的主客二分的认识论也不免具有其局限性。

Two Forms of Epistemology in East Asian Trends of "Qi Xue"
——Taking Luo Qinshun and Kaibara Ekiken as Examples

Yang Shifan

Abstract: In the early modern period of East Asia, China and Japan witnessed the intellectual trends of "Qi Xue", which rejected the metaphysical concept of Tian Li (heavenly principles) and advocated understanding phenomena through the "order" and "physics" of the circulation of Qi. Luo Qinshun in the Ming Dynasty and Kaibara Ekiken in the Edo period expressed similar viewpoints. Luo Qinshun advocated recognizing

---

① 杨国荣：《论冯契的两种认识论》，《中国哲学史》2006 年第 1 期。

individual principles for distinct entities. The ultimate goal of his epistemology was to apprehend the "Liyi" (one principle) governing the overall cosmic order within the "unity of nature and man". This perspective had a profound moral and practical significance upon the act of cognition. However, Kaibara Ekiken believed that the overall order of the universe is unknowable, and advocated setting it aside without discussion and focusing on the empirical understanding of individual entities, which eventually led to the development of an empirical epistemology that separated subject and object. This discrepancy not only reflects the different perspectives of the two individuals but also signifies the divergent paths in the development of epistemology thought in early modern China and Japan.

Key words： "Qi Xue" of East Asian; epistemology; Luo Qinshun; Kaibara Ekiken

朱子不疑《古文尚书》：
佐藤一斋与幕末日本阳明学的经学观

陈石军 *

【摘　要】　幕末日本阳明学既受到了清代经学的外来学术之启发，也呈现了日本儒学的内在理路，佐藤一斋的《古文尚书》学承继这两股思潮而来。读经是发明吾心不可或缺的手段，经学是日本阳明学的题中之义。一方面，佐藤一斋受到日本阳明学传统的启发，重视《古文尚书》的心学思想；另一方面，佐藤一斋在中国《尚书》学的脉络中借鉴其经学方法。围绕《古文尚书》之真伪，中、日学者开启了朱陆之辩的不同论域。通过提出"朱子不疑《古文尚书》"论，佐藤一斋以"阳朱阴王"的方式解构了朱子学构建的以"四书"解"五经"之经学体系，还阐发了《古文尚书》中的心学思想。在日本阳明学看来，经学的目标是治心与经世。因此，《古文尚书》中的革命思想不仅为幕末明治维新提供了精神动力，也促使以大田锦城为代表的日本考证学者思考经学裨益世教的价值。

【关键词】　佐藤一斋；《古文尚书》；朱子学；日本阳明学

---

　*【作者简介】陈石军，北京体育大学人文学院讲师、哲学博士，研究方向为朱子学、《尚书》学研究。
　【基金项目】国家社科基金青年项目"元代《尚书》学研究"（22CZX030）、江西省高校人文社会科学重点研究基地项目"宋元《尚书》学研究"（JD19080）。

　　经学是受儒学影响的东亚各国共享的古典学术形态。在中国经学史上，王阳明提出"'六经'者非他，吾心之常道也"①的经学诠释学观点，揭橥了经学的心学形态，从而将经书视为"圣人之学具"，是圣人之道的"糟粕"。②经学文本的训诂诠释让位于经学义理的道德践履，促使经学哲学走向新阶段。哲学也推动着经学的发展，心学对经书的批判孕育了清初《古文尚书》真伪之辩，促进了清代考证经学的全面兴起。③经过阎若璩、惠栋等清代学者之证伪，遂使"伪书"《古文尚书》被逐步剔除出儒家经典体系之外。

　　阳明学东传日本之后，江户学者的经学观也随之改变。关于经学与心学的关系，日本阳明学的鼻祖中江藤树将其概括为："经传是吾人明德之注脚，明德是经传之正经也。"④既为注脚，则经传之学也是发明本心不可缺乏的要津，经学在日本阳明学的发展过程中呈现出与中国不同的脉络。这使得佐藤一斋等日本阳明学者对《古文尚书》的文本真伪、道德价值等提出了具有幕末日本之时代特色的看法。

一、佐藤一斋与清代《尚书》学

　　佐藤一斋（1772—1859），名坦，号一斋、爱日楼等，日本德川幕府末期的重要学者，晚年担任幕府最高学府昌平黉儒官，世以朱子学名家，而性好阳明学，以"栏外书"的体例遍注群经。⑤在儒家经书中，佐藤一斋对《尚书》十

---

　　①　王守仁著，王晓昕、赵平略点校：《王文成公全书》卷七《稽山书院尊经阁记》，中华书局，2015，第309页。

　　②　《王文成公全书》卷二十二《五经臆说序》，第1003页。

　　③　梁启超以阎若璩《尚书古文疏证》为"近三百年学术解放之第一功臣"，开辟了一门"新学问"。参见梁启超：《中国近三百年学术史（新校本）》，商务印书馆，2011，第88、89页。

　　④　［日］中江藤树：《文集五·杂著·经传》，《藤树先生全集》第1册，岩波书店，1940，第243页。

　　⑤　"栏外书"是指在书籍版框乌丝栏外的空白处添入注解的注经方法，类似的注经方法还有"标注""雕题"等。

分重视，在训读明代胡广等人奉敕编撰的《书传大全》时，他遍引诸家在栏外所作的注，[①]并集抄为《尚书栏外书》一书，以供教育诸生使用。[②]关于经学，佐藤一斋认为："经书不可不讲明，就中以《易》《书》《鲁论》为最紧要。"[③]尽管《书传大全》是朱子学的经学著作，但日本经学史专家安井小太郎指出："一斋之学概阳明学也，一斋著《周易》《书经》《诗经》《论语》等《栏外书》，皆本阳明说。"[④]这是说，佐藤一斋运用阳明学的心学思想为指导，对朱子学的经书体系进行了新的批判性注解。安井氏的见解虽拈出一斋经学的一大特色，但鉴于"日本阳明学"与"中国阳明学"之间存在的脉络差异[⑤]，一斋所理解的阳明学与经学内容实值得仔细剖判。

在此需首先提及的是，幕末阳明学者对中国阳明学者的范围判定。据学界研究，幕末的阳明学者往往把毛奇龄（1623—1716，字大可）等清初儒者视为阳明后学之流衍，这与清代的主流观点差别巨大，可谓日本阳明学的一大特色。[⑥]例如，幕末阳明学者的代表人物大盐中斋曾说："毛西河、施愚山、朱竹坨诸老先生，皆亦姚江流派人也。"[⑦]大盐中斋所引援的毛奇龄、施润章、朱彝尊三人在清初分别以经学、文章、史学而成名，与明代学风颇不同，一般被视为与阳明学基本精神已有不同的清初学术。大盐中斋之所以有如此看法，恐怕

---

① 《尚书栏外书》共引用 50 余种《尚书》文献，若所引前人之说有未尽，佐藤一斋或直接注释，或以"愚谓"等按语的方式加以补充、评判。

② 现传《尚书栏外书》为爱日楼辑抄本，仅抄录栏外注的内容，根据书中批示的注语可以判断佐藤一斋注释《尚书》时用的底本是《书传大全》。

③ ［日］佐藤一斋著，［日］远志景福校注：《言志四录（校注）·言志晚录》，东京图书出版合资会社，1898，第 12 页。

④ ［日］安井小太郎：《日本儒学史》，富山房，1939，第 262 页。

⑤ 参见邓红：《何谓"日本阳明学"》，《华东师范大学学报（哲学社会科学版）》2015年第 4 期；吴震：《再论"两种阳明学"——近代日本阳明学的问题省思》，《社会科学战线》2018 年第 7 期。

⑥ 张崑将：《阳明学在东亚：诠释、交流与行动》，台大出版中心，2011，第 165—178 页。

⑦ ［日］大盐中斋：《洗心洞札记（下）》，福永光司校注：《日本思想大系》第 46 册《佐藤一斋·大盐中斋》，岩波书店，1980，第 597 页。

与毛奇龄处处标新，处处与朱子立异的立场有关。不仅如此，在这些幕末的日本阳明学者看来，阳明学的范围要远远广于《明儒学案》所述的内容，大盐中斋甚至把清初朱子学中的陆陇其、吕留良、张履祥等人视为"阳朱阴王"，这足以令人惊讶。①

一定程度上，对阳明学的宽泛界定，说明日本阳明学者的宗派意识并不强烈。正如《四库全书总目》所指出："宋儒好附门墙，于渊源最悉。明儒喜争同异，于宗派尤详。"②宋明理学对渊源和宗派的建构与强调，部分缘由是为了攀附门墙，结成宗派，其流弊则党同伐异，而陷于无意义的争斗之中。日本阳明学者身处异域，与中国阳明学者并无直接的师承往来，所以这种宗派的意识极为薄弱。由此，幕末日本阳明学的实用主义精神就相对凸显了出来。③

在此潮流的影响下，佐藤一斋对毛奇龄的《古文尚书冤词》格外关注。佐藤一斋在 70 岁时著的《言志晚录》明确总结了他的《尚书》观："《尚书》亦有古、今文，而今之所传，即古文经，无可疑。宋以后信疑分曹，近世阎若璩著《疏证》，而毛奇龄冤之，是也。凡五经中确言之伙，莫若此经。乃妄沙汰之，不翅非尊经之道，而更有非经之罪。"④ 经历了阎若璩《尚书古文疏证》的辨伪，清中以降的学者多将传世本《尚书》分为"今文尚书"二十九篇、梅赜晚出《古文尚书》两类，而定后者为"伪书"。这些行为被佐藤一斋定性为"非经"，而他从"尊经"的立场出发，指出《尚书》在儒家五经之中"确言"最多，认同毛奇龄为《古文尚书》"伸冤"的做法。佐藤一斋的"尊经"态度更明确地反映在《尚书栏外书》，其中引毛奇龄之说维护《古文尚书》的真实性，对辨伪古文的学者们发起了反攻。不过，佐藤一斋与毛奇龄虽都尊信《古文尚书》，其背后实有着两种不同的朱子学立场，争论的焦点在

---

① 张崑将：《阳明学在东亚：诠释、交流与行动》，第 167 页。

② 永瑢等撰，纪昀总编：《四库全书总目》卷五十八《元儒考略四卷》，中华书局，1965，第 525 页。

③ 张君劢曾注意到日本阳明学的实用倾向，"在吾国则为性心空谭，在日本则实现近代国家建设之大业。"参见张君劢：《比较中日阳明学》，"中央"文物供应社，1955，第 3 页。

④ ［日］佐藤一斋著，［日］远志景福校注：《言志四录（校注）·言志后录》，第 52—53 页。

于朱子是否怀疑《古文尚书》为伪书。

二、"古文之冤始于朱氏":《古文尚书》与清代朱陆之辩

围绕朱子是否怀疑《古文尚书》的真伪这一问题，中日两国学者得出了截然相反的看法。概言之，以阎若璩、毛奇龄为代表的清代学者，尽管对《古文尚书》有辨伪与信奉之别，皆从朱子对《古文尚书》的辨疑开始其问题意识。

阎若璩《尚书古文疏证》辨伪《古文尚书》的一大证据是《朱子语类》的相关语录。阎若璩说："吾为此书，不过从朱子引而伸之，触类而长之耳。"① 为证实阎若璩与辨伪《古文尚书》是朱子学的传承，其子阎咏还将《朱子语类》（47 条）、《朱子文集》（6 条）编选为《朱子古文书疑》一卷附于《尚书古文疏证》之后。不难看出，阎若璩的《尚书》学背后实际上以朱子学作为学理支持，含有批判阳明学的意味。阎若璩认为"阳明之学出于象山"，而象山的"颜子为不善学"和阳明的"无善无恶"皆得罪圣门，他提议"近罢阳明，远罢象山"，将陆、王剔除孔庙从祀之列。② 可见，阎若璩引朱子语作为证据，与他对陆王之学的批判不无关系。但他视考证重于义理，对"朱子于古文犹为调停之说"也抱有不满，指责朱子"辨伪传而不知辨伪经，未免触处成碍"③。

在毛奇龄看来，《古文尚书》真伪与朱子学是否合理是两个互相独立的问题，不应借着《古文尚书》而尊朱子贬陆王，他向阎若璩指出：

> 承示《尚书疏证》一书，此不过惑前人之说，误以《尚书》为伪书耳，其于朱陆异同，则风马不及，而忽诟金溪并及姚江，则又借端作横枝矣。……又且正心诚意本于《大学》，存心养性见之《孟子》，并非金溪、

① 阎咏：《尚书古文疏证后序》，阎若璩：《尚书古文疏证》上册，黄怀信、吕翊欣校点，上海古籍出版社，2010，第 4 页。
② 《尚书古文疏证》下册，第 675、679 页。
③ 《尚书古文疏证》下册，第 601、610 页。

姚江过信伪经，始倡为心学，断可知矣。①

　　毛奇龄不仅认为《古文尚书》的真实性不容怀疑，还进一步指出除了《尚书》之外，陆王心学还可从《大学》《孟子》等书中得到经典的印证。从心学的立场出发，毛奇龄通过为《古文尚书》伸冤，对朱子学发起了总攻，《古文尚书冤词》在总论之后专门辟有"古文之冤始于朱氏"一节冠于众分论之首，他通过维护《古文尚书》之真实性而批评朱子学的意图十分明显。②

　　其实，朱熹对《古文尚书》处于疑、信参半之间，不因文字可疑而毁弃其中的义理。朱子认为："《书》中可疑诸篇，若一齐不信，恐倒了六经。"③这与毛奇龄的立场是更接近的，皮锡瑞就指出："检讨（引注，指毛奇龄）不引为将伯之助，反为倒戈之攻，谓其冤诬古文……则并未得朱子之意，而误以援兵为敌兵矣。"④因此，毛奇龄参与《古文尚书》疑伪公案主要是出于反朱子学的动机，"毛奇龄好与朱子立异，乃作《古文尚书冤词》"。由此看来，毛奇龄维护《古文尚书》的主要问题意识是为了攻诋朱子学。皮锡瑞对毛奇龄的评语是妥当的。

　　尽管有着"尊朱"与"反朱"之别，阎若璩、毛奇龄都认为朱子对《古文尚书》的基本立场是怀疑的。毛奇龄虽然同情陆、王心学，但将心学的源头归于《大学》《孟子》，与《古文尚书》无涉。在清初参与《古文尚书》真伪公案最重要的两位学者眼中，《古文尚书》的义理价值似乎没那么重要。然而儒学的义理根源于经书，真伪考证最终必然牵涉到义理的判摄。阎、毛二人的考证把话题引入了朱子学，为清代朱陆之辩的争论开启了新的论域。清代陆王学者李绂说："毛氏素不喜朱子之说，其为此书，亦借以驳朱子耳，其本意岂诚笃

---

　　①　毛奇龄：《与阎潜丘论尚书疏证书》，《西河集》卷十二，《景印文渊阁四库全书》第1320册，1986，第166页。

　　②　毛奇龄：《古文尚书冤词》卷三，阎若璩：《尚书古文疏证》下册，第781—796页。

　　③　黎靖德编：《朱子语类》卷第七十九，中华书局，1986，第2052页。

　　④　皮锡瑞：《古文尚书冤词平议》，吴仰湘整理：《皮锡瑞全集》第1册，中华书局，2015，第487页。

信《古文尚书》也哉？"① 可谓对毛奇龄参与此案动机的判语。海宁学者周春说："阎氏之《疏证》，显与朱子相背，固谈经之蟊贼而先贤之罪人也。即毛氏之《冤词》，隐然攻讦朱子，其持论虽正，而命意则非，亦不得不诛其心耳……且借用释家所谓地狱之设，正为是人。"② 周春的《古文尚书冤词补正》开启了清代有关朱子不疑《古文尚书》话题的先风，但他的评语多流入辞气之争，也缺乏对《古文尚书》义理的新阐释，总体成就不高。

三、"朱子不疑古文《尚书》"：佐藤一斋对朱子学与阳明学的判摄

与毛奇龄等清儒相比，身为日本江户官学昌平黉学官的佐藤一斋对朱子学更为推崇。佐藤榥在所作《行状》中指出："（一斋）著《尚书栏外书》九卷，作《朱子不疑古文尚书辨》，作《璇玑玉衡说》。尝曰：'《尚书》有古今文，而今之所传即古文经，无可疑。宋以后信疑分曹，近世阎若璩著《疏证》，而毛奇龄冤之是也。凡五经中格言之夥，莫若此经。乃妄沙汰之，不翅非尊经之道，而更有非经之罪。'"③《行状》还称，佐藤一斋"学术宗宋贤而依明儒，不喜分析而主一本。不贵该博，而要深造，其得力则在达心之灵光耳"④。其中的"宋贤"指朱子，而"明儒"指王阳明。这说明，佐藤一斋的治学路径兼摄朱子学、阳明学而判其高下，这对他的《古文尚书》学产生了直接影响。

为了维护作为官学的朱子学之权威，一斋对毛奇龄以"伸冤"之名行"非朱"之实的态度并不赞赏。他说：

---

① 李绂：《穆堂类稿》初稿卷四五《书古文尚书冤词后》，清道光十一年奉国堂刻本，第41b页。

② 周春著，李林点校：《周春集》上册《古文尚书冤词补正》，浙江古籍出版社，2021，第12页。

③ ［日］佐藤榥：《皇考故儒员佐藤府君行状》，楠本硕水原编、冈直养校补：《朱王合编》卷一，文成社，1932，第10a页。

④ ［日］佐藤榥：《皇考故儒员佐藤府君行状》，楠本硕水原编、冈直养校补：《朱王合编》卷一，第10b页。

毛氏虽为《古文》雪冤，而亦仍摈朱子以为党魁。呜呼！又何冤也？朱子未尝疑《古文》也。①

由此，佐藤一斋以毛奇龄之道反行而为朱子"雪冤"，提出了"朱子不疑《古文尚书》"的说法。佐藤一斋指出，有关朱子怀疑《古文尚书》的说法皆出于门人记录的《朱子语类》，而朱子本人晚年仍在修改的《四书章句集注》却有多处引《古文尚书》，如在《中庸章句》引《大禹谟》论证道统，在《论语集注》引《君陈》《旅獒》，《孟子集注》引《泰誓》等篇；在《晦庵先生朱文公文集》里面也保留了朱子对《大禹谟》的注释残篇。尤其是朱子在临漳刊刻四经，于《尚书》仍用 58 篇之旧。因此，佐藤一斋认为，朱子仅疑《书小序》《孔安国传》为伪书，而始终信《古文尚书》的经文内容为真书。

不过，还需指出的是，佐藤一斋虽对朱子的《古文尚书》学多所关注，但身处幕末变幻的学风之中，他还受到了阳明学的直接影响。尽管学界对佐藤一斋的思想判定究竟是朱子学者还是阳明学者曾长期聚讼不已，但有学者将佐藤一斋的学术特色概括为"阳朱阴王"，可谓十分恰当。② 对于《古文尚书》，一斋说："假令朱子之有所疑，而余则将墨守焉！况于朱子固未尝有所疑也，则余何为不执羁绁以从其后乎？"③ 可见，从根本立场而言，佐藤一斋更加尊信的是《古文尚书》之义理，而非墨守朱子学。

那么，如何理解一斋《尚书》学与朱子学的关系呢？纵观《尚书栏外书》一书，佐藤一斋实际上借助朱子之名而发扬陆王的心学传统。该书虽以《书传大全》这一朱子学文本为底本作注，但佐藤一斋对于其中代表朱子学的蔡沈《书集传》内容多加按语商榷。《尚书栏外书》引用频次最高的是钱时、袁黄等

---

① ［日］佐藤一斋：《尚书栏外书》卷首《朱子不疑古文尚书辨》，日本国立国会图书馆藏爱日楼钞本，第 5b 页。

② 参见［日］永富青地：《佐藤一斋是一位朱子学者吗？——就〈栏外书〉的记载而谈》，郑京慧译，中国历史文献研究会编：《历史文献研究》第 37 辑，华东师范大学出版社，2016。

③ ［日］佐藤一斋：《尚书栏外书》卷一，第 12b 页。

心学家的注解，而陆九渊、王阳明关于《尚书》的言论也悉为一斋所采入，这体现了佐藤一斋在官方的朱子学背景中努力为陆王心学辩护的立场。① 在此，试举两个例子，以彰显佐藤一斋在经学上与朱子学的格格不入。

一方面，佐藤一斋明确反对以"四书"解释"五经"的朱子学经学体系。朱子认为："四子，六经之阶梯。"② 其中"四子"指《大学》《中庸》《论语》《孟子》四书，在朱子及其门人、后学的经学中，会通"四书"与"五经"的注解是极重要的任务。而佐藤一斋明确反对以"四书"解释《尚书》，他认为"四书"引"五经"属于"断章取义"，与"五经"本义之间存在区别。在佐藤一斋看来，"四书"与"五经"的扞格不通之处莫过于《大学》与《尚书》两书。

《大学》是朱子学经学体系的核心，而佐藤一斋"自二十四五岁已疑紫阳《大学》，因就古本读之，时著一书曰'一家私言'"。此后，佐藤一斋还将《大学一家私言》改订为《大学摘说》。③ 一斋对朱子《大学》之批判，在他的《尚书》学中亦有体现。《大学》曾多次引用《尚书》，对《太甲上》"顾諟天之明命"一句，佐藤一斋指出：

> 明命只是天之眷命，犹云畏天之威耳。《大学》引此以释"明德"，是断章取义，如"辑熙敬止"之类。今释《书》者，岂得据《大学》而以为我之明德乎？若以为即明德，后受天明命以有九百之师，将何以释之？④

又如，《大学》引用《康诰》"作新民"一词，朱子对"新民"之义特为重视，认为是"振起其自新之民"之义。蔡沈《书集传》注《康诰》此句不仅承用师说解"新民"为"作新斯民"，还特别指出"《大学》言明德，亦举'新民'

① 参见申绪璐：《佐藤一斋及其心学思想》，载《孔学堂》2021年第2期。
② 黎靖德编：《朱子语类》卷一百五，中华书局，1986，第2629页。
③ 参见［日］中村安宏：《佐藤一斋とその周边》，日本东北大学博士论文，1996，第92页。
④ 《尚书栏外书》卷四，第12页。

终之"①。对此，佐藤一斋指出：

> 郑维岳曰："'作新民'，全重'作'字，典以为善之利，施以振德之术。"是也。原兼教养言，"新"字属在民说，非为在上者去新民也。盖武王封康叔于卫而诰之，卫即纣之旧邑，康叔所治之民，乃新附之民，故曰"新民"。②

佐藤一斋将"新民"理解为"新附之民"，这一含义是否合适暂且不论，可以明确的是，"新附之民"之义是从《康诰》的经文脉络中得来，在《大学》的语境中是说不通的。与王阳明的"亲民便是兼教养意"③相似，佐藤一斋也有"原兼教养言"之说，这体现了一斋对阳明学的吸收。通过辨别《大学》与《尚书》之区别，佐藤一斋逐步解构了朱子学以"四书"为中心的经学体系。

另一方面，佐藤一斋运用心学思想解决《古文尚书》一些有争议的问题。此处以"伊尹放太甲"为例，据晚出《太甲》三篇记载，太甲继位后"不惠于阿衡"，对伊尹不恭敬。伊尹将太甲流放到桐宫三年，于是"王徂桐宫居忧"，为汤守孝。那么，太甲居桐宫究竟是太甲主动为先王守孝三年，还是被伊尹胁迫所至？若是伊尹将太甲流放至桐宫三年，这是否有不臣之心呢？对此，佐藤一斋认为《太甲》三篇实际记载了共计六年的事情，他发挥心学思想提出了两种三年之说，一是居丧三年，二是放诸桐宫三年。一斋指出："嗣王不惠，事当在居丧三年之后，莅祚亲政之时。"又说："伊圣之精忠，可为格心之权道矣。桐宫三年，太甲心学三年，数非居丧守制之三年也。"④一斋认为，太甲流放桐宫与"居丧"无关，乃太甲跟随伊尹学习"心学"的三年。一斋提出了两条证据，内证是："（太甲）中篇'维三祀'即指居桐年数，亦谓终丧明年。"⑤此外，

---

① 蔡沈：《书集传》卷四，王丰先点校，中华书局，2018，第191页。
② 《尚书栏外书》卷七，第22b页。
③ 王守仁撰、邓艾民注疏：《传习录注疏》，上海古籍出版社，2012，第7页。
④ 《尚书栏外书》卷四，第12a页。
⑤ 《尚书栏外书》卷四，第12b页。

他还以子贡为孔子庐居六年的故事作为旁证，太甲"与子贡心丧三年，独居三年，合为六年相类"①。由此一来，一斋将太甲主动守礼制的"居丧"三年与跟随伊尹学习心学的"格心"三年相区别，体现出了将"心学"独立于礼制之外的用意。

四、治心与经世：日本阳明学的经学观与 《古文尚书》的价值

从江户中期开始，朱子学作为德川幕府统治思想的地位渐渐受到日本本国思想家的挑战，伊藤仁斋、荻生徂徕等学者宣扬的古义学、古文辞学日益盛行，这些学说要么质疑朱子学的"四书"体系，要么否定理学之"道"的形上特质，冲击了朱子学的权威。其中，荻生徂徕所谓的"先王之道"指尧、舜等先王的政治制度，其内容主要来自《尚书》，这奠定了《尚书》学在日本经学史的重要地位。

与古学派对制度的重视有别，日本阳明学者更看重《尚书》的义理价值。佐藤一斋将《古文尚书》看作一部"心学"的经书。他说：

> 先儒所斥以伪者，尤为不可废。《大禹谟》《咸有一德》，治心之大训也，废之而天下复有此邪？《武成》《周官》，经世之大弘谟也，废之而天下复有此邪？《仲虺之诰》《伊训》《太甲》《说命》诸篇，君臣之间或赞扬，或谏戒，无非格言至论，废之而天下复有此邪？夫废《古文》而天下复有如《古文》者出则可，今遍求之古籍中，竟绝无有若此书者，则如之何其可得废乎？②

在此，佐藤一斋把《古文尚书》抬高到他经难侔的地位，具有独一无二的

---

① 《尚书栏外书》卷四，第 12b 页。按，阎若璩《尚书古文疏证》第 60 条援用《孟子》提出伊尹放太甲在外六年之说，一斋在此基础上发挥太甲心学之义。

② 《尚书栏外书》卷一，第 11b 页。

价值，可资治心，可以经世，更可以弘扬君臣大义。同时，也可看出，佐藤一斋重视的并非是《古文尚书》的文本真实性，而是维护在其中体现的三点价值，也即以心学为修身的基础，向外扩散而为经世，最终实现君臣共治的新型政治局面。对佐藤一斋来说，读经的目标是治心与经世，经书所蕴含的道德与政教价值不可磨灭，义理的重要性显然高于经书。这一重视道德价值，轻视文本的立场，与阳明学提倡"'六经'者，吾心之记籍"的经学观可相比较。

日本阳明学以中江藤树为滥觞，与王阳明将经书视为"圣人之糟粕"有别，藤树更重视经书的作用，这形塑了日本阳明学以经证心的经学特色。中江藤树将儒家经书称为"圣经"，他鲜明地指出："圣经者，上帝之诰命，人性之注解，三才之灵枢，万世之师范也。"① 因此，治经的关键在于实现主体之心与经书的贯通，他说："穷经之法，以自虚为先，而后当得圣经之主意，而体忍（认）熟察，而观吾心。吾心之合于圣经者为真、为正，吾本心也。吾心之违于圣经者，为习、为邪，非吾本心也，乃后来染习之迷心也。"② 还说："穷经之法，以收敛身心而立至德之大本为主。"③ 因此，学习经、传的目标是为了印证本心，而本心为经、传的学习提供了价值规范，这显示出了日本阳明学的独特经学观。

质言之，经书是发明吾心不可或缺的手段，经学是日本阳明学的题中之义。受此影响，日本阳明学者对清儒考证之学往往抱有蔑视的态度，如大盐中斋批评："清朝之学者，多不贵良知，非他，是阿上之所恶而已矣。"④ 因此，将阳明学与经学融会贯通，就必须"以改过迁善为务"，否则"纵将注疏大全，辨析毫厘，与己终无干涉"。⑤ 对日本阳明学者来说，心学即经学，"王子无多说，惟是孔孟之注释也"，经学的方法在于"衍致知之义，便是注孔孟之经也"。⑥

---

① ［日］中江藤树：《文集五·杂著·圣经》，《藤树先生全集》第一册，第241页。

② 《文集五·杂著·圣经》，《藤树先生全集》第一册，第242页。

③ 《文集五·杂著·经传》，《藤树先生全集》第一册，第243页。

④ ［日］大盐中斋：《洗心洞札记（下）》第35条，《阳明学大系》第八卷《日本阳明学（上）》，第543页。

⑤ ［日］大盐中斋：《洗心洞札记（下）》第52条，《日本阳明学（上）》，第548页。

⑥ ［日］大盐中斋：《答某某问难书略》，《阳明学大系》第八卷《日本阳明学（上）》，第554页。

佐藤一斋以心学解说《尚书》，发挥的义理简明直捷，深受学生欢迎。牧野默庵在文政五年（1822）拜入爱日楼门下问学，他说："读一斋先生《尚书栏外书》，颇多所悟，呈此鸣谢：'周《诰》殷《盘》素险途，汉唐注疏更榛芜。近日从君明标去，前头恰似蹈康衢。'"① 此后，默庵在《尚书栏外书》的基础上写成了《尚书抄》一书。在佐藤一斋之后，他的门人池田草庵也提出"读经者，以求圣人之心焉"② 的宗旨，运用"以身体之、以意认之，得当时圣贤之意味气象"③ 的读书方法，发扬《古文尚书》的道德践履之效。

心学的目标是使个体成为圣人，本心的道义是衡量君臣上下之义的尺度，而道义的内容来自经书。晚出《古文尚书》之中丰富的心学内涵为佐藤一斋思考幕末日本的时代环境提供了充足的义理解释，经学与阳明心学由此交汇在一起。《尚书》中的汤武革命之精神启示日本阳明学者发起倒幕勤王的行动，为幕末维新的"以下克上"之革命提供了充足的精神动力，池田草庵甚至在讲解《尚书·费誓》篇时直言："此篇规律严整，号令明肃，可以为举事之法。"④ 这可谓是幕末阳明学者通经致用的最生动体现。

日本阳明学者的经学观也影响到了幕末时期风头正盛的考证学。佐藤一斋将经学的考证学融入阳明学之中，提出了"考证于此心"方法，也就是说，以阳明心学消融了考证学，这也影响了日本考证学的发展方向。日本考证学集大成者大田锦城早年有云："得清人之书一卷，胜得明人之书百卷矣。"⑤ 锦城在28岁时读"毛奇龄《古文尚书冤词》，恶其强辩夺理"⑥，遂著《璧经辨正》十二卷、《梅本增多原》十二卷，"既而得王鸣盛《尚书后辨》读之……与予见暗

① 东洋研究编集委员会编：《东洋研究》第137卷，大东文化大学东洋研究所，2000，第33—34页。

② ［日］池田草庵：《读经论（上）》，《阳明学大系》第九卷《日本阳明学（下）》，第356页。

③ ［日］池田草庵：《肆业余稿》，《青溪书院全集》第1册，第19页。

④ ［日］池田草庵：《尚书蔡传赘说》，庆应义塾大学斯道文库藏手稿本，无页码。

⑤ ［日］大田锦城：《九经谈》卷一，江户庆元堂文化元年（1804）刊本，第12a页。

⑥ 《九经谈》卷七，第13b页。

合"①，终于以考证《古文尚书》真伪而名重于江户学坛。大田锦城在晚年时却认为精细的考证没有太大的价值，他说："近世清人之汉学诚无用之学也。……《尚书集注》《尚书后案》皆同。江永、惠士奇、钱大昕、王鸣盛之徒皆然。王鸣盛虽为大家，十八年精力尽于《后案》之类，愚祸之极也。"② 这与早年对王鸣盛的推崇适成对比。锦城又说："伪《书》二十五篇……易读易解，切实于人事治道者多，……有益世教，虽为伪书，不可废弃也。"③ 大田锦城还于二十五篇中拈出《五子之歌》《伊训》等篇，如唐人的《帝范》《臣轨》《贞观政要》一样，对于世教有大功。最终，锦城在其考证学名著《九经谈》中提出"真伪之论与用不用殊，增多之伪刻辨，而其书之用不可废"④ 的实用主义经学观，这与阳明学者是相似的。无论是辨伪，还是读经，经学的最终目标是为了发扬经书的时代价值，裨益世教，这对于当下学界思考《古文尚书》的现代价值应当可以有所启发。

Zhu Xi's Stance on *Guwen Shangshu*: Satō Issai and the view of Classical Learning in Japanese Yangming School of the Late Edo Period

Chen Shijun

Abstract: Japanese Yangming studies of the late Edo period were influenced by both foreign academic inspiration from Chinese Confucianism in Qing Dynasty and the internal discourse of Japanese Confucianism. Satō Issai's study of the *Guwen Shangshu* inherits these two streams of thought, according to which reading the classics is an indispensable means of enlightening one's mind, and classical learning is the important

---

① 《九经谈》卷七，第 14a 页。

② ［日］大田锦城：《梧窗漫笔后编》卷下，江户横山町玉严堂天保十一年（1840）刊本，第 54b 页。原文为日语。

③ ［日］大田锦城：《梧窗漫笔后编》卷下，第 37b 页。原文为日语。

④ 《九经谈》卷七，第 10b 页。

component of Japanese Yangming studies. On the one hand, inspired by the tradition of Japanese Yangming studies, Satō Issai focuses on the idea of the mind of *Guwen Shangshu*. On the other hand, he drew on the Confucian classics methodology from Chinese *Shangshu* studies. The authenticity of the Guwen Shangshu has been debated by scholars from China and Japan, resulting in different perspectives on the interpretations of Zhu Xi and Lu Jiuyuan. By proposing the idea that Zhu Xi did not suspect the authenticity of the *Guwen Shangshu*, Sat ō Issai explained the thoughts of the mind in the *Guwen Shangshu*, and deconstructed the Neo-Confucian system of learning that interprets the *Five Classics* through the lens of the *Four Books* by "Yang Zhu Yi Wang". According to the Japanese Yangming studies, the goal of Confucian classical learning is to cultivate one's mind and contribute to society. As such, revolutionary ideas in *Guwen Shangshu* not only provided spiritual impetus for the Meiji Restoration of the late Edo period, but also prompted Japanese philologists such as Oota Kinjou to consider the practical value of classical texts.

Key words: Satō Issai; *Guwen Shangshu*; Zhu Xi's learning; Japanese Yangming studies

● **儒学与传统文化研究**

真伪之辨：儒者形象的一种历史考察

罗　刚　林存阳[*]

【摘　要】"伪儒"问题的讨论，是对偏离"儒品""儒行"现象的一种反思和针砭，肇端于孔子所论"君子儒"与"小人儒"之别，经后世学人的不断分梳和剖判，彰显了儒者"明道"与"传道"的治学追求，以及通过探求圣人立言的原始涵义，从而回归传统儒家学术的一种努力。此一问题，关乎儒学在漫长的发展过程中，面对与解决内部的分化及外部思想的挑战时，究竟该如何保持自身的合理性、正统性，同时也对学术的演进具有自我净化的意义。对"伪儒"的批判，究其本质，是儒者出于剔除异端、正本清源的目的，而对正统儒学的传承、圣人之道的践履、自我身份的认同，以及继承与发扬儒术经世致用的诉求。

【关键词】　伪儒；真儒；明道；儒行

　　儒学发展过程中，儒者多具有正面的形象，对世风及学风产生了积极影

　　*【作者简介】罗刚，中国社会科学院大学历史学院博士研究生，研究方向为清代学术思想史；林存阳，中国社会科学院古代史研究所研究员、博士生导师，研究方向为清代三礼学史、学术思想史。

　　【基金项目】本文获中国社会科学院学科建设"登峰战略"资助计划资助，编号DF2023ZD16。

响。然而，在儒者具备正面形象的同时，即使人人自言为孔孟之徒，却也存在着"伪儒"等负面形象。对"伪儒"的批判彰显了儒学本身自我净化的诉求和努力，对偏离"儒行"与"儒品"行为的强烈谴责，以及剔除异端、正本清源的目的，体现了儒者在界定自我身份时的一种强烈诉求。虽然早在民国时期，学界就已出现了针对何谓儒者问题的讨论①，然而现阶段对"伪儒"问题的研究或就某一时段，或针对某一人物，缺乏长时段、整体的研究，故而尚有不少可继续探讨之处。有鉴于此，本文拟通过梳理"伪儒"这一儒者形象的产生及发展演变，以总结历来辨别"伪儒"时颇具共性的标准与认知，借此揭示"伪儒"这一问题的本质及其对世风与学风的影响。管窥之见，敬祈方家指正。

一、儒的分化

鉴于"周室衰而《关雎》作，幽厉微而礼乐坏，诸侯恣行，政由强国"②，孔子遂"论次《诗》《书》，修起礼乐"③，创立了儒家学派。作为孔子及其后学七十子时代的儒家作品，《礼记·儒行》提出，儒者"戴仁而行，抱义而处"，并列举了儒者在"自立""容貌""备豫""近人""特立""刚毅""仕""忧思""宽裕""举贤援能""任举""特立独行""规为""交友""尊让"等方面所应具有的品行。归而言之，"儒有不陨获于贫贱，不充诎于富贵，不愿君王，不累长上，不闵有司，故曰儒"④。

《礼记·儒行》虽然明确了何为儒者及儒者所应具有的理想化品行，但在早期儒学发展过程中，也存在着异化的儒者形象。孔子在世时就意识到"今众人之命儒也妄，常以儒相诟病"⑤。因有恐后世有托儒之名以窃其相似者，孔子

---

① 参见章太炎《国故论衡》下卷《原儒》，商务印书馆，2017；胡适《说儒》，漓江出版社，2013；熊十力《原儒》，中国人民大学出版社，2006。

② 《史记》卷一百二十一《儒林列传》，中华书局，2013，第 3115 页。

③ 《史记》卷一百二十一《儒林列传》，第 3115 页。

④ 王锷：《礼记郑注汇校》，中华书局，2017，第 853 页。

⑤ 王锷：《礼记郑注汇校》，第 854 页。

遂告诫其弟子子夏："女为君子儒，无为小人儒。"（《论语·雍也》）又恐后世有逃儒而失其真者，遂言"攻乎异端，斯害也已"（《论语·为政》）。钱穆据此理解并定义"儒"："后世惟辨儒之真伪，更无君子儒小人儒之分。因凡为儒者，则必然为君子。……推孔子之所谓小人儒者，不出两义：一则溺情典籍，而心忘世道。一则专务章句训诂，而忽于义理。"①

　　孔子没后，儒分为八，"取舍相反不同，而皆自谓真孔"（《韩非子·显学》），其具体表现不一，而"孟子、荀卿之列，咸遵夫子之业而润色之，以学显于当世"②。荀子认为，儒者应当"佚而不惰，劳而不侵，宗原应变，曲得其宜"（《荀子·非十二子》），遂本着"儒者法先王，隆礼义，谨乎臣子而致贵其上者也"的原则，依现实情况及孔子所论"君子儒"与"小人儒"之别，将"儒者"细划分为"其言有类，其行有礼，其举事无悔，其持险应变曲当"且"志安公，行安修，知通统类"的大儒；"知不能类""尊贤畏法而不敢怠傲"的雅儒；"志忍私然后能公，行忍情性然后能修，知而好问然后能才，公修而才"的小儒；"略法先王而足乱世术，缪学杂举""不知恶""明不能别""不敢有他志"（《荀子·儒效》）的俗儒；"上不能好其人，下不能隆礼"的浅儒；"虽察辩"却"不隆礼"（《荀子·劝学》）的陋儒；以及子张氏"弟佗其冠，神禪其辞，禹行而舜趋"、子夏氏"正其衣冠，齐其颜色，嗛然而终日不言"、子游氏"偷儒惮事，无廉耻而嗜饮食，必曰君子固不用力"之类的贱儒。同时，荀子对子思与孟子发起诘难。在他看来，被世人称为贤人君子的子思、孟子将其"僻违而无类，幽隐而无说，闭约而无解"的学说称为"先君子之言"，并"兹厚于后世"（《荀子·非十二子》），故而有其罪。荀子对"儒"的判定虽有其自身的立场与态度，但其所做的努力是抱着"以道自任"和"以言行道"的目的，依"君子儒""小人儒"这一相对立的关系区别儒品，进而希望通过继承孔子之业，以使自身能够达到孔子所谈论的儒者应具备的品行，传承与践履正统儒学。

　　及至"秦之季世，焚《诗》《书》，坑术士"，汉儒拾"秦火残经"，以传先王之道、通晓古代典籍为长，继承并发扬儒学。西汉文帝时虽始置一经博士，

---

① 钱穆：《论语新解》，生活·读书·新知三联书店，2002，第151—152页。
② 《史记》卷一百二十一《儒林列传》，第3116页。

后 "及至孝景，不任儒者，而窦太后又好黄老之术"①。武帝建元五年（前136），
"置五经博士"②，又 "罢黜百家，表章六经"，从而将儒家思想确立为官方统治
思想，在国家层面上推动了儒学的发展。儒学成为具有国家政治形态的一种学
术，国家层面也对儒者形象进行了正面的塑造。对儒者形象的塑造，涉及的不
仅仅是何为儒者的问题，更是政府层面对学风与世风的把控。

司马谈在《论六家要旨》一文中指出儒者以 "经传以千万数，累世不能通
其学" 的《六艺》为法，虽然具有 "博而寡要，劳而少功" 及 "主劳而臣逸"
的不足，但也充分肯定了儒者 "序君臣父子之礼，列夫妇长幼之别"③的积极影
响。《史记》《汉书》等正史列《儒林传》，皆是为表彰儒学。司马迁作《孔子世
家》，将孔子塑造成一个 "至圣" 之人，并以 "'高山仰止，景行行止。'虽不能
至，然心乡往之"④ 表达对孔子的崇敬之情。同时，在《仲尼弟子列传》中针对
儒者的形象问题客观评价道："学者多称七十子之徒，誉者或过其实，毁者或损
其真，钧之未睹厥容貌。"⑤《汉书·儒林传》则延续了《史记·儒林列传》之撰
写，称儒者 "博学" 于作为王教之典籍的《六艺》，更强调儒者 "明天道，正人
伦"⑥。《汉书·艺文志》亦称儒者以 "道" 为最高：

> 儒家者流，盖出于司徒之官，助人君顺阴阳明教化者也。游文于六经
> 之中，留意于仁义之际，祖述尧舜，宪章文武，宗师仲尼，以重其言，于
> 道最为高。⑦

孔安国所理解的 "儒" 以能否 "明道"、是否 "矜名" 为标准，曾就 "女
为君子儒，无为小人儒" 一句注曰："君子为儒，将以明道。小人为儒，则矜其

---

① 《史记》卷一百二十一《儒林列传》，第3116、3117页。

② 《汉书》卷六《武帝纪》，中华书局，2013，第159页。

③ 《史记》卷一百三十《太史公自序》，第3289、3290页。

④ 《史记》卷四十七《孔子世家》，第1947页。

⑤ 《史记》卷六十七《仲尼弟子列传》，第2226页。

⑥ 《汉书》卷八十八《儒林传》，第3589页。

⑦ 《汉书》卷三十《艺文志》，第1728页。

名。"① 虽然汉武帝独尊儒术使儒学获得空前发展,《史记》《汉书》亦多建构正面的儒者形象,然从中却可发现,司马迁在赞誉儒者的同时,亦以"务正学以言,无曲学以阿世"② 讽刺公孙弘,指责其以经术饰吏事,与《礼记·儒行》中所规定的儒者"上不臣天子,下不事诸侯"的品行不符,违背了圣人之道,其所尊者并非正统儒学,所宗者也非孔学之真。《汉书·艺文志》亦称"仲尼没而微言绝,七十子丧而大义乖"③。

此外,西汉时人也有针对当时不符合儒者行为的批判之语。淮南王刘安主持编纂的《淮南子》以"仁义"为标准理解"儒",且颇具强烈的批判现实倾向。该书虽称赞"六艺异科而皆同道",充分肯定"孔子弟子七十,养徒三千人,皆入孝出悌,言为文章,行为仪表,教之所成也",但也明确指出:"当今之世,丑必托善以自为解,邪必蒙正以自为辟。"更依据当时政治实态批判士大夫冒滥无耻的行为:"行货赂,趋势门,立私废公,比周而取容,曰'孔子之术也'。"④ 有鉴于此,遂主张依"仁义"辨君子、小人之别。昭帝始元六年(前81)召开的盐铁会议,在涉及儒学能否治国的问题时,存在"纯儒"与"反纯儒"的论争。贤良文学一方重儒者的"德"与"道",因而"祖述仲尼,称诵其德,以为自古及今,未之有也"⑤,以孔孟之道为"忧百姓之祸而欲安其危"的"治国平天下"之道。同时,又指出应依其道而非衣冠,判断何为儒者:"衣儒衣,冠儒冠,而不能行其道,非其儒也。"⑥ 御史大夫一方则更为看重儒"效",遂言"儒者之安国尊君,未始有效","孟轲守旧术,不知世务"而"孔子能方不能圆","今晚世之儒勤德,时有乏匮,言以为非,困此不行"。⑦

据此可见,孔子没后儒家内部流派分化且彼此之间互为攻讦,早期儒家学

---

① 程树德:《论语集释》,中华书局,2014,第502页。

② 《史记》卷一百二十一《儒林列传》,第3124页。

③ 《汉书》卷三十《艺文志》,第1701页。

④ 张双棣:《淮南子校释》卷二十《泰族训》,北京大学出版社,1997,第2062、2078、2084页。

⑤ 王利器:《盐铁论校注》卷二《论儒》,中华书局,2017,第138页。

⑥ 《盐铁论校注》卷五《刺议》,第295页。

⑦ 《盐铁论校注》卷二《论儒》,第138、139页。

者出于对现实情况及自身处境的观察与思考，对时下不符合儒者的行为及异化的儒者形象展开了强烈批判，进而有了"君子儒"与"小人儒"之别。孔子及其后学虽未明确提及，但实际上已经意识到了"伪儒"这种现象，并警惕防范偏离"真儒"的趋势，强调应坚守诸贤之"道"，赓续正统儒学。

二、"道统"承继与儒者真伪辨

魏晋南北朝之际，学风崇尚清谈，纲纪既衰，儒道尤甚，释老玄虚之学盛行。"正始以后，更尚玄虚，公卿士庶，罕通经业"①，虽然儒者为教也大，利物也博，奈何"宪章弛废，名教颓毁，五胡乘间而竞逐"②，又"永嘉之后，宇内分崩，礼乐文章，扫地将尽"③，故而大道之郁也久矣。唐代鉴于前代学风之坏，崇尚经术，并确立了以儒学为正宗，儒、释、道三教并重的文化政策。然因经籍去圣久远，文字多讹谬，唐太宗遂诏颜师古考定"五经"，颁行天下；又因儒学多门、章句繁杂，诏孔颖达等撰《五经正义》，令天下学者传习。佛学在隋唐一时极盛。中唐以后，韩愈、柳宗元等人出于对当时民族、国家与社会状况的忧虑而倡导古文运动，通过强调"文以明道"复兴儒学，以与释、老之学对抗，从而开启了儒学由汉学向宋学的转变过程。同时，韩愈第一次阐述了儒家之道及传承系统，意在弘扬圣人之道，批驳异端乱儒的现象，进而维护儒学的正统性与纯粹性。

宋代儒者在重新诠释儒家经典时，虽然重新确立起关于"道""理""心""性"的一整套观念系统以阐发他们的主张，但无论程朱抑或陆王，均以"道统"传人自任，并以是否得"道"、得孔孟之传与"六经"真义作为判断"真儒"的标准。宋初三先生之一的石介，认为汉唐儒者的注疏之学背离了"明道"的旨趣：

---

① 《南史》卷七十一《儒林传》，中华书局，2013，第 1730 页。

② 《晋书》卷九十一《儒林传》，中华书局，2013，第 2346 页。

③ 《北史》卷八十一《儒林传》，中华书局，2013，第 2703 页。

魏、晋以降迄于今，又有声律对偶之言，雕镂文理，刑刻典经，浮华相淫，功伪相炫，劓削圣人之道，离析六经之旨，道日以刻薄而不修，六经之旨日以解散而不合。①

苏轼于《荀卿论》中明确表达了"学圣人"的要求，即"学圣人者，岂必其言之云尔哉，亦观其意之所向而已。夫子以为后世必有不能行其说者矣，必有窃其说而为不义者矣"②。王安石在《送孙正之序》一文中强调："时然而然，众人也；己然而然，君子也。己然而然，非私己也，圣人之道在焉尔。"并以孟子、韩愈"术素修而志素定"又"不以时胜道"而为"真儒之效"，由此期望士人通过"行古之道"而"能以孟、韩之心为心而不已者"③。鉴于此，他希望"所谓儒者，用于君则忧君之忧，食于民则患民之患，在下而不用则修身而已"④。这一意向，实则彰显了儒者维护社会生活秩序的责任。

古无"道学"之名，三代之时，天子以"道"为政教，大臣百官有司以"道"为职业。孔孟既没，"道"渐没。"两汉而下，儒者之论大道，察焉而弗精，语焉而弗详，异端邪说起而乘之，几至大坏。"⑤及至周敦颐作《太极图说》《通书》，推明阴阳五行之理，遂得"圣人不传之学"。二程以"辟邪说以明先王之道"⑥为职志，主张"读书者，当观圣人所以作经之意，与圣人所以用心，与圣人所以至圣人"⑦、"儒者得以经术进说于人主之前，言信则志行"⑧。出于对现实的反思及传道学的责任，程颐在为其兄程颢所撰《明道先生墓表》中，明确提

---

① 石介：《徂徕石先生文集》卷七《录蠹书鱼辞》，中华书局，1984，第81页。
② 苏轼：《苏文忠公海外集》卷三《荀卿论》，海南出版社，2017，第118页。
③ 王安石：《送孙正之序》，《王安石集》，河南大学出版社，2016，第326页。
④ 王安石：《临川先生文集》卷六十四《子贡》，《王安石全集》第6册，复旦大学出版社，2017，第1165页。
⑤ 《宋史》卷四百二十七《道学传》，中华书局，2013，第12709页。
⑥ 程颢、程颐：《河南程氏遗书》卷二十一下《伊川先生语七下》，《二程集》，中华书局，2004，第275页。
⑦ 程颢、程颐：《河南程氏遗书》卷二十五《畅潜道录》，《二程集》，第322页。
⑧ 程颢、程颐：《河南程氏文集》卷六《辞免崇政殿说书表》，《二程集》，第540页。

出了"真儒"的概念，并以行"道"、传"学"作为"真儒"的标准：

> 周公没，圣人之道不行；孟轲死，圣人之学不传。道不行，百世无善治；学不传，千载无真儒。无善治，士犹得以明夫善治之道，以淑诸人，以传诸后；无真儒，天下贸贸焉莫知所之，人欲肆而天理灭矣。先生生千四百年之后，得不传之学于遗经，志将以斯道觉斯民。天不慭遗，哲人早世。乡人士大夫相与议曰：道之不明也久矣。先生出，揭圣学以示人，辨异端，辟邪说，开历古之沉迷，圣人之道得先生而复明，为功大矣。①

由此，凸显了理学家明"圣人之道"从而"辨异端，辟邪说"之功，系当世承"孔孟之学"的"真儒"。经程颢、程颐等人的宣传，"道统"成为士人普遍接受的常识。

然而，南宋时分化为朱、陆两大派，纠缠于心性理气之辨，以致后来的理学者中"有假其名以欺世者"。朱熹以"大抵近世学者溺于佛学"②，将矛头直指张九成之学，认为其学为误导后人的"邪径"："张公始学于龟山之门，而逃儒以归于释……凡张氏所论著，皆阳儒而阴释。"③朱子后学黄震亦强调："杲老教横浦改头换面，借儒谈禅，而不复自认为禅，是为以伪易真，鲜不惑矣。"④正是通过对张九成之学的定性，朱子以是否从事于禅学区分真儒、伪儒，进而指责陆学非真儒之学："近闻陆子静言论风旨之一二，全是禅学，但变其名号耳。

---

① 程颢、程颐：《程书分类》卷二十八《明道先生墓表》，上海辞书出版社，2006，第874页。

② 朱熹：《晦庵先生朱文公文集》卷四十四《答江德功》，《朱子全书》第22册，上海古籍出版社，2002，第2036页。

③ 《晦庵先生朱文公文集》卷七十二《张无垢中庸解》，《朱子全书》第24册，第3473页。

④ 黄宗羲：《宋元学案》卷四十《横浦学案》，《黄宗羲全集》第4册，浙江古籍出版社，2005，第613页。

竟相祖习，恐误后生。"①"陆学固有似禅处"②，"阴实祖用其说，而改头换面，阳讳其所自来也"③，"盖谓其本是禅学，却以吾儒说话遮掩"④。此可见朱子对陆学的评判，而一时之间关于"阳儒阴释"的论争渐兴。夏君虞曾指出，宋代言性之说的诸儒大抵可分为宗孔子兼宗孟子派、宗孔子不兼孟子派以及调和派，"此三大派在当时曾相互抵諆，彼此互骂为异端，朱子斥二苏为佛为老，陆子斥朱子为老，为曾学禅来，朱子又斥陆子为曾学禅来，人人自命为真儒，他人为伪儒，究不知谁为真儒谁为伪儒也"⑤。其所持者，即谁更接近圣人之道，更能传"道统"。

朱子通过撰《伊洛渊源录》述学者师承，确立"道统"，凸显理学的正当性；撰《四书章句集注》，以此作为"道统"体系的文本依据。而在编定"四书"时，他就"君子喻于义，小人喻于利"注曰："义者，天理之所宜。利者，人情之所欲。"⑥又引谢良佐之说将"君子儒"和"小人儒"与公私、义利关联起来：

> 儒，学者之称。程子曰："君子儒为己，小人儒为人。"谢氏曰："君子小人之分，义与利之间而已。然所谓利者，岂必殖货财之谓？以私灭公，适己自便，凡可以害天理者皆利也。子夏文学虽有余，然意其远者大者或昧焉，故夫子语之以此。"⑦

陆九渊亦谓："古之所谓小人儒者，亦不过依据末节细行以自律，未至如今人有如许浮论虚说谬悠无根之甚，夫子犹以为门人之戒，又况如今日谬悠无

① 《晦庵先生朱文公文集》卷四十七《答吕子约》，《朱子全书》第 22 册，第 2191 页。
② 《晦庵先生朱文公文集》卷四十九《答陈肤仲》，《朱子全书》第 22 册，第 2268 页。
③ 《晦庵先生朱文公文集》卷三十六《答陆子静》，《朱子全书》第 21 册，第 1575 页。
④ 《朱子语类》卷一百二十四《陆氏》，《朱子全书》第 18 册，第 3887—3888 页。
⑤ 夏君虞：《宋学概要》，上海科技文献出版社，2015，第 336 页。
⑥ 朱熹：《论语集注》卷二《里仁》，《四书章句集注》，中华书局，1983，第 73 页。
⑦ 《论语集注》卷三《雍也》，《四书章句集注》，第 88 页。

根而可安乎？"①并将"小人儒"与"硁硁然小人哉"相结合，以"小人儒"为"学不至道"者。纵使朱、陆对"君子儒"与"小人儒"的解读有别，其意均在传圣道，得圣人意。

　　然而，由于政治势力的影响，程朱理学一度被斥为"伪学"而遭禁止。两宋时对理学进行大规模的政治干预凡三次，即北宋哲宗朝"元祐学禁"、南宋高宗朝"绍兴学禁"和宁宗朝"庆元学禁"。这三次学禁均曾斥责程朱理学为"惑乱天下"的"伪学"，企图将之排斥在孔孟正学之外。后经朱熹门人及其后学之推动，嘉定十三年（1220），皇帝赐谥周敦颐为"元公"、程颢为"纯公"、程颐为"正公"。淳祐元年（1241）正月，理宗下诏："朕惟孔子之道，自孟轲后不得其传，至我朝周敦颐、张载、程颢、程颐，真见实践，深探圣域，千载绝学，始有指归。中兴以来，又得朱熹，精思明辨，折衷融会，使《大学》《论》《孟》《中庸》之旨本末洞彻，孔子之道益以大明于世。"②这标志着程朱理学得到官方认可，由"伪学"转为"正学"。

　　至元代，程朱理学上升为官学，元仁宗尝谓侍臣曰："朕所愿者，安百姓以图至治，然匪用儒士，何以致此。设科取士，庶几得真儒之用，而治道可兴也。"③理学家吴澄以"君子儒"作为"真儒"的基本规定，进而希望从儒家原始经典中寻求圣人之真义：

　　　　三代而下，经学之盛莫如宋，其言禅于经、可传于后者，奚翅数十家……于经可谓明已，而未离乎经师也。必共城邵子，必舂陵周子，必关西张子，必河南二程子，而后为真儒之明经。盖其所明，匪经之言，经之道也。嗣邵、周、张、程者，新安朱子也，《易》《诗》"四书"之说，千载以来之所未有，其书衍溢乎天下。④

①　陆九渊：《陆九渊集》卷一《与曾宅之》，中华书局，1980，第6页。
②　陈邦瞻：《宋史纪事本末》卷八十《道学崇黜》，中华书局，2015，第880页。
③　《元史》卷二十四《仁宗本纪一》，中华书局，2013，第558页。
④　吴澄：《吴文正集》卷三十七《明经书院记》，《景印文渊阁四库全书》第1197册，台湾商务印书馆，2008，第394—395页。

遂希望"真儒"明经要"心与经融，身与经合"。在吴澄看来，汉唐诸儒所主张的注疏训诂令"道丧而文亦弊"①、"孔道之传不续"②，皆非"真儒"，而二程、周敦颐、朱熹等得道统之传，堪为"真儒"。而在为吴澄集所撰序中，韩阳更将承继"道统"与"真儒"关联起来，强调："吾儒之道，三纲五常之道也。故儒道之在天地间，一日不可无者。自先师孔子设教于洙泗之后，惟颜曾思孟氏得传斯道，以为真儒，余未免惑于虚无寂灭之谈，溺于记诵词章之习，其于真儒盖不易得也。……由是观之，道统之传有自来矣，真儒之生诚不偶也。"③

三、儒者真伪与为学理念纷争

明清时期，士人因为学理念有所纷争，遂从学理层面出发，明确提出了"伪儒"的概念并加以激烈的批判，意在通过"明道"以"明学术，正人心"，进而达到"经世致用"的目的。虽不免有着门户之争的意气，却也是出于针砭时弊的现实考量。④

明初，朱同指出世风日漓，政、教因此分为二途。因此，他希望"文足以经邦，武足以拨乱者"⑤的"真儒"处君师之位，引领政教秩序。崔铣在论述儒学发展史时指出，两汉士人以"明理"而读书，具有"故训之陋"；魏晋崇尚清谈，以致有五胡乱华之祸；隋唐之际儒道未明；宋代理学则极谈"禅"。由此，他认为"道之不明，伪儒汩之；儒之多伪，异端乱之"⑥。申时行主张儒者不应"以名胜之"，"伪儒"之"伪"就在于："饰艺文奸，哗众取宠，诡故而不近

---

① 《吴文正集》卷三十七《潮州路韩山书院记》，第 395 页。
② 《吴文正集》卷三十七《都昌县学先贤祠记》，第 397 页。
③ 韩阳：《吴文正集·序》，《景印文渊阁四库全书》第 1197 册，第 923 页。
④ 对此笔者另有专文进行探讨，详见《清儒论"伪儒"的三重考量》，《古代文明》2024 年第 3 期。
⑤ 朱同：《舟行分韵赋诗序》，《皇明文衡》卷四十一，上海书店，1989，第 344 页。
⑥ 崔铣：《晦庵文钞续集叙》，《朱子全书》第 27 册，第 842 页。

于情，蓦言而不中其实。"① 故而，儒者应当以"明周孔之道"为职志，"明道术"且"达治体"。

明中叶以降，程朱理学逐渐陷入僵化，王阳明虽提出"致良知""知行合一"等说，但王学末流近于禅，遂被宗程朱者斥为"伪学"，攻之为"异端"，甚至因其吸收佛教思想而被指责为"伪儒"。古来未有异端之说，孔子亦未尝料想到后世释氏之盛而预先排挤之，其所谓"异端"仅仅是端倪而已。郭正域指出，儒学与佛学相结合后，其失凡四："迷罔之失，失在苟难"；"谬悠之失，失在夸毗"；"恣睢之失，失在遗行"；"欺罔之失，失在无忌"，并就"真儒""伪儒"与"真禅""伪禅"相结合的情况客观地辨别道：

> 以真儒而遇真禅，譬之日升而月微于时，儒道明；以真儒而遇伪禅，譬之睨出而雪消于时，禅道息；以伪儒而遇真禅，譬之杯水而车火于时，儒道绌；以伪儒而遇伪禅，譬之两瞽之不能相视，而两聋之不能相为听也。

在他看来，"真儒"与"真禅"相结合对"明道"有所助益，只是"今之儒固儒之异端，而今之释亦释之异端也"②。盛以弘所撰《正学曲学真儒伪儒辨》，则强调了儒品之于学术的重要性：

> 学者，学为儒而已。儒之名一也。顾学术不能无二三，学术有二三，儒品不能无真伪。于是，曲学与正学当杂出于儒，而真儒与伪儒每参伍于世。

盛以弘又提出辨别"真儒"与"伪儒"的三个重要标准："学而正必为真儒，学而曲必为伪儒"；"真儒之学术常主于为己，伪儒之学术常主于为人"；"真

---

① 申时行：《赐闲堂集》卷八，《四库全书存目丛书》集部第134册，齐鲁书社，1997，第172页。
② 郭正域：《合并黄离草》卷二十一《策》，《四库禁毁书丛刊》集部第14册，北京出版社，2000，第156—157页。

儒淡而伪儒艳，真儒之持论平而伪儒之持论僻"。①

所谓"伪儒"抑或"伪学"，在明末清初的学术脉络中，有时会专门指向宋明理学，尤其是陆王心学。以"经世"为职志的儒者主张天下之治乱系于学术，将晚明社会动荡归罪于愈发玄虚化的阳明心学，以图净化儒学并挽救世风日下的局面。这虽然不免有着门户之争的意气，却也彰显了儒者试图回归传统儒家学术的一种努力。阳明后学管志道以"深心弘愿"致力于推动三教融合，深斥"狂"学与"伪"学，指出判断真学与伪学之法在于观儒、禅二学是"合于心"还是"合于迹"，二学互为补益，而非完全不可融合。刘宗周据孔子所说"女为君子儒，无为小人儒"引申道："君子儒者真儒也，小人儒者伪儒也。"②由刘宗周之所论，"君子儒"系"真儒"，而"小人儒"则是"以小人之心盗君子之学"的"伪儒"，二者之别实为学术的"诚"与"伪"之辨。孙奇逢将治学与治世结合起来，指出"学术之废兴，系世运之升降"③，"世无治乱，总一学术，达者以天下为事"④，劝诫学者为学要"敦行""明学"，勿沦为"伪儒"⑤。清学开山顾炎武立足于"神州荡覆，宗社丘墟"⑥的社会现实，提出"君子之为学，以明道也，以救世也"⑦的治学目标，及"读《九经》自考文始，考文自知音始"⑧的"通经明道"之法。他认为"圣人之所以为学者，何其平易而可循也"⑨，而有

---

① 盛以弘：《正学曲学真儒伪儒辨》，见《潼关卫志校注》卷下《艺文志第九》，三秦出版社，2015，第257—259页。

② 刘宗周：《论语学案》卷二《雍也第六》，《刘宗周全集》第2册，浙江古籍出版社，2012，第328—329页。

③ 孙奇逢：《夏峰先生集》卷四《〈北学编〉序》，《孙奇逢集》中册，中州古籍出版社，2003，第624页。

④ 孙奇逢：《日谱》卷十三"顺治十七年三月初七日"条，《孙奇逢集》下册，第507页。

⑤ 《夏峰先生集》卷二《语录》，《孙奇逢集》中册，第562页。

⑥ 顾炎武：《日知录》卷七《夫子之言性与天道》，《顾炎武全集》第18册，上海古籍出版社，2011，第308页。

⑦ 顾炎武：《亭林文集》卷四《与人书二十五》，《顾炎武全集》第21册，第148页。

⑧ 《亭林文集》卷四《答李子德书》，《顾炎武全集》第21册，第127页。

⑨ 《亭林文集》卷三《与友人论学书》，《顾炎武全集》第21册，第92页。

的人既"不习六艺之文，不考百王之典，不综当代之务"，又"以明心见性之空言，代修己治人之实学"①。其所主张的"性""命""天"等皆是"夫子之所罕言"却为"今之君子之所恒言"②，可谓既不合于"六经之指"，也不关乎"当世之务"，遂而导致"股肱惰而万事荒，爪牙亡而四国乱"③的乱世，因此绝非孔孟之正统学术，不仅不能"明道"，更不可"救世"。由此，顾炎武在致陆世仪的书札中称赞其为"真儒"④，并以是否符合孟子所提倡的"穷则独善其身，达则兼善天下"，是否做到以"内圣外王"作为判断"真儒"与"伪儒"的标准。王夫之评古史时借由批判"诡其文而昧其真"的"汉之伪儒"，将矛头指向"以良知为门庭"而淫于释的"窃儒者"⑤，指责其偏离了传统儒学，而以"明道""笃道""行道"作为得孔孟之传、六经真义的标准，意在维护程朱理学的正统地位。

在理学尤其是阳明心学陷入困境、无法解决社会问题之际，士人力图重新阐释儒家经典，从而探求圣人立言的原始涵义，渐成"以经学济理学之穷"的治学路径。黄宗羲主张"穷经"而后"经世"，"学道"与"事功"相分离遂使学问流于"伪"⑥，希望士人求学向真、向正。颜元认为汉儒掇拾秦火"遗文"，以经书为道、以注疏为学，"滥觞于章句，不知章句所以传圣贤之道；晋人"妄希于清谈，不知清谈所以阐圣贤之学"⑦；宋儒掺以佛、老，口头争长，分门别户互相攻讦，以"口头见道，笔头见道"⑧，实则均"非圣贤之学"，属于"以空言相推，驾一世之上，而动拟帝王圣贤"⑨的"伪学"，从而对汉、宋之学都做出

① 《日知录》卷七《夫子之言性与天道》，《顾炎武全集》第 18 册，第 307—308 页。

② 《亭林文集》卷三《与友人论学书》，《顾炎武全集》第 21 册，第 93 页。

③ 《日知录》卷七《夫子之言性与天道》，《顾炎武全集》第 18 册，第 308 页。

④ 《亭林文集》卷七《与陆桴亭札》，《顾炎武全集》第 21 册，第 234 页。

⑤ 王夫之：《读通鉴论》卷五《汉平帝一》，《船山全书》第 10 册，岳麓书社，2011，第 203 页。

⑥ 黄宗羲：《南雷诗文集·姜定庵先生小传》，《黄宗羲全集》第 10 册，第 607 页。

⑦ 颜元：《习斋记余》卷三《上太仓陆桴亭先生书》，《颜元集》下，中华书局，1987，第 426 页。

⑧ 颜元：《习斋记余叙》，《颜元集》下，第 393 页。

⑨ 颜元：《存学编》卷三《性理评》，《颜元集》上，第 82 页。

否定："汉之滥觞，宋之理学，皆伪儒也。"① 他还甚而认为宋儒"可杀"：

> 宋家全无立国分毫规模，宋人全无立身致用分毫本领，只不挈家走者便出色；而纸笔口头间辄敢藐视汉、唐，大言道统，真伪儒也，贼儒也。可杀！可杀！②

又感慨道："世宁无儒，不可有伪儒。无儒犹可望世之有儒，有伪儒则世不复有儒矣，此君子所以恶夫文人、书生也。"③ 身处明清更迭的社会变动中，颜元为寻求"道"与孔孟真义，从而将矛头全部指向宋明理学，虽有其良苦用心，然也未免失之偏颇。

尽管清初学界朱、王学之争愈演愈烈，对阳明心学多加批判，但仍有很多学者走向了"会合朱陆"的路径。李颙为学主张兼采程朱、陆王两派，由"悔过自新"而"明体适用"，"明体而不适于用，便是腐儒；适用而不本明体，便是霸儒；既不明体，又不适用，徒灭裂于口耳伎俩之末，便是异端"。④ 其最终目的在于"明学术，正人心"以"倡道救世"⑤。万斯同也主张要以"经世"为"要务"，呼吁儒者不应沉溺于诗文，讲学者不应递相标榜务自尊大，谈道统者也不应扬己凌人互相排轧，而要以天下为念，合学术与经济于一途，从而成为"真儒"。由此，他撰《儒林宗派》一书，以呈现自孔子至明末诸儒之授受源流，倡导重回儒家经典中去寻求治世之道。

及至清中期，汉宋之争愈演愈烈，此一论争以江藩撰《国朝汉学师承记》表彰汉学，方东树撰《汉学商兑》申宋学、诎汉学而进入白热化阶段。在江藩看来，汉代经学先坏于魏晋清谈之学，后坏于两宋理学，至元、明颓然不振。故而，他要表彰汉学，以讽刺曲学阿世、言行不相顾之"伪儒"。也正因此，他

---

① 颜元：《习斋记余》卷九《礼运》，《颜元集》下，第 556 页。
② 颜元：《朱子语类评》，《颜元集》上，第 296 页。
③ 钟錂：《颜习斋先生言行录》卷下《不为第十八》，《颜元集》下，第 686 页。
④ 李颙：《二曲集》卷十四《鳌峰答问》，中华书局，1996，第 120 页。
⑤ 《二曲集》卷一《悔过自新说》，第 3 页。

将黄宗羲之语"读书不多，无以证斯理之变化，多而不求于心，则为俗学"①，改为"读书不多，无以证斯理之变；读书多而不求于心，则又为伪儒矣"②，展现了其对宋学的态度。在汉宋之争的背景下，以"伪儒"攻讦彼此渐成一时风气。唐鉴治学崇尚程朱、贬抑汉学，认同彭定求所主张的为学应"无遽求高远而略庸近"和"无妄生门户异同之见，腾口说而遗践履"，亦"不喜伪儒登场号召习气"③，希望通过"扶道术""辟异端"而"正人心"。

晚清时期由于学术环境的变化，汉、宋调和逐渐成为学术主流，陈澧及黄式三、黄以周父子等为会通汉、宋做了积极努力。学者也开始重新审视汉学与宋学，探讨"伪儒"之于学术的关涉。王柏心认为"身处丧乱，推其故，以为由人心之自乱；人心之自乱，以为由伪儒力诋宋学而自乱其学，因以乱及人心"④。成孺治学汉宋兼采，尝曰："为己，则治宋学真儒也，治汉学亦真儒。为人，则治汉学伪儒也，治宋学亦伪儒。"⑤ 李慈铭以是否坚守诸贤之"道"作为辨别伪儒的重要标准："战国士习多僻，诸贤之门人守道不笃，流为伪儒，固必然之理，无足怪者。"⑥ 张佩纶指出，清圣祖时编纂群经，开博学宏词特科，训诂义理兼采、汉宋诸儒皆用，乾嘉时期世际承平，朱陆之异同也渐息。据此，他认为："所谓真儒者，必其志安公，行安修，知通统类，而非逢衣浅带，缪学杂举者也。"⑦

---

① 全祖望：《鲒埼亭集》卷十一《梨洲先生神道碑文》，《全祖望集汇校集注》上册，上海古籍出版社，2018，第 220 页。

② 江藩：《国朝汉学师承记》卷八《黄宗羲》，中华书局，1983，第 126 页。

③ 唐鉴：《国朝学案小识》卷八《长洲彭先生》，《唐鉴集》，岳麓书社，2010，第 535、536 页。

④ 王柏心：《百柱堂全集》卷三十四《方存之文稿序》，崇文书局，2016，第 653 页。

⑤ 徐世昌等：《清儒学案》卷一百八十《心巢学案》，河北人民出版社，2008，第 6295 页。

⑥ 李慈铭：《越缦堂读书记·荀子》，中华书局，2006，第 30 页。

⑦ 张佩纶：《涧于集》文卷上《〈光绪己丑会试录〉前序》，燕山大学出版社，2021，第 34 页。

四、结语

虽然历来对何为"真儒"、何为"伪儒"的认知不一，判断标准亦有所不同，然而，在纵观考察"真儒""伪儒"形象问题之后，我们可从中大致理出如下颇具共性的标准与认知。其一，虽然历代学术形态有所不同，儒家内部有所分化，亦存在着门户之争与派系之见，但"道"一直是作为儒者安身立命之所在及应当坚守的最高准则，"通经明道"这个根本的治学目标也是始终如一的，而是否能"明道""笃道""行道"、得孔孟之传与"六经"真义，遂成为衡评"真儒"与"伪儒"的一个大原则。其二，《礼记·儒行》篇明确定位了儒者所应具有的品行，后世对儒者形象真伪的讨论，彰显了对偏离"儒品""儒行"现象的反思和针砭，表达了历代儒者对自我身份的一种强烈认同、反映了他们继承与践履传统正学所做的努力。其三，孔子没后，儒学在漫长的发展过程中有所分化，甚至彼此之间互相攻讦，后又有佛教与道教对儒学正统地位发起挑战，儒者遂出于正本清源的目的辨别"真儒"与"伪儒"，力图重新阐释儒家经典以探求圣人立言的真确涵义，以面对与解决内部的分化及外部思想的挑战，进而保持自身的正统性与合理性。要而言之，对"伪儒"的批判和"真儒"的强调，是儒者出于剔除异端、正本清源的目的，而对正统儒学的传承、圣人之道的践履、自我身份的认同，以及继承与发扬儒术经世致用的诉求。

Distinguishing between "True–Confucian" and "Pseudo–Confucian":

A historical investigation of the image of Confucian

Luo Gang　　Lin Cunyang

Abstract： The discussion of the problem of "Pseudo–Confucian" is a reflection and criticism on the phenomenon of deviating from "Confucian morality" and "Confucian practices". This problem starting from the distinction between "honorable scholar" and "petty–minded pedant", through the continuous sorting and judgment of scholars of later generations,it shows the Confucian scholar's pursuit of "use the study of Confucian classics to find out the true meaning of the Tao" and "inherit Tao". And an effort of return to traditional Confucian scholarship by exploring the original meaning of sage's words. This problem is related to how to maintain its rationality and legitimacy in the face of internal differentiation and external ideological challenges in the long development process of Confucianism, and also has the significance of self-purification for the development of academia. The essence of the criticism of "Pseudo-Confucianism" is that Confucians, for the purpose of eliminating heretics and self-purification, want to inherit the orthodox Confucianism, practice the sages' way, self-identify, and inherit and carry forward the application of Confucianism in the world.

Key words： Pseudo-Confucian; True-Confucian; use the study of Confucian classics to find out the true meaning of the Tao; Confucian's conduct

《诗经·周颂·小毖》再考论

夏福英[*]

夏福英[*]

【摘　要】　前人对《诗经·周颂·小毖》的解读有不少值得商榷之处，尤其此诗中所包含的深刻历史教诫意义，未能得到充分彰显。笔者认为，此诗的写作时间是周成王开启金縢箱发现事情真相而悔悟之后；诗旨是周成王表示悔改之意兼对群臣的警告。此诗之所以入《颂》而不入《雅》是因为周成王要在宗庙的庄严场合表达痛改前非、惩前毖后的坚定意志。《小毖》之"小"指流言，流言其初虽小，其危害甚大。此诗的教诫意义是：警示后世当政者要慎重对待流言，应将流言当作国家重要的安全问题来看待。

【关键词】　小毖；周成王；周公；流言

《周颂·小毖》一诗是周成王在"三监"叛乱、周公东征之后反省与悔过之诗。此诗的创作背景是：周武王灭商，分封纣王之子武庚管理殷商故都。因担心武庚及殷商旧贵族有复辟的企图，武王又命弟弟管叔鲜、蔡叔度、霍叔处监视武庚及殷商贵族，史称"三监"。不久，武王因病去世，其子成王即位。因成王年少，朝政便由武王的弟弟周公旦摄理。此时被分封在外的管叔、蔡叔、霍叔散布流言，称周公"将不利于孺子（指成王）"。年少的周成王相信了这一流言，对周公起了疑心。武庚趁着武王去世，成王年少，周公被疑的时刻，发起叛乱。而作为周文王之子、周武王之弟的管叔、蔡叔和霍叔竟然与武庚站在

---

*　【作者简介】夏福英，湖南大学马克思主义学院副教授，研究方向为中国经学史。

一起，共同发动叛乱，从而给新兴的周王朝造成严重的政治危机。危急关头，周公毅然挺身而出，力挽狂澜，以成王的名义发兵东征，历经三年之久，方将叛乱平定，挽救了周王朝。在这场殊死斗争中，周成王因为年少，毫无政治经验，听信流言，一直怀疑周公的动机，后来才幡然悔悟，于是写下了《小毖》一诗，宣之于宗庙，向列祖列宗告语，以表示痛改前非、惩前毖后的诚恳态度。

此诗只有 7 句 34 字，其原文是"予其惩而毖后患。莫予荓蜂，自求辛螫。肇允彼桃虫，拼飞维鸟。未堪家多难，予又集于蓼"。为方便下面的讨论，我们有必要先解读一下这首诗的意思。

首句"予其惩而毖后患"，《毛诗传》曰："毖，慎也。"①朱熹曰："惩，有所伤而知戒也；毖，慎也。"②苏辙释此句为："成王始信二叔，以疑周公，既而悟其奸，故曰：'予其惩是，以毖后患，群臣勿使予者矣。'"③此句大意是：我要惩前而毖后，再也不听信往日那种流言蜚语了。

第二、三句"莫予荓蜂，自求辛螫"。"荓：使也。"苏辙《诗集传》，李樗、黄櫄《毛诗李黄集解》，朱熹《诗经集传》，皆持相同意见。"莫予荓蜂"是一个倒装句，正句应是"莫荓予蜂"，如严粲《诗缉》卷三十四所说："'莫予荓蜂'犹云'莫予毒也已'。古文'莫予''莫我'之类，皆倒提'予''我'以便文耳。……'莫予荓蜂'，言无荓蜂于我。"④"辛螫"，郑玄《笺》释为"辛苦毒螫之害"⑤。苏辙《诗集传》释此二句为："予犹蜂耳，苟使予，予将螫女。"⑥此二句大意是：不要再使我变成有刺的黄蜂（过去有人将我当作黄蜂刺伤了周公），现在若再有人这样做，我就要先刺伤你们，这是你们自找的。这两句表达了成王坚决打击造作和传播流言的决心。

第四、五句"肇允彼桃虫，拼飞维鸟"⑦。关于此二句的字义，朱熹曰："肇，

---

① 《毛诗注疏》，毛亨传、郑玄笺，孔颖达疏，上海古籍出版社，2013，第 1994 页。
② 朱熹：《诗经集传》，中华书局，2016，第 310 页。
③ 苏辙：《诗集传》卷十八，《景印文渊阁四库全书》本。
④ 严粲著，李辉点校：《诗缉》，中华书局，2020，第 1003—1004 页。
⑤ 郑玄：《毛诗传笺》，中华书局，2018，第 471 页。
⑥ 苏辙：《诗集传》卷十八，《景印文渊阁四库全书》本。
⑦ 朱熹：《诗经集传》，中华书局，2016，第 310 页。

始；允，信也；桃虫，鷦鷯，小鸟也；拼，飞貌；鸟，大鸟也。"①关于此二句之意，郑玄《笺》曰："始者，信以彼管、蔡之属虽有流言之罪，如鷦鸟之小，不登诛之，后反叛而作乱，犹鷦之翻飞为大鸟也。"②按郑玄的解释，此处之"拼"，意为"翻"。方玉润《诗经原始》曰："盖谓虫之小物，忽变而为飞鸟，以喻武庚其始甚微，而臣服后乃鸱张也。"③此二句大意是：开始我以为那"流言"不过是像小小的桃虫而已，但是桃虫一样小的鷦鷯最后变成了在天上翻飞的大雕（比喻当初纵容了管、蔡流言，最后酿成了巨大的政治危机）。

第六、七句"未堪家多难，予又集于蓼"。关于"蓼"字之义，朱熹《诗经集传》说："蓼，辛苦之物也。"④方玉润《诗经原始》说："偏又集于辛苦之地，如尝蓼而不堪其味也。"⑤都是从"蓼"字的植物含义取意。郑玄《笺》说："集，会也。……我又会于辛苦，遇三监及淮夷之难也。"⑥既取"蓼"的"辛苦"之义，又暗指"淮夷之难"。王质《诗总闻》曰："蓼，地名也。见《春秋》楚公子灭蓼，一在寿州霍邱县，唐所谓蓼州也；一在唐州湖阳县，杜氏所谓二国者也。《书》'成王黜殷命，灭淮夷，还归在丰'，当时淮夷不宾，成王盖自征之。所谓'抚万邦，巡侯、甸，四征弗庭'者也。言'又集于蓼'，盖征淮之时也。"⑦王质所言甚是，蓼地就是古代所称的淮夷地区。成王将要亲征蓼地淮夷，远比将"蓼"解释为"辛苦"之意更有实质性的意义，对周成王而言，肩上的责任重大。此二句大意是：当时我（成王）尚年少，不堪担当家国多难之秋的历史重任。今日仍是多难之秋，蓼地淮夷又起叛乱，我将集合兵力亲征之。

对于此诗，专门的研究论文很少，目前笔者所见到的，只有王宗石的《我

①　朱熹：《诗经集传》，中华书局，2016，第310页。

②　郑玄：《毛诗传笺》，中华书局，2018，第471页。

③　方玉润：《诗经原始》，中华书局，2017，第617页。

④　朱熹：《诗经集传》，中华书局，2016，第310页。

⑤　方玉润：《诗经原始》，中华书局，2017，第616页。

⑥　郑玄：《毛诗传笺》，中华书局，2018，第472页。

⑦　王质：《诗总闻》卷十九，《景印文渊阁四库全书》本。

国最古的一首帝王感怀诗》①，姚小鸥、王克家的《〈周颂·小毖〉考论》②，陈志峰《〈周颂·小毖〉训诂歧说甄辨与诗旨案窍》③，此外还有几篇写《周颂·闵予小子》组诗的论文。笔者拟在古人的理解以及王宗石（下简称王文）与姚小鸥、王克家（下简称姚文）两篇大作的基础上，对《周颂·小毖》一诗做进一步探讨，并以此就教于方家。

一、《小毖》的写作时间

关于此诗的创作时间，传统意见认为作于周公东征凯旋归政成王之后。如郑玄《毛诗传笺》说："始者，管叔及其群弟流言于国，成王信之而疑周公。至后三监叛而作乱，周公以王命举兵诛之，历年乃已。故今周公归政，成王受之而求贤臣以自辅助也。"④郑玄的意思是说，此诗作于周公东征凯旋归政成王之后。

然而，郑玄此说受到清代儒者们的质疑，如胡承珙《毛诗后笺》说："《小毖》之作，似正值东征之时。……毛意（指《毛诗序》）未必如郑（玄），以此为归政后之诗也。"⑤又如魏源《诗序集义》说："《小毖》，成王即政，……（作于）周公居东未归时。"胡承珙、魏源均不赞成郑玄的观点，认为此诗不是周公归政成王以后之诗，胡承珙认为此诗作于"东征之时"，魏源认为此诗作于"周公居东未归时"。清末王先谦也曾质疑郑玄的观点，他在《诗三家义集疏》中说："（郑玄）《笺》谓诗作于周公归政之后，非也。"⑥但未明说究竟作何时。

姚文将《小毖》产生的时代范围在"作于成王时"的基础上进一步划定为成王作于"周公居东"期间，并认为周公"先有居东之事，再有东征之举"。

对于上述观点，笔者认为：

① 《文学遗产》1986 年第 1 期。

② 《中国文化研究》2012 年夏之卷。

③ 《经学文献研究集刊》第二十八辑，上海书店出版社，2022。

④ 郑玄：《毛诗传笺》，中华书局，2018，第 471 页。

⑤ 胡承珙：《毛诗后笺 》，载于《清经解续编》第 2 册，上海书店，1988，第 1099 页。

⑥ 王先谦：《诗三家义集疏》，中华书局，1987，第 1043 页。

一、郑玄之说与胡、魏之说缺少佐证，应属主观推理，但推理不尽合理，值得进一步探讨。据《尚书·金縢》篇说，成王由于听信管叔及其诸弟"公将不利于孺子"的流言，一直怀疑周公将对自己不利（即可能取代自己，自立为王）。直到周公东征胜利之后，作《鸱鸮》一诗，上呈成王之时，成王仍然怀疑周公，只是不敢指责他而已。《尚书·金縢》篇说："周公居东二年，则罪人（武庚、管、蔡等）斯得。于后，公乃为诗以贻王，名之曰'鸱鸮'，王亦未敢诮公。"①而正是在此时，镐京出现了前所未有的"天变"事件。《尚书·金縢》篇接着说："秋大熟未获，天大雷电以风，禾尽偃，大木斯拔，邦人大恐。王与大夫尽弁以启金縢之书，乃得周公所自以为功代武王之说。"②当时周都镐京忽起大风，大树拔起，庄稼倒伏，国人震恐，成王以为上天示警。当时有大臣谏言：当初周武王病重时，周公曾向上天祈祷，祈祷之文后来被锁在金縢箱中。成王命人打开金縢箱，发现里面的祈祷之文，其文意是说，武王患重病时，周公向上天祈祷让自己代替武王去死。成王读后，认识到周公的耿耿忠心，日月可鉴，而自己的疑虑实在太愚蠢。《尚书·金縢》篇叙述此情景说："王执书以泣曰：……昔公勤劳王家，惟予冲人弗及知，今天动威，以彰周公之德。"③笔者认为，正是在成王读《金縢》悔悟之后，作了《小毖》之诗。如果更确切一点，则将作此诗的时间定为成王开启金縢箱发现事情真相而悔悟之后，周公尚在归途中，比较合理。虽然《尚书·金縢》篇并未述及《小毖》作于何时，但我们可以作这样的推想：周成王是被后世称作明王的国君，当他明白事情的真相之后，一定是痛心疾首，悔恨不已，因而定会迫不及待地向大臣们表达自己的悔恨之意，并警示群臣，而不会等到周公凯旋之后。如果等到周公凯旋之后才有此举的话，则显得成王过于被动，缺乏诚意，似乎是迫于周公的压力才不得已这样做，这不是明王之所为。

二、姚文的观点虽新颖，但不合史实。从《〈周颂·小毖〉考论》一文中可以看出，姚文赞同王晖《古文字与商周史新证》的意见，认为周公"居东"，

---

① 《尚书正义》，孔安国传、孔颖达正义，上海古籍出版社，2007，第499—500页。

② 《尚书正义》，孔安国传、孔颖达正义，上海古籍出版社，2007，第501页。

③ 《尚书正义》，孔安国传、孔颖达正义，上海古籍出版社，2007，第502页。

是居于汝地（姚、王认为是周公的初封之地），因此周公被称为"汝公"。姚文认为"周公居东"是指周公因王室内部矛盾而出居封地，周公"当先有居东之事，再有东征之举"，并认为此诗是成王作于"周公居东"（居于汝地）期间。对于周公"居东"这一点，钱穆在其所著《周公》一书中概括了学者的三种见解：1. 谓周公居于商、奄；2. 谓周公奔楚；3. 谓周公巡狩于边。姚文的意见可以视为第四种见解，虽然新颖，但与前三种见解一样，认为周公以避嫌出走为目的。对于前三种说法，钱穆《周公》一书驳斥说："盖周公懿亲大臣，毅然倜然，以一身任天下之责，不辞践阼摄位，求成文、武之绪业也。若为区区嫌疑，忽然去位，至二年之久，其间果谁为执政？且管、蔡、武庚之乱，其后又费二年余之岁月而后平。周公为此事退避四五年，则其摄政时间既甚暂，更无时日得以施为，安得完成文、武之遗业哉！故知其说之决不可信，宁从居东即东征之说焉。"① 钱穆认为，周公并无"居东"避嫌之事，所谓"居东"，即是东征。钱穆先生的这一观点，我们可以从《尚书·金縢》一文中得到印证。《尚书·金縢》说："周公居东二年，则罪人斯得。"此"居东"二字即是东征，"罪人"即是管、蔡。《金縢》篇之所以不用"东征"与"管蔡"字眼，是有意淡化管、蔡叛乱，以及所谓"兄弟相残"在当时人们心里所造成的阴影。笔者认为，钱穆的观点不仅是对前三种"居东"说的驳斥，同时也可以作为对第四种见解的驳斥。

二、《小毖》的诗旨及其入《颂》不入《雅》的问题

先谈此诗的诗旨。关于此诗的诗旨，《毛诗序》说："《小毖》，嗣王求助也。"② 后世信《毛诗序》此说的人甚多，如苏辙《诗集传》称成王"予方未堪多难，而又集于辛苦之地，其奈何舍我而弗助哉"。又如李樗、黄櫄《毛诗李黄集解》说："《小毖》之诗乃成王惩戒往日之事，自此欲戒慎几微之事，亦欲群臣助己，而以知祸乱之机也。"再如宋代张耒《柯山集》说："成王以当时群臣

---

① 钱穆：《周公》，九州出版社，2018，第 49 页。

② 《毛诗注疏》，毛亨传、郑玄笺、孔颖达疏，上海古籍出版社，2013，第 1994 页。

无有能助己者，故惩后患，而首之以求助。"①

与《毛诗》一派持不同意见的有：明代朱谋㙔《诗故》："(《毛诗序》称)'《小毖》，嗣王求助也。'非求助也，盖成王悔听流言，而迎复周公，赋此以答《鸱鸮》也。"何楷《诗经世本古义》认为是"成王自怨自艾之词，以归诚于周公"。清代钱澄之《田间诗学》曰："张文潜（张耒）云：'……成王以当时群臣无有能助己者，故惩后患而首之以求助也。'此皆言外推测之词。"姚文则认为《小毖》是周成王在先祖神灵前诉说自己内心忧闷的诗篇。

笔者认为，从《小毖》一诗的七句话当中，根本看不出成王有求助于群臣之意，钱澄之质疑张耒之言"此皆言外推测之词"，可谓一语中的。朱谋㙔、何楷的意见是正确的。朱谋㙔准确理解了此诗"悔听流言"而非"嗣王求助"的主旨，也准确理解了此诗创作的时间点，即在周公东征凯旋，成王准备"迎复周公"之时所作，这正是理解此诗的关键所在。何楷所说的"成王自怨自艾"，则准确地描述了成王当时对自己错误的悔恨心情，以及惩前毖后的决心。

笔者不赞成此诗的主旨是"嗣王求助"，理由有如下两点：

其一，此诗第二、三句"莫予荓蜂，自求辛螫"是周成王对群臣非常严厉的警告之语。这样的语境，如何能表示求助于群臣之意？谁见过求助于人而用严厉之语呢？

其二，周公是当时品德最高、能力最强的辅臣。既然周公即将归来，成王有必要他求吗？因此，笔者认为，将此诗定位为成王表示悔改之意，兼对群臣的警告，这样理解才符合成王当时的心境。因为成王之所以一直对周公怀有疑心与戒心，与当时群臣普遍疑虑周公的看法是有关系的。此时，成王除了对自己的悔恨之外，也在很大程度上对群臣既往的表现感到失望和不满，在当时这种悔恨交加的心境和情绪下，成王还会去求助于群臣吗？

姚文认为此诗是周成王在先祖神灵前诉说自己内心的忧闷，并不妥当，其《〈周颂·小毖〉考论》说："(此诗)前三句写成王自我省察，言其虽乏人辅助，亦当自励。后四句成王以鸟儿栖居蓼草弱枝比喻自己处在风雨飘摇的困境中。"此诗第三句中有"辛螫"二字，关于此二字，姚文赞同马瑞辰的意见，认为

---

① 张耒：《张耒集》，李逸安等点校，中华书局，2005，第726页。

"此承上'莫予荓蜂'，盖谓任人者逸，自任者劳，莫与牵引扶助，徒自求辛勤耳"，将"辛螫"理解为"辛勤、辛苦"。故姚文将"莫予荓蜂，自求辛螫"二句理解为"无人扶助，只得自己操劳，独自应对。"又说"周成王在宗庙中诵读此诗，是要向先祖神灵诉说自己内心忧闷。成王以鸟集于蓼自喻身处风雨飘摇、动荡不安的处境中，与前文'莫予荓蜂'及《诗序》'嗣王求助'之说相呼应"。一代明王，会如此软弱无力吗？那么他如何能完成文王、武王的遗业？又如何能与康王一起被后世称为"成康之治"？

再谈此诗入《颂》而不入《雅》的问题。宋代王质《诗总闻》说："《闵予小子》《访落》《敬之》《小毖》四诗，或当在《雅》，而今在《颂》，必有不得其所者。《序》者既以神明祭祀为《颂》之端，曰'《闵予小子》，嗣王朝于庙犹之可也；《访落》，嗣王谋于庙亦犹之可也；《敬之》，群臣进戒嗣王；此（《小毖》）嗣王求助，恐与盛德成功告神之意有戾。"① 王质提出的问题是：《小毖》一诗为何不入《雅》诗而入《颂》诗？姚文也认为《小毖》在《周颂》中独具特色，篇中无祝颂之辞或告成之语，与经典的《颂》诗有很大不同。

王质之所以提出这个问题，姚文之所以有这样的疑问，是有鉴于前人对《雅》诗与《颂》诗的定义。按照前人对《颂》诗的定义，《小毖》一诗不应编入《颂》诗，而应编入《雅》诗。为了说明这个道理，我们不妨重温一下前人对于《雅》诗与《颂》诗的定义。《毛诗·大序》对《雅》诗定义说："雅者，正也。言王政之所由废兴也，政有小、大，故有《小雅》焉，有《大雅》焉。"李樗、黄櫄《毛诗李黄集解》发挥此意说："《小雅》则主一事而言，《大雅》则泛言天下之事。如《鹿鸣》之宴嘉宾，《四牡》之劳使臣，《皇皇者华》之遣使臣，是其主一事而言之也。至于《大雅》，则泛言天下之事，如《文王》之诗，言文王受命作周；《大明》之诗，言文王有明德之类，此小、大之别，如此而已。"如果说，《雅》诗是"言王政之所由废兴"，那《小毖》一诗言成王悔恨自己怀疑忠臣，警告大臣不要再传播流言蜚语，岂不正符合这一定义？岂不正好入《雅》诗一类吗？

再看前人对《颂》诗的定义：《毛诗·大序》说："《颂》者，美盛德之形

① 王质：《诗总闻》卷十九，《景印文渊阁四库全书》本。

容，以其成功告于神明者也。"①《毛诗李黄集解》发挥其意说："《颂》之所以异于《风》《雅》者，以其诗施之宗庙尔。如《清庙》之诗祀文王，《维天之命》太平告文王，《执竞》之诗祀武王，《那》之祀成汤，《烈祖》之祀中宗，《玄鸟》之祀高宗，是皆施之于鬼神尔，故陈少南以谓《颂》者施之于鬼神。"从这一定义说，《颂》诗是对先王盛德、功业的歌颂，用来在宗庙中表达对列祖列宗的敬意。按照此定义，《小毖》一诗应当不属于这一范围，所以引起了王质等经学家的质疑。

笔者认为，《小毖》一诗之所以列入《颂》诗，是出于周成王对当时事件严重性的认识。所以，他要在宗庙的庄严场合，借助列祖列宗的神明来表达自己痛改前非、惩前毖后的坚定意志，并借以警告那些相信和传播流言的群臣，以儆效尤。既然此诗开始是在宗庙中朗诵的，那也意味着此诗有可能在其后的祭祀中仍然被运用。也提醒群臣，永远不要再相信和传播流言，它对王朝政治的危害实在太大了。从这个意义上说，《小毖》一诗较之以前那种"美盛德之形容，以其成功告于神明"一类的《颂》诗虽然有所不同，但其意义却十分重大。这正是一个需要解释的关键点，即周成王此时充分认识到周公之所以东征的政治事态的严重性，以及自己所犯的难以原谅的大错。后人之所以不理解《小毖》一诗为何入于《颂》诗，是因为他们未能理解当时政治斗争的严峻性。而在这个意义上，《小毖》一诗对于后世而言，就有了特别的教诫意义。

三、《小毖》之"小"的涵义及教诫意义

先谈对"小毖"之"小"的解释。郑玄《笺》释"小毖"二字说："毖，慎也。天下之事当慎其小，小时而不慎，后为祸大。"②苏辙《诗集传》持相同意见，皆将"小"理解为"大小"之"小"，从字面上看，似可通。王宗石则认为"小"的意思是此诗的篇幅短，他在《我国最古的一首帝王感怀诗》一文中说："篇名《小毖》，'毖'为篇首之字，取篇首字名篇，是《诗经》的通例。另冠一'小'字，……据《诗》名篇之例，凡篇名同者，则依其篇幅之长短而冠以

① 《毛诗注疏》，毛亨传、郑玄笺、孔颖达疏，上海古籍出版社，2013，第22页。
② 郑玄：《毛诗传笺》，中华书局，2018，第471页。

'大''小'字样，如郑诗之《大叔于田》《叔于田》以及雅诗的《大明》《小明》。《周颂》或者原也有《大毖》《小毖》两篇，今惟存《小毖》了。本篇短小精悍，则'小'字形容篇幅是不成问题的。"根据王文的说法，其所举之例中的《叔于田》当为《小叔于田》，但《叔于田》之前并未冠以"小"字。论据不能证明论点，可见王文此观点站不住脚。《诗经》中有《小旻》《小宛》《小弁》等篇，根据王文的观点，那么是否可以说《雅》诗中原有《大旻》《大宛》《大弁》等篇，今只存《小旻》《小宛》《小弁》了呢？可见王文此说当属推测。

此诗篇题为《小毖》，"毖"是谨慎小心之意，这是无可争议的。那么"小"到底是什么意思呢？按照《诗经》取篇首字名篇的通例，此诗篇中只有"毖"字而无"小"字，"小"之意颇嫌费解。

考虑到此诗出于《颂》，应可借鉴《颂》诗来理解。考察《颂》诗，却没有首字为"小"的篇题，无法借鉴。考虑到此诗内容与《雅》诗的内容相符，似可借鉴《雅》诗来理解。然而考察《雅》诗，《大雅》中无首字为"小"的篇题，《小雅》中虽有首字为"小"的篇题，如《小旻》《小宛》《小弁》《小明》等诗，但其"小"字之意，据苏辙《诗集传》①所说，与它们入于《小雅》有关系。所以《小毖》之"小"不同于此四诗之"小"的意思，也无法借鉴。既然无法借鉴《雅》诗与《颂》诗来理解"小"字的意思，只能从诗的内容入手。考察《小毖》一诗，诗中有"肇允彼桃虫"句，注家将"桃虫"指为"鹪鹩"。"桃虫"的意思是桃中的虫子，身体非常之小，当时人以此比喻初生鹪鹩鸟之极小，正如古语所说"鹪鹩生雕，始小而终大"。"鹪鹩"是鸟之极小者，但后来变成了大雕在天空上下翻飞。比喻成王当初纵容了管、蔡流言，而后酿成"三监"叛乱的大祸。正如《毛诗李黄集解》所说："桃虫之始也，无能为矣，及其翻然而飞，则为大鸟。亦如管、蔡之流言，其始甚微，而其终则为王室之祸。"由此我们可知《小毖》之"小"是指流言。联系本篇内容，流言之事，其初虽小，但不加遏制，其危害甚大，应当慎重防范，这即是此诗篇题所取之意。"管

---

① 苏辙：《诗集传》卷十一："《小旻》《小宛》《小弁》《小明》四诗，皆以小名篇，所以别其为《小雅》也。其在《小雅》者，谓之小。故其在《大雅》者，谓之《召旻》《大明》，独《宛》《弁》阙焉，意者孔子删之矣。虽去其大，而其小者犹谓之小，盖即用其旧也。"

蔡流言"是中国历史上第一次因为流言造成重大事变的政治事件。纵观先秦至
清代两千多年的宫廷政治，君王由于听信流言而冤杀忠臣，败坏朝纲，甚至导
致王朝覆灭者，不胜枚举。故此诗对当时及后世有着非常重要的警示意义，即警
示在上者与民众对于政治流言要有高度的警惕，不能轻易听信，以免铸成大错。

再谈此诗的教诫意义。《小毖》一诗表达周成王这位年轻君王创巨痛深的深
刻悔悟，由此提出警惕流言危害的教诫。流言看似微小，而实关国家安危。中
国历史上，在有据可查的文献中，"流言"一词最初源于周成王之事。当时，所
有人关于流言都无历史经验可以借鉴，也自然无人想到流言可能引发什么样的
后果。周成王起初对之没有引起足够的重视，是情有可原的。但是，事情最后
发展到几乎不可收拾的地步时，幸亏周公出来主持大局，才未酿成大祸。这件
事对于年轻的周成王而言，我们可以想象其心灵的巨大震撼。《小毖》一诗正好
恰切地反映了成王此时的心境。

关于流言的危害，历代注家已有如下理解：

如郑玄《毛诗传笺》说："天下之事当慎其小，小时而不慎，后为祸大。"[1]
又如李樗、黄櫄《毛诗李黄集解》卷三十九也说："天下之祸常作于细微之中，
始苟不图，则其终汗漫而不可救。管、蔡流言，苟能图之于其始，则虽顷刻去
之可也。惟其始之不图，而图其后，故必待三年之久，然后可以无祸。盖不能
图其始而其后无救矣，亦如上官桀之徒，使昭帝不能正其始，则其后图之，岂
不难哉？此不得不慎也！"[2]意思是说，天下之祸，皆非朝夕而至，而是有一个
循序渐进的过程。所以当政者对待流言，从一开始就要有正确而精准的判断，
坚决去除之，将其危害消灭在未起之时。否则等到流言渐积以成，想再消除，
就相当困难了。纵观历史，由于流言而祸国殃民，导致国家覆灭者，不乏其例。
战国时期秦国与赵国的两次战争，都是因为赵国当政者听信流言，而使战争结
局发生改变，最终导致国家覆灭。

方玉润《诗经原始》说："此诗名虽《小毖》，意实大戒，盖深自惩也……
自《闵予小子》至此，凡四章，皆成王自作。若他人则不能如是之深切有味

---

① 郑玄：《毛诗传笺》，中华书局，2018，第 471 页。
② 李樗、黄櫄：《毛诗李黄集解》卷三十九，《景印文渊阁四库全书》本。

矣。"① 方玉润认为此诗强调了成王的自警。王宗石《我国最古的一首帝王感怀诗》说："作为一个国家的主政首领，必须由此得到教训，现已受惩于前，就应慎毖后患，绝不能让这种事态重演，这说明成王是有深谋远虑的。"王先生也强调作为一国之执政者应懂得"惩前毖后"的历史教训，颇有见地。笔者认为，《小毖》一诗对于后世当政者慎重对待流言，敲响了警钟。此诗给我们今日的启示是："流言"作为一种低廉而杀伤力巨大的武器，应该被当作国家重要的安全问题来看待，而不能仅用道德批判的方式来处理。总之，这是一个严肃而又严峻的大问题，应当引起国家和全社会的高度重视并有所应对。

A Further Study in the *Xiao Bi* Collected in *Zhou Songs* of *The Book of Songs*
Xia Fuying

Abstract: A lot of points in the interpretation of the poetry Xiao Bi Collected in *Zhou Songs* of *The Book of Songs* are debatable, especially the deep historical cautionary significance contained in this poetry, which has not been fully realized. In the author's opinion, this poetry was written by King Cheng of the Zhou Dynasty after he found the truth and repented when he opened the box bound with metal ropes. The purpose of the poetry is to express the repentance of King Cheng of the Zhou Dynasty as well as to warn his ministers. The reason why this poetry is included in *Song* and not in *Ya* is because King Cheng of the Zhou Dynasty wanted to express his firm will to thoroughly rectify his past errors and to learn from the past to avoid future mistakes on solemn occasions in the ancestral temple. The "Xiao" in Chinese characters "Xiao Bi" means "rumor", which may be small at the beginning but most lethal. The cautionary significance of this poetry is that it warns future generations of rulers to treat rumors with caution, and should treat rumors as an important national security issue.

Key words: *Xiao Bi*; King Cheng of the Zhou Dynasty; Duke of Zhou; rumor

---

① 方玉润:《诗经原始》，中华书局，2017，第616页。